Made in United States
North Haven, CT
26 March 2024

50524113R00153

جزو(پارہ) تیس(۳۰)

3

Edited & Compiled by

# Lt Col (R)
# Muhammad Ashraf Javed

All Praises be to Almighty Allah
&
Peace be upon His Prophet Muhammad

# Surah Naba

# سورۃ النبا

بِسۡمِ اللّٰہِ الرَّحۡمٰنِ الرَّحِیۡمِ

## پہاڑوں کی تنصیب، زمین کی سختی اور نرمی دعوت فکر ہے:

جو مشرک اور کفار قیامت کے آنے کے منکر تھے اور بطور انکار کے آپس میں سوالات کیا کرتے تھے اور مرنے کے بعد جی اٹھنے پر تعجب کرتے تھے ان کے جواب میں اور قیامت کے قائم ہونے کی خبر میں اور اس کے دلائل میں پروردگار عالم فرماتا ہے کہ

عَمَّ يَتَسَاءلُونَ (۱)

یہ لوگ کس کے بارے میں پوچھ گچھ کر رہے ہیں

یہ لوگ آپس میں کس چیز کے بارے میں سوالات کر رہے ہیں؟

عَنِ النَّبَإِ الْعَظِيمِ (۲)

اس بڑی خبر کے متعلق۔

پھر اللہ تعالیٰ خود ہی فرماتا ہے کہ یہ قیامت کے قائم ہونے کی بابت سوالات کرتے ہیں جو بڑا بھاری دن ہے اور نہایت دل ہلا دینے والا امر ہے۔ حضرت قتادہؓ اور ابن زیدؒ نے اس النَّبَإِ الْعَظِيمِ (بہت بڑی خبر) سے مرنے کے بعد دوبارہ جی اٹھنا مراد لیا ہے۔ مگر مجاہدؒ سے یہ مروی ہے کہ اس سے مراد قرآن ہے، لیکن بظاہر ٹھیک بات یہی ہے کہ اس سے مراد مرنے کے بعد جینا ہے جیسے کہ حضرت قتادہؓ اور حضرت ابن زیدؒ کا قول ہے،

الَّذِي هُمْ فِيهِ مُخْتَلِفُونَ (۳)

جس کے بارے میں یہ اختلاف کر رہے ہیں

اس آیت میں جس اختلاف کا ذکر ہے وہ یہ ہے کہ لوگ اس کے بارے میں مختلف محاذوں پر ہیں ان کا اختلاف یہ تھا کہ مؤمن تو مانتے تھے کہ قیامت ہو گی لیکن کفار اس کے منکر تھے،

كَلَّا سَيَعْلَمُونَ (۴)

یقیناً یہ ابھی جان لیں گے۔

پھر ان منکروں کو اللہ تعالیٰ دھمکاتا ہے

ثُمَّ كَلَّا سَيَعْلَمُونَ (۵)

پھر بالیقین انہیں بہت جلد معلوم ہو جائے گا

کہ تمہیں عنقریب اس کا علم حاصل ہو جائے گا اور تم ابھی ابھی معلوم کر لو گے، اس میں سخت ڈانٹ ڈپٹ ہے۔ پھر اللہ تعالیٰ اپنی قدرت کی عجیب و غریب نشانیاں بیان فرما رہا ہے جن سے قیامت کے قائم کرنے پر اس کی قدرت کا ہونا صاف طور پر ظاہر ہو رہا ہے کہ جب وہ اس تمام موجودات کو اول مرتبہ پیدا کرنے پر قادر ہے تو فنا کے بعد دوبارہ ان کا پیدا کرنا اس پر کیا مشکل ہو گا؟

أَلَمْ نَجْعَلِ الْأَرْضَ مِهَادًا (۶)

کیا ہم نے زمین کو فرش نہیں بنایا؟

تو فرماتا ہے، دیکھو کیا ہم نے زمین کو لوگوں کے لئے فرش نہیں بنایا کہ وہ بچھی ہوئی ہے، ٹھہری ہوئی ہے، حرکت نہیں کرتی، تمہاری فرماں بردار ہے اور مضبوطی کے ساتھ جمی ہوئی ہے،

وَالْجِبَالَ أَوْتَادًا (۷)

اور پہاڑوں کو میخیں (نہیں بنایا)؟

اور پہاڑوں کو میخیں بنا کر زمین میں ہم نے گاڑ دیا ہے، تاکہ نہ وہ ہل سکے، نہ اپنے اوپر کی چیزوں کو ہلا سکے، زمین اور پہاڑوں کی پیدائش پر ایک نظر ڈال کر پھر تم اپنے آپ کو دیکھو

وَخَلَقْنَاكُمْ أَزْوَاجًا (٨)

اور ہم نے تجھے جوڑا جوڑا پیدا کیا۔

کہ ہم نے تمہیں جوڑا جوڑا پیدا کیا یعنی مرد و عورت کہ آپس میں ایک دوسرے سے نفع اٹھاتے ہو اور توالد تناسل ہوتا ہے بال بچے پیدا ہو رہے ہیں، جیسے اور جگہ فرمایا ہے:

وَمِنْ آيَاتِهِ أَنْ خَلَقَ لَكُمْ مِنْ أَنْفُسِكُمْ أَزْوَاجًا لِتَسْكُنُوا إِلَيْهَا وَجَعَلَ بَيْنَكُمْ مَوَدَّةً وَرَحْمَةً (٣٠:٢١)

اللہ کی نشانیوں میں سے ایک یہ ہے کہ اس نے خود تم ہی میں سے تمہارے جوڑے پیدا کئے تاکہ تم ان سے سکون حاصل کرو اس نے اپنی مہربانی سے تم میں آپس میں محبت اور رحم ڈال دیا،

وَجَعَلْنَا نَوْمَكُمْ سُبَاتًا (٩)

اور ہم نے تمہاری نیند کو آرام کا سبب بنایا۔

پھر فرماتا ہے ہم نے تمہاری نیند کو حرکت کے ختم ہونے کا سبب بنایا تاکہ آرام اور اطمینان حاصل کر لو، اور دن بھر کی تھکان، کسل اور ماندگی دور ہو جائے، اسی معنی کی اور آیت سورہ فرقان میں بھی گزر چکی ہے،

وَجَعَلْنَا اللَّيْلَ لِبَاسًا (١٠)

اور رات کو ہم نے پردہ بنایا

رات کو ہم نے لباس بنایا کہ اس کا اندھیرا اور سیاہی سب لوگوں پر چھا جاتی ہے، جیسے اور جگہ ارشاد فرمایا:

وَاللَّيْلِ إِذَا يَغْشَاهَا (٩١:٤)

قسم ہے رات کی جبکہ وہ ڈھک لے،

عرب شاعر بھی اپنے شعروں میں رات کو لباس کہتے ہیں، قتادہؒ نے فرمایا ہے رات سکون کا باعث بن جاتی ہے۔

وَجَعَلْنَا النَّهَارَ مَعَاشًا (١١)

اور دن کو ہم نے وقت روزگار بنایا

اور برخلاف رات کے دن کو ہم نے روشن، اجالے والا اور بغیر اندھیرے کے بنایا ہے، تاکہ تم اپنا کام دھندا اس میں کر سکو، جا آ سکو۔ بیوپار، تجارت، لین دین کر سکو اور اپنی روزیاں حاصل کر سکو۔

وَبَنَيْنَا فَوْقَكُمْ سَبْعًا شِدَادًا (۱۲)

تمہارے اوپر ہم نے سات مضبوط آسمان بنائے۔

ہم نے جہاں تمہیں رہنے سہنے کو زمین بنا دی وہاں ہم نے تمہارے اوپر سات آسمان بنائے جو بڑے لمبے چوڑے، مضبوط پختہ، عمدہ اور زینت والے ہیں، تم دیکھتے ہو کہ اس میں ہیروں کی طرح چمکتے ہوئے ستارے لگ رہے ہیں، بعض چلتے پھرتے رہتے ہیں اور بعض ایک جگہ قائم ہیں۔

وَجَعَلْنَا سِرَاجًا وَهَّاجًا (۱۳)

اور ایک چمکتا ہوا روشن چراغ (سورج) پیدا کیا۔

پھر فرمایا ہم نے سورج کو چمکتا چراغ بنایا جو تمام جہان کو روشن کر دیتا ہے ہر چیز کو جگمگا دیتا ہے اور دنیا کو منور کر دیتا ہے۔

وَأَنْزَلْنَا مِنَ الْمُعْصِرَاتِ مَاءً ثَجَّاجًا (۱۴)

اور بدلیوں سے ہم نے بکثرت بہتا ہوا پانی برسایا

اور دیکھو کہ ہم نے پانی کی بھری بدلیوں سے بکثرت پانی برسایا، ابن عباسؓ فرماتے ہیں کہ ہوائیں چلتی ہیں، اِدھر سے اُدھر بادلوں کو لے جاتی ہیں اور پھر ان بادلوں سے خوب بارش برستی ہے اور زمین کو سیراب کرتی ہے۔

اور بھی بہت سے مفسرین نے یہی فرمایا ہے۔

الْمُعْصِرَاتِ سے مراد بعض نے تو ہوا لی ہے اور بعض نے بادل جو ایک ایک قطرہ پانی برساتے رہتے ہیں۔

مرأة معصرة عرب میں اس عورت کو کہتے ہیں جس کے حیض کا زمانہ بالکل قریب آگیا ہو، لیکن اب تک حیض جاری نہ ہوا ہو،

حضرت حسنؒ اور قتادہؒ نے فرمایا الْمُعْصِرَاتِ سے مراد آسمان ہے، لیکن یہ قول غریب ہے،

سب سے زیادہ ظاہر قول یہ ہے کہ مراد اس سے بادل ہیں، جیسے اور جگہ ہے:

اللَّهُ الَّذِي يُرْسِلُ الرِّيَاحَ فَتُثِيرُ سَحَابًا فَيَبْسُطُهُ فِي السَّمَاءِ كَيْفَ يَشَاءُ وَيَجْعَلُهُ كِسَفًا فَتَرَى الْوَدْقَ يَخْرُجُ مِنْ خِلَالِهِ

(۳۰:۴۸)

اللہ تعالیٰ ہواؤں کو بھیجتا ہے جو بادلوں کو ابھارتی ہیں اور انہیں پروردگار کی منشاء کے مطابق آسمان میں پھیلا دیتی ہیں اور انہیں وہ ٹکڑے ٹکڑے کر دیتا ہے پھر تو دیکھتا ہے کہ ان کے درمیان سے پانی نکلتا ہے۔

**ثَجَّاجًا کے معنی خوب لگاتار بہنے کے ہیں جو بکثرت بہہ رہا ہو اور خوب برس رہا ہو، ایک حدیث میں ہے:**

افضل حج وہ ہے جس میں لبیک خوب پکاری جائے اور خون بکثرت بہایا جائے یعنی قربانیاں زیادہ کی جائیں۔

اس حدیث میں بھی لفظ ثج ہے،

ایک اور حدیث میں ہے:

استحاضہ کا مسئلہ پوچھنے والی ایک صحابیہ عورت سے حضور صلی اللہ علیہ وسلم نے فرمایا کہ تم روئی کا پھایا رکھ لو، اس نے کہا کہ حضور صلی اللہ علیہ وسلم وہ تو بہت زیادہ ہے میں تو ہر وقت خون بکثرت بہاتی رہتی ہوں،

اس روایت میں بھی لفظ اثج ثجا ہے یعنی بے روک برابر خون آتا رہتا ہے،

تو یہاں اس آیت میں بھی مراد یہی ہے کہ ابر سے پانی کثرت سے مسلسل برستا ہی رہتا ہے، واللہ اعلم

لِنُخْرِجَ بِهِ حَبًّا وَنَبَاتًا (۱۵)

تاکہ اس سے اناج اور سبزہ اگائیں۔

پھر ہم اس پانی سے جو پاک، صاف، بابرکت، نفع بخش ہے، اناج اور دانے پیدا کرتے ہیں جو انسان حیوان سب کے کھانے میں آتے ہیں اور سبزیاں اگاتے ہیں جو تر و تازہ کھائی جاتی ہیں اور اناج کھلیان میں رکھا جاتا ہے، پھر کھایا جاتا ہے۔

وَجَنَّاتٍ أَلْفَافًا (۱۶)

اور گھنے باغ (بھی اگائیں)

اور باغات اس پانی سے پھلتے پھولتے ہیں اور قسم قسم کے ذائقوں، رنگوں خوشبوؤں والے میوے اور پھل پھول ان سے پیدا ہوتے ہیں گو کہ زمین کے ایک ہی ٹکڑے پر وہ ملے جلے ہیں۔

أَلْفَافًا کے معنی جمع کے ہیں،

اور جگہ ہے:

وَفِي الْأَرْضِ قِطَعٌ مُتَجَاوِرَاتٌ وَجَنَّاتٌ مِنْ أَعْنَابٍ وَزَرْعٌ وَنَخِيلٌ صِنْوَانٌ وَغَيْرُ صِنْوَانٍ يُسْقَى بِمَاءٍ وَاحِدٍ وَنُفَضِّلُ بَعْضَهَا عَلَى بَعْضٍ فِي الْأُكُلِ إِنَّ فِي ذَلِكَ لَآيَاتٍ لِقَوْمٍ يَعْقِلُونَ (۱۳:۴)

زمین میں مختلف ٹکڑے ہیں جو آپس میں ملے جلے ہیں اور انگور کے درخت، کھیتیاں، کھجور کے درخت، بعض شاخ دار، بعض زیادہ شاخوں کے بغیر، سب ایک ہی پانی سے سیراب کئے جاتے ہیں اور ہم ایک سے ایک بڑھ کر میوہ میں زیادہ کرتے ہیں، یقیناً عقل مندوں کے لئے اس میں نشانیاں ہیں۔

إِنَّ يَوْمَ الْفَصْلِ كَانَ مِيقَاتًا (۱۷)

بیشک فیصلہ کا دن کا وقت مقرر ہے۔

یعنی قیامت کا دن ہمارے علم میں مقرر دن ہے، نہ وہ آگے ہو، نہ پیچھے ٹھیک وقت پر آجائے گا۔ کب آئے گا اس کا صحیح علم اللہ تعالیٰ کے سوا کسی اور کو نہیں۔ جیسے اور جگہ ہے۔

وَمَا نُؤَخِّرُهُ إِلَّا لِأَجَلٍ مَعْدُودٍ (۱۱:۱۰۴)

نہیں ڈھیل دیتے ہم انہیں لیکن وقت مقرر کے لئے،

يَوْمَ يُنْفَخُ فِي الصُّورِ فَتَأْتُونَ أَفْوَاجًا (۱۸)

جس دن کہ صور پھونکا جائے گا۔ پھر تم فوج در فوج چلے آؤ گے

اس دن صور میں پھونک ماری جائے گی اور لوگ جماعتیں جماعتیں بن کر آئیں گے، ہر ایک اُمت اپنے اپنے نبی کے ساتھ الگ الگ ہو گی، جیسے فرمایا:

يَوْمَ نَدْعُو كُلَّ أُنَاسٍ بِإِمَامِهِمْ (۱۷:۷۱)

جس دن ہم تمام لوگوں کو ان کے اماموں سمیت بلائیں گے،

صحیح بخاری شریف میں حدیث ہے کہ رسول اللہ صلی اللہ علیہ وسلم فرماتے ہیں:

دونوں صور کے درمیان چالیس ہوں گے،

لوگوں نے پوچھا چالیس دن؟ کہا میں نہیں کہہ سکتا،

پوچھا چالیس مہینے؟ کہا مجھے خبر نہیں،

پوچھا چالیس سال؟ کہا میں یہ بھی نہیں کہہ سکتا۔

پھر اللہ تعالیٰ آسمان سے پانی برسائے گا اور جس طرح درخت اُگتے ہیں لوگ زمین سے اُگیں گے، انسان کا تمام بدن گل سڑ جاتا ہے لیکن ایک ہڈی اور وہ کمر کی ریڑھ کی ہڈی ہے اسی سے قیامت کے دن مخلوق مرکب کی جائے گی۔

وَفُتِحَتِ السَّمَاءُ فَكَانَتْ أَبْوَابًا (١٩)

اور آسمان کھول دیا جائے گا پھر اس میں دروازے ہو جائیں گے

آسمان کھول دیئے جائیں گے اور اس میں فرشتوں کے اترنے کے راستے اور دروازے بن جائیں گے،

وَسُيِّرَتِ الْجِبَالُ فَكَانَتْ سَرَابًا (٢٠)

اور پہاڑ چلائے جائیں گے پس وہ سراب ہو جائیں گے

پہاڑ چلائے جائیں گے اور بالکل ریت کے ذرے بن جائیں گے، جیسے اور جگہ ہے:

وَتَرَى الْجِبَالَ تَحْسَبُهَا جَامِدَةً وَهِيَ تَمُرُّ مَرَّ السَّحَابِ (٢٧:٨٨)

تم پہاڑوں کو دیکھ رہے ہو جان رہے ہو وہ پختہ مضبوط اور جامد ہیں لیکن یہ بادلوں کی طرح چلنے پھرنے لگیں

اور جگہ ہے:

وَتَكُونُ الْجِبَالُ كَالْعِهْنِ الْمَنْفُوشِ (١٠١:٥)

پہاڑ مثل دھنی ہوئی اون کے ہو جائیں گے۔

یہاں فرمایا فَكَانَتْ سَرَابًا پہاڑ سراب ہو جائیں گے یعنی دیکھنے والا کہتا ہے کہ وہ کچھ ہے حالانکہ دراصل کچھ نہیں۔ آخر میں بالکل برباد ہو جائیں گے، نام و نشان تک نہ رہے گا، جیسے اور جگہ ہے:

وَيَسْأَلُونَكَ عَنِ الْجِبَالِ فَقُلْ يَنْسِفُهَا رَبِّي نَسْفًا ـ فَيَذَرُهَا قَاعًا صَفْصَفًا ـ لَا تَرَى فِيهَا عِوَجًا وَلَا أَمْتًا (٢٠:١٠٥،٧)

لوگ تجھ سے پہاڑوں کے بارے میں دریافت کرتے ہیں تو کہہ انہیں میرا رب پراگندہ کر دے گا اور زمین بالکل ہموار میدان میں رہ جائے گی جس میں نہ کوئی موڑ ہو گا نہ ٹیلا

اور جگہ ہے:

وَيَوْمَ نُسَيِّرُ الْجِبَالَ وَتَرَى الْأَرْضَ بَارِزَةً (١٨:٤٧)

جس دن ہم پہاڑوں کو چلائیں گے اور تو دیکھے گا کہ زمین بالکل کھل گئی،

إِنَّ جَهَنَّمَ كَانَتْ مِرْصَادًا (٢١)

بیشک دوزخ گھات میں ہے۔

پھر فرماتا ہے سرکش، نافرمان، مخالفین رسول کی تاک میں جہنم لگی ہوئی ہے،

لِلطَّاغِينَ مَآبًا (٢٢)

سرکشوں کا ٹھکانا وہی ہے۔

یہی ان کے لوٹنے اور رہنے سہنے کی جگہ ہے۔

اس کے معنی حضرت حسنؒ اور حضرت قتادہؒ نے یہ بھی کئے ہیں کہ کوئی شخص جنت میں بھی نہیں جاسکتا، جب تک جہنم پر سے نہ گزرے، اگر اعمال ٹھیک ہیں تو نجات پالی اور اگر اعمال بد ہیں تو روک لیا گیا اور جہنم میں جھونک دیا گیا، حضرت سفیان ثوریؒ فرماتے ہیں اس پر تین تین پل ہیں،

لَابِثِينَ فِيهَا أَحْقَابًا (٢٣)

اس میں وہ مدتوں تک پڑے رہیں گے۔

پھر فرمایا وہ اس میں مدتوں اور قرنوں پڑے رہیں گے۔

أَحْقَاب جمع ہے حقب کی ایک لمبے زمانے کو حقب کہتے ہیں۔ بعض کہتے ہیں حقب اسی سال کا ہوتا ہے سال بارہ ماہ کا۔ مہینہ تیس دن اور ہر دن ایک ہزار سال کا، بہت سے صحابہؓ اور تابعین سے یہ مروی ہے۔

بعض کہتے ہیں ستر سال کا حقب ہوتا ہے، کوئی کہتا ہے چالیس سال کا ہے، جس میں ہر دن ایک ہزار سال کا، بشیر بن کعبؒ تو کہتے ہیں ایک ایک دن اتنا بڑا اور ایسے تین سو ساٹھ سال کا ایک حقب،

ایک مرفوع حدیث میں ہے کہ حقب مہینہ کا، مہینہ تیس دن کا، سال بارہ مہینوں کا، سال کے دن تین سو ساٹھ ہر دن تمہاری گنتی کے اعتبار سے ایک ہزار سال کا (ابن ابی حاتم)

لیکن یہ حدیث سخت منکر ہے اس کے راوی قاسم جو جابر بن زبیر کے لڑکے ہیں، یہ دونوں متروک ہیں،

ایک اور روایت میں ہے کہ ابو مسلم بن علاءؒ نے سلیمان تیمیؒ سے پوچھا کہ کیا جہنم میں سے کوئی نکلے گا بھی؟ تو جواب دیا کہ میں نے نافعؒ سے انہوں نے ابن عمرؓ سے سنا کہ رسول اللہ صلی اللہ علیہ وسلم نے فرمایا:

اللہ کی قسم جہنم میں سے کوئی بھی بغیر مدت دراز رہے نہ نکلے گا۔

سدیؒ کہتے ہیں سات سو حقب رہیں گے ہر حقب ستر سال کا ہر سال تین سو ساٹھ دن کا اور ہر دن دنیا کے ایک ہزار سال کے برابر کا،

خالد بن معدانؒ فرماتے ہیں کہ یہ آیت اور آیت الاماشاء ربک یعنی جہنمی جب تک اللہ چاہے جہنم میں رہیں گے، یہ دونوں آیتیں توحید والوں کے بارے میں ہیں،

امام ابن جریرؒ فرماتے ہیں یہ بھی ممکن ہے کہ أَحْقَاب تک رہنا متعلق ہو آیت حَمِيمًا وَغَسَّاقًا کے ساتھ یعنی وہ ایک ہی عذاب گرم پانی اور بہتی پیپ کا مدتوں رہے گا، پھر دوسری قسم کا عذاب شروع ہو گا۔

لیکن صحیح یہی ہے کہ اس کا خاتمہ ہی نہیں، حضرت حسنؒ سے جب یہ سوال ہوا تو کہا کہ أَحْقَاب سے مراد ہمیشہ جہنم میں رہنا ہے لیکن حقب کہتے ہیں ستر سال کو جس کا ہر دن دنیا کے ایک ہزار برس کے برابر ہوتا ہے۔

حضرت قتادہؒ فرماتے ہیں کہ أَحْقَاب کبھی ختم نہیں ہوتے ایک حقب ختم ہوا دوسرا شروع ہو گیا، ان أَحْقَاب کی صحیح مدت کا اندازہ صرف اللہ تعالیٰ ہی کو ہے، ہاں یہ ہم نے سنا ہے کہ ایک حقب اسی سال کا، ایک سال تین سو ساٹھ دن کا ہر دن دنیا کے ایک ہزار سال کا۔

لَا يَذُوقُونَ فِيهَا بَرْدًا وَلَا شَرَابًا (٢٤)

نہ کبھی اس میں خنکی کا مزہ چکھیں گے، نہ پانی کا۔

ان دوزخیوں کو نہ تو کلیجے کی ٹھنڈک ہو گی نہ کوئی اچھا پانی پینے کا ملے گا، ہاں ٹھنڈے کے بدلے گرم کھولتا ہوا پانی ملے گا،

بعض نے کہا ہے بَرْدًا سے مراد نیند ہے، عرب شاعروں کے شعروں میں بھی بَرْدًا نیند کے معنی میں پایا جاتا ہے

إِلَّا حَمِيمًا وَغَسَّاقًا (٢٥)

سوائے گرم پانی اور (بہتی) پیپ کے

اور کھانے پینے کی چیز بہتی ہوئی پیپ ملے گی،

حَمِيم اس سخت گرم کو کہتے ہیں جس کے بعد حرارت کا کوئی درجہ نہ ہو،

اور غَسّاق کہتے ہیں جہنمی لوگوں کے لہو پیپ پسینہ آنسو اور زخموں سے بہتے ہوئے خون پیپ وغیرہ کو اس گرم چیز کے مقابلہ میں یہ اس قدر سرد ہو گی جو بجائے خود عذاب ہے اور بیحد بدبودار ہے۔

سورہ ص میں غَسّاق کی پوری تفسیر بیان ہو چکی یہ اب یہاں دوبارہ اس کے بیان کی چنداں ضرورت نہیں،

اللہ تعالیٰ اپنے فضل و کرم سے ہمیں اپنے ہر عذاب سے بچائے،

جَزَاءً وِفَاقًا (۲۶)

(ان کو) پورا پورا بدلہ ملے گا

پھر فرمایا یہ ان کے اعمال کا پورا پورا بدلہ ہے،

إِنَّهُمْ كَانُوا لَا يَرْجُونَ حِسَابًا (۲۷)

انہیں تو حساب کی توقع ہی نہ تھی

ان کی بداعمالیاں بھی تو دیکھو کہ ان کا عقیدہ تھا کہ حساب کا کوئی دن آنے ہی کا نہیں،

وَكَذَّبُوا بِآيَاتِنَا كِذَّابًا (۲۸)

اور بے باقی سے ہماری آیتوں کو جھٹلاتے تھے۔

ہم نے جو جو دلیلیں اپنے نبی پر نازل فرمائی تھیں یہ ان سب کو جھٹلاتے تھے۔

كِذَّابًا مصدر ہے اس وزن پر اور مصدر بھی آتے ہیں،

وَكُلَّ شَيْءٍ أَحْصَيْنَاهُ كِتَابًا (۲۹)

ہم نے ہر چیز کو لکھ کر شمار کر رکھا ہے

پھر فرمایا کہ ہم نے اپنے بندوں کے تمام اعمال و افعال کو گن رکھا ہے اور شمار کر رکھا ہے وہ سب ہمارے پاس لکھے ہوئے ہیں اور سب کا بدلہ بھی ہمارے پاس تیار ہے۔

فَذُوقُوا فَلَنْ نَزِيدَكُمْ إِلَّا عَذَابًا (۳۰)

اب تم (اپنے کئے کا) مزہ چکھو ہم تمہارا عذاب ہی بڑھاتے رہیں گے۔

ان اہل جہنم سے کہا جائے گا کہ اب ان عذابوں کا مزہ چکھو، ایسے ہی اور اس سے بھی بدترین عذاب تمہیں بکثرت ہوتے رہیں گے،

حضرت عبداللہ بن عمر رضی اللہ تعالیٰ عنہ فرماتے ہیں دوزخیوں کے لئے اس سے زیادہ سخت اور مایوس کن اور کوئی آیت نہیں۔ ان کے عذاب ہر وقت بڑھتے ہی رہیں گے۔

حضرت ابوبردہ اسلمیؓ سے سوال ہوا کہ دوزخیوں کے لئے اس سے زیادہ سخت اور مایوس کن آیت کونسی ہے؟ فرمایا حضور علیہ السلام نے اس آیت کو پڑھ کر فرمایا ان لوگوں کو اللہ کی نافرمانیوں نے تباہ کر دیا،

لیکن اس حدیث کے راوی جسر بن فرقد بالکل ضعیف ہیں۔

إِنَّ لِلْمُتَّقِينَ مَفَازًا (۳۱)

یقیناً پرہیزگار لوگوں کے لئے کامیابی ہے۔

نیک لوگوں کے لئے اللہ کے ہاں جو نعمتیں و رحمتیں ہیں ان کا بیان ہو رہا ہے کہ یہ کامیاب مقصدور اور نصیب دار ہیں کہ جہنم سے نجات پائی اور جنت میں پہنچ گئے،

حَدَائِقَ وَأَعْنَابًا (۳۲)

باغات ہیں اور انگور ہیں۔

حَدَائِقَ کہتے ہیں کھجور وغیرہ کے باغات کو،

وَكَوَاعِبَ أَتْرَابًا (۳۳)

اور نوجوان کنواری ہم عمر عورتیں ہیں

انہیں نوجوان کنواری حوریں بھی ملیں گی جو ابھرے ہوئے سینے والیاں اور ہم عمر ہوں گی، جیسے کہ سورہ واقعہ کی تفسیر میں اس کا پورا بیان گزر چکا، اس حدیث میں ہے:

جنتیوں کے لباس ہی اللہ کی رضامندی کے ہوں گے، بادل ان پر آئیں گے اور ان سے کہیں گے کہ بتاؤ ہم تم پر کیا برسائیں؟ پھر جو وہ فرمائیں گے، بادل ان پر برسائیں گے یہاں تک کہ نوجوان کنواری لڑکیاں بھی ان پر برسیں گی۔ (ابن ابی حاتم)

وَكَأْسًا دِهَاقًا (۳۴)

چھلکتے ہوئے جام شراب ہیں۔

انہیں شراب طہور کے چھلکتے ہوئے، پاک صاف، بھرپور جام پر جام ملیں گے جس پر نشہ نہ ہو گا

لَا يَسْمَعُونَ فِيهَا لَغْوًا وَلَا كِذَّابًا (۳۵)

اور وہاں نہ تو وہ بیہودہ باتیں سنیں گے اور نہ ہی جھوٹیں باتیں سنیں گے

کہ بیہودہ گوئی اور لغو باتیں منہ سے نکلیں اور کان میں پڑیں، کوئی بات جھوٹ اور فضول نہ ہو گی، جیسے فرمایا:

لَا لَغْوٌ فِيهَا وَلَا تَأْثِيمٌ (۵۲:۲۳)

اس میں نہ لغو ہو گا نہ فضول گوئی اور نہ گناہ کی باتیں،

جَزَاءً مِنْ رَبِّكَ عَطَاءً حِسَابًا (۳۶)

(ان کو) تیرے رب کی طرف سے (ان کے نیک اعمال کا) یہ بدلہ ملے گا جو کافی انعام ہو گا

وہ دار السلام ہے جس میں کوئی عیب کی اور برائی کی بات ہی نہیں، یہ ان پارسا بزرگوں کو جو کچھ بدلے ملے ہیں یہ ان کے نیک اعمال کا نتیجہ ہے جو اللہ کے فضل و کرم احسان و انعام کی بناء پر ملے ہیں، بیحد کافی، بکثرت اور بھرپور ہیں۔ عرب کہتے ہیں اعطانی فاحسبنی انعام دیا اور بھرپور دیا اسی طرح کہتے ہیں حسبی اللہ یعنی اللہ مجھے ہر طرح کافی وافی ہے۔

(اس رب کی طرف سے ملے گا جو کہ)

رَبِّ السَّمَاوَاتِ وَالْأَرْضِ وَمَا بَيْنَهُمَا الرَّحْمَٰنِ ۖ لَا يَمْلِكُونَ مِنْهُ خِطَابًا (۳۷)

آسمانوں کا اور زمین کا اور جو کچھ ان کے درمیان ہے ان کا پروردگار ہے اور بڑی بخشش کرنے والا ہے۔

کسی کو اس سے بات چیت کرنے کا اختیار نہیں ہو گا

اللہ تعالیٰ اپنی عظمت و جلال کی خبر دے رہا ہے کہ آسمان و زمین اور ان کے درمیان کی تمام مخلوق کا پالنے پوسنے والا ہے، وہ رحمٰن ہے، جس کے رحم نے تمام چیزوں کو گھیر لیا ہے، جب تک اس کی اجازت نہ ہو کوئی اس کے سامنے لب نہیں ہلا سکتا، جیسے اور جگہ ہے:

مَنْ ذَا الَّذِي يَشْفَعُ عِنْدَهُ إِلَّا بِإِذْنِهِ (۲:۲۵۵)

کون ہے جو اس کی اجازت بغیر اس کے سامنے سفارش لے جا سکے

يَوْمَ يَأْتِ لَا تَكَلَّمُ نَفْسٌ إِلَّا بِإِذْنِهِ (۱۱:۱۰۵)

جس دن وہ آجائے گی مجال نہ ہوگی کہ اللہ کی اجازت کے بغیر کوئی بات بھی کر لے،

يَوْمَ يَقُومُ الرُّوحُ وَالْمَلَائِكَةُ صَفًّا

جس دن روح اور فرشتے صفیں باندھ کھڑے ہونگے

الرُّوحُ سے مراد یا تو تمام انسانوں کی روحیں ہیں یا تمام انسان ہیں یا اس قسم کی خاص مخلوق ہے جو انسانوں کی سی صورتوں والے ہیں کھاتے پیتے ہیں نہ وہ فرشتے ہیں نہ انسان، یا مراد حضرت جبرائیلؑ ہیں،

حضرت جبرائیلؑ کو اور جگہ بھی روح کہا گیا ہے، ارشاد ہے:

نَزَلَ بِهِ الرُّوحُ الْأَمِينُ - عَلَىٰ قَلْبِكَ لِتَكُونَ مِنَ الْمُنْذِرِينَ (۲۶:۱۹۳،۴)

اسے امانت دار فرشتہ لے کر آیا ہے آپ کے دل پر اترا ہے کہ آپ آگاہ کر دینے والوں میں سے ہو جائیں

یہاں روح سے مراد یقیناً حضرت جبرائیلؑ ہیں،

حضرت مقاتلؒ فرماتے ہیں کہ تمام فرشتوں سے بزرگ، اللہ کے مقرب اور وحی لے کر آنے والے بھی ہیں،

یا مراد روح سے قرآن ہے، اس کی دلیل میں یہ آیت پیش کی جا سکتی ہے

وَكَذَٰلِكَ أَوْحَيْنَا إِلَيْكَ رُوحًا مِنْ أَمْرِنَا (۴۲:۵۲)

ہم نے اپنے حکم سے تیری طرف روح اتاری

یہاں روح سے مراد قرآن ہے،

چھٹا قول یہ ہے کہ یہ ایک فرشتہ ہے جو تمام مخلوق کے برابر ہے، حضرت ابن عباس رضی اللہ تعالیٰ عنہ فرماتے ہیں کہ یہ فرشتہ تمام فرشتوں سے بہت بڑا ہے،

حضرت ابن مسعود رضی اللہ تعالیٰ عنہ فرماتے ہیں کہ یہ روح نامی فرشتہ چوتھے آسمان میں ہے، تمام آسمانوں کل پہاڑوں اور سب فرشتوں سے بڑا ہے، ہر دن بارہ ہزار تسبیحات پڑھتا ہے ہر ایک تسبیح سے ایک ایک فرشتہ پیدا ہوتا ہے، قیامت کے دن وہ اکیلا ایک صف بن کر آئے گا۔

لیکن یہ قول بہت ہی غریب ہے،

طبرانی میں حدیث ہے کہ رسول اللہ صلی اللہ علیہ وسلم نے فرمایا:

فرشتوں میں ایک فرشتہ وہ بھی ہے کہ اگر اسے حکم ہو کہ تمام آسمانوں اور زمینوں کو لقمہ بنالے تو وہ ایک لقمہ میں سب کو لے لے اس کی تسبیح یہ ہے سبحانك حيث كنت الله تو جہاں کہیں بھی ہے پاک ہے

یہ حدیث بھی بہت غریب ہے بلکہ اس کے فرمان رسول صلی اللہ علیہ وسلم ہونے میں بھی کلام ہے، ممکن ہے کہ حضرت عبد اللہ بن عباسؓ کا قول ہو، اور ہو بھی بنی اسرائیل سے لیا ہوا۔ **واللہ اعلم**

امام ابن جریرؒ نے یہ سب قول رد کئے ہیں لیکن فیصلہ کوئی نہیں کیا، میرے نزدیک ان تمام اقوال میں سے بہتر قول یہ ہے کہ یہاں روح سے مراد کل انسان ہیں۔ واللہ اعلم

لَا يَتَكَلَّمُونَ إِلَّا مَنْ أَذِنَ لَهُ الرَّحْمَٰنُ

تو کوئی کلام نہ کر سکے گا مگر جسے رحمٰن اجازت دے دے

پھر فرمایا صرف وہی اس دن بات کر سکے گا جسے وہ رحمٰن اجازت دے، جیسے فرمایا:

يَوْمَ يَأْتِ لَا تَكَلَّمُ نَفْسٌ إِلَّا بِإِذْنِهِ (۱۱:۱۰۵)

جس دن وہ وقت آئے گا کوئی نفس بغیر اس کی اجازت کے کلام بھی نہیں کر سکے گا

صحیح حدیث میں بھی ہے کہ اس دن سوائے رسولوں کے کوئی بات نہ کر سکے گا،

وَقَالَ صَوَابًا (۳۸)

اور وہ ٹھیک بات زبان سے نکالے

پھر فرمایا کہ اس کی بات بھی ٹھیک ٹھاک ہو، سب سے زیادہ حق بات لا الہ الا اللہ ہے،

ذَٰلِكَ الْيَوْمُ الْحَقُّ ۖ فَمَنْ شَاءَ اتَّخَذَ إِلَىٰ رَبِّهِ مَآبًا (۳۹)

یہ دن حق ہے اب جو چاہے اپنے رب کے پاس (نیک اعمال کر کے) ٹھکانا بنالے

پھر فرمایا کہ یہ دن حق ہے یقیناً آنے والا ہے، جو چاہے اپنے رب کے پاس اپنے لوٹنے کی جگہ اور وہ راستہ بنالے جس پر چل کر وہ اس کے پاس سیدھا جا پہنچے۔

إِنَّآ أَنذَرۡنَٰكُمۡ عَذَابٗا قَرِيبٗا يَوۡمَ يَنظُرُ ٱلۡمَرۡءُ مَا قَدَّمَتۡ يَدَاهُ

ہم نے تمہیں عنقریب آنے والے عذاب سے ڈرا دیا اور (چوکنا کر دیا) ہے جس دن انسان اپنے ہاتھوں کی کمائی کو دیکھ لے گا

ہم نے تمہیں بالکل قریب آئی ہوئی آفت سے آگاہ کر دیا ہے، آنے والی چیز تو آ گئی ہوئی سمجھنی چاہئے، اس دن نئے پرانے چھوٹے بڑے اچھے برے کل اعمال انسان کے سامنے ہوں گے جیسے فرمایا:

وَوَجَدُوا مَا عَمِلُوا حَاضِرًا (۱۸:۴۹)

جو کیا اسے سامنے پالیں گے

اور جگہ ہے:

يُنَبَّأُ الْإِنسَانُ يَوْمَئِذٍ بِمَا قَدَّمَ وَأَخَّرَ (۷۵:۱۳)

ہر انسان کو اس کے اگلے پچھلے اعمال سے متنبہ کیا جائے گا،

وَيَقُولُ الْكَافِرُ يَا لَيْتَنِي كُنتُ تُرَابًا (۴۰)

اور کافر کہے گا کہ کاش! میں مٹی ہو جاتا

اس دن کافر آرزو کرے گا کاش کہ وہ مٹی ہوتا پیدا ہی نہ کیا جاتا وجود میں ہی نہ آتا، اللہ کے عذاب کو آنکھ سے دیکھ لے گا اپنی بدکاریاں سامنے ہوں گی جو پاک فرشتوں کے منصف ہاتھوں کی لکھی ہوئی ہیں،

- پس ایک معنی تو یہ ہوئے کہ دنیا میں ہی مٹی ہونے کی یعنی پیدا نہ ہونے کی آرزو کرے گا،
- دوسرے معنی یہ ہیں کہ جب جانوروں کا فیصلہ ہو گا اور ان کے قصاص دلوائے جائیں گے یہاں تک کہ بے سینگ والی بکری کو اگر سینگ والی بکری نے مارا ہو گا تو اس سے بھی بدلہ دلوایا جائے گا پھر ان سے کہا جائے گا کہ مٹی ہو جاؤ چنانچہ وہ مٹی ہو جائیں گے، اس وقت یہ کافر انسان بھی کہے گا کہ ہائے کاش میں بھی حیوان ہوتا اور اب مٹی بن جاتا۔

حضور ﷺ کی لمبی حدیث میں بھی یہ مضمون وارد ہوا ہے اور حضرت ابوہریرہؓ اور حضرت عبداللہ بن عمروؓ سے بھی یہی مروی ہے،

# Surah Naziat

## سورۃ النّٰزِعَاتِ

بِسۡمِ اللّٰہِ الرَّحۡمٰنِ الرَّحِیۡمِ

وَالنّٰزِعَاتِ غَرۡقًا(۱)

ڈوب کر سختی سے کھینچنے والوں کی قسم

وَالنّٰشِطَاتِ نَشۡطًا(۲)

بند کھول کر چھڑا دینے والوں کی قسم

اس سے مراد فرشتے ہیں جو بعض لوگوں کی روحوں کو سختی سے گھسیٹتے ہیں اور بعض روحوں کو بہت آسانی سے نکالتے ہیں جیسے کسی کے بند کھول دیئے جائیں، کفار کی روحیں کھینچی جاتی ہیں پھر بند کھول دیئے جاتے ہیں اور جہنم میں ڈبو دیئے جاتے ہیں، یہ ذکر موت کے وقت کا ہے،

بعض کہتے ہیں وَالنّٰزِعَاتِ غَرۡقًا سے مراد موت ہے، بعض کہتے ہیں، دونوں پہلی آیتوں سے مطلب ستارے ہیں، بعض کہتے ہیں مراد سخت لڑائی کرنے والے ہیں، لیکن صحیح بات پہلی ہی ہے، یعنی روح نکالنے والے فرشتے،

وَالسّٰبِحَاتِ سَبۡحًا(۳)

اور تیرنے پھرنے والوں کی قسم

اسی طرح اس آیت کی نسبت بھی یہ تینوں تفسیریں مروی ہیں یعنی فرشتے موت اور ستارے۔ حضرت عطاءؒ فرماتے ہیں مراد کشتیاں ہیں،

فَالسّٰبِقَاتِ سَبۡقًا(۴)

پھر دوڑ کر آگے بڑھنے والوں کی قسم

اسی طرح سابقات کی تفسیر میں بھی تینوں قول ہیں، معنی یہ ہیں کہ ایمان اور تصدیق کی طرف آگے بڑھنے والے۔ عطاءؒ فرماتے ہیں مجاہدین کے گھوڑے مراد ہیں،

## فَالْمُدَبِّرَاتِ أَمْرًا (۵)

پھر کام کی تدبیر کرنے والوں کی قسم

پھر حکم اللہ کی تعمیل تدبیر سے کرنے والے اس سے مراد بھی فرشتے ہیں، جیسے حضرت علیؓ کا قول ہے، آسمان سے زمین کی طرف اللہ عزوجل کے حکم سے تدبیر کرتے ہیں،

امام ابن جریرؒ نے ان اقوال میں کوئی فیصلہ نہیں کیا،

## يَوْمَ تَرْجُفُ الرَّاجِفَةُ (۶)

جس دن کانپنے والی کانپے گی

## تَتْبَعُهَا الرَّادِفَةُ (۷)

اس کے بعد ایک پیچھے آنے والی (پیچھے پیچھے) آئے گی

کانپنے والی کے کانپنے اور اس کے پیچھے آنے والی کے پیچھے آنے سے مراد دونوں نفخہ ہیں، پہلے نفخہ کا بیان اس آیت میں بھی ہے:

يَوْمَ تَرْجُفُ ٱلْأَرْضُ وَٱلْجِبَالُ (۷۳:۱۴)

جس دن زمین اور پہاڑ کپکپا جائیں گے،

دوسرے نفخہ کا بیان اس آیت میں ہے

وَحُمِلَتِ ٱلْأَرْضُ وَٱلْجِبَالُ فَدُكَّتَا دَكَّةً وَاحِدَةً (۶۹:۱۴)

اور زمین اور پہاڑ اٹھا لئے جائیں گے، پھر دونوں ایک ہی دفعہ چور چور کر دیئے جائیں گے،

مسند احمد کی حدیث میں ہے رسول اللہ صلی اللہ علیہ وسلم فرماتے ہیں:

کانپنے والی آئے گی اس کے پیچھے ہی پیچھے آنے والی ہو گی یعنی موت اپنے ساتھ اپنی آفتوں کو لئے ہوئے آئے گی،

ایک شخص نے کہا حضور صلی اللہ علیہ وسلم اگر میں اپنے وظیفہ کا تمام وقت آپ پر درود پڑھنے میں گزاروں تو؟ آپ ﷺ نے فرمایا پھر تو اللہ تعالیٰ تجھے دنیا اور آخرت کے تمام غم ورنج سے بچالے گا۔

ترمذی میں ہے:

دو تہائی رات گزرنے کے بعد رسول اللہ صلی اللہ علیہ وسلم کھڑے ہوتے اور فرماتے لوگو اللہ کو یاد کرو کپکپانے والی آرہی ہے پھر اس کے پیچھے ہی اور آرہی ہے، موت اپنے ساتھ کی تمام آفات کو لئے ہوئے چلی آرہی ہے۔

قُلُوبٌ يَوْمَئِذٍ وَاجِفَةٌ (٨)

(بہت سے) دل اس دن دھڑکتے ہونگے

أَبْصَارُهَا خَاشِعَةٌ (٩)

جس کی نگاہیں نیچی ہونگی

اس دن بہت سے دل ڈر رہے ہوں گے، ایسے لوگوں کی نگاہیں ذلت و حقارت کے ساتھ پست ہوں گی کیونکہ وہ اپنے گناہوں اور اللہ کے عذاب کا معائنہ کر چکے ہیں۔

يَقُولُونَ أَإِنَّا لَمَرْدُودُونَ فِي الْحَافِرَةِ (١٠)

کہتے ہیں کہ کیا پہلی کی سی حالت کی طرف لوٹائے جائیں گے

مشرکین جو روز قیامت کے منکر تھے اور کہا کرتے تھے کہ کیا قبروں میں جانے کے بعد بھی ہم زندہ کئے جائیں گے؟ وہ آج اپنی اس زندگی کو رسوائی اور برائی کے ساتھ آنکھوں سے دیکھ لیں گے۔

حَافِرَة کہتے ہیں قبروں کو بھی،

حَافِرَة کے معنی موت کے بعد کی زندگی کے بھی مروی ہیں اور جہنم کا نام بھی ہے، اس کے نام بہت سے ہیں جیسے جحیم، سقر، جهنم، هاويه، حافره، لظى، حطمه وغیره

أَإِذَا كُنَّا عِظَامًا نَخِرَةً (١١)

کیا اس وقت جب کہ ہم بوسیدہ ہڈیاں ہو جائیں گے

یعنی قبروں میں چلے جانے کے بعد جسم کے ریزے ریزے ہو جانے کے بعد، جسم اور ہڈیوں کے گل سڑ جانے اور کھوکھلی ہو جانے کے بعد بھی کیا ہم زندہ کئے جائیں گے؟

قَالُوا تِلْكَ إِذًا كَرَّةٌ خَاسِرَةٌ (١٢)

کہتے ہیں کہ پھر تو یہ لوٹنا نقصان دہ ہے

پھر تو یہ دوبار کی زندگی خسارے اور گھاٹے والی ہوگی، کفار قریش کا یہ مقولہ تھا۔

فَإِنَّمَا هِيَ زَجْرَةٌ وَاحِدَةٌ (۱۳)

(معلوم ہونا چاہیئے) وہ تو صرف ایک (خوفناک) ڈانٹ ہے۔

فَإِذَا هُمْ بِالسَّاهِرَةِ (۱۴)

کہ (جس کے ظاہر ہوتے ہی) وہ ایک دم میدان میں جمع ہو جائیں گے

اب اللہ تعالیٰ فرماتا ہے کہ جس چیز کو یہ بڑی بھاری، ان ہونی اور ناممکن سمجھے ہوئے ہیں وہ ہماری قدرت کاملہ کے ماتحت ایک ادنیٰ سی بات ہے، ادھر ایک آواز دی ادھر سب زندہ ہو کر ایک میدان میں جمع ہو گئے، یعنی اللہ تعالیٰ حضرت اسرافیلؑ کو حکم دے گا وہ صور پھونک دیں گے بس ان کے صور پھونکتے ہی تمام اگلے پچھلے جی اٹھیں گے اور اللہ کے سامنے ایک ہی میدان میں کھڑے ہو جائیں گے، جیسے اور جگہ ہے:

يَوْمَ يَدْعُوكُمْ فَتَسْتَجِيبُونَ بِحَمْدِهِۦ وَتَظُنُّونَ إِن لَّبِثْتُمْ إِلَّا قَلِيلاً (۱۷:۵۲)

جس دن وہ تمہیں پکارے گا اور تم اس کی تعریفیں کرتے ہوئے اسے جواب دو گے اور جان لو گے کہ بہت ہی کم ٹھہرے

اور جگہ فرمایا:

وَمَآ أَمْرُنَآ إِلَّا وَٰحِدَةٌ كَلَمْحٍ بِٱلْبَصَرِ (۵۴:۵۰)

ہمارا حکم بس ایسا ایک بار گی ہو جائے گا جیسے آنکھ کا جھپکنا

اور جگہ ہے:

وَمَآ أَمْرُ ٱلسَّاعَةِ إِلَّا كَلَمْحِ ٱلْبَصَرِ أَوْ هُوَ أَقْرَبُ (۱۶:۷۷)

امر قیامت مثل آنکھ جھپکنے کے ہے بلکہ اس سے بھی زیادہ قریب۔

یہاں بھی یہی بیان ہو رہا ہے کہ صرف ایک آواز ہی کی دیر ہے اس دن پروردگار سخت غضبناک ہو گا، یہ آواز بھی غصہ کے ساتھ ہو گی، یہ آخری نفخہ ہے جس کے پھونکے جانے کے بعد ہی تمام لوگ زمین کے اوپر آ جائیں گے، حالانکہ اس سے پہلے نیچے تھے،

سَاهِرَه روئے زمین کو کہتے ہیں اور سیدھے صاف میدان کو بھی کہتے ہیں،

ثوریؒ کہتے ہیں مراد اس سے شام کی زمین ہے،

عثمان بن ابو العالیہؒ کا قول ہے مراد بیت المقدس کی زمین ہے۔

وہب بن منبہؒ کہتے ہیں بیت المقدس کے ایک طرف یہ ایک پہاڑ ہے،

قتادہؒ کہتے ہیں جہنم کو بھی سَاهِرَہ کہتے ہیں۔

لیکن یہ اقوال سب کے سب غریب ہیں، ٹھیک قول پہلا ہی ہے یعنی روئے زمین کے سب لوگ زمین پر جمع ہو جائیں گے، جو سفید ہو گی اور بالکل صاف اور خالی ہو گی جیسے میدے کی روٹی ہوتی ہے۔ اور جگہ ہے:

يَوْمَ تُبَدَّلُ ٱلْأَرْضُ غَيْرَ ٱلْأَرْضِ وَٱلسَّمَٰوَٰتُ ۖ وَبَرَزُوا۟ لِلَّهِ ٱلْوَٰحِدِ ٱلْقَهَّارِ (۱۴:۴۸)

جس دن یہ زمین بدل کر دوسری زمین ہو گی اور آسمان بھی بدل جائیں گا اور سب مخلوق اللہ تعالیٰ واحد وقہار کے روبرو ہو جائے گی

اور جگہ ہے:

وَيَسْـَٔلُونَكَ عَنِ ٱلْجِبَالِ ۔ فَقُلْ يَنسِفُهَا رَبِّى نَسْفًا فَيَذَرُهَا قَاعًا صَفْصَفًا ۔ لَّا تَرَىٰ فِيهَا عِوَجًا وَلَآ أَمْتًا (۲۰:۱۰۵،۷)

لوگ تجھ سے پہاڑوں کے بارے پوچھتے ہیں، تو کہہ دے کہ انہیں میرا رب ٹکڑے ٹکڑے کر دیگا اور زمین بالکل ہموار میدان بن جائے گی جس میں کوئی موڑ توڑ ہو گا، نہ اونچی نیچی جگہ

اور جگہ ہے

وَيَوْمَ نُسَيِّرُ ٱلْجِبَالَ وَتَرَى ٱلْأَرْضَ بَارِزَةً (۱۸:۴۷)

ہم پہاڑوں کو چلنے والا کر دیں گے اور زمین صاف ظاہر ہو جائے گی،

غرض ایک بالکل نئی زمین ہو گی جس پر نہ کبھی کوئی خطا ہوئی نہ قتل و گناہ۔

## هَلْ أَتَاكَ حَدِيثُ مُوسَىٰ (۱۵)

موسیٰ (علیہ السلام) کی خبر تمہیں پہنچی ہے؟

اللہ تعالیٰ اپنے رسول حضرت محمد صلی اللہ علیہ وسلم کو خبر دیتا ہے کہ اس نے اپنے بندے اور رسول حضرت موسیٰ علیہ السلام کو فرعون کی طرف بھیجا اور معجزات سے ان کی تائید کی، لیکن باوجود اس کے فرعون اپنی سرکشی اور اپنے کفر سے باز نہ آیا بالآخر اللہ کا عذاب اترا اور برباد ہو گیا، اسی طرح اے پیغمبر آخر الزمان صلی اللہ علیہ وسلم آپ کے مخالفین کا بھی حشر ہو گا۔ اسی لئے اس واقعہ کے خاتمہ پر فرمایا، ڈر والوں کے لئے اس میں عبرت ہے۔

إِذْ نَادَاهُ رَبُّهُ بِالْوَادِ الْمُقَدَّسِ طُوًى (١٦)

جب کہ انہیں ان کے رب نے پاک میدان طویٰ میں پکارا

پس فرماتا ہے کہ تجھے خبر بھی ہے؟ موسیٰ علیہ السلام کو اس کے رب نے آواز دی جبکہ وہ ایک مقدس میدان میں تھے جس کا نام طویٰ ہے۔ اس کا تفصیل سے بیان سورہ طہ میں گزر چکا ہے۔

اذْهَبْ إِلَى فِرْعَوْنَ إِنَّهُ طَغَى (١٧)

یہ کہ تم فرعون کے پاس جاؤ اس نے سرکشی اختیار کر لی ہے

آواز دے کر فرمایا کہ فرعون نے سرکشی تکبر، تجبر اور تمرد اختیار کر رکھا ہے تم اس کے پاس پہنچو

فَقُلْ هَلْ لَكَ إِلَى أَنْ تَزَكَّى (١٨)

اس سے کہو کہ کیا تو اپنی درستگی اور اصلاح چاہتا ہے

اور اسے میرا یہ پیغام دو کہ کیا تو چاہتا ہے کہ میری بات مان کر اس راہ پر چلے جو پاکیزگی کی راہ ہے، میری سن میری مان، سلامتی کے ساتھ پاکیزگی حاصل کر لے گا، یعنی کیا ایسا راستہ اور طریقہ تو پسند کرتا ہے جس سے تیری اصلاح ہو جائے اور وہ یہ ہے کہ مسلمان اور مطیع ہو جا۔

وَأَهْدِيَكَ إِلَى رَبِّكَ فَتَخْشَى (١٩)

اور یہ کہ میں تجھے تیرے رب کی راہ دکھاؤں تاکہ تو (اس سے) ڈرنے لگے

میں تجھے اللہ کی عبادت کے وہ طریقے بتاؤں گا جس سے تیرا دل نرم اور روشن ہو جائے اس میں خشوع و خضوع پیدا ہو اور دل کی سختی اور بدبختی دور ہو۔

فَأَرَاهُ الْآيَةَ الْكُبْرَى (٢٠)

پس اسے بڑی نشانی دکھائی

فَكَذَّبَ وَعَصَى (٢١)

تو اس نے جھٹلایا اور نافرمانی کی۔

حضرت موسیٰؑ فرعون کے پاس پہنچے اللہ کا فرمان پہنچایا، حجت ختم کی دلائل بیان کئے یہاں تک کہ اپنی سچائی کے ثبوت میں معجزات بھی دکھائے لیکن وہ برابر حق کی تکذیب کرتا رہا اور حضرت موسیٰؑ کی باتوں کی نافرمانی پر جما رہا چونکہ دل میں کفر جاگزیں ہو چکا تھا اس سے طبیعت نہ ہٹی اور حق واضح ہو جانے کے باوجود ایمان و تسلیم نصیب نہ ہوئی، یہ اور بات ہے کہ دل سے جانتا تھا کہ یہ حق برحق نبی ہیں اور ان کی تعلیم بھی برحق ہے لیکن دل کی معرفت اور چیز ہے اور ایمان اور چیز ہے دل کی معرفت پر عمل کرنے کا نام ایمان ہے کہ حق کا تابع فرمان بن جائے اور اللہ رسول کی باتوں پر عمل کرنے کے لئے جھک جائے۔

ثُمَّ أَدْبَرَ يَسْعَىٰ (۲۲)

پھر پلٹا دوڑ دھوپ کرتے ہوئے

پھر اس نے حق سے منہ موڑ لیا اور خلاف حق کوشش کرنے لگا،

فَحَشَرَ فَنَادَىٰ (۲۳)

پھر سب کو جمع کر کے پکارا۔

فَقَالَ أَنَا رَبُّكُمُ الْأَعْلَىٰ (۲۴)

تم سب کا رب میں ہی ہوں۔

جادوگروں کو جمع کر کے ان کے ہاتھوں حضرت موسیٰؑ کو نیچا دکھانا چاہا۔ اپنی قوم کو جمع کیا اور اس میں منادی کی کہ تم سب میں بلند و بالا میں ہی ہوں، اس سے چالیس سال پہلے وہ کہہ چکا تھا کہ مَا عَلِمْتُ لَكُم مِّنْ إِلَٰهٍ غَيْرِي (۲۸:۳۸) یعنی میں نہیں جانتا کہ میرے سوا تمہارا معبود کوئی اور بھی ہو، اب تو اس کی طغیانی حد سے بڑھ گئی اور صاف کہہ دیا کہ میں ہی رب ہوں، بلندیوں والا اور سب پر غالب میں ہی ہوں،

فَأَخَذَهُ اللَّهُ نَكَالَ الْآخِرَةِ وَالْأُولَىٰ (۲۵)

تو (سب سے بلند و بالا) اللہ نے بھی اسے آخرت کے اور دنیا کے عذاب میں گرفتار کر لیا

اللہ تعالیٰ فرماتا ہے ہم نے بھی اس سے وہ انتقام لیا جو اس جیسے تمام سرکشوں کے لئے ہمیشہ ہمیشہ سبب عبرت بن جائے دنیا میں بھی اور آخرت میں بھی جس کے بدترین عذاب تو ابھی باقی ہیں، جیسے فرمایا:

وَجَعَلْنَـٰهُمْ أَئِمَّةً يَدْعُونَ إِلَى ٱلنَّارِ ۖ وَيَوْمَ ٱلْقِيَـٰمَةِ لَا يُنصَرُونَ (۲۸:۴۱)

ہم نے انہیں جہنم کی طرف بلانے والے پیش رو بنائے قیامت کے دن یہ مدد نہ کئے جائیں گے،

پس صحیح ترمعنی آیت کے یہی ہیں کہ آخرت اور اولیٰ سے مراد دنیا اور آخرت ہے،

بعض نے کہاہے اول آخر سے مراد اس کے دونوں قول ہیں یعنی پہلے یہ کہنا کہ میرے علم میں میرے سوا تمہارا کوئی رب نہیں، پھر یہ کہنا کہ تمہارا سب کا بلند رب میں ہوں،

بعض کہتے ہیں مراد کفر و نافرمانی ہے، لیکن صحیح قول پہلا ہی ہے اور اس میں کوئی شک نہیں،

إِنَّ فِي ذَٰلِكَ لَعِبْرَةً لِّمَن يَخْشَىٰ (۲۶)

بیشک اس میں اس شخص کے لئے عبرت ہے جو ڈرے

اس میں ان لوگوں کے لئے عبرت و نصیحت ہے جو نصیحت حاصل کریں اور باز آجائیں۔

أَأَنتُمْ أَشَدُّ خَلْقًا أَمِ السَّمَاءُ ۚ

کیا تمہارا پیدا کرنا زیادہ دشوار ہے یا آسمان کا؟

جو لوگ مرنے کے بعد زندہ ہونے کے منکر تھے، انہیں پروردگار دلیلیں دیتا ہے کہ تمہاری پیدائش سے تو بہت زیادہ مشکل پیدائش آسمانوں کی ہے، جیسے اور جگہ ہے:

لَخَلْقُ ٱلسَّمَـٰوَٰتِ وَٱلْأَرْضِ أَكْبَرُ مِنْ خَلْقِ ٱلنَّاسِ (۴۰:۵۷)

زمین و آسمان کی پیدائش انسانوں کی پیدائش سے زیادہ بھاری ہے

اور جگہ ہے:

أَوَلَيْسَ ٱلَّذِى خَلَقَ ٱلسَّمَـٰوَٰتِ وَٱلْأَرْضَ بِقَـٰدِرٍ عَلَىٰٓ أَن يَخْلُقَ مِثْلَهُم ۚ بَلَىٰ وَهُوَ ٱلْخَلَّـٰقُ ٱلْعَلِيمُ (۳۶:۸۱)

کیا جس نے زمین و آسمان پیدا کر دیا ہے ان جیسے انسانوں کو دوبارہ پیدا کرنے پر قدرت نہیں رکھتا؟ ضرور وہ قادر ہے اور وہی بڑا پیدا کرنے والا اور خوب جاننے والا ہے،

بَنَاهَا (۲۷)

اللہ نے اسے بنایا۔

آسمان کو اس نے بنایا۔

رَفَعَ سَمْكَهَا فَسَوَّاهَا (۲۸)

اس کی بلندی اونچی کی پھر اسے ٹھیک ٹھاک کر دیا۔

یعنی بلند و بالا خوب چوڑا اور کشادہ اور بالکل برابر بنایا پھر اندھیری راتوں میں خوب چمکنے والے ستارے اس میں جڑ دیئے،

وَأَغْطَشَ لَيْلَهَا وَأَخْرَجَ ضُحَاهَا (۲۹)

اسکی رات کو تاریک بنایا اسکے دن کو روشن بنایا۔

رات کو سیاہ اور اندھیرے والی بنایا اور دن کو روشن اور نور والا بنایا،

وَالْأَرْضَ بَعْدَ ذَٰلِكَ دَحَاهَا (۳۰)

اس کے بعد زمین کو (ہموار) بچھا دیا۔

اور زمین کو اس کے بعد بچھا دیا

أَخْرَجَ مِنْهَا مَاءَهَا وَمَرْعَاهَا (۳۱)

اس میں سے پانی اور چارہ نکالا۔

یعنی پانی اور چارہ نکالا۔

سورہ حم سجدہ میں یہ بیان گزر چکا ہے کہ زمین کی پیدائش تو آسمان سے پہلے ہے ہاں اس کی برکات کا اظہار آسمانوں کی پیدائش کے بعد ہوا جس کا بیان یہاں ہو رہا ہے،

ابن عباسؓ اور بہت سے مفسرین سے یہی مروی ہے،

امام ابن جریرؒ بھی اسی کو پسند فرماتے ہیں، اس کا تفصیلی بیان گزر چکا ہے۔

وَالْجِبَالَ أَرْسَاهَا (۳۲)

اور پہاڑوں کو (مضبوط) گاڑھ دیا۔

اور پہاڑوں کو اس نے خوب مضبوط گاڑ دیا ہے وہ حکمتوں والا صحیح علم والا ہے اور ساتھ ہی اپنی مخلوق پر بیحد مہربان ہے،

مسند احمد میں ہے:

رسول اللہ صلی اللہ علیہ وسلم فرماتے ہیں کہ جب اللہ تعالیٰ نے زمین کو پیدا کیا وہ ہلنے لگی پروردگار نے پہاڑوں کو پیدا کر کے زمین پر گاڑ دیا جس سے وہ ٹھہر گئی۔ فرشتوں کو اس سے سخت تر تعجب ہوا اور پوچھنے لگے اللہ تیری مخلوق میں ان پہاڑوں سے بھی زیادہ سخت چیز کوئی اور ہے؟ اللہ تعالیٰ نے فرمایا ہاں لوہا،

پوچھا اس سے بھی زیادہ سخت؟ فرمایا آگ، پوچھا اس سے بھی زیادہ سخت؟ فرمایا ہاں پانی،

پوچھا اس سے بھی زیادہ سخت؟ فرمایا ہوا،

پوچھا پروردگار کیا تیری مخلوق میں اس سے بھاری کوئی اور چیز ہے؟ فرمایا ہاں ابن آدم وہ یہ ہے کہ اپنے دائیں ہاتھ سے جو خرچ کرتا ہے اس کی خبر بائیں ہاتھ کو بھی نہیں ہوتی۔

ابن جریر میں حضرت علی رضی اللہ تعالیٰ عنہ سے مروی ہے کہ جب زمین کو اللہ تعالیٰ نے پیدا کیا تو وہ کانپنے لگی اور کہنے لگی تو آدم اور اس کی اولاد کو پیدا کرنے والا ہے جو اپنی گندگی مجھ پر ڈالیں گے اور میری پیٹھ پر تیری نافرمانیاں کریں گے، اللہ تعالیٰ نے پہاڑ گاڑ کر زمین کو ٹھہرا دیا بہت سے پہاڑ تم دیکھ رہے ہو اور بہت سے تمہاری نگاہوں سے اوجھل ہیں، زمین کا پہاڑوں کے بعد سکون حاصل کرنا بالکل ایسا ہی تھا جیسے اونٹ کو ذبح کرتے ہی اس کا گوشت تھرکتا رہتا ہے پھر کچھ دیر بعد ٹھہر جاتا ہے۔

مَتَاعًا لَّكُمْ وَلِأَنْعَامِكُمْ (۳۳)

یہ سب تمہارے اور تمہارے جانوروں کے فائدے کے لئے ہیں۔

پھر فرماتا ہے کہ یہ سب تمہارے اور تمہارے جانوروں کے فائدے کے لئے ہے، یعنی زمین سے چشموں اور نہروں کا جاری کرنا زمین کے پوشیدہ خزانوں کو ظاہر کرنا کھیتیاں اور درخت اگانا پہاڑوں کا گاڑنا تاکہ زمین سے پورا پورا فائدہ تم اٹھا سکو، یہ سب باتیں انسانوں کے فائدے کیلئے ہیں اور ان کے جانوروں کے فائدے کے لئے پھر وہ جانور بھی انہی کے فائدے کے لئے ہیں کہ بعض کا گوشت کھاتے ہیں بعض پر سواریاں لیتے ہیں اور اپنی عمر اس دنیا میں سکھ چین سے بسر کر رہے ہیں۔

فَإِذَا جَاءَتِ الطَّامَّةُ الْكُبْرَىٰ (۳۴)

پس جب وہ بڑی آفت (قیامت) آجائے گی۔

الطَّامَّةُ الْكُبْرَىٰ سے مراد قیامت کا دن ہے اس لئے کہ وہ ہولناک اور بڑے ہنگامے والا دن ہو گا، جیسے فرمایا:

وَٱلسَّاعَةُ أَدْهَىٰ وَأَمَرُّ (۵۴:۴۶)

قیامت بڑی سخت اور ناگوار چیز ہے،

## يَوْمَ يَتَذَكَّرُ الْإِنسَانُ مَا سَعَىٰ (۳۵)

جس دن کے انسان اپنے کئے ہوئے کاموں کو یاد کرے گا۔

اس دن ابن آدم اپنے بھلے برے اعمال کو یاد کرے گا اور کافی نصیحت حاصل کر لے گا، جیسے اور جگہ ہے:

يَوْمَئِذٍ يَتَذَكَّرُ ٱلْإِنسَٰنُ وَأَنَّىٰ لَهُ ٱلذِّكْرَىٰ (۸۹:۲۳)

اس دن آدمی نصیحت حاصل کرلے گا لیکن آج کی نصیحت اسے کچھ فائدہ نہ دے گی،

## وَبُرِّزَتِ الْجَحِيمُ لِمَن يَرَىٰ (۳۶)

اور ہر دیکھنے والے کے سامنے جہنم ظاہر کی جائے گی۔

لوگوں کے سامنے جہنم لائی جائے گی اور وہ اپنی آنکھوں سے اسے دیکھ لیں گے۔

## فَأَمَّا مَن طَغَىٰ (۳۷)

تو جس (شخص) نے سرکشی کی (ہوگی)

## وَآثَرَ الْحَيَاةَ الدُّنْيَا (۳۸)

اور دنیاوی زندگی کو ترجیح دی ہوگی۔

## فَإِنَّ الْجَحِيمَ هِيَ الْمَأْوَىٰ (۳۹)

(اسکا) ٹھکانا جہنم ہی ہے۔

اس دن سرکشی کرنے والوں اور دنیا کو دین پر ترجیح دینے والوں کو ٹھکانا جہنم ہو گا، ان کی خوراک زقوم ہو گا اور ان کا پانی حمیم ہو گا،

وَأَمَّا مَنْ خَافَ مَقَامَ رَبِّهِ وَنَهَى النَّفْسَ عَنِ الْهَوَى (۴۰)

ہاں جو شخص اپنے رب کے سامنے کھڑے ہونے سے ڈرتا رہا ہو گا اور اپنے نفس کو خواہش سے روکا ہو گا۔

فَإِنَّ الْجَنَّةَ هِيَ الْمَأْوَى (۴۱)

تو اس کا ٹھکانا جنت ہی ہے۔

ہاں ہمارے سامنے کھڑے ہونے سے ڈرتے رہنے والوں، اپنے آپ کو نفسانی خواہشوں سے بچاتے رہنے والوں، خوف اللہ دل میں رکھنے والوں اور برائیوں سے باز رہنے والوں کا ٹھکانا جنت ہے اور وہاں کی تمام نعمتوں کے حصہ دار صرف یہی ہیں۔

يَسْأَلُونَكَ عَنِ السَّاعَةِ أَيَّانَ مُرْسَاهَا (۴۲)

لوگ آپ سے قیامت کے واقع ہونے کا وقت دریافت کرتے ہیں

پھر فرمایا کہ قیامت کے بارے میں تم سے سوال ہو رہے ہیں،

فِيمَ أَنْتَ مِنْ ذِكْرَاهَا (۴۳)

آپ کو اس کے بیان کرنے سے کیا تعلق؟

تم کہہ دو کہ نہ مجھے اس کا علم ہے نہ مخلوق میں سے کسی اور کو صرف اللہ ہی جانتا ہے کہ قیامت کب آئے گی۔

إِلَى رَبِّكَ مُنْتَهَاهَا (۴۴)

اس کے علم کی انتہا تو اللہ کی جانب ہے۔

اس کا صحیح وقت کسی کو معلوم نہیں وہ زمین و آسمان پر بھاری پڑ رہی ہے، حالانکہ دراصل اس کا علم سوائے اللہ تبارک وتعالیٰ کے اور کسی کو نہیں،

حضرت جبرائیل علیہ السلام بھی جس وقت انسانی صورت میں آپ ﷺ کے پاس آئے اور کچھ سوالات کئے جن کے جوابات آپ نے دیئے پھر یہی قیامت کے دن کے تعیین کا سوال کیا تو آپ ﷺ نے فرمایا:

جس سے پوچھتے ہو، نہ وہ اسے جانتا ہے نہ خود پوچھنے والے کو اس کا علم ہے۔

إِنَّمَا أَنتَ مُنذِرُ مَن يَخْشَاهَا (۴۵)

آپ تو صرف اس سے ڈرتے رہنے والوں کو آگاہ کرنے والے ہیں

پھر فرمایا کہ اے نبی تم تو صرف لوگوں کے ڈرانے والے ہو اور اس سے نفع انہیں کو پہنچے گا جو اس خوفناک دن کا ڈر رکھتے ہیں اور تیاری کر لیں گے اور اس دن کے خطرے سے بچ جائیں گے، باقی جو لوگ ہیں وہ آپ کے فرمان سے عبرت حاصل نہیں کریں گے بلکہ مخالفت کریں گے اور اس دن بدترین نقصان اور مہلک عذابوں میں گرفتار ہوں گے،

كَأَنَّهُمْ يَوْمَ يَرَوْنَهَا لَمْ يَلْبَثُوا إِلَّا عَشِيَّةً أَوْ ضُحَاهَا (۴۶)

جس روز یہ اسے دیکھ لیں گے تو ایسا معلوم ہو گا کہ صرف دن کا آخری حصہ یا اول حصہ ہی (دنیا میں) رہے ہیں

لوگ جب اپنی اپنی قبروں سے اٹھ کر محشر کے میدان میں جمع ہوں گے، اس وقت اپنی دنیا کی زندگی انہیں بہت ہی تھوڑی نظر آئے گی اور ایسا معلوم ہو گا کہ صرف صبح کا یا صرف شام کا کچھ حصہ دنیا میں گزارا ہے،

ظہر سے لے کر آفتاب کے غروب ہونے کے وقت کو عَشِيَّة کہتے ہیں اور سورج نکلنے سے لے کر آدھے دن تک کے وقت کو ضحی کہتے ہیں، مطلب یہ ہے کہ آخرت کو دیکھ کر دنیا کی لمبی عمر بھی اتنی کم محسوس ہونے لگی۔

# Surah Abasa

## سورۃ عبس

بِسْمِ اللّٰہِ الرَّحْمٰنِ الرَّحِیْمِ

### تبلیغ دین میں فقیر و غنی سب برابر:

بہت سے مفسرین سے مروی ہے کہ رسول اللہ صلی اللہ علیہ وسلم ایک مرتبہ قریش کے سرداروں کو اسلامی تعلیم سمجھا رہے تھے اور مشغولی کے ساتھ ان کی طرف متوجہ تھے دل میں خیال تھا کہ کیا عجب اللہ انہیں اسلام نصیب کر دے، ناگہاں حضرت عبداللہ بن ام مکتوم رضی اللہ تعالیٰ عنہ آپ صلی اللہ علیہ وسلم کے پاس آئے، پرانے مسلمان تھے عموماً حضور صلی اللہ علیہ وسلم کی خدمت میں حاضر ہوتے رہتے تھے اور دنیا اسلام کی تعلیم سیکھتے رہتے تھے اور مسائل دریافت کیا کرتے تھے، آج بھی حسب عادت آتے ہی سوالات شروع کئے اور آگے بڑھ بڑھ کر حضور صلی اللہ علیہ وسلم کو اپنی طرف متوجہ کرنا چاہا، آپ صلی اللہ علیہ وسلم چونکہ اس وقت ایک اہم امر دینی میں پوری طرح مشغول تھے ان کی طرف توجہ نہ فرمائی بلکہ ذرا گراں خاطر گزرا اور پیشانی پر بل پڑ گئے اس پر یہ آیتیں نازل ہوئیں۔

عَبَسَ وَتَوَلّٰٓى (۱)

وہ ترش رو ہوا اور منہ موڑ لیا۔

أَنْ جَآءَهُ الْأَعْمٰى (۲)

(صرف اس لئے) کہ اس کے پاس ایک نابینا آیا

وَمَا يُدْرِيْكَ لَعَلَّهٗ يَزَّكّٰٓى (۳)

تجھے کیا خبر شاید وہ سنور جاتا

أَوْ يَذَّكَّرُ فَتَنْفَعَهُ الذِّكْرٰى (۴)

یا نصیحت سنتا اور اسے نصیحت فائدہ پہنچاتی۔

آپ صلی اللہ علیہ وسلم کی بلند شان اور اعلیٰ اخلاق کے لائق یہ بات نہ تھی کہ اس نابینا سے جو ہمارے خوف سے دوڑتا بھاگتا آپؐ کی خدمت میں علم دین سیکھنے کے لئے آئے اور آپؐ اس سے منہ پھیر لیں اور ان کی طرف متوجہ ہیں جو سرکش ہیں اور مغرور و متکبر ہیں۔ بہت ممکن ہے کہ یہی پاک ہو جائے اور اللہ کی باتیں سن کر برائیوں سے بچ جائے اور احکام کی تعمیل میں تیار ہو جائے،

أَمَّا مَنِ اسْتَغْنَىٰ (٥)

جو بے پروائی کرتا ہے

فَأَنتَ لَهُ تَصَدَّىٰ (٦)

اس کی طرف تو پوری توجہ کرتا۔

یہ کیا کہ آپ صلی اللہ علیہ وسلم ان بے پرواہ لوگوں کی جانب تمام تر توجہ فرمالیں؟

وَمَا عَلَيْكَ أَلَّا يَزَّكَّىٰ (٧)

حالانکہ اس کے نہ سنورنے سے تجھ پر کوئی الزام نہیں۔

آپ صلی اللہ علیہ وسلم پر کوئی ان کو راہ راست پر لا کھڑا کرنا ضروری تھوڑے ہی ہے؟ وہ اگر آپ صلی اللہ علیہ وسلم کی باتیں نہ مانیں تو آپ صلی اللہ علیہ وسلم پر ان کے اعمال کی پکڑ ہر گز نہیں،

وَأَمَّا مَن جَاءَكَ يَسْعَىٰ (٨)

جو شخص تیرے پاس دوڑتا ہوا آتا ہے

وَهُوَ يَخْشَىٰ (٩)

اور وہ ڈر (بھی) رہا ہے

فَأَنتَ عَنْهُ تَلَهَّىٰ (١٠)

تو اس سے بے رخی برتتا ہے

مطلب یہ ہے کہ تبلیغ دین میں شریف و ضعیف، فقیر و غنی، آزاد و غلام، مرد و عورت، چھوٹے بڑے سب برابر ہیں، آپ صلی اللہ علیہ وسلم سب کو یکساں نصیحت کیا کریں،

ہدایت اللہ کے ہاتھ ہے، وہ اگر کسی کو راہ راست سے دور رکھے تو اس کی حکمت وہی جانتا ہے جسے اپنی راہ لگالے اسے بھی وہی خوب جانتا ہے،

حضرت ابن ام مکتومؓ کے آنے کے وقت حضور صلی اللہ علیہ وسلم کا مخاطب ابی بن خلف تھا اس کے بعد حضور صلی اللہ علیہ وسلم ابن ام مکتوم کی بڑی تکریم اور آؤ بھگت کیا کرتے تھے (مسند ابو یعلی)

حضرت انسؓ فرماتے ہیں میں نے ابن ام مکتومؓ کو قادسیہ کی لڑائی میں دیکھا ہے، زرہ پہنے ہوئے تھے اور سیاہ جھنڈا لئے ہوئے تھے،

حضرت عبداللہ بن عمرؓ فرماتے ہیں کہ میں نے رسول اللہ صلی اللہ علیہ وسلم سے سنا آپؐ فرماتے تھے:

بلال رات رہتے ہوئے اذان دیا کرتے ہیں تو تم سحری کھاتے پیتے رہو یہاں تک کہ ابن ام مکتوم کی اذان سنو یہ وہ نابینا ہیں جن کے بارے میں آیت عَبَسَ وَتَوَلّٰٓى أَنْ جَآءَهُ الْأَعْمٰى اتری تھی،

یہ بھی مؤذن تھے بینائی میں نقصان تھا جب لوگ صبح صادق دیکھ لیتے اور اطلاع کرتے کہ صبح ہوئی تب یہ اذان کہا کرتے تھے (ابن ابی حاتم)

ابن ام مکتومؓ کا مشہور نام تو عبداللہ ہے بعض نے کہا ہے ان کا نام عمرو ہے، واللہ اعلم

كَلَّآ إِنَّهَا تَذْكِرَةٌ (۱۱)

یہ ٹھیک نہیں قرآن تو نصیحت کی چیز ہے۔

إِنَّهَا تَذْكِرَةٌ یعنی یہ نصیحت ہے اس سے مراد یا تو یہ سورت ہے یا یہ مساوات کہ تبلیغ دین میں سب یکساں مراد ہے

فَمَنْ شَآءَ ذَكَرَهُ (۱۲)

جو چاہے اس سے نصیحت لے

سدیؒ کہتے ہیں مراد اس سے قرآن ہے، جو شخص چاہے اسے یاد کرلے یعنی اللہ کو یاد کرے اور اپنے تمام کاموں میں اس کے فرمان کو مقدم رکھے، یا یہ مطلب ہے کہ وحی الہٰی کو یاد کرلے،

فِي صُحُفٍ مُّكَرَّمَةٍ (۱۳)

(یہ تو) پر عظمت آسمانی کتب میں سے (ہے)

مَرْفُوعَةٍ مُطَهَّرَةٍ (۱۴)

جو بلند بالا اور پاک صاف ہے۔

بِأَيْدِي سَفَرَةٍ (۱۵)

ایسے لکھنے والوں کے ہاتھوں میں ہے

كِرَامٍ بَرَرَةٍ (۱۶)

جو بزرگ اور پاکباز ہیں

یہ سورت اور یہ وعظ و نصیحت بلکہ سارے کا سارا قرآن مؤقر معزز اور معتبر صحیفوں میں ہے جو بلند قدر اور اعلیٰ مرتبہ والے ہیں جو میل کچیل اور کمی زیادتی سے محفوظ اور پاک صاف ہیں، جو فرشتوں کے پاس ہاتھوں میں ہیں اور یہ بھی مطلب ہو سکتا ہے کہ اصحاب رسول صلی اللہ علیہ وسلم کے پاکیزہ ہاتھوں میں ہے۔

حضرت قتادہؓ کا قول ہے کہ اس سے مراد قاری ہیں۔

امام ابن جریرؒ فرماتے ہیں صحیح بات یہی ہے کہ اس سے مراد فرشتے ہیں جو اللہ تعالیٰ اور مخلوق کے درمیان سفیر ہیں، سفیر اسے کہتے ہیں کہ جو صلح اور بھلائی کے لیے لوگوں میں کوشش کرتا پھرے، عرب شاعر کے شعر میں بھی یہی معنی پائے جاتے ہیں،

امام بخاری رحمۃ اللہ علیہ فرماتے ہیں اس سے مراد فرشتے ہیں جو فرشتے اللہ کی جانب سے وحی وغیرہ لے کر آتے ہیں وہ ایسے ہی ہیں جیسے لوگوں میں صلح کرانے والے سفیر ہوتے ہیں، وہ ظاہر باطن میں پاک ہیں، وجیہ خوش رو شریف اور بزرگ ظاہر میں، اخلاق و افعال کے پاکیزہ باطن میں۔

یہاں سے یہ بھی معلوم کرنا چاہیے کہ قرآن کے پڑھنے والوں کو اعمال و اخلاق اچھے رکھنے چاہئیں،

مسند احمد کی ایک حدیث میں ہے رسول اللہ ﷺ فرماتے ہیں کہ جو قرآن کو پڑھے اور اس کی مہارت حاصل کرے وہ بزرگ لکھنے والے فرشتوں کیساتھ ہو گا اور جو باوجود مشقت کبھی پڑھے اسے دوہرا اجر ملے گا۔

قُتِلَ الْإِنسَانُ مَا أَكْفَرَهُ (۱۷)

اللہ کی مار انسان پر کیسا ناشکرا ہے۔

## ریڑھ کی ہڈی اور تخلیق ثانی:

جو لوگ مرنے کے بعد جی اٹھنے کے انکاری تھے ان کی یہاں مذمت بیان ہو رہی ہے۔

ابن عباسؓ فرماتے ہیں یعنی انسان پر لعنت ہو یہ کتنا بڑا ناشکر گزار ہے،

اور یہ بھی معنی بیان کئے گئے ہیں کہ عموماً تمام انسان جھٹلانے والے ہیں بلا دلیل محض اپنے خیال سے ایک چیز کو ناممکن جان کر باوجود علمی سرمایہ کی کمی کے جھٹ سے اللہ کی باتوں کی تکذیب کر دیتے ہیں،

اور یہ بھی کہا گیا ہے کہ اسے اس جھٹلانے پر کونسی چیز آمادہ کرتی ہے؟

اس کے بعد اس کی اصلیت جتائی جاتی ہے

مِنۡ أَيِّ شَيۡءٍ خَلَقَهُۥ (١٨)

اسے اللہ نے کس چیز سے پیدا کیا۔

کہ وہ خیال کرے کہ کس قدر حقیر اور ذلیل چیز سے اللہ نے اسے بنایا ہے، کیا وہ اسے دوبارہ پیدا کرنے پر قدرت نہیں رکھتا؟

مِن نُّطۡفَةٍ خَلَقَهُۥ فَقَدَّرَهُۥ (١٩)

(اسے) ایک نطفہ سے پھر اندازہ پر رکھا اس کو۔

اس نے انسان کو منی کے قطرے سے پیدا کیا پھر اس کی تقدیر مقدر کی یعنی عمر روزی عمل اور نیک و بد ہونا لکھا۔

ثُمَّ السَّبِيلَ يَسَّرَهُۥ (٢٠)

پھر اس کے لئے راستہ آسان کیا

پھر اس کے لیے ماں کے پیٹ سے نکلنے کا راستہ آسان کر دیا

اور یہ بھی معنی ہیں کہ ہم نے اپنے دین کا راستہ آسان کر دیا یعنی واضح اور ظاہر کر دیا، جیسے اور جگہ ہے:

إِنَّا هَدَيۡنَٰهُ السَّبِيلَ إِمَّا شَاكِرًا وَإِمَّا كَفُورًا (٧٦:٣)

ہم نے اسے راہ دکھائی پھر یا تو وہ شکر گزار بنے یا ناشکرا،

حسنؒ اور ابن زیدؒ اسی کو راجح بتاتے ہیں۔ واللہ اعلم

ثُمَّ أَمَاتَهُ فَأَقْبَرَهُ (٢١)

پھر اسے موت دی اور پھر قبر میں دفن کیا۔

اس کی پیدائش کے بعد پھر اسے موت دی اور پھر قبر میں لے گیا۔ عرب کا محاورہ ہے کہ وہ جب کسی کو دفن کریں تو کہتے ہیں۔قبرتُ الرَّجُلَ اور کہتے ہیں اَقبَرَہُ اللہ اسی طرح کے اور بھی محاورے ہیں مطلب یہ ہے کہ اب اللہ نے اسے قبر والا بنادیا۔

ثُمَّ إِذَا شَاءَ أَنشَرَهُ (٢٢)

پھر جب چاہے گا اسے زندہ کر دے گا۔

پھر جب اللہ چاہے گا اسے دوبارہ زندہ کر دے گا، اسی زندگی کو بعثت بھی کہتے ہیں اور نشور بھی، جیسے فرمایا:

وَمِنْ ءَايَتِهِ أَنْ خَلَقَكُم مِّن تُرَابٍ ثُمَّ إِذَآ أَنتُم بَشَرٌ تَنتَشِرُونَ (٣٠:٢٠)

اس کی نشانیوں میں سے ایک یہ بھی ہے کہ اس نے تمہیں مٹی سے پیدا کیا پھر تم انسان بن کر اٹھ بیٹھے

اور جگہ ہے

وَانظُرْ إِلَى الْعِظَامِ كَيْفَ نُنشِزُهَا ثُمَّ نَكْسُوهَا لَحْمًا (٢:٢٥٩)

ہڈیوں کو دیکھو کہ ہم کس طرح انہیں اٹھاتے بٹھاتے ہیں، پھر کس طرح انہیں گوشت چڑھاتے ہیں

ابن ابی حاتم کی حدیث میں ہے رسول اللہ صلی اللہ علیہ وآلہ وسلم فرماتے ہیں:

انسان کے تمام اعضاء وغیرہ کو مٹی کھا جاتی ہے مگر ریڑھ کی ہڈی کو نہیں کھاتی،

لوگوں نے کہا وہ کیا ہے؟

آپ صلی اللہ علیہ وسلم نے فرمایا رائی کے دانے کے برابر ہے اسی سے پھر تمہاری پیدائش ہو گی۔

یہ حدیث بغیر سوال وجواب کی زیادتی کے بخاری مسلم میں بھی ہے:

ابن آدم گل سڑ جاتا ہے مگر ریڑھ کی ہڈی کہ اسی سے پیدا کیا گیا ہے اور اسی سے پھر ترکیب دیا جائے گا۔

كَلَّا لَمَّا يَقْضِ مَا أَمَرَهُ (٢٣)

ہرگز نہیں اب تک اللہ کے حکم کی بجا آوری نہیں کی۔

اللہ تبارک وتعالیٰ فرماتا ہے کہ جس طرح یہ ناشکرا اور بے قدر انسان کہتا ہے کہ اس نے اپنی جان ومال میں اللہ کا جو حق تھا وہ ادا کر دیا لیکن ایسا ہرگز نہیں ہے بلکہ ابھی تو اس نے فرائض اللہ سے بھی سبکدوشی حاصل نہیں کی۔

حضرت مجاہدؒ کا فرمان ہے کہ کسی شخص سے اللہ تعالیٰ کے فرائض کی پوری ادائیگی نہیں ہو سکتی۔ حسن بصریؒ سے بھی ایسے ہی معنی مروی ہیں،

متقدمین میں سے میں نے تو اس کے سوا کوئی اور کلام نہیں پایا، ہاں مجھے اس کے یہ معنی معلوم ہوتے ہیں کہ فرمان باری کا یہ مطلب ہے:

پھر جب چاہے دوبارہ پیدا کرے گا، اب تک اس کے فیصلے کے مطابق وقت نہیں آیا۔ یعنی ابھی وہ ایسا نہیں کرے گا یہاں تک کہ مدت مقررہ ختم ہو اور بنی آدم کی تقدیر پوری ہو، ان کی قسمت میں اس دنیا میں آنا اور یہاں برا بھلا کرنا وغیرہ جو مقدر ہو چکا ہے۔ وہ سب اللہ کے اندازے کے مطابق پورا ہو چکے اس وقت وہ خلاق کل دوبارہ زندہ کرے گا اور جیسے کہ پہلی مرتبہ پیدا کیا تھا اب دوسری دفعہ پھر پیدا کر دے گا،

ابن ابی حاتم میں حضرت وہب بن منبہ رحمۃ اللہ علیہ سے مروی ہے:

حضرت عزیر علیہ السلام نے فرمایا میرے پاس ایک فرشتہ آیا اور اس نے مجھ سے کہا کہ قبریں زمین کا پیٹ ہیں اور زمین مخلوق کی ماں ہے جب کہ کل مخلوق پیدا ہو چکے گی پھر قبروں میں پہنچ جائے گی اور قبریں سب بھر جائیں گی اس وقت دنیا کا سلسلہ ختم ہو جائے گا اور جو بھی زمین پر ہوں گے سب مر جائیں گے۔ اور زمین میں جو کچھ ہے اسے زمین اگل دے گی اور قبروں میں جو مردے ہیں سب باہر نکال دیئے جائیں گے۔

یہ قول ہم اپنی اس تفسیر کی دلیل میں پیش کر سکتے ہیں۔ واللہ سبحانہ وتعالیٰ اعلم،

فَلْيَنْظُرِ الْإِنْسَانُ إِلَىٰ طَعَامِهِ (۲۴)

انسان کو چاہیے کہ اپنے کھانے کو دیکھے

پھر ارشاد ہوتا ہے کہ میرے اس احسان کو دیکھیں کہ میں نے انہیں کھانا دیا، اس میں بھی دلیل ہے موت کے بعد جی اٹھنے کی کہ جس طرح خشک غیر آباد زمین سے ہم نے تر و تازہ درخت اگائے اور ان سے اناج وغیرہ پیدا کر کے تمہارے لیے کھانا مہیا کیا اسی طرح گلی سڑی کھوکھلی اور چورا چورا ہڈیوں کو بھی ہم ایک روز زندہ کر دیں گے اور انہیں گوشت پوست پہنا کر دوبارہ تمہیں زندہ کر دیں گے،

أَنَّا صَبَبْنَا الْمَاءَ صَبًّا (۲۵)

کہ ہم نے خوب پانی برسایا۔

ثُمَّ شَقَقْنَا الْأَرْضَ شَقًّا (۲۶)

پھر پھاڑا زمین کو اچھی طرح۔

فَأَنبَتْنَا فِيهَا حَبًّا (۲۷)

پھر اس میں اناج اگائے۔

تم دیکھ لو کہ ہم نے آسمان سے برابر پانی برسایا' پھر اسے ہم نے زمین میں پہنچا کر ٹھہرا دیا وہ بیج میں پہنچا اور زمین میں پڑے ہوئے دانوں میں سرایت کی جس سے وہ دانے اُگے درخت پھوٹا اونچا ہوا اور کھیتیاں لہلہانے لگیں، کہیں اناج پیدا ہوا کہیں انگور اور کہیں ترکاریاں۔

حَب کہتے ہیں کہ ہر دانے کو،

وَعِنَبًا وَقَضْبًا (۲۸)

اور انگور اور ترکاری۔

عِنَب کہتے ہیں انگور کو اور قَضْب کہتے ہیں اس سبز چارے کو جسے جانور کھاتے ہیں،

وَزَيْتُونًا وَنَخْلًا (۲۹)

اور زیتون اور کھجور۔

اور زیتون پیدا کیا جو روٹی کے ساتھ سالن کا کام دیتا ہے جلایا جاتا ہے تیل نکالا جاتا ہے اور کھجوروں کے درخت پیدا کئے جو گدرائی ہوئی بھی کھائی جاتی ہے، تر بھی کھائی جاتی ہے اور خشک بھی کھائی جاتی ہیں اور پکی بھی اور اس کا شیرہ اور سرکہ بھی بنایا جاتا ہے،

وَحَدَائِقَ غُلْبًا (۳۰)

اور گنجان باغات۔

اور باغات پیدا کئے۔

غُلْبًا کے معنی کھجوروں کے بڑے بڑے میوہ دار درخت ہیں۔

حدائق کہتے ہیں ہر اس باغ کو جو گھنا اور خوب بھرا ہوا اور گھرے سائے والا اور بڑے درختوں والا ہو،

موٹی گردن والے آدمی کو بھی عرب اغلب کہتے ہیں،

وَفَاكِهَةً وَأَبًّا (۳۱)

اور میوہ اور (گھاس) چارہ (بھی اگایا)۔

اور میوے پیدا کئے اور أَب کہتے ہیں زمین کی اس سبزی کو جسے جانور کھاتے ہیں اور انسان اسے نہیں کھاتے، جیسے گھاس پات وغیرہ، أَب جانور کے لیے ایسا ہی ہے جیسا انسان کے لیے فَاكِهَةً یعنی پھل، میوہ۔

عطاءؒ کا قول ہے کہ زمین پر جو کچھ اگتا ہے اسے أَب کہتے ہیں۔

ضحاکؒ فرماتے ہیں سوائے میوؤں کے باقی سب أَب ہے۔

ابو السائبؒ فرماتے ہیں أَب آدمی کے کھانے میں بھی آتا ہے اور جانور کے کھانے میں بھی،

حضرت ابو بکر صدیق رضی اللہ عنہ سے اس بابت سوال ہوتا ہے تو فرماتے ہیں کہ کونسا آسمان مجھے اپنے تلے سایہ دے گا اور کونسی زمین مجھے اپنی پیٹھ پر اٹھائے گی، اگر میں کتاب اللہ میں وہ کہوں جس کا مجھے علم نہ ہو۔

لیکن یہ اثر منقطع ہے، ابراہیم تیمیؒ نے حضرت صدیقؓ کو نہیں پایا، ہاں البتہ صحیح سند سے ابن جریر میں حضرت عمر فاروقؓ سے مروی ہے کہ آپ ﷺ نے منبر پر سورہ عبس پڑھی اور یہاں تک پہنچ کر کہا کہ فَاكِهَةً کو تو ہم جانتے ہیں لیکن یہ اب کیا چیز ہے؟

پھر خود ہی فرمایا اس تکلیف کو چھوڑ، اس سے مراد یہ ہے کہ اس کی شکل وصورت اور اس کی تعین معلوم نہیں ورنہ اتنا تو صرف آیت کے پڑھنے سے ہی صاف طور پر معلوم ہو رہا ہے کہ یہ زمین سے اُگنے والی ایک چیز ہے کیونکہ پہلے یہ لفظ موجود ہے، فَأَنبَتْنَا فِيهَا حَبًّا،

مَتَاعًا لَكُمْ وَلِأَنْعَامِكُمْ (۳۲)

تمہارے استعمال وفائدہ کے لئے اور تمہارے چوپایوں کے لئے۔

پھر فرمایا تمہاری زندگی کے قائم رکھنے، تمہیں فائدہ پہنچانے اور تمہارے جانوروں کے لیے ہے کہ قیامت تک یہ سلسلہ جاری رہے گا اور تم اس سے فیض یاب ہوتے رہو گے۔

فَإِذَا جَاءَتِ الصَّاخَّةُ (۳۳)

پس جب کان بہرے کر دینے والی (قیامت) آجائے گی

حضرت ابن عباس رضی اللہ عنہ فرماتے ہیں کہ الصَّاخَّةُ قیامت کا نام ہے اور اس نام کی وجہ یہ ہے کہ اس کے نفخہ کی آواز اور ان کا شور وغل کانوں کے پردے پھاڑ دے گا۔

يَوْمَ يَفِرُّ الْمَرْءُ مِنْ أَخِيهِ (۳۴)

اس دن آدمی بھاگے گا اپنے بھائی سے۔

وَأُمِّهِ وَأَبِيهِ (۳۵)

اور اپنی ماں اور اپنے باپ سے۔

وَصَاحِبَتِهِ وَبَنِيهِ (۳۶)

اور اپنی بیوی اور اپنی اولاد سے

اس دن انسان اپنے ان قریبی رشتہ داروں کو دیکھے گا لیکن بھاگتا پھرے گا کوئی کسی کے کام نہ آئے گا، میاں بیوی کو دیکھ کر کہے گا کہ بتا تیرے ساتھ میں نے دنیا میں کیسا کچھ سلوک کیا، وہ کہے گی کہ بیشک آپ نے میرے ساتھ بہت ہی اچھا سلوک کیا بہت پیار محبت سے رکھا،

یہ کہے گا کہ آج مجھے ضرورت ہے صرف ایک نیکی دے دو تا کہ اس آفت سے چھوٹ جاؤں، تو وہ جواب دے گی کہ سوال تھوڑی سی چیز کا ہی ہے مگر کیا کروں یہی ضرورت مجھے درپیش ہے اور اسی کا خوف مجھے لگ رہا ہے میں تو نیکی نہیں دے سکتی،

بیٹا باپ سے ملے گا یہی کہے گا اور یہی جواب پائے گا،

لِكُلِّ امْرِئٍ مِنْهُمْ يَوْمَئِذٍ شَأْنٌ يُغْنِيهِ (۳۷)

ان میں سے ہر ایک کو اس دن ایسی فکر (دامن گیر) ہو گی جو اس کے لئے کافی ہو گی۔

صحیح حدیث میں شفاعت کا بیان فرماتے ہوئے حضور صلی اللہ علیہ وسلم کا ارشاد ہے:

اولوالعزم پیغمبروں سے لوگ شفاعت کی طلب کریں گے اور ان میں سے ہر ایک یہی کہے گا کہ نفسی نفسی یہاں تک کہ حضرت عیسیٰ روح اللہ علیہ صلوات اللہ بھی یہی فرمائیں گے کہ آج میں اللہ کے سوائے اپنی جان کے اور کسی کے لیے کچھ نہ کہوں گا میں تو آج اپنی والدہ حضرت مریم علیہا السلام کیلئے بھی کچھ نہ کہوں گا جن کے بطن سے میں پیدا ہوا ہوں،

الغرض دوست دوست سے رشتہ دار رشتہ دار سے منہ چھپاتا پھرے گا۔ ہر ایک آپادھاپی میں لگا ہو گا، کسی کو دوسرے کا ہوش نہ ہو گا،

رسول اللہ صلی اللہ علیہ وآلہ وسلم فرماتے ہیں:

تم ننگے پیروں ننگے بدن اور بے ختنہ اللہ کے ہاں جمع کیے جاؤ گے

آپ صلی اللہ علیہ وسلم کی بیوی صاحبہ نے دریافت کیا کہ یارسول اللہ صلی اللہ علیہ وسلم پھر تو ایک دوسروں کی شرمگاہوں پر نظریں پڑیں گی،

فرمایا اس روز گھبراہٹ کا حیرت انگیز ہنگامہ ہر شخص کو مشغول کیے ہوئے ہو گا، بھلا کسی کو دوسرے کی طرف دیکھنے کا موقعہ اس دن کہاں؟ (ابن ابی حاتم)

بعض روایات میں ہے کہ آپ صلی اللہ علیہ وسلم نے پھر اسی آیت کی تلاوت فرمائی لِكُلِّ امْرِئٍ مِنْهُمْ يَوْمَئِذٍ شَأْنٌ يُغْنِيهِ

دوسری روایت میں ہے کہ یہ بیوی صاحبہ حضرت اُم المومنین حضرت عائشہ رضی اللہ تعالیٰ عنہا تھیں۔

اور روایت میں ہے:

ایک دن حضرت صدیقہ رضی اللہ تعالیٰ عنہا نے حضور صلی اللہ علیہ وسلم سے کہا یارسول اللہ میرے ماں باپ آپؐ پر فدا ہوں میں ایک بات پوچھتی ہوں ذرا بتا دیجئے

آپ صلی اللہ علیہ وسلم نے فرمایا اگر میں جانتا ہوں تو ضرور بتاؤں گا

پوچھا حضور صلی اللہ علیہ وسلم لوگوں کا حشر کس طرح ہو گا،

آپ صلی اللہ علیہ وسلم نے فرمایا ننگے پیروں اور ننگے بدن،

تھوڑی دیر کے بعد پوچھا کیا عورتیں بھی اسی حالت میں ہوں گی؟

فرمایا ہاں۔

یہ سن کر اُم المؤمنین افسوس کرنے لگیں آپ صلی اللہ علیہ وسلم نے فرمایا عائشہ اس آیت کو سن لو پھر تمہیں اس کا کوئی رنج و غم نہ رہے گا کہ کپڑے پہنے یا نہیں؟

پوچھا حضور صلی اللہ علیہ وسلم وہ آیت کونسی ہے، فرمایا لِكُلِّ امْرِئٍ مِنْهُمْ يَوْمَئِذٍ شَأْنٌ يُغْنِيهِ

اور روایت میں ہے کہ اُم المؤمنین حضرت سودہ رضی اللہ تعالیٰ عنہا نے پوچھا یہ سن کر کہ لوگ اس طرح ننگے پیروں اور ننگے بدن اور بے ختنہ جمع کیے جائیں گے' پسینے میں غرق ہوں گے' کسی کے منہ تک پسینہ پہنچ جائے گا اور کسی کے کانوں تک' تو آپؐ نے یہ آیت پڑھ سنائی۔

پھر ارشاد ہوتا ہے کہ

وُجُوهٌ يَوْمَئِذٍ مُسْفِرَةٌ (۳۸)

اس دن بہت سے چہرے روشن ہونگے۔

ضَاحِكَةٌ مُسْتَبْشِرَةٌ (۳۹)

(جو) ہنستے ہوئے اور ہشاش بشاش ہوں گے

وہاں لوگوں کے دو گروہ ہوں گے بعض تو وہ ہوں گے جن کے چہرے خوشی سے چمک رہے ہوں گے دل خوشی سے مطمئن ہوں گے منہ خوبصورت اور نورانی ہوں گے یہ تو جنتی جماعت ہے،

وَوُجُوهٌ يَوْمَئِذٍ عَلَيْهَا غَبَرَةٌ (۴۰)

اور بہت سے چہرے اس دن غبار آلودہ ہوں گے۔

تَرْهَقُهَا قَتَرَةٌ (۴۱)

جن پر سیاہی چڑھی ہوئی ہوگی

أُولَئِكَ هُمُ الْكَفَرَةُ الْفَجَرَةُ (۴۲)

وہ یہی کافر بدکردار لوگ ہوں گے

دوسرا گروہ جہنمیون کا ہو گا ان کے چہرے سیاہ ہوں گے، گرد آلود ہوں گے،

حدیث میں ہے:

ان کا پسینہ مثل لگام کے ہو رہا ہو گا پھر گرد و غبار پڑا ہوا ہو گا جن کے دلوں میں کفر تھا اور اعمال میں بدکاری تھی

جیسے اور جگہ ہے:

وَلَا يَلِدُوٓا۟ إِلَّا فَاجِرًا كَفَّارًا (۷۱:۲۷)

ان کفار کی اولاد بھی بدکار کافر ہی ہو گی۔

* * * * * * * * *

# Surah Takwir

## سورۃ التکویر

بِسۡمِ اللّٰہِ الرَّحۡمٰنِ الرَّحِیۡمِ

إِذَا الشَّمْسُ كُوِّرَتْ (۱)

جب سورج لپیٹ میں آ جائے گا

قیامت کے وقوع کے مناظر:

یعنی جب سورج بے نور ہو جائے گا، جاتا رہے گا اوندھا کر کے لپیٹ کر زمین پر پھینک دیا جائے گا۔

ابن عباس رضی اللہ تعالیٰ عنہ فرماتے ہیں سورج، چاند اور ستاروں کو لپیٹ کر بے نور کر کے سمندروں میں ڈال دیا جائے گا اور پھر مغربی ہوائیں چلیں گی اور آگ لگ جائیگی۔

ایک مرفوع حدیث میں ہے کہ اس کو تہہ کر کے جہنم میں ڈال دیا جائے گا۔ (ابن ابی حاتم)

اور ایک حدیث میں سورج کے ساتھ چاند کا ذکر بھی ہے لیکن وہ ضعیف ہے،

صحیح بخاری میں یہ حدیث الفاظ کی تبدیلی سے مروی ہے، اس میں ہے کہ سورج اور چاند قیامت کے دن لپیٹ لیے جائیں گے۔

حضرت ابوہریرہؓ نے جب یہ حدیث بیان کی کہ قیامت کے دن یہ ہو گا، تو حضرت حسنؒ کہنے لگے ان کا کیا گناہ ہے؟ فرمایا میں نے حدیث کہی اور تم اس پر باتیں بناتے ہو سورج کی قیامت والے دن یہ حالت ہو گی۔

وَإِذَا النُّجُومُ انكَدَرَتْ (۲)

اور جب ستارے بے نور ہو جائیں گے

ستارے سارے متغیر ہو کر جھڑ جائیں گے جیسے اور جگہ ہے:

وَإِذَا الْكَوَاكِبُ انتَثَرَتْ (۸۲:۲)

یہ بھی گدلے اور بے نور ہو کر بجھ جائیں گے،

حضرت ابی بن کعب رضی اللہ تعالیٰ عنہ فرماتے ہیں قیامت سے پہلے چھ نشانیاں ہوں گی،

- لوگ اپنے بازاروں میں ہوں گے کہ اچانک سورج کی روشنی جاتی رہے گی،
- اور پھر ناگہاں ستارے ٹوٹ ٹوٹ کر گرنے لگیں گے،
- پھر اچانک پہاڑ زمین پر گر پڑیں گے اور زمین زور زور سے جھٹکے لینے لگے گی اور بے طرح ہلنے لگے گی،
- بس پھر کیا انسان کیا جنات کیا جانور اور کیا جنگلی جانور سب آپس میں خلط ملط ہو جائیں گے، جانور بھی جو انسانوں سے بھاگے پھرتے ہیں انسانوں کے پاس آ جائیں گے،
- لوگوں کو اس قدر بدحواسی اور گھبراہٹ ہو گی کہ بہتر سے بہتر مال اونٹنیاں جو بیاہنے والیاں ہوں گی ان کی بھی خیر خبر نہ لیں گے۔
- جنات کہیں گے کہ ہم جاتے ہیں کہ تحقیق کریں کیا ہو رہا ہے لیکن وہ آئیں گے تو دیکھیں گے کہ سمندروں میں بھی آگ لگ رہی ہے، اسی حال میں ایک دم زمین پھٹنے لگے گی اور آسمان بھی ٹوٹنے لگیں گے، ساتوں زمینیں اور ساتوں آسمانوں کا یہی حال ہو گا ادھر سے ایک تند ہوا چلے گی جس سے تمام جاندار مر جائیں گے۔ (ابن ابی حاتم وغیرہ)

ایک اور روایت میں ہے رسول اللہ صلی اللہ علیہ وآلہ وسلم فرماتے ہیں:

سارے ستارے اور جن جن کی اللہ کے سوا عبادت کی گئی ہے سب جہنم میں گرا دیئے جائیں صرف حضرت عیسیٰؑ اور حضرت مریم بچ رہیں گے اگر یہ بھی اپنی عبادت سے خوش ہوتے تو یہ بھی جہنم میں داخل کر دیئے جاتے (ابن ابی حاتم)

وَإِذَا الْجِبَالُ سُيِّرَتْ (٣)

اور جب پہاڑ چلائے جائیں گے

پہاڑ اپنی جگہ سے ٹل جائیں گے اور بے نام و نشان ہو جائیں گے، زمین چٹیل اور ہموار میدان رہ جائے گی،

وَإِذَا الْعِشَارُ عُطِّلَتْ (٤)

اور جب دس ماہ کی حاملہ اونٹنیاں چھوڑ دی جائیں گی

اونٹنیاں بیکار چھوڑ دی جائیں گی، نہ انکی کوئی نگرانی کرے گا نہ چرائے چگائے گا نہ دودھ نکالے گا نہ سواری لے گا

الْعِشَارُ جو حاملہ اونٹی دسویں مہینہ میں لگ جائے اسے عشراء کہتے ہیں،

مطلب یہ ہے کہ گھبراہٹ اور بدحواسی بے چینی اور پریشانی اس قدر ہو گی کہ بہتر سے بہتر مال کی بھی پرواہ نہ رہے گی قیامت کی ان بلاؤں نے دل اڑادیا ہو گا کلیجے منہ کو آئیں گے۔

بعض لوگ کہتے ہیں کہ یہ قیامت کے دن ہو گا اور لوگوں کو اس سے کچھ سروکار نہ ہو گا ہاں ان کے دیکھنے میں یہ ہو گا اس قول کے قائل الْعِشَارُ کے کئی معنی بیان کرتے ہیں

- ایک تو یہ کہتے ہیں اس سے مراد بادل ہیں جو دنیا کی بربادی کی وجہ سے آسمان و زمین کے درمیان پھرتے پھریں گے،
- بعض کہتے ہیں اس سے مراد وہ زمین ہے جس کا عشر دیا جاتا ہے،
- بعض کہتے ہیں اس سے مراد گھر ہیں جو پہلے آباد تھے اب ویران ہیں۔

امام قرطبیؒ ان اقوال کو بیان کر کے ترجیح اسی کو دیتے ہیں کہ مراد اس سے اونٹنیاں ہیں اور اکثر مفسرین کا یہی قول ہے اور میں تو یہی کہتا ہوں کہ سلف سے اور آئمہ سے اس کے سوا کچھ وارد ہی نہیں ہوا۔ واللہ اعلم

وَإِذَا الْوُحُوشُ حُشِرَتْ (٥)

اور جب وحشی جانور اکٹھے کئے جائیں گے

اور وحشی جانور جمع کیے جائیں گے، جیسے فرمان ہے:

وَمَا مِن دَآبَّةٍ فِى الْأَرْضِ وَلَا طَائِرٍ يَطِيرُ بِجَنَاحَيْهِ إِلَّآ أُمَمٌ أَمْثَالُكُمْ مَّا فَرَّطْنَا فِى الْكِتَـٰبِ مِن شَىْءٍ ثُمَّ إِلَىٰ رَبِّهِمْ يُحْشَرُونَ (٦:٣٨)

زمین پر چلنے والے کل جانور اور ہوا میں اڑنے والے کل پرند بھی تمہاری طرح گروہ ہیں ہم نے اپنی کتاب میں کوئی چیز نہیں چھوڑی پھر یہ سب اپنے رب کی طرف جمع کیے جائیں گے

سب جانداروں کا حشر اسی کے پاس ہو گا یہاں تک کہ مکھیاں بھی ان سب میں اللہ تعالیٰ انصاف کے ساتھ فیصلے کرے گا ان جانوروں کا حشر ان کی موت ہی ہے البتہ جن وانس اللہ کے سامنے کھڑے کیے جائیں گے اور ان سے حساب کتاب ہو گا۔

ربیع بن خثیمؒ نے کہا مرادوحشیوں کے حشر سے ان پر اللہ کا امر آنا ہے۔

لیکن ابن عباسؓ نے یہ سن کر فرمایا کہ اس سے مراد موت ہے یہ تمام جانور بھی ایک دوسرے کے ساتھ اور انسانوں کے ساتھ ہو جائیں گے خود قرآن میں اور جگہ ہے والطیر محشورۃ پرند جمع کیے ہوئے، پس ٹھیک مطلب اس آیت کا بھی یہی ہے کہ وحشی جانور جمع کیے جائیں گے۔

وَإِذَا الْبِحَارُ سُجِّرَتْ (٦)

اور جب سمندر بھڑکائے جائیں گے

حضرت علی رضی اللہ تعالیٰ عنہ نے ایک یہودی سے پوچھا جہنم کہاں ہے؟ اس نے کہا سمندر میں، آپ نے فرمایا میرے خیال میں یہ سچا ہے قرآن کہتا ہے وَالْبَحْرِ الْمَسْجُورِ (٥٢:٦) اور فرماتا ہے وَإِذَا الْبِحَارُ سُجِّرَتْ

ابن عباسؓ فرماتے ہیں اللہ تعالیٰ مغربی ہوائیں بھیجے گا وہ اسے بھڑکا دیں گی اور شعلے مارتی ہوئی آگ بن جائے گا، آیت وَالْبَحْرِ الْمَسْجُورِ کی تفسیر میں اس کا مفصل بیان گزر چکا ہے

حضرت معاویہ بن سعیدؒ فرماتے ہیں کہ بحر روم برکت ہے' یہ بیچ زمین کے ہے، سب نہریں اسی میں آتی ہیں اور بحر کبیر بھی اسی میں پڑتا ہے' اس کے نیچے کنویں ہیں جس کے منہ تانبے سے بند کئے ہوئے ہیں' قیامت کے دن وہ سلگ اٹھیں گے۔

یہ اثر عجیب ہے اور ساتھ ہی غریب بھی ہے

'ابوداؤد میں ایک حدیث ہے کہ سمندر کا سفر صرف حاجی کریں اور عمرہ کرنے والے یا جہاد کرنے والے غازی اسلئے کہ سمندر کے نیچے آگ ہے اور آگ کے نیچے پانی ہے اس کا بیان بھی سورہ فاطر کی تفسیر میں گزر چکا ہے۔

سُجِّرَتْ کے معنی یہ بھی کیے گئے ہیں کہ خشک کر دیا جائے گا ایک قطرہ بھی باقی نہ رہ جائے گا،

یہ معنی بھی کیے گئے ہیں کہ بہا دیا جائے گا اور ادھر ادھر بہہ نکلے گا۔

وَإِذَا النُّفُوسُ زُوِّجَتْ (٧)

اور جب جانیں (جسموں سے) ملا دی جائیں گی

پھر فرماتا ہے کہ ہر قسم کے لوگ یکجا جمع کر دیئے جائیں گے،

جیسے اور جگہ ہے:

اُحْشُرُوا الَّذِينَ ظَلَمُوا وَأَزْوَجَهُمْ (٣٧:٢٢)

ظالموں کو اور ان کے جوڑوں یعنی ان جیسوں کو جمع کرو

حدیث میں ہے:

ہر شخص کا اس قوم کے ساتھ حشر کیا جائے گا جو اس جیسے اعمال کرتی ہو۔

اللہ تعالیٰ فرماتا ہے:

وَكُنتُمْ أَزْوَاجًا ثَلَاثَةً فَأَصْحَبُ الْمَيْمَنَةِ مَا أَصْحَبُ الْمَيْمَنَةِ وَأَصْحَبُ الْمَشْـَٔمَةِ مَا أَصْحَبُ الْمَشْـَٔمَةِ وَالسَّبِقُونَ السَّبِقُونَ (٥٦:٧،١٠)

تم تین طرح کے گروہ ہو جاؤ گے کچھ وہ جن کے داہنے ہاتھ میں نامہ اعمال ہوں گے کچھ بائیں ہاتھ والے کچھ سبقت کرنے والے۔

ابن ابی حاتم میں ہے کہ حضرت عمر بن خطاب رضی اللہ تعالیٰ عنہ نے خطبہ پڑھتے ہوئے اس آیت کی تلاوت کی اور فرمایا کہ ہر جماعت اپنے جیسوں سے مل جائیگی۔

دوسری روایت میں ہے کہ وہ دو شخص جن کے عمل ایک جیسے ہوں وہ یا تو جنت میں ساتھ رہیں گے یا جہنم میں ساتھ جلیں گے۔

حضرت عمرؓ سے اس آیت کی تفسیر پوچھی گئی تو فرمایا کہ نیک نیکوں کے ساتھ مل جائیں گے اور بد بدوں کے ساتھ آگ میں۔

حضرت فاروق اعظمؓ نے ایک مرتبہ لوگوں سے اس آیت کی تفسیر پوچھی تو سب خاموش رہے، آپ نے فرمایا لو میں بتاؤں، آدمی کا جوڑا جنت میں اسی جیسا ہو گا اسی طرح جہنم میں بھی۔

حضرت ابن عباسؓ فرماتے ہیں مطلب اس سے یہی ہے کہ تین قسم کے لوگ ہو جائیں گے یعنی

- اصحاب الیمین
- اصحاب الشمال اور
- سابقین۔

مجاہدؒ فرماتے ہیں ہر قسم کے لوگ ایک ساتھ ہوں گے

یہی قول امام ابن جریرؒ بھی پسند کرتے ہیں اور یہی ٹھیک بھی ہے۔

دوسرا قول یہ ہے:

عرش کے پاس سے پانی کا ایک دریا جاری ہو گا جو چالیس سال تک بہتا رہے گا اور بڑی نمایاں چوڑان میں ہو گا اس سے تمام مرے سڑے گلے اُگنے لگیں گے اس طرح کے ہو جائیں گے کہ جو انہیں پہچانتا ہو وہ اگر انہیں اب دیکھ لے تو یک نگاہ پہچان لے پھر روحیں چھوڑی جائیں گی اور ہر روح اپنے جسم میں آ جائے گی۔ یہی معنی ہیں آیت وَإِذَا النُّفُوسُ زُوِّجَتْ یعنی روحیں جسموں میں ملادی جائیں گی۔

اور یہ معنی بھی بیان کیے گئے ہیں کہ مؤمنوں کا جوڑا حوروں سے لگایا جائے گا اور کافروں کا شیطانوں سے۔ (تذکرہ قرطبی)

وَإِذَا الْمَوْءُودَةُ سُئِلَتْ (۸)

جب زندہ گاڑی ہوئی لڑکی سے سوال کیا جائے گا۔

بِأَيِّ ذَنْبٍ قُتِلَتْ (۹)

کہ کس گناہ کی وجہ سے وہ قتل کی گئی

پھر ارشاد ہوتا ہے کہ اہل جاہلیت لڑکیوں کو ناپسند کرتے تھے اور انہیں زندہ درگور کر دیا کرتے تھے ان سے قیامت کے دن سوال ہو گا کہ یہ کیوں قتل کی گئیں؟ تاکہ ان کے قاتلوں کو زیادہ ڈانٹ ڈپٹ اور شرمندگی ہو۔

اور یہ بھی سمجھ لیجئے کہ جب مظلوم سے سوال ہوا تو ظالم کا تو کہنا ہی کیا ہے؟

اور یہ بھی کہا گیا ہے کہ وہ خود پوچھیں گی کہ انہیں کس بنا پر زندہ درگور کیا گیا؟

مسند احمد میں ہے حضور صلی اللہ علیہ وسلم فرماتے ہیں:

میں نے قصد کیا کہ لوگوں کو حالت حمل کی مجامعت سے روک دوں لیکن میں نے دیکھا کہ رومی اور فارسی یہ کام کرتے ہیں اور ان کی اولاد کو اس سے کچھ نقصان نہیں پہنچتا۔

لوگوں نے آپ صلی اللہ علیہ وسلم سے عزل کے بارے میں سوال کیا یعنی بروقت نطفہ کو باہر ڈال دینے کے بارے میں تو آپؐ نے فرمایا:

یہ درپردہ زندہ گاڑ دینا ہے اور اسی کا بیان وَإِذَا الْمَوْءُودَةُ سُئِلَتْ میں ہے۔

سلمہ بن یزیدؓ اور ان کے بھائی سرکار نبوت میں حاضر ہو کر سوال کرتے ہیں کہ ہماری ماں امیر زادی تھیں وہ صلہ رحمی کرتی تھیں مہمان نوازی کرتی تھیں اور بھی نیک کام بہت کچھ کرتی تھیں لیکن جاہلیت میں ہی مر گئی ہیں تو کیا اس کے یہ نیک کام اسے کچھ نفع دیں گے؟

آپ ﷺ نے فرمایا نہیں،

انہوں نے کہا کہ اس نے ہماری ایک بہن کو زندہ دفن کر دیا ہے کیا وہ بھی اسے کچھ نفع دے گی؟

آپ نے فرمایا:

زندہ گاڑی ہوئی اور زندہ گاڑنے والی جہنم میں ہیں ہاں یہ اور بات ہے کہ وہ اسلام کو قبول کر لے۔ (مسند احمد)

ابن ابی حاتم میں ہے:

زندہ دفن کرنے والی اور جسے دفن کیا ہے دونوں جہنم میں ہیں۔

ایک صحابیہ رضی اللہ تعالیٰ عنہا کے سوال پر کہ جنت میں کون جائے گا آپ ﷺ نے فرمایا:

نبی، شہید، بچے اور زندہ در گور کی ہوئی۔

یہ حدیث مرسل ہے حضرت حسنؒ سے جسے بعض محدثین نے قبولیت کا مرتبہ دیا ہے۔

حضرت ابن عباسؓ فرماتے ہیں کہ مشرکوں کے چھوٹی عمر میں مرے ہوئے بچے جنتی ہیں جو انہیں جہنمی کہے وہ جھوٹا ہے، اللہ تعالیٰ فرماتا ہے وَإِذَا الْمَوْءُودَةُ سُئِلَتْ (ابن ابی حاتم)

قیس بن عاصم رضی اللہ تعالیٰ عنہ سوال کرتے ہیں کہ یا رسول اللہ صلی اللہ علیہ وآلہ وسلم میں نے جاہلیت کے زمانے میں اپنی بچیوں کو زندہ دبا دیا ہے میں کیا کروں؟

آپ ﷺ نے فرمایا ہر ایک کے بدلے ایک غلام آزاد کرو،

انہوں نے کہا حضور صلی اللہ علیہ وسلم غلام والا تو میں ہوں نہیں البتہ میرے پاس اونٹ ہیں،

فرمایا ہر ایک کے بدلے ایک اونٹ اللہ کے نام پر قربان کرو (عبد الرزاق)

دوسری روایت میں ہے کہ میں نے بارہ تیرہ لڑکیاں زندہ دفن کر دی ہیں،

آپ ﷺ نے فرمایا ان کی گنتی کے مطابق غلام آزاد کرو، انہوں نے کہا بہت بہتر میں یہی کروں گا۔

دوسرے سال وہاں ایک سو اونٹ لے کر آئے اور کہنے لگے حضور صلی اللہ علیہ وسلم یہ میری قوم کا صدقہ ہے جو اس کے بدلے ہے جو میں نے مسلمانوں کے ساتھ کیا۔ حضرت علی رضی اللہ تعالیٰ عنہ فرماتے ہیں ہم ان اونٹوں کو لے جاتے تھے اور ان کا قیسیہ رکھ چھوڑا تھا۔

وَإِذَا الصُّحُفُ نُشِرَتْ (۱۰)

جب نامہ اعمال کھول دیئے جائیں گے

پھر ارشاد ہے کہ نامہ اعمال بانٹے جائیں گے کسی کے داہنے ہاتھ میں اور کسی کے بائیں ہاتھ میں، اے ابن آدم تو لکھوا رہا ہے جو لپیٹ کر پھیلا کر تجھے دیا جائے گا دیکھ لے کہ کیا لکھوا کے لایا ہے۔

وَإِذَا السَّمَاءُ كُشِطَتْ (۱۱)

اور جب آسمان کی کھال اتار لی جائے گی

آسمان گھسیٹ لیا جائے گا اور کھینچ لیا جائے گا اور سمیٹ لیا جائے گا اور برباد ہو جائے گا،

وَإِذَا الْجَحِيمُ سُعِّرَتْ (۱۲)

اور جب جہنم بھڑکائی جائے گی۔

جہنم بھڑکائی جائے گی اللہ کے غضب اور بنی آدم کے گناہوں سے اس کی آگ تیز ہو جائے گی،

وَإِذَا الْجَنَّةُ أُزْلِفَتْ (۱۳)

اور جب جنت نزدیک کر دی جائے گی۔

جنت جنتیوں کے پاس آجائے گی،

عَلِمَتْ نَفْسٌ مَا أَحْضَرَتْ (۱۴)

تو اس دن ہر شخص جان لے گا جو کچھ لے کر آیا ہو گا

جب یہ تمام کام ہو چکیں گے اس وقت ہر شخص جان لے گا کہ اس نے اپنی دنیا کی زندگی میں کیا کچھ اعمال کیے تھے وہ سب عمل اس کے سامنے موجود ہوں گے،

جیسے اور جگہ ہے:

يَوْمَ تَجِدُ كُلُّ نَفْسٍ مَّا عَمِلَتْ مِنْ خَيْرٍ مُّحْضَرًا وَمَا عَمِلَتْ مِن سُوءٍ تَوَدُّ لَوْ أَنَّ بَيْنَهَا وَبَيْنَهُ أَمَدًا بَعِيدًا (۳:۳۰)

جس دن ہر شخص اپنے کئے ہوئے اعمال کو پالے گا نیک ہیں تو سامنے دیکھ لے گا اور بد ہیں تو اس دن وہ آرزو کرے گا کہ کاش! اس کے اور اس کے درمیان بہت دوری ہوتی،

اور جگہ ہے:

يُنَبَّأُ الْإِنسَانُ يَوْمَئِذٍ بِمَا قَدَّمَ وَأَخَّرَ (۷۵:۱۳)

اس دن انسان کو اس کے تمام اگلے پچھلے اعمال سے تنبیہ کی جائے گی

حضرت عمرؓ اس سورت کو سنتے رہے اور اس کو سنتے ہی فرمایا اگلی تمام باتیں اسی لیے بیان ہوئی تھیں۔

حضرت عمرو بن حریث رضی اللہ تعالیٰ عنہ فرماتے ہیں کہ میں نے صبح کی نماز میں رسول اللہ صلی اللہ علیہ وآلہ وسلم کو اس سورہ کی تلاوت کرتے ہوئے سنا اس نماز میں میں بھی مقتدیوں میں شامل تھا۔ (مسلم)

فَلَا أُقْسِمُ بِالْخُنَّسِ (۱۵)

میں قسم کھاتا ہوں پیچھے ہٹنے والے۔

الْجَوَارِ الْكُنَّسِ (۱۶)

پھر چلنے پھرنے والے چھپنے والے ستاروں کی

یہ ستاروں کی قسمیں کھائی گئی ہیں جو دن کے وقت پیچھے ہٹ جاتے ہیں یعنی چھپ جاتے ہیں اور رات کو ظاہر ہوتے ہیں، حضرت علی رضی اللہ تعالیٰ عنہ یہی فرماتے ہیں اور بھی صحابہ تابعین سے اسکی یہی تفسیر مروی ہے۔

بعض آئمہ نے فرمایا ہے

- طلوع کے وقت ستاروں کو خنس کہا جاتا ہے اور
- اپنی اپنی جگہ پر انہیں جوار کہا جاتا ہے اور
- چھپ جانے کے وقت انہیں کنس کہا جاتا ہے

بعض نے کہا ہے اس سے مراد جنگلی گائے ہے، یہ بھی مروی ہے کہ مراد ہرن ہے۔

ابراہیمؒ نے حضرت مجاہدؒ سے اس کے معنی پوچھے تو حضرت مجاہدؒ نے فرمایا کہ ہم نے اس بارے میں کچھ نہیں سنا البتہ لوگ کہتے ہیں کہ اس سے مراد ستارے ہیں۔

انہوں نے پھر سوال کیا کہ جو تم نے سنا ہو وہ کہو، تو فرمایا ہم سنتے ہیں کہ اس سے مراد نیل گائے ہے جبکہ وہ اپنی جگہ چھپ جائے۔

حضرت ابراہیمؒ نے فرمایا وہ مجھ پر جھوٹ باندھتے ہیں جیسے حضرت علی رضی اللہ تعالیٰ عنہ سے روایت کرتے ہیں کہ انہوں نے اسفل کو اعلیٰ اور اعلیٰ کو اسفل کا ضامن بنایا۔

امام ابن جریرؒ نے اس میں سے کسی کا تعین نہیں کی اور فرمایا ہے ممکن ہے تینوں چیزیں مراد ہوں یعنی ستارے نیل گائے اور ہرن۔

وَاللَّيْلِ إِذَا عَسْعَسَ (١٧)

اور رات کی جب جانے لگے۔

وَالصُّبْحِ إِذَا تَنَفَّسَ (١٨)

اور صبح کی جب چمکنے لگے۔

عَسْعَسَ کے معنی ہیں اندھیری والی ہوئی اور اٹھ کھڑی ہوئی اور لوگوں کو ڈھانپ لیا اور جانے لگی۔

صبح کی نماز کے وقت حضرت علی رضی اللہ تعالیٰ عنہ ایک مرتبہ نکلے اور فرمانے لگے کہ وتر کے بارے میں پوچھنے والے کہاں ہیں؟ پھر یہ آیت پڑھی۔

امام ابن جریرؒ اسی کو پسند فرماتے ہیں کہ معنی یہ ہیں کہ رات جب جانے لگے کیونکہ اس کے مقابلہ میں ہے کہ جب صبح چمکنے لگے، شاعروں نے عَسْعَسَ کو ادبر کے معنی میں باندھا ہے۔

میرے نزدیک ٹھیک معنی یہ ہیں کہ قسم ہے رات کی جب وہ آئے اور اندھیرا پھیلائے اور قسم ہے دن کی جب وہ آئے اور روشنی پھیلائے، جیسے اور جگہ ہے:

وَالَّيْلِ إِذَا يَغْشَى - وَالنَّهَارِ إِذَا تَجَلَّى (٩٢:١،٢)

وَالضُّحَى - وَالَّيْلِ إِذَا سَجَى (٩٣:١،٢)

فَالِقُ الإِصْبَاحِ وَجَعَلَ الَّيْلَ سَكَناً (٦:٩٦)

اس قسم کی اور بھی آیتیں بہت سی ہیں مطلب سب کا یکساں ہے، ہاں بیشک اس لفظ کے معنی پیچھے ہٹنے کے ہی ہیں

علماء اصول نے فرمایا ہے کہ یہ لفظ آگے آنے اور پیچھے جانے کے دونوں کے معنی میں آتا ہے۔ اس بناء پر دونوں معنی ٹھیک ہو سکتے ہیں۔ واللہ اعلم

اور قسم ہے صبح کی جبکہ وہ طلوع ہو اور روشنی کے ساتھ آئے۔

پھر ان قسموں کے بعد فرمایا:

إِنَّهُ لَقَوْلُ رَسُولٍ كَرِيمٍ (١٩)

یقیناً ایک بزرگ رسول کا کہا ہوا ہے

یہ قرآن ایک بزرگ، شریف، پاکیزہ رو، خوش منظر فرشتے کا کلام ہے یعنی حضرت جبرائیل علیہ السلام کا،

ذِي قُوَّةٍ عِندَ ذِي الْعَرْشِ مَكِينٍ (٢٠)

جو قوت والا ہے عرش والے (اللہ) کے نزدیک بلند مرتبہ ہے۔

وہ قوت والے ہیں جیسے کہ اور جگہ ہے

عَلَّمَهُ شَدِيدُ الْقُوَىٰ ذُو مِرَّةٍ (٥٣:٥،٦)

سخت مضبوط اور سخت پکڑ اور فعل والا فرشتہ،

مُطَاعٍ ثَمَّ أَمِينٍ (٢١)

جس کی (آسمانوں میں) اطاعت کی جاتی ہے، امین ہے۔

وہ اللہ عزوجل کے پاس جو عرش والا ہے بلند پایہ اور ذی مرتبہ ہے۔ وہ نور کے ستر پردوں میں جا سکتے ہیں اور انہیں عام اجازت ہے۔ ان کی بات وہاں سنی جاتی ہے

برتر فرشتے ان کے فرمانبردار ہیں، آسمانوں میں ان کی سرداری ہے کہ وہ فرشتے ان کے تابع فرمان ہیں۔ وہ اس پیغام رسانی پر مقرر ہیں کہ اللہ کا کلام اس کے رسول صلی اللہ علیہ وسلم تک پہنچائیں یہ فرشتے اللہ کے امین ہیں۔

مطلب یہ ہے کہ فرشتوں میں سے جو اس رسالت پر مقرر ہیں وہ بھی پاک صاف ہیں اور انسانوں میں جو رسول مقرر ہیں وہ بھی پاک اور برتر ہیں۔

اس لئے اس کے بعد فرمایا،

وَمَا صَاحِبُكُم بِمَجْنُونٍ (۲۲)

اور تمہارا ساتھی دیوانہ نہیں

تمہارے ساتھی یعنی حضرت محمد صلی اللہ علیہ وآلہ وسلم دیوانے نہیں،

وَلَقَدْ رَآهُ بِالْأُفُقِ الْمُبِينِ (۲۳)

اس نے اس (فرشتے) کو آسمان کے کھلے کنارے پر دیکھا بھی ہے

یہ پیغمبر اس فرشتے کو اس کی اصلی صورت میں بھی دیکھ چکے ہیں جبکہ وہ اپنے چھ سو پروں سمیت ظاہر ہوئے تھے یہ واقعہ بطحا کا ہے اور یہ پہلی مرتبہ کا دیکھنا تھا آسمان کے کھلے کناروں پر یہ دیدار جبرائیل ہوا تھا، اسی کا بیان اس آیت میں ہے:

عَلَّمَهُ شَدِيدُ الْقُوَىٰ - ذُو مِرَّةٍ فَاسْتَوَىٰ - وَهُوَ بِالْأُفُقِ الْأَعْلَىٰ -

ثُمَّ دَنَا فَتَدَلَّىٰ - فَكَانَ قَابَ قَوْسَيْنِ أَوْ أَدْنَىٰ - فَأَوْحَىٰ إِلَىٰ عَبْدِهِ مَا أَوْحَىٰ (۵۳:۵،۱۰)

انہیں ایک فرشتہ تعلیم کرتا ہے جو بڑا طاقتور ہے قوی ہے، جو اصلی صورت پر آسمان کے بلند و بالا کناروں پر ظاہر ہوا تھا

پھر وہ نزدیک آیا اور بہت قریب آ گیا صرف دو کمانوں کا فاصلہ رہ گیا بلکہ اس سے بھی کم

پھر جو وحی اللہ نے اپنے بندے پر نازل کرنی چاہی نازل فرمائی،

اس آیت کی تفسیر سورہ النجم میں گزر چکی ہے۔

بظاہر یہ معلوم ہوتا ہے کہ یہ سورت معراج سے پہلے اتری ہے اس لیے کہ اس میں صرف پہلی مرتبہ کا دیکھنا ذکر ہوا ہے اور دوبارہ کا دیکھنا اس آیت میں مذکور ہے۔

وَلَقَدْ رَآهُ نَزْلَةً أُخْرَىٰ - عِندَ سِدْرَةِ الْمُنتَهَىٰ - عِندَهَا جَنَّةُ الْمَأْوَىٰ - إِذْ يَغْشَى السِّدْرَةَ مَا يَغْشَىٰ (۵۳:۱۳،۱۶)

انہوں نے اس کو ایک مرتبہ اور بھی سدرۃ المنتہٰی کے پاس دیکھا ہے جس کے قریب جنت الماویٰ ہے۔ جبکہ اس درخت سدرہ کو ایک عجیب و غریب چیز چھپائے ہوئی تھی۔

اس آیت میں دوسری مرتبہ کے دیکھنے کا ذکر ہے۔ یہ سورت واقعہ معراج کے بعد نازل ہوئی تھی۔

وَمَا هُوَ عَلَى الْغَيْبِ بِضَنِينٍ (۲۴)

اور یہ غیب کی باتوں کو بتلانے کے لئے بخیل بھی نہیں۔

بِضَنِینٍ کی دوسری قرأت بِظَنِینٍ بھی مروی ہے۔یعنی ان پر کوئی تہمت نہیں اور ضاد سے جب پڑھو تو معنی ہوں گے یہ بخیل نہیں ہیں بلکہ ہر شخص کو جو غیب کی باتیں آپؐ کو اللہ کی طرف سے معلوم کرائی جاتی ہیں یہ سکھا دیا کرتے ہیں۔ یہ دونوں قرأتیں مشہور ہیں، پس آپ نے نہ تو تبلیغ احکام میں کمی کی، نہ تہمت لگی۔

وَمَا هُوَ بِقَوْلِ شَيْطَانٍ رَّجِيمٍ (۲۵)

اور یہ قرآن شیطان مردود کا کلام نہیں۔

یہ قرآن شیطان مردود کا کلام نہیں، نہ شیطان اسے لے سکے نہ اس کے مطلب کی یہ چیز نہ اس کے قابل، جیسے اور جگہ ہے:

وَمَا تَنَزَّلَتْ بِهِ الشَّيَاطِينُ - وَمَا يَنبَغِي لَهُمْ وَمَا يَسْتَطِيعُونَ - إِنَّهُمْ عَنِ السَّمْعِ لَمَعْزُولُونَ (۲۶:۲۱۰،۲۱۲)

اسے لیکر شیطان اترے نہ انہیں یہ لائق ہے نہ اس کی انہیں طاقت ہے وہ تو اس کے سننے سے بھی محروم اور دور ہے۔

فَأَيْنَ تَذْهَبُونَ (۲۶)

پھر تم کہاں جارہے ہو

فرمایا تم کہاں جارہے ہو یعنی قرآن کی حقانیت اس کی صداقت ظاہر ہو چکنے کے بعد بھی تم کیوں اسے جھٹلا رہے ہو؟ تمہاری عقلیں کہاں جاتی رہیں؟

حضرت ابو بکر صدیقؓ کے پاس جب بنو حنفیہ قبیلے کے لوگ مسلمان ہو کر حاضر ہوئے تو آپ نے فرمایا مسلیمہ جس نے نبوت کا جھوٹا دعویٰ کر رکھا ہے جسے تم آج تک مانتے رہے اس نے جو کلام گھڑ رکھا ہے ذرا اسے تو سناؤ، جب انہوں نے سنایا تو دیکھا کہ نہایت رکیک الفاظ ہیں بلکہ بکواس محض ہے تو آپ نے فرمایا:

تمہاری عقلیں کہاں جاتی رہیں؟ ذرا تو سوچو کہ ایک فضول بکواس کو تم کلام اللہ جانتے رہے، ناممکن کہ ایسا بے معنی اور بے نور کلام خدائی کلام ہو۔

یہ بھی بیان کیا گیا ہے کہ تم کتاب اللہ سے اور اطاعت اللہ سے کہاں بھاگ رہے ہو؟

إِنْ هُوَ إِلَّا ذِكْرٌ لِّلْعَالَمِينَ (۲۷)

یہ تمام جہان والوں کے لئے نصیحت نامہ ہے۔

پھر فرمایا یہ قرآن تمام لوگوں کے لیے پند و نصیحت ہے۔

لِمَنْ شَاءَ مِنْكُمْ أَنْ يَسْتَقِيمَ (٢٨)

(بالخصوص) اس کے لئے جو تم میں سے سیدھی راہ پر چلنا چاہے۔

ہر ایک ہدایت کے طالب کو چاہیے کہ اس قرآن کا عامل بن جائے یہی نجات اور ہدایت کا کفیل ہے، اسکے سوا دوسرے کے کلام میں ہدایت نہیں، اگلی آیت کو سن کر ابو جہل نے کہا تھا کہ پھر تو ہدایت و ضلالت ہمارے بس کی بات ہے اس کے جواب میں یہ آیت اتری،

وَمَا تَشَاءُونَ إِلَّا أَنْ يَشَاءَ اللَّهُ رَبُّ الْعَالَمِينَ (٢٩)

اور تم بغیر پروردگار عالم کے چاہے کچھ نہیں چاہ سکتے

تمہاری چاہتیں کام نہیں آتیں کہ جو چاہے ہدایت پالے اور جو چاہے گمراہ ہو جائے بلکہ یہ سب کچھ منجانب اللہ ہے وہ رب العالمین جو چاہے کرتا ہے اسی کی چاہت چلتی ہے۔

# Surah Infitar

## سورۃ انفطار

بِسۡمِ اللّٰہِ الرَّحۡمٰنِ الرَّحِیۡمِ

إِذَا السَّمَاءُ انفَطَرَتْ (۱)

جب آسمان پھٹ جائے گا

وَإِذَا الْكَوَاكِبُ انتَثَرَتْ (۲)

جب ستارے جھڑ جائیں گے۔

اللہ تعالیٰ فرماتا ہے کہ قیامت کے دن آسمان ٹکڑے ٹکڑے ہو جائیں گے،

جیسے فرمایا:

السَّمَآءُ مُنفَطِرٌ بِهِ (۷۳:۱۸)

اور ستارے سب کے سب گر پڑیں گے

وَإِذَا الْبِحَارُ فُجِّرَتْ (۳)

سمندر بہہ نکلیں گے

اور کھاری اور میٹھے سمندر آپس میں خلط ملط ہو جائیں گے۔ اور پانی سوکھ جائے گا

وَإِذَا الْقُبُورُ بُعْثِرَتْ (۴)

اور جب قبریں (شق کر کے) اکھاڑ دی جائیں گی

قبریں پھٹ جائیں گی ان کے شق ہونے کے بعد مردے جی اٹھیں گے

عَلِمَتْ نَفْسٌ مَا قَدَّمَتْ وَأَخَّرَتْ (۵)

(اس وقت) ہر شخص اپنے آگے بھیجے ہوئے اور پیچھے چھوڑے ہوئے (اگلے پچھلے اعمال) کو معلوم کر لے گا۔

يَا أَيُّهَا الْإِنسَانُ مَا غَرَّكَ بِرَبِّكَ الْكَرِيمِ (٦)

اے انسان! تجھے اپنے رب کریم سے کس چیز نے بہکایا؟

پھر اللہ تعالیٰ اپنے بندوں کو دھمکاتا ہے کہ تم کیوں مغرور ہو گئے ہو؟ یہ نہیں کہ اللہ تعالیٰ اس کا جواب طلب کرتا ہو یا سکھاتا ہو، بعض نے یہ بھی کہا ہے بلکہ انہوں نے جواب دیا ہے کہ اللہ کے کرم نے غافل کر رکھا ہے، یہ معنی بیان کرنے غلط ہیں۔

صحیح مطلب یہی ہے کہ اے ابن آدم اپنے با عظمت اللہ سے تو نے کیوں بے پرواہی برت رکھی ہے کس چیز نے تجھے اس کی نافرمانی پر اکسار کھا ہے؟ اور کیوں تو اس کے مقابلے پر آمادہ ہو گیا ہے؟

حدیث شریف میں ہے کہ قیامت کے دن اللہ تعالیٰ فرمائے گا کہ اے ابن آدم تجھے میری جانب سے کسی چیز نے مغرور کر رکھا تھا؟ ابن آدم بتا تو نے میرے نبیوں کو کیا جواب دیا؟

حضرت عمرؓ نے ایک شخص کو اس آیت کی تلاوت کرتے ہوئے سنا تو فرمایا کہ انسانی جہالت نے اسے غافل بنا رکھا ہے، ابن عمرؓ، ابن عباسؓ وغیرہ سے بھی یہی مروی ہے،

قتادہؒ فرماتے ہیں اسے بہکانے والا شیطان ہے،

حضرت فضیل ابن عیاض رحمۃ اللہ علیہ فرماتے ہیں کہ اگر مجھ سے یہ سوال ہو تو میں جواب دوں گا کہ تیرے لٹکائے ہوئے پردوں نے۔

حضرت ابو بکر وراقؒ فرماتے ہیں میں تو کہوں گا کہ کریم کے کرم نے بے فکر کر دیا، بعض سخن شناس فرماتے ہیں کہ یہاں پر کریم کا لفظ لانا گویا جواب کی طرف اشارہ سکھانا ہے۔ لیکن یہ قول کچھ فائدے مند نہیں بلکہ صحیح مطلب یہ ہے کہ کرم والوں کو اللہ کے کرم کے مقابلہ میں بد افعال اور برے اعمال نہ کرنے چاہئیں۔

کلبیؒ اور مقاتلؒ فرماتے ہیں کہ اسود بن شریق کے بارے میں یہ نازل ہوئی ہے۔ اس خبیث نے حضور صلی اللہ علیہ وآلہ وسلم کو مارا تھا اور اس وقت چونکہ اس پر کچھ عذاب نہ آیا تو وہ پھول گیا اس پر یہ آیت نازل ہوئی۔

الَّذِي خَلَقَكَ فَسَوَّاكَ فَعَدَلَكَ (٧)

جس (رب نے) تجھے پیدا کیا پھر ٹھیک ٹھاک کیا اور پھر درست اور برابر بنایا

فرماتا ہے وہ اللہ جس نے تجھے پیدا کیا، پھر درست بنایا پھر درمیانہ قد و قامت بخشا خوش شکل اور خوبصورت بنایا،

مسند احمد کی حدیث میں ہے کہ نبی صلی اللہ علیہ وآلہ وسلم نے اپنی ہتھیلی میں تھوکا پھر اس پر اپنی انگلی رکھ کر فرمایا کہ اللہ تعالیٰ فرماتا ہے:

اے ابن آدم کیا تو مجھے عاجز کر سکتا ہے؟ حالانکہ میں نے تجھے اس جیسی چیز سے پیدا کیا ہے، پھر ٹھیک ٹھاک کیا، پھر صحیح قامت بنایا، پھر تجھے پہنا اوڑھا کر چلنا پھرنا سکھایا، آخر کار تیرا ٹھکانہ زمین کے اندر ہے،

تو نے خوب دولت جمع کی اور میری راہ میں دینے سے باز رہا یہاں تک کہ جب دم حلق میں آ گیا تو کہنے لگا میں صدقہ کرتا ہوں، بھلا اب صدقے کا وقت کہاں؟

فِي أَيِّ صُورَةٍ مَا شَاءَ رَكَّبَكَ (٨)

جس صورت میں چاہا تجھے جوڑ دیا۔

جس صورت میں چاہا ترکیب دی یعنی باپ کی ماں کی ماموں کی چچا کی صورت میں پیدا کیا۔

ایک شخص سے حضور صلی اللہ علیہ وآلہ وسلم نے فرمایا تیرے ہاں بچہ کیا ہو گا؟

اس نے کہا یا لڑکا یا لڑکی۔

فرمایا کس کے مشابہ ہو گا؟

کہا یا میرے یا اس کی ماں کے۔

فرمایا خاموش ایسا نہ کہہ نطفہ جب رحم میں ٹھہرتا ہے تو حضرت آدمؑ تک کا نسب اس کے سامنے ہوتا ہے۔ پھر آپ نے آیت فِي أَيِّ صُورَةٍ مَا شَاءَ رَكَّبَكَ پڑھی اور فرمایا جس صورت میں اس نے چاہا تجھ بنایا۔

یہ حدیث اگر صحیح ہوتی تو آیت کے معنی کرنے کے لیے کافی تھی لیکن اس کی اسناد ثابت نہیں ہے۔ مظہر بن ہثیم جو اس کے راوی ہیں یہ متروک الحدیث ہیں۔ ان پر اور جرح بھی ہے۔

بخاری و مسلم کی ایک اور حدیث میں ہے:

ایک شخص نے حضرت محمد صلی اللہ علیہ وسلم کے پاس آکر کہا میری بیوی کو جو بچہ ہوا ہے وہ سیاہ فام ہے۔

آپ ن ﷺ ے فرمایا تیرے پاس اونٹ بھی ہیں؟ کہا ہاں۔

فرمایا کس رنگ کے ہیں؟ کہا سرخ رنگ کے۔

فرمایا کہ ان میں کوئی چت کبرا بھی ہے ؟ کہا ہاں۔

فرمایا اس کا رنگ کا بچہ سرخ نر و مادہ کے درمیان کیسے پیدا ہو گیا؟

کہنے لگا شاید اوپر کی نسل کی طرف کوئی رگ کھینچ لے گئی ہو۔

آپ ﷺ نے فرمایا اسی طرح تیرے بچے کے سیاہ رنگ کے ہونے کی وجہ بھی شاید یہی ہو۔

حضرت عکرمہؒ فرماتے ہیں اگر چاہے بندر کی صورت بنا دے اگر چاہے سوٴر کی۔

ابو صالحؒ فرماتے ہیں اگر چاہے کتے کی صورت میں بنا دے' اگر چاہے گدھے کی' اگر چاہے سوٴر کی۔

قتادہؒ فرماتے ہیں یہ سب سچ ہے اور اللہ ہر چیز پر قادر ہے لیکن وہ مالک ہمیں بہترین، عمدہ، خوش شکل اور دل لبھانے والی پاکیزہ پاکیزہ شکلیں صورتیں عطا فرماتا ہے۔

كَلَّا بَلْ تُكَذِّبُونَ بِالدِّينِ (۹)

ہر گز نہیں بلکہ تم تو جزا و سزا کے دن کو جھٹلاتے ہو۔

پھر فرماتا ہے کہ اس کریم اللہ کی نافرمانیوں پر تمہیں آمادہ کرنے والی چیز صرف یہی ہے کہ تمہارے دلوں میں قیامت کی تکذیب ہے تم اس کا آنا ہی برحق نہیں جانتے اس لیے اس سے بے پرواہی برت رہے ہو،

وَإِنَّ عَلَيْكُمْ لَحَافِظِينَ (۱۰)

یقیناً تم پر نگہبان عزت والے۔

كِرَامًا كَاتِبِينَ (۱۱)

لکھنے والے مقرر ہیں۔

يَعْلَمُونَ مَا تَفْعَلُونَ (۱۲)

جو کچھ تم کرتے ہو وہ جانتے ہیں۔

تم یقین مانو کہ تم پر بزرگ محافظ اور کاتب فرشتے مقرر ہیں۔ تمہیں چاہیئے کہ ان کا لحاظ رکھو وہ تمہارے اعمال لکھ رہے ہیں تمہیں برائی کرتے ہوئے شرم آنی چاہیے۔

رسول اللہ صلی اللہ علیہ وآلہ وسلم فرماتے ہیں:

اللہ کے یہ بزرگ فرشتے تم سے جنابت اور پاخانہ کی حالت کے سوا کسی وقت الگ نہیں ہوتے۔ تم انکا احترام کرو، غسل کے وقت بھی پردہ کر لیا کرو دیوار سے یا اوٹ سے ہی سہی، یہ بھی نہ ہو تو اپنے کسی ساتھی کو کھڑا کر لیا کرو تاکہ وہی پردہ ہو جائے۔ (ابن ابی حاتم)

بزار کی اس حدیث کے الفاظ میں کچھ تغیر و تبدل ہے اور اس میں یہ بھی ہے کہ اللہ تعالیٰ تمہیں ننگا ہونے سے منع کرتا ہے۔ اللہ کے ان فرشتوں سے شرماؤ۔

اس میں یہ بھی ہے کہ غسل کے وقت بھی یہ فرشتے دور ہو جاتے ہیں۔

ایک حدیث میں ہے کہ جب یہ کراماً کاتبین بندے کے روزانہ اعمال اللہ تعالیٰ کے سامنے پیش کرتے ہیں تو اگر شروع اور آخر میں استغفار ہو تو اللہ تعالیٰ فرماتا ہے کہ اس کے درمیان کی سب خطائیں میں نے اپنے غلام کی بخش دیں۔ (بزار)

بزار کی ایک اور ضعیف حدیث میں ہے:

اللہ تعالیٰ کے بعض فرشتے انسانوں کو اور ان کے اعمال کو جانتے پہچانتے ہیں، جب کسی بندے کو نیکی میں مشغول پاتے ہیں تو آپس میں کہتے ہیں کہ آج کی رات فلاں شخص نجات پا گیا فلاح حاصل کر گیا اور اس کے خلاف دیکھتے ہیں تو آپس میں ذکر کرتے ہیں اور کہتے ہیں کہ آج کی رات فلاں ہلاک ہوا۔

إِنَّ الْأَبْرَارَ لَفِي نَعِيمٍ (١٣)

یقیناً نیک لوگ (جنت کے عیش و آرام اور) نعمتوں میں ہونگے۔

جو لوگ اللہ تعالیٰ کے اطاعت گزار فرمانبردار، گناہوں سے دور رہتے ہیں انہیں اللہ تعالیٰ جنت کی خوش خبری دیتا ہے،

حدیث میں ہے کہ انہیں ابرار اس لیے کہا جاتا ہے کہ یہ اپنے ماں باپ کے فرمانبردار تھے اور اپنی اولاد کے ساتھ نیک سلوک کرتے تھے،

وَإِنَّ الْفُجَّارَ لَفِي جَحِيمٍ (١٤)

اور یقیناً بدکار لوگ دوزخ میں ہونگے۔

بدکار لوگ دائمی عذاب میں پڑیں گے،

يَصۡلَوۡنَهَا يَوۡمَ الدِّينِ (۱۵)

بدلے والے دن اس میں جائیں گے

وَمَا هُمۡ عَنۡهَا بِغَائِبِينَ (۱۶)

وہ اس سے کبھی غائب نہ ہونے پائیں گے۔

قیامت کے دن جو حساب کا اور بدلے کا دن ہے ان کا داخلہ اس میں ہوگا ایک ساعت بھی ان پر عذاب ہلکا نہ ہو گا نہ موت آئے گی نہ راحت ملے گی نہ ایک ذرا سی دیر اس سے الگ ہوں گے۔

وَمَا أَدۡرَاكَ مَا يَوۡمُ الدِّينِ (۱۷)

تجھے کچھ خبر بھی ہے کہ بدلے کا دن کیا ہے۔

ثُمَّ مَا أَدۡرَاكَ مَا يَوۡمُ الدِّينِ (۱۸)

پھر میں (کہتا ہوں) تجھے کیا معلوم کہ جزا و سزا کا دن کیا ہے۔

پھر قیامت کی بڑائی اور اس دن کی ہولناکی ظاہر کرنے کے لیے دو بار فرمایا تمہیں کس چیز نے معلوم کرایا کہ وہ دن کیسا ہے؟

يَوۡمَ لَا تَمۡلِكُ نَفۡسٌ لِنَفۡسٍ شَيۡئًا ؕ

(وہ ہے) جس دن کوئی شخص کسی شخص کے لئے کسی چیز کا مختار نہ ہو گا،

پھر خود ہی بتلایا کہ اس دن کوئی کسی کو کچھ بھی نفع نہ پہنچا سکے گا نہ عذاب سے نجات دلا سکے گا۔ ہاں یہ اور بات ہے کہ کسی کی سفارش کی اجازت خود اللہ تبارک وتعالیٰ عطا فرمائے۔

اس موقعہ پر یہ حدیث وارد کرنی بالکل مناسب ہے کہ رسول اللہ صلی اللہ علیہ وآلہ وسلم نے فرمایا:

اے بنو ہاشم اپنی جانوں کو جہنم سے بچانے کے لیے نیک اعمال کی تیاریاں کر لو میں تمہیں اس دن اللہ تعالیٰ کے عذاب سے بچانے کا اختیار نہیں رکھتا۔

یہ حدیث سورہ شعراء کی تفسیر کے آخر میں گزر چکی ہے۔

وَالْأَمْرُ يَوْمَئِذٍ لِلّٰهِ (۱۹)

اور (تمام تر) احکام اس روز اللہ کے ہی ہوں گے

یہاں بھی فرمایا کہ اس دن امر محض اللہ کا ہی ہو گا۔

جیسے اور جگہ ہے:

لِّمَنِ الْمُلْكُ الْيَوْمَ ۖ لِلّٰهِ الْوَاحِدِ الْقَهَّارِ (۴۰:۱۶)

اَلْمُلْكُ يَوْمَئِذِ الْحَقُّ لِلرَّحْمٰنِ (۲۵:۲۶)

مٰلِكِ يَوْمِ الدِّينِ (۱:۴)

مطلب سب کا یہی ہے کہ ملک و ملکیت اس دن صرف اللہ واحد قہار و رحمٰن کی ہی ہو گی۔ گو آج بھی اسی کی ملکیت ہے وہ ہی تنہا مالک ہے اسی کا حکم چلتا ہے مگر وہاں ظاہر داری حکومت، ملکیت اور امر بھی نہ ہو گا۔

# Surah Mutaffifin

# سورۃ المُطَفِّفِين

بِسْمِ اللّٰهِ الرَّحْمٰنِ الرَّحِيمِ

وَيْلٌ لِلْمُطَفِّفِينَ (۱)

بڑی خرابی ہے ناپ تول میں کمی کرنے والوں کی۔

## ناپ تول میں کمی کے نتائج

نسائی اور ابن ماجہ میں ہے حضرت ابن عباس رضی اللہ عنہ فرماتے ہیں کہ جب نبی صلی اللہ علیہ وآلہ وسلم مدینہ میں تشریف لائے اس وقت اہل مدینہ ناپ تول کے اعتبار سے بہت برے تھے۔ جب یہ آیت اتری پھر انہوں نے ناپ تول بہت درست کر لیا۔

ابن ابی حاتم میں ہے کہ حضرت ہلال بن طلقؒ نے ایک مرتبہ حضرت عبداللہ بن عمر رضی اللہ عنہ سے کہا کہ مکے مدینے والے بہت ہی عمدہ ناپ تول رکھتے ہیں۔ آپ نے فرمایا وہ کیوں نہ رکھتے جب کہ اللہ تعالیٰ کا فرمان وَيْلٌ لِلْمُطَفِّفِينَ ہے۔

پس تطفیف سے مراد ناپ تول کی کمی ہے خواہ اس صورت میں کہ اوروں سے لیتے وقت زیادہ لے لیا اور دیتے وقت کم دیا۔

الَّذِينَ إِذَا اكْتَالُوا عَلَى النَّاسِ يَسْتَوْفُونَ (۲)

کہ جب لوگوں سے ناپ کر لیتے ہیں تو پورا پورا لیتے ہیں۔

وَإِذَا كَالُوهُمْ أَوْ وَزَنُوهُمْ يُخْسِرُونَ (۳)

جب انہیں ناپ کر یا تول کر دیتے ہیں تو کم دیتے ہیں

اسی لیے انہیں دھمکایا کہ یہ نقصان اٹھانے والے ہیں کہ جب اپنا حق لیں تو پورا لیں بلکہ زیادہ لے لیں اور دوسروں کو دینے بیٹھیں تو کم دیں۔

ٹھیک یہ ہے کہ کَالُو اور وَزَنُو کو متعدی مانیں اور ھُمْ کو محلاً منصوب کہیں گو بعض نے اسے ضمیر مؤکد مانا ہے۔ جو کَالُو اور وَزَنُو کی پوشیدہ ضمیر کی تاکید کے لیے ہے اور مفعول محذوف مانا ہے جس پر دلالت کلام موجود ہے، دونوں طرح مطلب قریب قریب ایک ہی ہے۔

قرآن کریم نے ناپ تول درست کرنے کا حکم اس آیت میں بھی دیا ہے۔

وَأَوْفُوا الْكَيْلَ إِذَا كِلْتُمْ وَزِنُوا بِالْقِسْطَاسِ الْمُسْتَقِيمِ (۱۷:۳۵)

جب ناپو تو ناپ پورا کرو اور وزن سیدھے ترازو سے تول کر دیا کرو۔

اور جگہ حکم ہے۔

وَأَوْفُوا الْكَيْلَ وَالْمِيزَانَ بِالْقِسْطِ لَا نُكَلِّفُ نَفْسًا إِلَّا وُسْعَهَا (۶:۱۵۲)

ناپ تول انصاف کے ساتھ برابر کر دیا کرو، ہم کسی کو اس کی طاقت سے زیادہ تکلیف نہیں دیتے

اور جگہ فرمایا:

وَأَقِيمُوا الْوَزْنَ بِالْقِسْطِ وَلَا تُخْسِرُوا الْمِيزَانَ (۵۵:۹)

تول کو قائم رکھو اور میزان کو گھٹاؤ نہیں۔

حضرت شعیب علیہ السلام کی قوم کو اسی بد عادت کی وجہ سے اللہ تعالیٰ نے غارت و برباد کر دیا۔

أَلَا يَظُنُّ أُولَئِكَ أَنَّهُمْ مَبْعُوثُونَ (۴)

کیا انہیں مرنے کے بعد اٹھنے کا خیال نہیں۔

لِيَوْمٍ عَظِيمٍ (۵)

اس عظیم دن کے لئے۔

يَوْمَ يَقُومُ النَّاسُ لِرَبِّ الْعَالَمِينَ (۶)

جس دن سب لوگ رب العالمین کے سامنے کھڑے ہوں گے۔

یہاں بھی اللہ تعالیٰ ڈرا رہا ہے کہ لوگوں کے حق مارنے والے کیا قیامت کے دن سے نہیں ڈرتے جس دن یہ اس ذات پاک کے سامنے کھڑے ہو جائیں گے۔ جس پر نہ کوئی پوشیدہ بات پوشیدہ ہے نہ ظاہر، وہ دن بھی نہایت ہولناک و خطرناک ہو گا۔ بڑی گھبراہٹ اور پریشانی والا دن ہو گا، اس دن یہ نقصان رساں لوگ جہنم کی بھڑکتی

ہوئی آگ میں داخل ہوں گے، جس دن لوگ اللہ کے سامنے کھڑے ہوں گے اس حالت میں کہ ننگے پاؤں ہوں گے اور ننگے بدن ہوں گے اور بے ختنہ ہوں گے۔ وہ جگہ بھی نہایت تنگ وتاریک ہوگی اور میدان آفات وبلیلات سے پر ہوگا اور وہ مصائب نازل ہو رہے ہوں گے کہ دل پریشان ہوں گے حواس بگڑے ہوئے ہوں گے ہوش جاتا رہے گا، صحیح حدیث میں ہے:

آدھے آدھے کانوں تک پسینہ پہنچ گیا ہوگا۔ (موطامالک)

مسند احمد کی حدیث میں ہے کہ اس دن رحمٰن عزوجل کی عظمت کے سامنے سب کھڑے کپکپا رہے ہوں گے۔

اور حدیث میں ہے:

قیامت کے دن بندوں سے سورج اس قدر قریب ہو جائے گا کہ ایک یا دو نیزے کے برابر اونچا ہوگا اور سخت تیز ہوگا ہر شخص اپنے اپنے اعمال کے مطابق اپنے پسینے میں غرق ہوگا بعض کی ایڑیوں تک پسینہ ہوگا بعض کے گھٹنوں تک بعض کی کمر تک بعض کو تو ان کا پسینہ لگام بنا ہوا ہوگا۔

اور حدیث میں ہے:

دھوپ اس قدر تیز ہوگی کہ کھوپڑی بھنا اٹھے گی اور اس طرح اس میں جوش اٹھنے لگے گا جس طرح ہنڈیا میں ابال آتا ہے۔

اور روایت میں ہے کہ حضور صلی اللہ علیہ وسلم نے اپنے منہ پر اپنی انگلیاں رکھ کر بتایا کہ اس طرح پسینہ کی لگام چڑھی ہوئی ہوگی پھر آپ نے ہاتھ سے اشارہ کرکے بتایا کہ بعض بالکل ڈوبے ہوئے ہوں گے۔

اور حدیث میں ہے:

ستر سال تک بغیر بولے چالے کھڑے رہیں گے یہ بھی کہا گیا ہے کہ تین سو سال تک کھڑے رہیں گے اور یہ بھی کہا گیا ہے کہ چالیس ہزار سال تک کھڑے رہیں گے اور دس ہزار سال میں فیصلہ کیا جائے گا۔

صحیح مسلم میں حضرت ابوہریرہؓ سے مرفوعاً مروی ہے کہ اس دن میں جس کی مقدار پچاس ہزار سال کی ہوگی

ابن ابی حاتم کی حدیث میں ہے:

رسول اللہ صلی اللہ علیہ وآلہ وسلم نے بشیر غفاری رضی اللہ تعالیٰ عنہ سے فرمایا تو کیا کرے گا جس دن لوگ اللہ رب العالمین کے سامنے تین سو سال تک کھڑے رہیں گے نہ تو کوئی خبر آسمان سے آئیگی نہ کوئی حکم کیا جائیگا،

حضرت بشیرؓ کہنے لگے اللہ ہی مددگار ہے

آپ ﷺ نے فرمایا کہ سنو جب بستر پر جاؤ تو اللہ تعالیٰ سے قیامت کے دن کی تکلیفوں اور حساب کی برائی سے پناہ مانگ لیا کرو۔

سنن ابو داؤد میں ہے کہ رسول اللہ صلی علیہ وسلم قیامت کے دن کے کھڑے ہونے کی جگہ کی تنگی سے پناہ مانگا کرتے تھے۔

حضرت ابن مسعودؓ سے روایت ہے کہ چالیس سال تک لوگ اونچا سر کئے کھڑے رہیں گے کوئی بولے گا نہیں نیک و بد کو پسینے کی لگامیں چڑھی ہوئی ہوں گی۔

ابن عمرؓ فرماتے ہیں سو سال تک کھڑے رہیں گے۔ (ابن جریر)

ابو داؤد، نسائی ابن ماجہ میں ہے کہ حضور صلی اللہ علیہ وسلم جب رات کو اٹھ کر تہجد کی نماز شروع کرتے تو:

- دس مرتبہ اللہ اکبر کہتے،
- دس مرتبہ الحمد اللہ کہتے،
- دس مرتبہ سبحان اللہ کہتے،
- دس مرتبہ استغفر اللہ کہتے۔

پھر کہتے

اللھم اغفرلی واھدنی وارزقنی وعافنی

اے اللہ مجھے بخش مجھے ہدایت دے، مجھے روزیاں دے اور عافیت عنایت فرما

پھر اللہ تعالیٰ سے قیامت کے دن کے مقام کی تنگی سے پناہ مانگتے۔

كَلَّا إِنَّ كِتَابَ الْفُجَّارِ لَفِي سِجِّينٍ (٧)

یقیناً بدکاروں کا اعمالنامہ سجین میں ہے

مطلب یہ ہے کہ برے لوگوں کا ٹھکانا سِجّین ہے یہ لفظ فعیل کے وزن پر سجن سے ماخوذ ہے سجن کہتے ہیں لغتاً تنگی کو ضیق شریب خمیر سکیر وغیرہ کی طرح یہ لفظ بھی سجین ہے

وَمَا أَدۡرَاكَ مَا سِجِّينٌ (٨)

تجھے کیا معلوم سجین کیا ہے۔

پھر اس کی مزید برائیاں بیان کرنے کے لیے فرمایا کہ تمہیں اس کی حقیقت معلوم نہیں وہ المناک اور ہمیشہ کے دکھ درد کی جگہ ہے۔

مروی ہے کہ یہ جگہ ساتوں زمینوں کے نیچے ہے، حضرت براء بن عازبؓ کی ایک مطول حدیث میں یہ گزر چکا ہے کہ کافر کی روح کے بارے میں جناب باری کا ارشاد ہوتا ہے کہ اس کو کتاب سِجِّین میں لکھ لو اور سِجِّین ساتویں زمین کے نیچے ہے۔

کہا گیا ہے کہ یہ ساتویں زمین کے نیچے سبز رنگ کی ایک چٹان ہے اور کہا گیا ہے کہ جہنم میں ایک گڑھا ہے، صحیح بات یہ ہے کہ اس کے معنی ہیں تنگ جگہ۔

ابن جریر کی ایک غریب منکر اور غیر صحیح حدیث میں ہے کہ فلق جہنم کا ایک منہ بند کنواں ہے اور سِجِّین کھلے منہ والا گڑھا ہے۔

صحیح بات یہ ہے کہ اس کے معنی ہیں تنگ جگہ جیل خانہ کے نیچے کی مخلوق میں تنگی ہے اور اوپر کی مخلوق میں کشادگی، آسمانوں میں ہر اوپر والا آسمان نیچے والے آسمان سے کشادہ ہے اور زمینوں میں ہر نیچے کی زمین اوپر کی زمین سے تنگ ہے یہاں تک کہ بالکل نیچے کی تہہ بہت تنگ ہے اور سب سے زیادہ تنگ جگہ ساتویں زمین کا وسطی مرکز ہے۔

چونکہ کافروں کے لوٹنے کی جگہ جہنم ہے اور وہ سب سے نیچے ہے۔

اور جگہ ہے:

ثُمَّ رَدَدۡنَٰهُ أَسۡفَلَ سَٰفِلِينَ إِلَّا ٱلَّذِينَ ءَامَنُواْ وَعَمِلُواْ ٱلصَّٰلِحَٰتِ (٩٥:٥،٦)

ہم نے اسے پھر نیچوں کا نیچ کر دیا ہاں جو ایمان والے اور نیک اعمال والے ہیں

غرض سجین ایک تنگ اور تہہ کی جگہ ہے جیسے قرآن کریم نے اور جگہ فرمایا ہے:

وَإِذَآ أُلۡقُواْ مِنۡهَا مَكَانًا ضَيِّقًا مُّقَرَّنِينَ دَعَوۡاْ هُنَالِكَ ثُبُورًا (٢٥:١٣)

جب وہ جہنم کی کسی تنگ جگہ میں ہاتھ پاؤں جکڑ کر ڈال دیئے جائیں گے تو وہاں موت ہی موت پکاریں گے۔

كِتَابٌ مَرْقُومٌ (٩)

(یہ تو) لکھی ہوئی کتاب ہے۔

كِتَابٌ مَرْقُومٌ یہ سِجِّين کی تفسیر نہیں بلکہ یہ اس کی تفسیر ہے جو ان کے لیے لکھا جا چکا ہے کہ آخر کار جہنم میں پہنچیں گے ان کا یہ نتیجہ لکھا جا چکا ہے اور اس سے فراغت حاصل کر لی گئی ہے نہ اب اس میں کچھ زیادتی ہو نہ کمی، تو فرمایا ان کا انجام سِجِّين ہونا ہماری کتاب میں پہلے سے ہی لکھا جا چکا ہے

وَيْلٌ يَوْمَئِذٍ لِلْمُكَذِّبِينَ (١٠)

اس دن جھٹلانے والوں کی بڑی خرابی ہے۔

ان جھٹلانے والوں کی اس دن خرابی ہو گی انہیں جہنم کا قید خانہ اور رسوائی والے المناک عذاب ہوں گے۔

وَيْلٌ کی مکمل تفسیر اس سے پہلے گزر چکی ہے، خلاصہ مطلب یہ ہے کہ ان کی ہلاکی بربادی اور خرابی ہے جیسے کہا جاتا ہے ویل لفلان۔

مسند اور سنن کی حدیث میں ہے کہ وَيْلٌ ہے اس شخص کے لیے جو کوئی جھوٹی بات کہہ کر لوگوں کو ہنسانا چاہے اور اسے وَيْلٌ ہے اسے وَيْلٌ ہے۔

الَّذِينَ يُكَذِّبُونَ بِيَوْمِ الدِّينِ (١١)

جو جزا اور سزا کے دن کو جھٹلاتے رہے۔

پھر ان جھٹلانے والے بدکار کافروں کی مزید تشریح کی،

اور فرمایا کہ یہ وہ لوگ ہیں جو روز جزاء کو نہیں مانتے اسے خلاف عقل کہہ کر اس کے واقع ہونے کو محال جانتے ہیں،

وَمَا يُكَذِّبُ بِهِ إِلَّا كُلُّ مُعْتَدٍ أَثِيمٍ (١٢)

اسے صرف وہی جھٹلاتا ہے جو حد سے آگے نکل جانے والا (اور) گناہگار ہوتا ہے۔

فرمایا کہ قیامت کا جھٹلانا انہی لوگوں کا کام ہے جو اپنے کاموں میں حد سے بڑھ جائیں اسی طرح اپنے اقوال میں گنہگار ہوں جھوٹ بولیں وعدہ خلافی کریں گالیاں بکیں وغیرہ

إِذَا تُتْلَى عَلَيْهِ آيَاتُنَا قَالَ أَسَاطِيرُ الْأَوَّلِينَ (۱۳)

جب اس کے سامنے ہماری آیتیں پڑھی جاتی ہیں تو کہہ دیتا ہے کہ یہ اگلوں کے افسانے ہیں

یہ لوگ ہیں کہ ہماری آیتوں کو سن کر انہیں جھٹلاتے ہیں بدگمانی کرتے ہیں اور کہہ گزرتے ہیں کہ پہلی کتابوں سے کچھ جمع اکٹھا کر لیا ہے جیسے اور جگہ فرمایا:

وَإِذَا قِيلَ لَهُمْ مَاذَا أَنْزَلَ رَبُّكُمْ قَالُوا أَسَاطِيرُ الْأَوَّلِينَ (۱۶:۲۴)

جب انہیں کہا جاتا ہے کہ تمہارے رب نے کیا کچھ نازل فرمایا تو کہتے ہیں اگلوں کے افسانے ہیں

اور جگہ ہے:

وَقَالُوا أَسَاطِيرُ الْأَوَّلِينَ اكْتَتَبَهَا فَهِيَ تُمْلَى عَلَيْهِ بُكْرَةً وَأَصِيلاً (۲۵:۵)

یہ کہتے ہیں کہ اگلوں کے قصے ہیں جو اسے صبح شام لکھوائے جا رہے ہیں

اللہ تعالیٰ انہیں جواب میں فرماتا ہے کہ واقعہ ان کے قول اور ان کے خیال کے مطابق نہیں بلکہ دراصل یہ قرآن کلام الہٰی ہے اس کی وحی ہے جو اس نے اپنے بندے پر نازل کی ہے،

كَلَّا ۖ بَلْ ۜ رَانَ عَلَى قُلُوبِهِمْ مَا كَانُوا يَكْسِبُونَ (۱۴)

یوں نہیں بلکہ ان کے دلوں پر ان کے اعمال کی وجہ سے زنگ (چڑھ گیا) ہے

ہاں ان کے دلوں پر ان کے بد اعمال نے پردے ڈال دیئے ہیں گناہوں اور خطاؤں کی کثرت نے ان کے دلوں کو زنگ آلود کر دیا ہے کافروں کے دلوں پر رین ہوتا ہے اور نیک کار لوگوں کے دلوں پر غیم ہوتا ہے

ترمذی نسائی ابن ماجہ وغیرہ میں ہے کہ رسول اللہ صل اللہ علیہ وآلہ وسلم فرماتے ہیں:

بندہ جب گناہ کرتا ہے تو اس کے دل پر ایک سیاہ نکتہ ہو جاتا ہے اگر توبہ کر لیتا ہے تو اس کی صفائی ہو جاتی ہے اور اگر گناہ کرتا ہے تو وہ سیاہی پھیلتی جاتی ہے اسی کا بیان كَلَّا بَلْ رَانَ میں ہے

نسائی کے الفاظ میں کچھ اختلاف بھی ہے مسند احمد میں بھی یہ حدیث ہے۔

حضرت حسن بصریؒ وغیرہ کا فرمان ہے کہ گناہوں پر گناہ کرنے سے دل اندھا ہو جاتا ہے اور پھر مر جاتا ہے۔

كَلَّا إِنَّهُمْ عَنْ رَبِّهِمْ يَوْمَئِذٍ لَمَحْجُوبُونَ (۱۵)

ہرگز نہیں یہ لوگ اس دن اپنے رب سے اوٹ میں رکھے جائیں گے

فرمایا کہ یہ لوگ ان عذابوں میں مبتلا ہو کر دیدار باری سے بھی محروم اور محجوب کر دیئے جائیں گے۔

حضرت امام شافعی رحمۃ اللہ علیہ فرماتے ہیں اس میں دلیل ہے کہ مؤمن قیامت کے دن دیدار باری تعالیٰ سے مشرف ہوں گے۔ امام صاحب کا یہ فرمان بالکل درست ہے اور آیت کا صاف مفہوم یہی ہے اور دوسری جگہ کھلے الفاظ میں بھی یہ بیان موجود ہے فرمان ہے:

وُجُوهٌ يَوْمَئِذٍ نَّاضِرَةٌ إِلَىٰ رَبِّهَا نَاظِرَةٌ (۷۵:۲۲،۲۳)

اس دن بہت سے چہرے تروتازہ ہوں گے اور اپنے رب کو دیکھ رہے ہوں گے

صحیح اور متواتر احادیث سے بھی یہ ثابت ہے:

ایمان دار قیامت والے دن اپنے رب عزوجل کو اپنی آنکھوں سے قیامت کے میدان میں اور جنت کے نفیس باغیچوں میں دیکھیں گے۔

حضرت حسنؒ فرماتے ہیں کہ حجاب ہٹ جائیں گے اور مؤمن اپنے رب کو دیکھیں گے اور پھر کافروں کو پردوں کے پیچھے کر دیا جائیگا البتہ مؤمن ہر صبح وشام پروردگار عالم کا دیدار حاصل کریں گے یا اسی جیسا اور کلام ہے۔

ثُمَّ إِنَّهُمْ لَصَالُو الْجَحِيمِ (۱٦)

پھر یہ لوگ بالیقین جہنم میں جھونکے جائیں گے۔

پھر فرماتا ہے کہ برے لوگ نہ صرف دیدار الٰہی سے ہی محروم رہیں گے بلکہ یہ لوگ جہنم میں جھونک دیئے جائیں گے۔

ثُمَّ يُقَالُ هَٰذَا الَّذِي كُنتُم بِهِ تُكَذِّبُونَ (۱۷)

پھر کہہ دیا جائے گا کہ یہی ہے وہ جسے تم جھٹلاتے رہے

اور انہیں حقارت ذلت اور ڈانٹ ڈپٹ کے طور پر غصہ کے ساتھ کہا جائیگا کہ یہی ہے وہ جسے تم جھٹلاتے رہے۔

بدکاروں کا حشر بیان کرنے کے بعد اب نیک لوگوں کا بیان ہو رہا ہے

كَلَّا إِنَّ كِتَابَ الْأَبْرَارِ لَفِي عِلِّيِّينَ (۱۸)

یقیناً نیکوکاروں کا نامہ اعمال علیین میں ہے

ان کا ٹھکانا عِلِّيِّينَ ہے جو کہ سِجِّين کے بالکل برعکس ہے،

حضرت ابن عباسؓ نے حضرت کعبؓ سے سِجِّين کا سوال کیا تو فرمایا کہ وہ ساتویں زمین ہے اور اس میں کافروں کی روحیں ہیں اور عِلِّيِّينَ کے سوال کے جواب میں فرمایا یہ ساتواں آسمان ہے اور اس میں مؤمنوں کی روحیں ہیں۔

ابن عباسؓ فرماتے ہیں مراد اس سے جنت ہے۔

عوفیؒ آپ سے روایت کرتے ہیں کہ ان کے اعمال اللہ کے نزدیک آسمان میں ہیں۔

قتادہؒ فرماتے ہیں یہ عرش کا داہنا پایہ ہے، اور لوگ کہتے ہیں یہ سدرۃ المنتہیٰ کے پاس ہے۔

ظاہر یہ ہے کہ لفظ علو یعنی بلندی سے ماخوذ ہے، جس قدر کوئی چیز اونچی اور بلند ہو گی اسی قدر بڑی اور کشادہ ہو گی

وَمَا أَدْرَاكَ مَا عِلِّيُّونَ (١٩)

تجھے کیا پتہ کہ علیین کیا ہے؟

اس لیے اس کی عظمت وبزرگی کے اظہار کے لیے فرمایا تمہیں اس کی حقیقت معلوم ہی نہیں

كِتَابٌ مَرْقُومٌ (٢٠)

(وہ تو) لکھی ہوئی کتاب ہے۔

يَشْهَدُهُ الْمُقَرَّبُونَ (٢١)

مقرب (فرشتے) اس کا مشاہدہ کرتے ہیں۔

پھر اس کی تاکید کی کہ یہ یقینی چیز ہے کتاب میں لکھی جاچکی ہے کہ یہ لوگ عِلِّيِّينَ میں جائیں گے جس کے پاس ہر آسمان کے مقرب فرشتے جاتے ہیں۔

إِنَّ الْأَبْرَارَ لَفِي نَعِيمٍ (٢٢)

یقیناً نیک لوگ (بڑی) نعمتوں میں ہونگے۔

پھر فرمایا کہ قیامت کے دن یہ نیکوکار دائمی والی نعمتوں اور باغات میں ہوں گے۔

عَلَى الْأَرَائِكِ يَنظُرُونَ (۲۳)

مسہریوں میں بیٹھے دیکھ رہے ہونگے۔

یہ مسہریوں پر بیٹھے ہوں گے اپنے ملک ومال نعمتوں راحتوں عزت و جاہ مال ومتاع کو دیکھ دیکھ کر خوش ہو رہے ہوں گے یہ خیر و فضل یہ نعمت ورحمت نہ کبھی کم ہو نہ گم ہو نہ گھٹے نہ مٹے۔

اور یہ بھی معنی ہیں کہ اپنی آرام گاہوں میں تخت سلطنت پر بیٹھے دیدار اللہ سے مشرف ہوتے رہیں گے، تو گویا کہ فاجروں کے بالکل برعکس ہوں گے ان پر دیدار باری حرام تھا ان کے لیے ہر وقت اجازت ہے جیسے کہ ابن عمرؓ کی حدیث میں ہے جو پہلے بیان ہو چکی:

سب سے نچلے درجے کا جنتی اپنے ملک اور ملکیت کو دو ہزار سال کی راہ تک دیکھے گا اور سب سے آخر کی چیزیں اس طرح اس کی نظروں کے سامنے ہوں گی جس طرح سب سے اول چیز۔ اور اعلیٰ درجہ کے جنتی تو دن بھر میں دو دو مرتبہ دیدار باری کی نعمت سے اپنے دل کو مسرور اور اپنی آنکھوں کو پر نور کریں گے۔

تَعْرِفُ فِي وُجُوهِهِمْ نَضْرَةَ النَّعِيمِ (۲۴)

تو ان کے چہروں سے ہی نعمتوں کی ترو تازگی پہچان لے گا۔

ان کے چہرے پر کوئی نظر ڈالے تو بیک نگاہ آسودگی اور خوش حالی جاہ و حشمت، شوکت و سطوت، خوشی و سرور، بہجت و نور دیکھ کر ان کا مرتبہ تاڑ لے اور سمجھ لے کہ راحت و آرام میں خوش و خرم ہیں۔

يُسْقَوْنَ مِن رَّحِيقٍ مَّخْتُومٍ (۲۵)

یہ لوگ سربمہر خالص شراب پلائے جائیں گے۔

جنتی شراب کا دور چلتا رہتا ہے رَحِيق جنت کی ایک قسم کی شراب ہے۔

رسول اللہ صیل اللہ علیہ وآلہ وسلم فرماتے ہیں:

- جو کسی پیاسے مسلمان کو پانی پلائے گا اللہ تعالیٰ اسے رَحِيقٍ مَّخْتُومٍ پلائے گا یعنی جنت کی مہر والی شراب،
- اور جو کسی بھوکے مسلمان کو کھانا کھلائے اسے اللہ تعالیٰ جنت کے میوے کھلائے گا،
- اور جو کسی ننگے مسلمان کو کپڑا پہنائے اللہ تعالیٰ اسے جنتی سبز ریشم کے جوڑے پہنائے گا۔ (مسند احمد)

خِتَامُهُ مِسْكٌ ۚ

جس پر مشک کی مہر ہو گی،

خِتَامُه کے معنی ملونی اور آمیزش کے ہیں اسے اللہ نے پاک صاف کر دیا ہے اور مشک کی مہر لگا دی ہے۔ یہ بھی معنی ہیں کہ انجام اس کا مشک ہے یعنی کوئی بدبو نہیں بلکہ مشک کی سی خوشبو ہے، چاندی کی طرح سفید رنگ شراب ہے جس قدر مہر لگے گی یا ملاوٹ ہو گی اس قدر خوشبو والی ہے کہ اگر کسی اہل دنیا کی انگلی اس میں تر ہو جائے پھر چاہے اسی وقت اسے وہ نکال لے لیکن تمام دنیا اس کی خوشبو سے مہک جائے۔

اور خِتَامُه کے معنی خوشبو کے بھی کئے گئے ہیں

وَفِي ذَٰلِكَ فَلْيَتَنَافَسِ الْمُتَنَافِسُونَ (٢٦)

سبقت لے جانے والوں کو اسی میں سبقت کرنی چاہیے

پھر فرماتا ہے کہ حرص کرنے والے فخر و مباہات کرنے والے کثرت اور سبقت کرنے والوں کو چاہیے کہ اس کی طرف تمام تر توجہ کریں، جیسے اور جگہ ہے:

لِمِثْلِ هَٰذَا فَلْيَعْمَلِ الْعَامِلُونَ (٣٧:٦١)

ایسی چیزوں کے لیے عمل کرنے والوں کو عمل کرنا چاہیے

وَمِزَاجُهُ مِنْ تَسْنِيمٍ (٢٧)

اور اس کی آمیزش تسنیم ہو گی

عَيْنًا يَشْرَبُ بِهَا الْمُقَرَّبُونَ (٢٨)

وہ چشمہ جس کا پانی مقرب لوگ پئیں گے۔

تَسْنِيمٍ جنت کی بہترین شراب کا نام ہے۔ یہ ایک نہر ہے جس سے سابقین لوگ تو برابر پیا کرتے ہیں اور داہنے ہاتھ والے اپنی شراب رحیق میں ملا کر پیتے ہیں۔

إِنَّ الَّذِينَ أَجْرَمُوا كَانُوا مِنَ الَّذِينَ آمَنُوا يَضْحَكُونَ (٢٩)

گنہگار لوگ ایمانداروں کی ہنسی اڑایا کرتے تھے

دنیا میں تو ان کافروں کی خوب بن آئی تھی ایمان داروں کو مذاق میں اڑاتے رہے،

وَإِذَا مَرُّوا بِهِمْ يَتَغَامَزُونَ (۳۰)

ان کے پاس سے گزرتے ہوئے آپس میں آنکھ کے اشارے کرتے تھے۔

چلتے پھرتے آواز کستے رہے اور حقارت و تذلیل کرتے رہے،

وَإِذَا انقَلَبُوا إِلَى أَهْلِهِمُ انقَلَبُوا فَكِهِينَ (۳۱)

اور جب اپنے والوں کی طرف لوٹتے تو دل لگیاں کرتے تھے

اور اپنے والوں میں جا کر خوب باتیں بناتے تھے، جو چاہتے تھے پاتے تھے لیکن شکر تو کہاں اور کفر پر آمادہ ہو کر مسلمانوں کی ایذا رسانی کے درپے ہو جاتے تھے

وَإِذَا رَأَوْهُمْ قَالُوا إِنَّ هَؤُلَاءِ لَضَالُّونَ (۳۲)

اور جب انہیں دیکھتے تو کہتے یقیناً یہ لوگ گمراہ (بے راہ) ہیں۔

اور چونکہ مسلمان ان کی مانتے نہ تھے تو یہ انہیں گمراہ کہا کرتے تھے۔

وَمَا أُرْسِلُوا عَلَيْهِمْ حَافِظِينَ (۳۳)

یہ ان پر پاسبان بنا کر تو نہیں بھیجے گئے

اللہ فرماتا ہے کچھ یہ لوگ محافظ بنا کر تو نہیں بھیجے گئے انہیں مؤمنوں کی کیا پڑی کیوں ہر وقت ان کے پیچھے پڑے ہیں اور ان کے اعمال افعال کی دیکھ بھال رکھتے ہیں اور طعنہ آمیز باتیں بناتے رہتے ہیں؟ جیسے اور جگہ ہے

قَالَ اخْسَئُوا فِيهَا وَلَا تُكَلِّمُونِ - إِنَّهُ كَانَ فَرِيقٌ مِّنْ عِبَادِي يَقُولُونَ رَبَّنَآ ءَامَنَّا فَاغْفِرْ لَنَا وَارْحَمْنَا وَأَنتَ خَيْرُ الرَّحِمِينَ - فَاتَّخَذْتُمُوهُمْ سِخْرِيًّا حَتَّى أَنسَوْكُمْ ذِكْرِي وَكُنتُم مِّنْهُمْ تَضْحَكُونَ - إِنِّي جَزَيْتُهُمُ الْيَوْمَ بِمَا صَبَرُوا أَنَّهُمْ هُمُ الْفَائِزُونَ (۲۳:۱۰۸،۱۱۱)

اس جہنم میں پڑے جھلستے رہو مجھ سے بات نہ کرو میرے بعض خاص بندے کہتے تھے کہ اے ہمارے پروردگار ہم ایمان لائے تو ہمیں بخش اور ہم پر رحم کر تو سب سے بڑا رحم و کرم کرنے والا ہے تو تم نے انہیں مذاق میں اڑایا اور اس قدر غافل ہوئے کہ میری یاد بھلا بیٹھے اور ان سے ہنسی مذاق کرنے لگے دیکھو آج میں نے انہیں انکے صبر کا یہ بدلا دیا ہے کہ وہ ہر طرح کامیاب ہیں یہاں بھی

فَالْيَوْمَ الَّذِينَ آمَنُوا مِنَ الْكُفَّارِ يَضْحَكُونَ (۳۴)

پس آج ایمان والے ان کافروں پر ہنسیں گے۔

اللہ تعالیٰ ارشاد فرماتا ہے کہ آج قیامت کے دن ایماندار ان بدکاروں پر ہنس رہے ہیں

عَلَى الْأَرَائِكِ يَنْظُرُونَ (۳۵)

تختوں پر بیٹھے دیکھ رہے ہونگے۔

اور تختوں پر بیٹھے اپنے اللہ کو دیکھ رہے ہیں جو اس کا صاف ثبوت ہے کہ یہ گمراہ نہ تھے گو تم انہیں گم کردہ راہ کہا کرتے تھے بلکہ یہ دراصل اولیاء اللہ تھے مقربین اللہ تھے اسی لیے آج اللہ کا دیدار ان کی نگاہوں کے سامنے ہے یہ اللہ کے مہمان ہیں اور اس کے بزرگی والے گھر میں ٹھہرے ہوئے ہیں جیسا کچھ ان کافروں نے مسلمانوں کے ساتھ دنیا میں کیا تھا اس کا پورا بدلہ انہیں آخرت میں مل گیا یا نہیں؟

هَلْ ثُوِّبَ الْكُفَّارُ مَا كَانُوا يَفْعَلُونَ (۳۶)

کہ اب ان منکروں نے جیسا یہ کرتے تھے پورا پورا بدلہ پالیا

ان کے مذاق کے بدلے آج ان کی ہنسی اڑائی گئی یہ ان کا مرتبہ گھٹاتے تھے اللہ نے ان کا مرتبہ بڑھایا غرض پورا پورا اتمام وکمال بدلہ دے دیا۔

# Surah Inshiqaq

# سورۃ انشقاق

بِسۡمِ اللّٰہِ الرَّحۡمٰنِ الرَّحِیۡمِ

إِذَا السَّمَاءُ انشَقَّتْ (۱)

جب آسمان پھٹ جائے گا

اللہ تعالیٰ فرماتا ہے کہ قیامت کے دن آسمان پھٹ جائے گا

وَأَذِنَتْ لِرَبِّهَا وَحُقَّتْ (۲)

اور اپنے رب کے حکم پر کان لگائے گا اسی کے لائق وہ ہے

وہ اپنے رب کے حکم پر کاربند ہونے کے لیے اپنے کان لگائے ہوئے ہو گا پھٹنے کا حکم پاتے ہی پھٹ کر ٹکڑے ٹکڑے ہو جائیگا، اسے بھی چاہیے کہ امر اللہ بجالائے اس لیے کہ یہ اس اللہ کا حکم ہے جسے کوئی روک نہیں سکتا جس سے بڑا اور کوئی نہیں جو سب پر غالب ہے اس پر غالب کوئی نہیں، ہر چیز اس کے سامنے پست ولاچار ہے بے بس و مجبور ہے،

وَإِذَا الْأَرْضُ مُدَّتْ (۳)

اور جب زمین کھینچ کر پھیلا دی جائے گی

اور زمین پھیلا دی جائیگی بچھا دی جائیگی اور کشادہ کر دی جائیگی۔

حدیث میں ہے:

قیامت کے دن اللہ تعالیٰ زمین کو چمڑے کی طرح کھینچ لے گا یہاں تک کہ ہر انسان کو صرف دو قدم ٹکانے کی جگہ ملے گی سب سے پہلے مجھے بلایا جائیگا حضرت جبرائیل علیہ السلام اللہ تعالیٰ کی دائیں جانب ہوں گے اللہ کی قسم اس سے پہلے اس نے کبھی اسے نہیں دیکھا تو میں کہوں گا اللہ جبرائیل نے مجھ سے کہا تھا کہ یہ تیرے بھیجے ہوئے میرے پاس آتے ہیں، اللہ فرمائے گا سچ کہا

تو میں کہوں گا اللہ پھر مجھے شفاعت کی اجازت ہو چنانچہ مقام محمود میں کھڑا ہو کر میں شفاعت کروں گا اور کہوں گا کہ اللہ تیرے ان بندوں نے زمین کے گوشے گوشے پر تیری عبادت کی ہے۔(ابن جریر)

وَأَلْقَتْ مَا فِيهَا وَتَخَلَّتْ (۴)

اور اس میں جو ہے اسے وہ اُگل دے گی اور خالی ہو جائے گی

اللہ تعالیٰ پھر فرماتا ہے کہ زمین اپنے اندر کے کل مردے اُگل دے گی اور خالی ہو جائیگی،

وَأَذِنَتْ لِرَبِّهَا وَحُقَّتْ (۵)

اور اپنے رب پر کان لگائے گی اور اسی لائق وہ ہے۔

یہ بھی رب کے فرمان کی منتظر ہو گی اور اسے بھی یہی لائق ہے۔

يَا أَيُّهَا الْإِنسَانُ إِنَّكَ كَادِحٌ إِلَى رَبِّكَ كَدْحًا فَمُلَاقِيهِ (۶)

اے انسان! تو نے اپنے رب سے ملنے تک یہ کوشش اور تمام کام کر کے اس سے ملاقات کرنے والا ہے

پھر ارشاد ہوتا ہے کہ اے انسان تو کوشش کرتا رہے گا اور اپنے رب کی طرف آگے بڑھتا رہے گا اعمال کرتا رہے گا یہاں تک کہ ایک دن اس سے مل جائے گا اور اس کے سامنے کھڑا ہو گا اور اپنے اعمال اور اپنی سعی و کوشش کو اپنے سامنے دیکھ لے گا۔

ابو داؤد طیالسی میں ہے:

حضرت جبرائیل علیہ السلام نے فرمایا اے محمد (صلی اللہ علیہ وآلہ وسلم) جی لے جب تک چاہے بالآخر موت آنے والی ہے جس سے چاہ دلبستگی پیدا کر لے ایک دن اس سے جدائی ہونی ہے جو چاہے عمل کر لے ایک دن اس کی ملاقات ہونے والی ہے،

مُلَاقِيهِ کی ضمیر کا مرجع بعض نے لفظ رَب کو بھی بتایا ہے تو معنی یہ ہوں گے کہ

اللہ سے تیری ملاقات ہونے والی ہے وہ تجھے تیرے کل اعمال کا بدلہ دے گا اور تیری تمام کوشش وسعی کا پھل تجھے عطا فرمائے گا۔

دونوں ہی باتیں آپس میں ایک دوسری کو لازم وملزوم ہیں۔

قتادہؒ فرماتے ہیں کہ اے ابن آدم تو کوشش کرنے والا ہے لیکن اپنی کوشش میں کمزور ہے جس سے یہ ہو سکے کہ اپنی تمام ترسعی و کوشش نیکیوں کی کرے تو وہ کر لے دراصل نیکی کی قدرت اور برائیوں سے بچنے کی طاقت بجز امداد الٰہی حاصل نہیں ہو سکتی۔

فَأَمَّا مَنْ أُوتِيَ كِتَابَهُ بِيَمِينِهِ (٧)

تو (اسوقت) جس شخص کے داہنے ہاتھ میں اعمال نامہ دیا جائے گا۔

فَسَوْفَ يُحَاسَبُ حِسَابًا يَسِيرًا (٨)

اس کا حساب تو بڑی آسانی سے لیا جائے گا

پھر فرمایا جس کے داہنے ہاتھ میں اس کا اعمال نامہ مل جائے گا اس کا حساب سختی کے بغیر نہایت آسانی سے ہو گا اس کے چھوٹے اعمال معاف بھی ہو جائیں گے اور جس سے اس کے تمام اعمال کا حساب لیا جائے گا وہ ہلاکت سے نہ بچے گا۔

جناب رسول اللہ صلی اللہ علیہ وآلہ وسلم فرماتے ہیں:

جس سے حساب کا مناقشہ ہو گا وہ تباہ ہو گا تو حضرت عائشہؓ نے فرمایا قرآن میں تو ہے کہ نیک لوگوں کا بھی حساب ہو گا فَسَوْفَ يُحَاسَبُ حِسَابًا يَسِيرًا آپ ﷺ نے فرمایا دراصل یہ وہ حساب نہیں یہ تو صرف پیشی ہے جس سے حساب میں پوچھ گچھ ہو گی وہ برباد ہو گا (مسند احمد)

دوسری روایت میں ہے کہ یہ بیان فرماتے ہوئے آپؐ نے اپنی انگلی اپنے ہاتھ پر رکھ کر جس طرح کوئی چیز کریدتے ہیں اس طرح اسے ہلا جلا کر بتایا۔

مطلب یہ ہے کہ جس سے باز پرس اور کرید ہو گی وہ عذاب سے بچ نہیں سکتا،

خود حضرت عائشہؓ سے مروی ہے کہ جس سے باقاعدہ حساب ہو گا وہ تو بے عذاب پائے نہیں رہ سکتا اور حِسَابًا يَسِيرًا سے مراد صرف پیشی ہے حالانکہ اللہ خوب دیکھتا رہا ہے۔

حضرت صدیقہؓ سے مروی ہے کہ میں نے ایک مرتبہ حضور صلی اللہ علیہ وسلم سے سنا کہ آپ نماز میں یہ دعا مانگ رہے تھے اللھم حاسبنی حسابا یسیرا جب آپ فارغ ہوئے تو میں نے پوچھا حضور صلی اللہ علیہ وسلم یہ

آسان حساب کیا ہے ؟ فرمایا صرف نامہ اعمال پر نظر ڈال لی جائیگی اور کہہ دیا جائیگا کہ جاؤ ہم نے در گزر کیا لیکن اے عائشہ جس سے اللہ حساب لینے پر آئے گا وہ ہلاک ہو گا (مسند احمد)

وَيَنْقَلِبُ إِلَىٰ أَهْلِهِ مَسْرُورًا (٩)

اور وہ اپنے اہل کی طرف ہنسی خوشی لوٹ آئے گا۔

غرض جس کے دائیں ہاتھ میں نامہ اعمال آئے گا وہ اللہ کے سامنے پیش ہوتے ہی چھٹی پا جائے گا اور اپنے والوں کی طرف خوش خوش جنت میں واپس آئے گا،

طبرانی میں ہے رسول اللہ صلی اللہ علیہ وآلہ وسلم فرماتے ہیں:

تم لوگ اعمال کر رہے ہو اور حقیقت کا علم کسی کو نہیں عنقریب وہ وقت آنے والا ہے کہ تم اپنے اعمال کو پہچان لو گے بعض وہ لوگ ہوں گے جو ہنسی خوشی اپنوں سے آملیں گے اور بعض ایسے ہوں کہ رنجیدہ افسردہ اور ناخوش واپس آئیں گے۔

وَأَمَّا مَنْ أُوتِيَ كِتَابَهُ وَرَاءَ ظَهْرِهِ (١٠)

ہاں جس شخص کا اعمال نامہ اس کی پیٹھ پیچھے سے دیا جائے گا۔

فَسَوْفَ يَدْعُو ثُبُورًا (١١)

تو وہ موت کو بلانے لگے گا۔

وَيَصْلَىٰ سَعِيرًا (١٢)

اور بھڑکتی ہوئی جہنم میں داخل ہو گا۔

اور جسے پیٹھ پیچھے سے بائیں ہاتھ میں ہاتھ موڑ کر نامہ اعمال دیا جائے گا وہ نقصان اور گھاٹے کی پکار پکارے گا ہلاکت اور موت کو بلائے گا اور جہنم میں جائے گا،

إِنَّهُ كَانَ فِي أَهْلِهِ مَسْرُورًا (١٣)

یہ شخص اپنے متعلقین میں (دنیا میں) خوش تھا

دنیا میں خوب ہشاش بشاش تھا بے فکری سے مزے کر رہا تھا

إِنَّهُ ظَنَّ أَن لَّن يَحُورَ (۱۴)

اس کا خیال تھا کہ اللہ کی طرف لوٹ کر ہی نہ جائے گا۔

آخرت کا خوف، عاقبت کا اندیشہ مطلق نہ تھا اب اسکو غم و رنج، یاس محرومی و رنجیدگی اور افسردگی نے ہر طرف سے گھیر لیا، سمجھ رہا تھا کہ موت کے بعد زندگی نہیں۔ اسے یقین نہ تھا کہ لوٹ کر اللہ کے پاس بھی جانا ہے۔

بَلَىٰ إِنَّ رَبَّهُ كَانَ بِهِ بَصِيرًا (۱۵)

کیوں نہیں حالانکہ اس کا رب اسے بخوبی دیکھ رہا تھا

پھر فرماتا ہے کہ ہاں ہاں اسے اللہ ضرور دوبارہ زندہ کر دے گا جیسے کہ پہلی مرتبہ اس نے اسے پیدا کیا پھر اس کے نیک و بد اعمال کی جزا و سزا دے گا بندوں کے اعمال و احوال کی اسے اطلاع ہے اور وہ انہیں دیکھ رہا ہے۔

فَلَا أُقْسِمُ بِالشَّفَقِ (۱۶)

مجھے شفق کی قسم اور رات کی!

شَفَق سے مراد وہ سرخی ہے جو غروب آفتاب کے بعد آسمان کے مغربی کناروں پر ظاہر ہوتی ہے حضرت ابوہریرہؓ سے یہ بھی مروی ہے کہ مراد سفیدی ہے،

پس شَفَق کناروں کی سرخی کو کہتے ہیں وہ طلوع سے پہلے ہو یا غروب کے بعد اور اہل سنت کے نزدیک مشہور یہی ہے، خلیلؒ کہتے ہیں عشاء کے وقت تک یہ شَفَق باقی رہتی ہے،

جوہریؒ کہتے ہیں سورج کے غروب ہونے کے بعد جو سرخی اور روشنی باقی رہتی ہے اسے شَفَق کہتے ہیں۔ یہ اول رات سے عشاء کے وقت تک رہتی ہے۔

عکرمہؒ فرماتے ہیں مغرب سے لے کر عشاء تک،

صحیح مسلم کی حدیث میں ہے کہ مغرب کا وقت شَفَق غائب ہونے تک ہے،

مجاہدؒ سے البتہ یہ مروی ہے کہ اس سے مراد سارا دن ہے۔ اور ایک روایت میں ہے کہ مراد سورج ہے، غالباً اس مطلب کی وجہ اس کے بعد کا جملہ ہے تو گویا روشنی اور اندھیرے کی قسم کھائی،

امام ابن جریرؒ فرماتے ہیں دن کے جانے اور رات کے آنے کی قسم ہے۔

اوروں نے کہاہے سفیدی اور سرخی کانام شَفَق ہے

اور قول ہے کہ یہ لفظ ان دونوں مختلف معنوں میں بولا جاتا ہے۔

وَاللَّيْلِ وَمَا وَسَقَ (١٧)

اور اس کی جمع کردہ چیزوں کی قسم۔

وَسَقَ کے معنی ہیں جمع کیا یعنی رات کے ستاروں اور رات کے جانوروں کی قسم، اسی طرح رات کے اندھیرے میں تمام چیزوں کا اپنی اپنی جگہ چلے جانا،

وَالْقَمَرِ إِذَا اتَّسَقَ (١٨)

اور چاند کو جب وہ کامل ہو جاتا ہے۔

اور چاند کی قسم جبکہ وہ پورا ہو جائے اور پوری روشنی والا بن جائے،

لَتَرْكَبُنَّ طَبَقًا عَنْ طَبَقٍ (١٩)

یقیناً تم ایک حالت سے دوسری حالت میں پہنچو گے

اس کی تفسیر بخاری میں مرفوع حدیث سے مروی ہے کہ ایک حالت سے دوسری حالت کی طرف چڑھتے چلے جاؤ گے،

حضرت انسؓ فرماتے ہیں کہ جو سال آئے گا وہ اپنے پہلے سے زیادہ برا ہو گا۔ میں نے اسی طرح تمہارے نبی صلی اللہ علیہ وآلہ وسلم سے سنا ہے۔

اس حدیث سے اور اوپر والی حدیث کے الفاظ بالکل یکساں ہیں۔ بظاہر یہ معلوم ہوتا ہے کہ یہ مرفوع حدیث ہے۔ واللہ اعلم

اور یہ مطلب بھی اسی حدیث کا بیان کیا گیا ہے کہ اس سے مراد ذات نبی ہے ﷺ اور اس کی تائید حضرت عمر ابن مسعودؓ، ابن عباسؓ اور عام اہل مکہ اور اہل کوفہ کی قرأت سے بھی ہوتی ہے۔ ان کی قرأت ہے لَتَرْكَبَنَّ۔

شعبیؒ کہتے ہیں مطلب یہ ہے کہ اے نبی تم ایک آسمان کے بعد دوسرے آسمان پر چڑھو گے، مراد اس سے معراج ہے، یعنی منزل بمنزل چڑھتے چلے جاؤ گے۔

سدیؒ کہتے ہیں مراد یہ ہے کہ اپنے اپنے اعمال کے مطابق منزلیں طے کروگے۔ جیسے حدیث میں ہے،

تم اپنے سے اگلے لوگوں کے طریقوں پر چڑھو گے بالکل برابر برابر یہاں تک کہ اگر ان میں سے کوئی گوہ کے سوراخ میں داخل ہوا ہو تو تم بھی یہی کروگے،

لوگوں نے کہا اگلوں سے مراد آپ کی کیا یہود و نصرانی ہیں؟

آپ صَلَّى اللهُ عَلَيْهِ وَسَلَّمَ نے فرمایا پھر اور کون؟

حضرت مکحولؒ فرماتے ہیں ہر بیس سال کے بعد تم کسی نہ کسی ایسے کام کی ایجاد کروگے جو اس سے پہلے نہ تھا،

عبداللہؒ فرماتے ہیں، آسمان پھٹے گا پھر سرخ رنگ ہو جائے گا۔ پھر بھی رنگ بدلتے چلے جائیں گے،

ابن مسعودؓ فرماتے ہیں کبھی تو آسمان دھواں بن جائے گا پھر پھٹ جائے گا۔

حضرت سعید بن جبیرؒ فرماتے ہیں یعنی بہت سے لوگ جو دنیا میں پست و ذلیل تھے آخرت میں بلند و ذی عزت بن جائیں گے، اور بہت سے لوگ دنیا میں مرتبے اور عزت والے تھے وہ آخرت میں ذلیل و نامراد ہو جائیں گے۔

عکرمہؒ یہ مطلب بیان کرتے ہیں کہ پہلے دودھ پیتے تھے پھر غذا کھانے لگے، پہلے جوان تھے پھر بڑھے ہوئے۔

حسن بصریؒ فرماتے ہیں نرمی کے بعد سختی سختی کے بعد نرمی، امیری کے بعد فقیری، فقیری کے بعد امیری، صحت کے بعد بیماری، بیماری کے بعد تندروستی،

**ایک مرفوع حدیث میں ہے کہ رسول اللہ صلی اللہ علیہ وآلہ وسلم فرماتے ہیں:**

ابن آدم غفلت میں ہے وہ پروانہیں کرتا کہ کس لیے پیدا کیا گیا ہے، اللہ تعالیٰ جب کسی کو پیدا کرنا چاہتا ہے تو فرشتے سے کہتا ہے اس کی روزی اس کی اجل، اس کی زندگی، اس کا بد یا نیک ہونا لکھ لے پھر وہ فارغ ہو کر چلا جاتا ہے، اور دوسرا فرشتہ آتا ہے اور اس کی حفاظت کرتا ہے یہاں تک کہ اسے سمجھ آجائے پھر وہ فرشتہ اٹھ جاتا ہے پھر دو فرشتے اس کا نامہ اعمال لکھنے والے آجاتے ہیں۔ موت کے وقت وہ بھی چلے جاتے ہیں اور ملک الموت آجاتے ہیں اس کی روح قبض کرتے ہیں پھر قبر میں اس کی روح لوٹادی جاتی ہے، ملک الموت چلے جاتے ہیں،

قیامت کے دن نیکی بدی کے فرشتے آجائیں گے اور اس کی گردن سے اس کا نامہ اعمال کھول لیں گے، پھر اس کے ساتھ ہی رہیں گے، ایک سائق ہے دوسرا شہید ہے پھر اللہ تعالیٰ فرمائے گا لقد کنت فی غفلتہ من ھذا تو اس سے غافل تھا،

پھر رسول اللہ ﷺ نے آیت لَتَرْکَبُنَّ طَبَقًا عَنْ طَبَقٍ پڑھی یعنی ایک حال سے دوسرا حال پھر فرمایا:

لوگو تمہارے آگے بڑے بڑے اہم امور آرہے ہیں جن کی برداشت تمہارے بس کی بات نہیں لہذا اللہ تعالیٰ

بلند و برتر سے مدد چاہو،

یہ حدیث ابن ابی حاتم میں ہے، منکر حدیث ہے اور اس کی سند میں ضعیف راوی ہیں۔

لیکن اس کا مطلب بالکل صحیح اور درست ہے۔ واللہ سبحانہ وتعالیٰ اعلم۔

امام ابن جریرؒ نے ان تمام اقوال کو بیان کرکے فرمایا ہے کہ صحیح مطلب یہ ہے:

آپ اے محمد ﷺ سخت سخت کاموں میں ایک کے بعد ایک سے گزرنے والے ہیں اور گو خطاب حضور ﷺ

سے ہی ہے لیکن مراد سب لوگ ہیں کہ وہ قیامت کی ایک کے بعد ایک ہولنا کی دیکھیں گے۔

فَمَا لَهُمْ لَا يُؤْمِنُونَ (۲۰)

انہیں کیا ہو گیا ہے کہ ایمان نہیں لاتے۔

پھر فرمایا کہ انہیں کیا ہو گیا یہ کیوں ایمان نہیں لاتے؟

وَإِذَا قُرِئَ عَلَيْهِمُ الْقُرْآنُ لَا يَسْجُدُونَ (۲۱) 🕋

اور جب ان کے پاس قرآن پڑھا جاتا ہے تو سجدہ نہیں کرتے

اور انہیں قرآن سن کر سجدے میں گر پڑنے سے کونسی چیز روکتی ہے،

بَلِ الَّذِينَ كَفَرُوا يُكَذِّبُونَ (۲۲)

بلکہ جنہوں نے کفر کیا وہ جھٹلا رہے ہیں

بلکہ یہ کفار تو الٹا جھٹلاتے ہیں اور حق کی مخالفت کرتے ہیں اور سرکشی میں اور برائی میں پھنسے ہوئے ہیں،

وَاللَّهُ أَعْلَمُ بِمَا يُوعُونَ (۲۳)

اور اللہ تعالیٰ خوب جانتا ہے جو کچھ یہ دلوں میں رکھتے ہیں۔

اللہ تعالیٰ ان کے دلوں کی باتوں کو جنہیں یہ چھپا رہے ہیں بخوبی جانتا ہے،

فَبَشِّرْهُمْ بِعَذَابٍ أَلِيمٍ (۲۴)

انہیں المناک عذابوں کی خوشخبری سنادو۔

تم اے نبی صلی اللہ علیہ وسلم انہیں خبر پہنچادو کہ اللہ تعالیٰ نے ان کے لیے دردناک عذاب تیار کر رکھے ہیں،

إِلَّا الَّذِينَ آمَنُوا وَعَمِلُوا الصَّالِحَاتِ لَهُمْ أَجْرٌ غَيْرُ مَمْنُونٍ (۲۵)

ہاں ایمان والوں اور نیک اعمال والوں کو بیشمار اور نہ ختم ہونے والا اجر ہے۔

پھر فرمایا کہ ان عذابوں سے محفوظ ہونے والے بہترین اجر کے مستحق ایماندار نیک کردار لوگ ہیں، انہیں پورا پورا بغیر کسی کمی کے حساب اور اجر ملے گا،

جیسے اور جگہ ہے:

عَطَآءً غَيْرَ مَجْذُوذٍ (۱۱:۱۰۸)

یہ بے انتہا بخشش ہے

بعض لوگوں نے یہ بھی کہہ دیا ہے کہ بلا احسان ، لیکن یہ معنی ٹھیک نہیں ہر آن، ہر لحظہ اور ہر وقت اللہ تعالیٰ عز وجل کے اہل جنت پر احسان و انعام ہوں گے بلکہ صرف اس کے احسان اور اس کے فضل و کرم کی بنا پر انہیں جنت نصیب ہوئی نہ کہ ان کے اعمال کی وجہ سے، پس اس مالک کا تو ہمیشہ اور مدام والا احسان اپنی مخلوق پر ہے ہی، اس کی ذات پاک ہر طرح کی ہر وقت کی تعریفوں کے لائق ہمیشہ ہمیشہ ہے، اسی لیے اہل جنت پر اللہ کی تسبیح اور اس کی حمد کا الہام اسی طرح کیا جائے جس طرح سانس بلا تکلیف اور بے تکلف بلکہ بے ارادہ چلتا رہتا ہے،

قرآن فرماتا ہے:

وَآخِرُ دَعْوَاهُمْ أَنِ الْحَمْدُ لِلَّهِ رَبِّ الْعَالَمِينَ (۱۰:۱۰)

ان کا آخری قول یہی ہو گا کہ سب تعریف جہانوں کے پالنے والے اللہ کے لیے ہی ہے،

# Surah Buruj

# سورۃ البُرُوج

بِسۡمِ اللّٰہِ الرَّحۡمٰنِ الرَّحِیۡمِ

وَٱلسَّمَآءِ ذَاتِ ٱلۡبُرُوجِ (۱)

برجوں والے آسمان کی قسم

بُرُوج سے مراد بڑے بڑے ستارے ہیں جیسے کہ آیت جَعَلۡنَا فِی ٱلسَّمَآءِ بُرُوجًا (۱۵:۱۶) کی تفسیر میں گزر چکا،

حضرت مجاہدؒ سے مروی ہے کہ بُرُوج وہ ہیں جن میں حفاظت کرنے والے رہتے ہیں۔

یحییٰؒ فرماتے ہیں یہ آسمانی محل ہے،

منہال بن عمروؒ کہتے ہیں مراد اچھی بناوٹ والے آسمان ہیں،

ابن جریرؒ فرماتے ہیں اس سے مراد سورج چاند کی منزلیں ہیں جو بارہ ہیں کہ سورج ان میں سے ہر ایک میں ایک مہینہ چلتا رہتا ہے اور چاند ان میں سے ہر ایک میں دو دن اور ایک تہائی دن چلتا ہے تو یہ اٹھائیس دن ہوئے اور دو راتوں تک وہ پوشیدہ رہتا ہے، نہیں نکلتا،

وَٱلۡيَوۡمِ ٱلۡمَوۡعُودِ (۲)

وعدہ کئے ہوئے دن کی قسم!

ابن ابی حاتم کی حدیث میں رسول اللہ صلی اللہ علیہ وآلہ وسلم فرماتے ہیں:

یوم الۡمَوۡعُوۡد سے مراد قیامت کا دن ہے،

وَشَاهِدٍ وَمَشۡهُودٍ (۳)

حاضر ہونے والے اور حاضر کئے گئے کی قسم

اور شَاهِدٍ سے مراد جمعہ کا دن ہے،

سورج جن جن دنوں میں نکلتا اور ڈوبتا ہے ان میں سے سب سے اعلیٰ اور افضل دن جمعہ کا دن ہے اس میں ایک ساعت ایسی ہے کہ اس میں بندہ جو بھلائی طلب کرے مل جاتی ہے اور جس برائی سے پناہ چاہے ٹل جاتی ہے،

اور مَشۡهُوۡد سے مراد عرفہ کا دن ہے،

ابن خزیمہ میں بھی یہ حدیث ہے موسیٰ بن عبید زیدی اس کے راوی ہیں اور یہ ضعیف ہیں۔ یہ روایت حضرت ابوہریرہ رضی اللہ عنہ سے خود ان کے قول سے مروی ہے اور یہی زیادہ صحیح معلوم ہوتی ہے، مسند میں حضرت ابوہریرہؓ سے بھی یہی مروی ہے اور حضرات سے بھی یہ تفسیر مروی ہے اور ان میں اختلاف نہیں فالحمد اللہ،

اور روایت میں مرفوعاً مروی ہے کہ جمعے کے دن کو جسے یہاں شَاهِدٍ کہا گیا ہے یہ خاص ہمارے لیے بطور خزانے کے چھپا رکھا تھا اور حدیث میں ہے کہ تمام دنوں کا سردار جمعہ کا دن ہے،

ابن عباسؓ سے یہ بھی مروی ہے کہ شَاهِدٍ سے مراد خود ذات محمد صلی اللہ علیہ وآلہ وسلم اور مَشۡهُوۡد سے مراد قیامت کا دن ہے پھر آپ نے یہ آیت پڑھی،

ذَٰلِكَ يَوۡمٌ مَّجۡمُوعٌ لَّهُ ٱلنَّاسُ وَذَٰلِكَ يَوۡمٌ مَّشۡهُودٌ (۱۱:۱۰۳)

یعنی اس دن کے لیے لوگ جمع کئے گئے ہیں اور یہ دن مشہود یعنی حاضر کیا گیا ہے

ایک شخص نے حضرت امام حسن بن علی رضی اللہ عنہ سے سوال کیا کہ شَاهِدٍ اور مَشۡهُوۡد کیا ہے؟ آپ نے فرمایا تم نے کسی اور سے بھی پوچھا؟ اس نے کہا ہاں، ابن عمرؓ اور ابن زبیرؓ سے، فرمایا انہوں نے کیا جواب دیا؟ کہا قربانی کا دن اور جمعہ کا دن، کہا نہیں بلکہ مراد شَاهِدٍ سے محمد ﷺ ہیں

جیسے قرآن میں اور جگہ ہے،

فَكَيۡفَ إِذَا جِئۡنَا مِن كُلِّ أُمَّةِۭ بِشَهِيدٖ وَجِئۡنَا بِكَ عَلَىٰ هَٰٓؤُلَآءِ شَهِيدٗا (۴:۴۱)

کیا حال ہوگا جب ہم ہر امت میں سے گواہ لائیں گے اور تجھے ان پر گواہ بنائیں گے

اور مَشۡهُوۡد سے مراد قیامت کا دن ہے قرآن کہتا ہے، وَذَٰلِكَ يَوۡمٌ مَّشۡهُودٌ

یہ بھی مروی ہے کہ شَاهِدٍ سے مراد ابن آدم اور مَشۡهُوۡد سے مراد قیامت کا دن،

اور مَشۡهُوۡد سے مراد جمعہ بھی مروی ہے

اور شَاهِدٍ سے مراد خود اللہ بھی ہے اور عرفہ کا دن بھی ہے۔

ایک حدیث میں ہے:

رسول اللہ صلی اللہ علیہ وآلہ وسلم نے فرمایا ہے جمعہ کا دن مجھ پر بکثرت درود پڑھا کرو وہ مَشْہُود دن ہے جس پر فرشتے حاضر ہوتے ہیں،

حضرت سعید بن جبیرؓ فرماتے ہیں شَاہِد اللہ ہے قرآن کہتا ہے وَکَفٰی بِاللہِ شَہِیدًا اور مَشْہُود ہم ہیں قیامت کے دن ہم سب اللہ کے سامنے حاضر کر دیئے جائیں گے،

اکثر حضرات کا یہ فرمان ہے کہ شَاہِد جمعہ کا دن ہے اور مَشْہُود عرفے کا دن ہے۔

$$ قُتِلَ أَصْحَٰبُ الْأُخْدُودِ (۴) $$

(کہ) خندقوں والے ہلاک کئے گئے

$$ النَّارِ ذَاتِ الْوَقُودِ (۵) $$

وہ ایک آگ تھی ایندھن والی

$$ إِذْ هُمْ عَلَيْهَا قُعُودٌ (۶) $$

جبکہ وہ لوگ اس کے آس پاس بیٹھے تھے

ان قسموں کے بعد ارشاد ہوتا ہے کہ خندقوں والوں پر لعنت ہو یہ کفار کی ایک قوم تھی جنہوں نے ایمان داروں کو مغلوب کر کے انہیں دین سے ہٹانا چاہا اور ان کے انکار پر زمین میں گڑھے کھود کر ان میں لکڑیاں بھر کر آگ بھڑکائی،

پھر ان سے کہا کہ اب بھی دین سے پلٹ جاؤ لیکن ان اللہ والے لوگوں نے انکار کیا اور ان ناخدا ترس کفار نے ان مسلمانوں کو اس بھڑکتی ہوئی آگ میں ڈال دیا،

$$ وَهُمْ عَلَىٰ مَا يَفْعَلُونَ بِالْمُؤْمِنِينَ شُهُودٌ (۷) $$

اور مسلمانوں کے ساتھ جو کر رہے تھے اس کو اپنے سامنے دیکھ رہے تھے۔

اسی کو بیان کیا جاتا ہے کہ یہ لوگ ہلاک ہوئے یہ ایندھن بھری بھڑکتی ہوئی آگ کی خندقوں کے کناروں پر بیٹھے ان مؤمنوں کے جلنے کا تماشا دیکھ رہے تھے،

93

وَمَا نَقَمُوا مِنْهُمْ إِلَّا أَن يُؤْمِنُوا بِاللَّهِ الْعَزِيزِ الْحَمِيدِ (۸)

یہ لوگ ان مسلمانوں (کے کسی اور گناہ) کا بدلہ نہیں لے رہے تھے، سوائے اس کے کہ وہ اللہ غالب لائق حمد کی ذات پر ایمان لائے تھے

اور اس عداوت و عذاب کا سبب ان مؤمنوں کا کوئی قصور نہ تھا، انہیں تو صرف ان کی ایمان داری پر غضب و غصہ تھا۔

دراصل غلبہ رکھنے والا اللہ تعالیٰ ہی ہے اس کی پناہ میں آجانے والا کبھی برباد نہیں ہوتا۔ وہ اپنے تمام اقوال افعال شریعت اور تقدیر میں قابل تعریف ہے وہ اگر اپنے خاص بندوں کو کسی وقت کافروں کے ہاتھ سے تکلیف بھی پہنچادے اور اس کا راز کسی کو معلوم نہ ہو سکے تو نہ ہو لیکن دراصل وہ مصلحت و حکمت کی بنا پر ہی ہوتا ہے،

الَّذِي لَهُ مُلْكُ السَّمَاوَاتِ وَالْأَرْضِ ۚ وَاللَّهُ عَلَىٰ كُلِّ شَيْءٍ شَهِيدٌ (۹)

جس کے لئے آسمان و زمین کا ملک ہے۔ اور اللہ تعالیٰ کے سامنے ہے ہر چیز۔

اللہ تعالیٰ کے پاکیزہ اوصاف میں سے یہ بھی ہے کہ وہ زمینوں، آسمانوں اور کل مخلوقات کا مالک ہے، اور وہ ہر چیز پر حاضر ناظر ہے، کوئی چیز اس سے مخفی نہیں،

حضرت علی رضی اللہ عنہ فرماتے ہیں کہ یہ واقعہ اہل فارس کا ہے ان کے بادشاہ نے یہ قانون جاری کرنا چاہا کہ محرمات ابدیہ یعنی ماں بہن بیٹی وغیرہ سب حلال ہیں۔ اس وقت کے علماء کرام نے اس کا انکار کیا اور روکا، اس پر اس نے خندقیں کھدوا کر اس میں آگ جلا کر ان حضرات کو اس میں ڈال دیا، چنانچہ یہ اہل فارس آج تک ان عورتوں کو حلال ہی جانتے ہیں۔

یہ بھی مروی ہے کہ یہ لوگ یمنی تھے، مسلمانوں اور کافروں میں لڑائی ہوئی مسلمان غالب آگئے پھر دوسری لڑائی میں کافر غالب آگئے تو انہوں نے گڑھے کھدوا کر ایمان والوں کو جلا دیا،

یہ بھی مروی ہے کہ یہ واقعہ اہل حبش کا ہے

یہ بھی مروی ہے کہ یہ واقعہ بنی اسرائیل کا ہے انہوں نے دانیال اور ان کے ساتھیوں کے ساتھ یہ سلوک کیا تھا اور اقوال بھی ہیں،

مسند احمد میں ہے رسول اللہ صلی اللہ علیہ وآلہ وسلم فرماتے ہیں:

اگلے زمانے میں ایک بادشاہ تھا اس کے ہاں ایک جادوگر تھا، جب جادوگر بوڑھا ہو گیا تو اس نے بادشاہ سے کہا کہ اب میں بوڑھا ہو گیا ہوں اور میری موت کا وقت آ رہا ہے مجھے کوئی بچہ سونپ دو تو میں اسے جادو سکھا دوں، چنانچہ ایک ذہین لڑکے کو وہ تعلیم دینے لگا۔

لڑکا اس کے پاس جاتا تو راستے میں ایک راہب کا گھر پڑتا جہاں وہ عبادت میں اور کبھی وعظ میں مشغول ہوتا یہ بھی کھڑا ہو جاتا اور اسکے طریق عبادت کو دیکھتا اور وعظ سنتا آتے جاتے یہاں رک جایا کرتا تھا، جادوگر بھی مارتا اور ماں باپ بھی کیونکہ وہاں بھی دیر میں پہنچتا اور یہاں بھی دیر میں آتا، ایک دن اس بچے نے راہب کے سامنے اپنی یہ شکایت بیان کی راہب نے کہا کہ جب جادوگر تجھ سے پوچھے کہ کیوں دیر لگ گئی تو کہہ دینا گھر والوں نے روک لیا تھا اور گھر والے پوچھیں تو کہہ دینا کہ آج جادوگر نے روک لیا تھا۔

یونہی ایک زمانہ گزر گیا کہ ایک طرف تو جادو سیکھتا تھا اور دوسری جانب کلام اللہ اور دین اللہ سیکھتا تھا ایک دن وہ دیکھتا ہے کہ راستے میں ایک زبردست ہیبت ناک جانور پڑا ہوا ہے، اس نے لوگوں کی آمد و رفت بند کر رکھی ہے ادھر والے ادھر اور ادھر والے ادھر نہیں آ سکتے، اور سب لوگ ادھر ادھر حیران و پریشان کھڑے ہیں اس نے اپنے دل میں سوچا کہ آج موقعہ ہے کہ میں امتحان کر لوں کہ راہب کا دین اللہ کو پسند ہے یا جادوگر کا؟

اس نے ایک پتھر اٹھایا اور یہ کہہ کر اس پر پھینکا کہ اللہ اگر تیرے نزدیک راہب کا دین اور اس کی تعلیم جادوگر کے امر سے زیادہ محبوب ہے تو تو اس جانور کو اس پتھر سے ہلاک کر دے تاکہ لوگوں کو اس بلا سے نجات ملے پتھر کے لگتے ہی وہ جانور مر گیا اور لوگوں کا آنا جانا شروع ہو گیا

پھر جا کر راہب کو خبر دی، اس نے کہا پیارے بچے تو مجھ سے افضل ہے اب اللہ کی طرف سے تیری آزمائش ہو گی اگر ایسا ہوا تو تو کسی کو میری خبر نہ کرنا، اب اس بچے کے پاس حاجت مند لوگوں کا تانتا لگ گیا اور اس کی دعا سے مادر زاد اندھے کوڑھی جذامی اور ہر قسم کے بیمار اچھے ہونے لگے، بادشاہ کے ایک نابینا وزیر کے کان میں بھی یہ آواز پڑی وہ بڑے تحائف لے کر حاضر ہوا اور کہنے لگا کہ اگر تو مجھے شفاء دیدے تو یہ سب تجھے دے دونگا،

اس نے کہا شفا میرے ہاتھ نہیں میں کسی کو شفا نہیں دے سکتا شفا دینے والا اللہ وحدہ لاشریک لہ ہے اگر تو اس پر ایمان لانے کا وعدہ کرے تو میں اس سے دعا کروں اس نے اقرار کیا بچے نے اس کے لیے دعا کی اللہ نے اسے شفاء دے دی۔

وہ بادشاہ کے دربار میں آیا اور جس طرح اندھا ہونے سے پہلے کام کرتا تھا کرنے لگا، اور آنکھیں بالکل روشن تھیں بادشاہ نے متعجب ہو کر پوچھا کہ تجھے آنکھیں کس نے دیں؟ اس نے کہا میرے رب نے،

بادشاہ نے کہا ہاں یعنی میں نے، وزیر نے کہا نہیں نہیں، میرا اور تیرا رب اللہ ہے،

بادشاہ نے کہا اچھا تو کیا میرے سوا تیرا کوئی اور بھی رب ہے، وزیر نے کہا ہاں میرا اور تیرا رب اللہ عزوجل ہے۔

اب اس نے اسے مار پیٹ شروع کر دیا اور طرح طرح کی تکلیفیں اور ایذائیں پہنچانے لگا اور پوچھنے لگا کہ تجھے یہ تعلیم کس نے دی؟ آخر اس نے بتا دیا کہ اس بچے کے ہاتھ پر میں نے اسلام قبول کیا

بادشاہ نے اسے بلوایا اور کہا اب تو تم جادو میں خوب کامل ہو گئے ہو کہ اندھوں کو دیکھتا اور بیماروں کو تندرست کرنے لگ گئے

اس نے کہا غلط ہے نہ میں کسی کو شفا دے سکتا ہوں نہ جادو، شفا تو اللہ عزوجل کے ہاتھ میں ہے،

کہنے لگا ہاں یعنی میرے ہاتھ میں ہے، کیونکہ اللہ تو میں ہی ہوں، اس نے کہا ہر گز نہیں،

کہا پھر کیا تو میرے سوا کسی اور کو رب مانتا ہے؟ تو وہ کہنے لگا ہاں! میرا اور تیرا رب اللہ تعالیٰ ہے۔

اس نے اب اسے بھی طرح طرح کی سزائیں دینی شروع کیں یہاں تک کہ راہب کا پتہ لگا لیا راہب کو بلا کر اس نے کہا کہ تو اسلام کو چھوڑ دے اور اس دین سے پلٹ جا، اس نے انکار کیا تو اس بادشاہ نے آرے سے اس کے چہرے کو چیر دیا اور ٹھیک دو ٹکڑے کر کے پھینک دیا پھر اس نوجوان سے کہا کہ تو بھی دین سے پھر جا مگر اس نے بھی انکار کر دیا تو بادشاہ نے حکم دیا کہ ہمارے سپاہی اسے فلاں فلاں پہاڑ پر لے جائیں اور اس کی بلند چوٹی پر پہنچ کر پھر اسے اس کے دین چھوڑ دینے کو کہیں اگر مان لے تو اچھا ورنہ وہیں سے لڑھکا دیں۔

چنانچہ یہ لوگ اسے لے گئے جب وہاں سے دھکا دینا چاہا تو اس نے اللہ تبارک و تعالیٰ سے دعا کی (اللهم اكفنيهم بما شئت) اللہ جس طرح چاہ مجھے ان سے نجات دے، اس دعا کے ساتھ پہاڑ ہلا اور وہ سب سپاہی لڑھک گئے صرف وہ بچہ بچا رہا، وہاں سے وہ اترا اور ہنسی خوشی پھر اس ظالم بادشاہ کے پاس آ گیا، بادشاہ نے کہا یہ کیا ہو امیرے سپاہی کہاں ہیں؟

فرمایا میرے اللہ نے مجھے ان سے بچا لیا۔

اس نے کچھ اور سپاہی بلوائے اور ان سے بھی یہی کہا کہ اسے کشتی میں بٹھا کر لے جاؤ، اور بیچوں بیچ سمندر میں ڈبو کر چلے آؤ یہ اسے لے کر چلے اور بیچ میں پہنچ کر جب سمندر میں پھینکنا چاہا تو اس نے پھر وہی دعا کی کہ بار الٰہی جس طرح چاہ مجھے ان سے بچا، موج اٹھی اور وہ سپاہی سارے کے سارے سمندر میں ڈوب گئے صرف وہ بچہ ہی باقی رہ گیا۔

یہ پھر بادشاہ کے پاس آیا، اور کہا میرے رب نے مجھے ان سے بھی بچا لیا اے بادشاہ تو چاہے تمام تدبیریں کر ڈال لیکن مجھے ہلاک نہیں کر سکتا ہاں جس طرح میں کہوں اس طرح اگر کرے تو البتہ میری جان نکل جائے گی۔

اس نے کہا کیا کروں فرمایا تو لوگوں کو ایک میدان میں جمع کر پھر کھجور کے تنے پر سولی چڑھا اور میرے ترکش میں سے ایک تنکا نکال میری کمان پر چڑھا اور بسم الله رب هذا الغلام یعنی اسی اللہ کے نام سے جو اس بچے کا رب ہے کہہ کر وہ تیر میری طرف پھینک وہ مجھے لگے اور اس سے میں مروں گا، چنانچہ بادشاہ نے یہی کیا تیر بچے کی کنپٹی میں لگا اس نے اپنا ہاتھ اس جگہ رکھ لیا اور شہید ہو گیا۔

اس کے اس طرح شہید ہوتے ہی لوگوں کو اس کے دین کی سچائی کا یقین آ گیا چاروں طرف سے یہ آوازیں اٹھنے لگیں کہ ہم سب اس بچے کے رب پر ایمان لا چکے یہ حال دیکھ کر بادشاہ کے مصاحب گھبرائے اور بادشاہ سے کہنے لگے اس لڑکے کی

ترکیب ہم سمجھے ہی نہیں دیکھئے اس کا یہ اثر پڑا کہ یہ تمام لوگ اس کے مذہب پر ہو گئے ہم نے تو اسی لیے قتل کیا تھا کہ کہیں یہ مذہب پھیل نہ جائے لیکن وہ ڈر تو سامنے ہی آگیا اور سب مسلمان ہو گئے۔ بادشاہ نے کہا اچھا یہ کرو کہ تمام محلوں اور راستوں میں خندقیں کھدواؤ ان میں لکڑیاں بھرو اور اس میں آگ لگا دو جو اس دین سے پھر جائے اسے چھوڑ دو اور جو نہ مانے اسے اس آگ میں ڈال دو۔

ان مسلمانوں نے صبر وضبط کے ساتھ آگ میں جلنا منظور کر لیا اور اس میں کود کود گرنے لگے، البتہ ایک عورت جس کی گود میں دودھ پیتا چھوٹا بچہ تھا وہ ذرا ہچکچائی تو اس بچہ کو اللہ نے بولنے کی طاقت دی اس نے کہا اماں کیا کر رہی ہو تم تو حق پر ہو صبر کرو اور اس میں کود پڑو۔

یہ حدیث مسند احمد میں بھی ہے اور صحیح مسلم کے آخر میں بھی ہے اور نسائی میں بھی قدرت اختصار کے ساتھ ہے،

## ترمذی شریف کی حدیث میں ہے:

حضرت صہیب رضی اللہ تعالیٰ عنہ فرماتے ہیں کہ نبی صلی اللہ علیہ وآلہ وسلم عصر کی نماز کے بعد عموماً زیر لب کچھ فرمایا کرتے تھے تو آپ سے پوچھا کہ حضور صلی اللہ علیہ وسلم کیا فرماتے ہیں،

فرمایا نبیوں میں سے ایک نبی تھے جو اپنی امت پر فخر کرتے تھے کہنے لگے کہ ان کی دیکھ بھال کون کرے گا تو اللہ تعالیٰ نے ان کی طرف وحی بھیجی کہ انہیں اختیار ہے خواہ اس بات کو پسند کریں کہ میں خود ان سے انتقام لوں خواہ اس بات کو پسند کریں کہ میں ان پر ان کے دشمنوں کو مسلط کروں، انہوں نے انتقام کو پسند کیا چنانچہ ایک ہی دن میں ان میں سے ستر ہزار مر گئے،

اس کے ساتھ ہی آپ نے یہ حدیث بھی بیان کی جو اوپر گزری پھر آخیر میں آپ نے قُتِلَ سے اَلْمَجِيدُ (۱۵،۴)تک کی آیتوں کی تلاوت فرمائی، یہ نوجوان شہید دفن کر دیئے گئے تھے اور حضرت عمر بن خطاب رضی اللہ عنہ کی خلافت کے زمانہ میں ان کی قبر سے انہیں نکالا گیا تھا ان کی انگلی اسی طرح ان کی کنپٹی پر رکھی ہوئی تھی جس طرح بوقت شہادت تھی،

امام ترمذی اسے حسن غریب بتلاتے ہیں لیکن اس روایت میں یہ صراحت نہیں کہ یہ واقعہ نبی صلی اللہ علیہ وآلہ وسلم نے بیان فرمایا تو ممکن ہے کہ حضرت صہیب رومی رضی اللہ عنہ نے ہی اس واقعہ کو بیان فرمایا ہو ان کے پاس نصرانیوں کی ایسی حکایتیں بہت ساری تھیں واللہ اعلم،

## امام محمد بن اسحاقؒ نے بھی اس قصہ کو دوسرے الفاظ میں بیان فرمایا ہے، جو اسکے خلاف ہے وہ کہتے ہیں:

نجرانی لوگ بت پرست مشرک تھے، اور نجران کے پاس ایک چھوٹا سا گاؤں تھا۔ جس میں ایک جادوگر تھا، نجرانیوں کو جادو سکھایا کرتا تھا۔ فیمون نامی ایک بزرگ عالم یہاں آئے اور نجران اور اسکے گاؤں کے درمیان انہوں نے اپنا پڑاؤ ڈالا۔ شہر کے لڑکے جو جادوگر سے جادو سیکھنے جایا کرتے تھے ان میں تاجر کا ایک لڑکا عبداللہ نامی بھی تھا اسے آتے جاتے راہب کی عبادت اور اس کی نماز وغیرہ کے دیکھنے کا موقعہ ملتا اس پر غور وخوض کرتا اور دل میں اس کے مذہب کی سچائی جگہ کرتی جاتی پھر تو اس نے یہاں آنا جانا شروع کر دیا۔ اور مذہبی تعلیم بھی اس راہب سے لینے لگا۔

کچھ دنوں بعد اس مذہب میں داخل ہو گیا اور اسلام قبول کر لیا توحید کا پابند ہو گیا اور ایک اللہ کی عبادت کرنے لگا اور علم دین اچھی طرح حاصل کر لیا وہ راہب اسم اعظم بھی جانتا تھا اس نے ہر چند خواہش کی کہ اسے بتا دے لیکن اس نے نہ بتایا اور کہہ دیا کہ ابھی تم میں اس کی صلاحیت نہیں آئی تم ابھی کمزور دل والے ہو اس کی طاقت میں تم میں نہیں پاتا۔

عبد اللہ کے باپ تامر کو اپنے بیٹے کے مسلمان ہو جانے کی مطلق خبر نہ تھی وہ اپنے نزدیک یہی سمجھ رہا تھا کہ میرا بیٹا جادو سیکھ رہا ہے، اور وہیں جاتا آتا رہتا ہے عبد اللہ نے جب دیکھا کہ راہب مجھے اسم اعظم نہیں سکھاتے اور انہیں میری کمزوری کا خوف ہے تو ایک دن انہوں نے تیر لئے اور جتنے نام اللہ تبارک و تعالیٰ کے انہیں یاد تھے ہر تیر پر ایک نام لکھا پھر آگ جلا کر بیٹھ گیا اور ایک ایک تیر کو اس میں ڈالنا شروع کیا جب وہ تیر آیا جس پر اسم اعظم تھا تو وہ آگ میں پڑتے ہی اچھل کر باہر نکل آیا اور اس پر آگ نے بالکل اثر نہ کیا سمجھ لیا کہ یہی اسم اعظم ہے۔

اپنے استاد کے پاس آئے اور کہا حضرت اسم اعظم کا علم مجھے ہو گیا استاد نے پوچھا بتاؤ کیا ہے ؟ اس نے بتایا، راہب نے پوچھا کیسے معلوم ہوا تو اس نے سارا واقعہ کہہ سنایا۔

فرمایا بھئی تم نے خوب معلوم کر لیا واقعی یہی اسم اعظم ہے۔ اسے اپنے ہی تک رکھو لیکن مجھے تو ڈر ہے کہ تم کھل جاؤ گے۔

ان کی یہ حالت ہوئی کہ یہ نجران میں آئے یہاں جس بیمار پر جس دکھی پر جس ستم رسیدہ پر نظر پڑی اس سے کہا کہ اگر تم موحد بن جاؤ اور دین اسلام قبول کر لو تو میں رب سے دعا کرتا ہوں وہ تمہیں شفا اور نجات دے دے گا، اور دکھ بلا کو ٹال دے گا، وہ اسے قبول کر لیتا یہ اسم اعظم کے ساتھ دعا کرتے اللہ اسے بھلا چنگا کر دیتا اب تو نجرانیوں کے ٹھٹھ لگنے لگے اور جماعت کی جماعت روزانہ مشرف بہ اسلام اور فائز المرام ہونے لگی۔

آخر بادشاہ کو اس کا علم ہوا اس نے اسے بلا کر دھمکایا کہ تو نے میری رعیت کو بگاڑ دیا اور میرے اور میرے باپ دادا کے مذہب پر حملہ کیا میں اس کی سزا میں تیرے ہاتھ پاؤں کاٹ کر تجھے چوراہے پر رکھوا دوں گا۔ عبد اللہ بن تامر نے جواب دیا کہ تو ایسا نہیں کر سکتا۔

اب بادشاہ نے اسے پہاڑ پر سے گرا دیا لیکن وہ نیچے آ کر صحیح سلامت رہا جسم پر کہیں چوٹ بھی نہ آئی نجران کے ان طوفان خیز دریاؤں میں گرداب کی جگہ انہیں لا ڈالا جہاں سے کوئی بچ نہیں سکتا لیکن یہ وہاں سے بھی صحت و سلامتی کے ساتھ واپس آ گئے غرض ہر طرح عاجز آ گیا تو پھر حضرت عبد اللہ بن تامر نے فرمایا سن اے بادشاہ تو میرے قتل پر کبھی قادر نہ ہو گا یہاں تک کہ تو اس دین کو مان لے جسے میں مانتا ہوں اور ایک اللہ کی عبادت کرنے لگے اگر یہ کر لے گا تو پھر تو مجھے قتل کر سکتا ہے۔

بادشاہ نے ایسا ہی کیا اس نے حضرت عبد اللہ کا بتلایا ہوا کلمہ پڑھا اور مسلمان ہو کر جو لکڑی اس کے ہاتھ میں تھی اس سے حضرت عبد اللہ کو مارا جس سے کچھ یونہی سے خراش آئی اور اسی سے وہ شہید ہو گئے اللہ ان سے خوش ہو اور اپنی خاص رحمتیں انہیں عنایت فرمائے۔

ان کے ساتھ ہی بادشاہ بھی مر گیا

اس واقعہ نے لوگوں کے دلوں میں یہ بات پیوست کر دی کہ دین ان کا ہی سچا ہے چنانچہ نجران کے تمام لوگ مسلمان ہو گئے اور حضرت عیسیٰؑ کے سچے دین پر قائم ہو گئے اور وہی مذہب اس وقت برحق بھی تھا۔ ابھی تک حضور صلی اللہ علیہ وآلہ وسلم نبی بن کر دنیا میں آئے نہ تھے لیکن پھر ایک زمانہ کے بعد ان میں بدعتیں پیدا ہونے لگیں اور پھیل گئیں اور دین حق کا نور چھن گیا غرض نجران میں عیسائیت کے پھیلنے کا اصلی سبب یہ تھا۔

اب ایک زمانہ کے بعد ذونواس یہودی نے اپنے لشکر سمیت ان نصرانیوں پر چڑھائی کی اور غالب آ گیا پھر ان سے کہا یا تو یہودیت قبول کر لو یا موت، انہوں نے قتل ہونا منظور کیا اس نے خندقیں کھدوا کر آگ سے پر کر کے ان کو جلا دیا بعض کو قتل بھی کیا بعض کے ہاتھ پاؤں ناک کان کاٹ دیئے وغیرہ تقریباً بیس ہزار مسلمانوں کو سرکش نے قتل کیا اور اسکا ذکر آیت قتل اصحاب الاخدود میں ہے۔

ذونواس کا نام زرعہ تھا اس کی بادشاہت کے زمانہ میں اسے یوسف کہا جاتا تھا اس کے باپ کا نام بیان اسعد ابی کریب تھا جو تبع مشہور ہے جس نے مدینہ میں غزوہ کیا اور کعبہ کو پردہ چڑھایا اس کے ساتھ دو یہودی عالم تھے، یمن والے ان کے ہاتھ پر یہودی مذہب میں داخل ہوئے

ذونواس نے ایک ہی دن میں صرف صبح کے وقت ان کھائیوں میں بیس ہزار ایمان والوں کو قتل کیا ان میں سے صرف ایک ہی شخص بچ نکلا جس کا نام دوس ذی ثعلبان تھا یہ گھوڑے پر بھاگ کھڑا ہوا گو اس کے پیچھے بھی گھوڑے سوار دوڑائے لیکن یہ ہاتھ نہ لگا، یہ سیدھا شاہ روم قیصر کے پاس گیا اس نے حبشہ کے بادشاہ نجاشی کو لکھا چنانچہ دوس وہاں سے حبشہ کے نصرانیوں کا لشکر لے کر یمن آیا اس کے سردار ارياط اور ابرہہ تھے یہودی مغلوب ہوئے یمن یہودیوں کے ہاتھ سے نکل گیا۔ ذونواس بھاگ نکلا لیکن وہ پانی میں غرق ہو گیا پھر ستر سال تک یہاں حبشہ کے نصرانیوں کا قبضہ رہا بالآخر سیف بن ذی یزن حمیری نے فارس کے بادشاہ سے امدادی فوجیں اپنے ساتھ لیں اور سات سو قیدی لوگوں سے اس پر چڑھائی کر کے فتح حاصل کی اور پھر سلطنت حمیری قائم کی اس کا کچھ بیان سورہ فیل میں بھی آئے گا، انشاء اللہ تعالیٰ،

سیرۃ ابن اسحاق میں ہے:

ایک نجرانی نے حضرت عمر فاروق رضی اللہ تعالیٰ عنہ کے زمانہ میں نجران کی ایک بنجر غیر آباد زمین اپنے کسی کام کے لیے کھودی تو دیکھا کہ حضرت عبداللہ بن تامر رحمۃ اللہ علیہ کا جسم اس میں ہے آپ بیٹھے ہوئے ہیں سر پر جس جگہ چوٹ آئی تھی وہیں ہاتھ ہے، ہاتھ اگر ہٹاتے ہیں تو خون بہنے لگتا ہے پھر ہاتھ کو چھوڑ دیتے ہیں تو ہاتھ اپنی جگہ چلا جاتا ہے، اور خون تھم جاتا ہے ہاتھ کی انگلی میں انگوٹھی ہے جس پر ربی اللہ لکھا ہوا ہے یعنی میرا رب اللہ ہے۔

چنانچہ اس واقعہ کی اطلاع قصر خلافت میں دی گئی، یہاں سے حضرت فاروق اعظم رضی اللہ عنہ کا فرمان گیا کہ اسے یونہی رہنے دو اور اوپر سے مٹی وغیرہ جو ہٹائی ہے، وہ ڈال کر جس طرح تھا اسی طرح بے نشان کر دو چنانچہ یہی کیا گیا۔

ابن ابی الدنیا نے لکھا ہے:

جب حضرت ابو موسیٰ اشعری رضی اللہ تعالیٰ عنہ نے اصفہان فتح کیا تو ایک دیوار دیکھی کہ وہ گری پڑی ہے ان کے حکم پر وہ بنا دی گئی لیکن پھر گر پڑی پھر بنوائی پھر گر پڑی آخر معلوم ہوا کہ اس کے نیچے کوئی نیک بخت شخص مدفون ہیں جب زمین کھودی تو دیکھا کہ ایک شخص کا جسم کھڑا ہوا ہے ساتھ ہی ایک تلوار ہے جس پر لکھا ہے میں حارث بن مضاض ہوں میں نے کھائیوں والوں کا انتقام لیا حضرت ابو موسیٰؓ نے اس لاش کو نکال لیا اور وہاں دیوار کھڑی کرا دی جو برابر رہی۔

میں کہتا ہوں یہ حارث بن مضاض بن عمرو جرہی ہے جو کعبۃ اللہ کے متولی ہوئے تھے، ثابت بن اسمٰعیل بن ابراہیم کی اولاد کے بعد اس کا لڑکا عمرو بن حاث بن مضاض تھا جو مکہ میں جرہم خاندان کا آخری بادشاہ تھا، جس وقت کہ خزاعہ قبیلے نے انہیں یہاں سے نکال اور یمن کی طرف جلاوطن کیا۔ یہی وہ شخص ہے جس نے پہلے پہلے عرب میں شعر کہا جس شعر میں ویران مکہ کو اپنا آباد کرنا اور زمانہ کے ہیر پھیر اور انقلابات سے پھر وہاں سے نکالا جانا اس نے بیان کیا۔

اس واقعہ سے تو معلوم ہوتا ہے کہ یہ قصہ حضرت اسماعیلؑ کے کچھ زمانہ کا اور بہت پرانا ہے جو کہ حضرت اسماعیلؑ کے تقریباً پانچ سو سال کے بعد کا معلوم ہوتا ہے۔ لیکن ابن اسحاقؒ کی اس مطول روایت سے جو پہلے گزری ہے یہ ثابت ہو رہا ہے کہ یہ قصہ حضرت عیسیٰ علیہ السلام کے بعد کا اور حضرت محمد صلی اللہ علیہ وآلہ وسلم سے پہلے کا ہے زیادہ ٹھیک بھی یہی معلوم ہوتا ہے واللہ اعلم۔

اور یہ بھی ہو سکتا ہے کہ یہ واقعہ دنیا میں کئی بار ہوا ہو، جیسے کہ ابن ابی حاتم کی روایت سے معلوم ہوتا ہے کہ حضرت عبدالرحمٰن بن جبیر فرماتے ہیں کہ تبع کے زمانہ میں یمن میں خندقیں کھدوائی گئی تھیں اور قسطنطین کے زمانہ میں قسطنطنیہ میں بھی مسلمانوں کے یہی عذاب دیا گیا تھا۔ جبکہ نصرانیوں نے اپنا قبلہ بدل دیا دین مسیح میں بدعتیں ایجاد کر لیں توحید کو چھوڑ بیٹھے اس وقت جو سچے دیندار تھے انہوں نے ان کا ساتھ نہ دیا اور اصلی دین پر قائم رہے تو ان ظالموں نے خندقیں آگ سے بھروا کر انہیں جلا دیا اور یہی واقعہ بابل کی زمین پر عراق میں بخت نصر کے زمانہ میں ہوا جس نے ایک بت بنا لیا تھا اور لوگوں سے اسے سجدہ کراتا تھا، حضرت دانیالؑ اور ان کے دونوں ساتھی عزریا اور مشایل نے اس سے انکار کر دیا تو اس نے انہیں اس آگ کی خندق میں ڈال دیا اللہ تعالیٰ نے آگ کو ان پر ٹھنڈا کر دیا انہیں سلامتی عطا فرمائی صاف نجات دی اور اس سرکش کافروں کو ان خندقوں میں ڈال دیا یہ نو قبیلے تھے سب جل کر خاک ہو گئے۔

سدیؒ فرماتے ہیں تین جگہ یہ معاملہ ہوا عراق میں شام میں اور یمن میں،

مقاتلؒ فرماتے ہیں کہ خندقیں تین جگہ تھیں ایک تو یمن کے شہر نجران میں، دوسری شام میں تیسری فارس میں،

شام میں اس کا بانی انطنانوس رومی تھا اور فارس میں بخت نصر اور زمین عرب پر یوسف ذونواس، فارس اور شام کی خندقیوں کا ذکر قرآن میں نہیں یہ ذکر نجران کا ہے۔

حضرت ربیع بن انسؒ فرماتے ہیں:

ہم نے سنا ہے فترت کے زمانے میں یعنی حضرت عیسیٰؑ اور پیغمبر آخر الزماں صلی اللہ علیہ وسلم کے درمیان کے زمانہ میں ایک قوم تھی انہوں نے جب دیکھا کہ لوگ فتنے اور شر میں گرفتار ہو گئے ہیں اور گروہ گروہ بن گئے ہیں اور ہر گروہ اپنے خیالات میں

خوش ہے تو ان لوگوں نے انہیں چھوڑ دیا یہاں سے ہجرت کر کے الگ ایک جگہ بنا کر وہیں رہنا سہنا شروع کیا اور اللہ کی مخلصانہ عبادت میں یکسوئی کے ساتھ مشغول ہو گئے نمازوں کی پابندی زکوٰۃ کی ادائیگی میں لگ گئے اور ان سے الگ تھلگ رہنے لگے یہاں تک کہ ایک سرکش بادشاہ کو اس اللہ والی جماعت کا پتہ لگ گیا اس نے ان کے پاس اپنے آدمی بھیجے اور انہیں سمجھایا کہ تم بھی ہمارے ساتھ مل جاؤ اور بت پرستی شروع کر دو ان سب نے بالکل انکار کیا کہ ہم سے یہ نہیں ہو سکتا کہ اللہ وحدہ لاشریک لہ کے سوا کسی اور کی بندگی کریں

بادشاہ نے کہلوایا کہ اگر یہ تمہیں منظور نہیں تو میں تمہیں قتل کرا دوں گا، جواب ملا کہ جو چاہو کرو لیکن ہم سے دین نہیں چھوڑا جائے گا،

اس ظالم نے خندقیں کھدوائیں آگ جلوائی اور ان سب مرد و عورتوں اور بچوں کو جمع کر لیا اور ان خندقوں کے کنارے کھڑا کر کے کہا بولو یہ آخری سوال جواب ہے آیا بت پرستی قبول کرتے ہو یا آگ میں گرنا قبول کرتے ہو

انہوں نے کہا ہمیں جل مرنا منظور ہے، لیکن چھوٹے چھوٹے بچوں نے چیخ و پکار شروع کر دی بڑوں نے انہیں سمجھایا کہ بس آج کے بعد آگ نہیں۔ نہ گھبراؤ اور اللہ کا نام لے کر کود پڑو چنانچہ سب کے سب کود پڑے انہیں آنچ بھی نہیں لگنے پائی تھی کہ اللہ نے ان کی روحیں قبض کر لیں اور آگ خندقوں سے باہر نکل پڑی اور ان بدکردار سرکشوں کو گھیر لیا اور جتنے بھی تھے سارے کے سارے جلا دیئے گئے ان کی خبر ان آیتوں میں ہے۔

إِنَّ ٱلَّذِينَ فَتَنُوا۟ ٱلْمُؤْمِنِينَ وَٱلْمُؤْمِنَٰتِ ثُمَّ لَمْ يَتُوبُوا۟ فَلَهُمْ عَذَابُ جَهَنَّمَ وَلَهُمْ عَذَابُ ٱلْحَرِيقِ (١٠)

بیشک جن لوگوں نے مسلمان مردوں اور عورتوں کو ستایا پھر توبہ (بھی) نہ کی تو ان کے لئے جہنم کا عذاب ہے اور جلنے کا عذاب ہے۔

تو اس بنا پر فَتَنُوا کے معنی ہوئے کہ جلایا تو فرماتا ہے کہ ان لوگوں نے مسلمان مردوں عورتوں کو جلا دیا ہے اگر انہوں نے توبہ نہ کی یعنی اپنے اس فعل سے باز نہ آئے نہ اپنے اس کئے پر نادم ہوئے تو ان کے لیے جہنم ہے اور جلنے کا عذاب ہے تاکہ بدلہ بھی ان کے عمل جیسا ہو،

حسن بصریؒ فرماتے ہیں اللہ تعالیٰ بزرگ و برتر کے کرم و رحم اس کی مہربانی اور عنایت کو دیکھو کہ جب بدکاروں نے اس کے پیارے بندوں کو ایسے بدترین عذابوں سے مارا انہیں بھی وہ توبہ کرنے کو کہتا ہے اور ان سے بھی مغفرت اور بخشش کا وعدہ کرتا ہے۔

اللہ ہمیں بھی اپنے وسیع رحمتوں سے بھرپور حصہ عطا فرمائے۔ آمین

إِنَّ ٱلَّذِينَ ءَامَنُوا۟ وَعَمِلُوا۟ ٱلصَّٰلِحَٰتِ لَهُمْ جَنَّٰتٌ تَجْرِى مِن تَحْتِهَا ٱلْأَنْهَٰرُ ۚ ذَٰلِكَ ٱلْفَوْزُ ٱلْكَبِيرُ (۱۱)

بیشک ایمان قبول کرنے والوں اور نیک کام کرنے والوں کے لئے وہ باغات ہیں جن کے نیچے نہریں بہہ رہی ہیں۔

اپنے دشمنوں کا انجام بیان کر کے اپنے دوستوں کا نتیجہ بیان فرمارہا ہے کہ ان کے لیے جنتیں ہیں جن کے نیچے نہریں جاری ہیں ان جیسی کامیابی اور کسے ملے گی؟

إِنَّ بَطْشَ رَبِّكَ لَشَدِيدٌ (۱۲)

یقیناً تیرے رب کی پکڑ بڑی سخت ہے۔

پھر فرمایا ہے کہ تیرے رب کی پکڑ بڑی سخت ہے وہ اپنے ان دشمنوں کو جو اسکے رسولوں کو جھٹلاتے رہے اور ان کی نافرمانیوں میں لگے رہے سخت تر قوت کیساتھ اس طرح پکڑے گا کہ کوئی راہ نجات ان کے لیے باقی نہ رہے،

إِنَّهُۥ هُوَ يُبْدِئُ وَيُعِيدُ (۱۳)

وہی پہلی مرتبہ پیدا کرتا ہے وہی دوبارہ پیدا کرے گا۔

وہ بڑی قوتوں والا ہے جو چاہا کیا جو کچھ چاہتا ہے وہ ایک لمحہ میں ہو جاتا ہے اس کی قدرتوں اور طاقتوں کو دیکھ کر اس نے تمہیں پہلے بھی پیدا کیا اور پھر بھی مار ڈالنے کے بعد دوبارہ پیدا کر دے گا نہ اسے کوئی روکے نہ آگے آئے نہ سامنے پڑے،

وَهُوَ ٱلْغَفُورُ ٱلْوَدُودُ (۱۴)

وہ بڑا بخشش کرنے والا اور بہت محبت کرنے والا ہے۔

وہ اپنے بندوں کے گناہوں کو معاف کرنے والا ہے بشرطیکہ وہ اس کی طرف جھکیں اور توبہ کریں اور اس کے سامنے ناک رگڑیں پھر چاہے کیسی ہی خطائیں ہوں ایک دم میں سب معاف ہو جاتی ہیں، اپنے بندوں سے وہ پیار و محبت رکھتا ہے،

ذُو ٱلْعَرْشِ ٱلْمَجِيدُ (۱۵)

عرش کا مالک عظمت والا ہے۔

وہ عرش والا ہے جو عرش تمام مخلوق سے بلند و بالا ہے اور تمام خلائق کے اوپر ہے۔

الْمَجِيدُ کی دو قرأتیں ہیں دال کا پیش بھی اور دال کا زیر بھی پیش کے ساتھ وہ اللہ کی صفت بن جائیگا اور زیر کے ساتھ عرش کی صفت ہے معنی دونوں کے بالکل صحیح اور ٹھیک بیٹھتے ہیں

فَعَّالٌ لِّمَا يُرِيدُ (١٦)

جو چاہے اسے کر گزرنے والا ہے

وہ جس کام کا جب ارادہ کرے کرنے پر قدرت رکھتا ہے اس کی عظمت عدالت حکمت کی بنا پر نہ کوئی اسے روک سکے نہ اس سے پوچھ سکے۔

حضرت صدیق اکبر رضی اللہ عنہ سے ان کی اس بیماری میں جس میں آپ کا انتقال ہوتا ہے لوگ سوال کرتے ہیں کہ کسی طبیب نے بھی آپ کو دیکھا، فرمایا ہاں،

پوچھا پھر کیا جواب دیا، فرمایا کہ جواب دیا فَعَّالٌ لِّمَا يُرِيدُ

هَلْ أَتَاكَ حَدِيثُ الْجُنُودِ (١٧)

لشکروں کی خبر ملی ہے؟

فِرْعَوْنَ وَثَمُودَ (١٨)

(یعنی) فرعون اور ثمود کی۔

پھر فرماتا ہے کہ کیا تجھے خبر بھی ہے کہ فرعونیوں اور ثمودیوں پر کیا کیا عذاب آئے اور کوئی ایسا نہ تھا کہ ان کی کسی طرح کی مدد کر سکتا نہ کوئی اور اس عذاب کو ہٹا سکا، مطلب یہ ہے کہ اس کی پکڑ سخت ہے جب وہ کسی ظالم کو پکڑتا ہے تو دردناکی اور سختی سے بڑی زبردست پکڑ پکڑتا ہے،

ابن ابی حاتم میں ہے:

رسول اللہ صلی اللہ علیہ وآلہ وسلم چلے جارہے تھے کہ آپ نے سنا کوئی بیوی صاحبہ قرآن پاک کی یہ آیت پڑھ رہی ہیں۔ هَلْ أَتَاكَ حَدِيثُ الْجُنُودِ آپ کھڑے رہ گئے اور کان لگا کر سنتے رہے اور فرمایا نعم قد جاءنی ہاں میرے پاس وہ خبریں آگئیں،

یعنی قرآن کی اس آیت کا جواب دیا کہ کیا تجھے فرعونیوں اور ثمودیوں کی خبر پہنچی ہے؟

بَلِ ٱلَّذِينَ كَفَرُوا۟ فِى تَكْذِيبٍ (۱۹)

(کچھ نہیں) بلکہ کافر جھٹلانے میں پڑے ہوئے ہیں۔

وَٱللَّهُ مِن وَرَآئِهِم مُّحِيطٌۢ (۲۰)

اور اللہ تعالیٰ بھی انہیں ہر طرف سے گھیرے ہوئے ہے۔

پھر فرمایا کہ بلکہ کافر شک وشبہ میں کفر وسرکشی میں ہیں اور اللہ ان پر قادر اور غالب ہے نہ یہ اس سے گم ہو سکیں نہ اسے عاجز کر سکیں،

بَلْ هُوَ قُرْءَانٌ مَّجِيدٌ (۲۱)

بلکہ یہ قرآن ہے بڑی شان والا۔

بلکہ یہ قرآن عزت اور کرامت والا ہے

فِى لَوْحٍ مَّحْفُوظٍۭ (۲۲)

لوح محفوظ میں لکھا ہوا ہے

وہ لوح محفوظ کا نوشتہ ہے بلند مرتبہ فرشتوں میں ہے، زیادتی کمی سے پاک اور سر تاپا محفوظ ہے نہ اس میں تبدیلی ہو نہ تحریف۔ حضرت انس رضی اللہ تعالیٰ عنہ فرماتے ہیں کہ یہ لوح محفوظ حضرت اسرافیلؑ کی پیشانی پر ہے،

عبد الرحمٰن بن سلمانؒ فرماتے ہیں کہ دنیا میں جو کچھ ہوا، ہو رہا ہے اور ہو گا وہ سب لوح محفوظ میں موجود ہے اور لوح محفوظ حضرت اسرافیلؑ کی دونوں آنکھوں کے سامنے ہے لیکن جب تک انہیں اجازت نہ ملے وہ اسے دیکھ نہیں سکتے۔

حضرت ابن عباس رضی اللہ تعالیٰ عنہما سے مروی ہے:

لوح محفوظ کی پیشانی پر یہ عبارت ہے، کوئی معبود نہیں بجز اللہ تعالیٰ کے، وہ اکیلا ہے اس کا دین اسلام ہے محمد صلی اللہ علیہ وسلم اس کے بندے ہیں اور اس کے رسول ہیں (صلی اللہ علیہ وآلہ وسلم) جو اللہ تعالیٰ پر ایمان لائے اس کے وعدے کو سچا جانے اس کے رسولوں کی تابعداری کرے اللہ عالم اسے جنت میں داخل کرے گا، فرماتے ہیں یہ لوح سفید موتی کی ہے اس کا طول آسمان وزمین کے درمیان کے برابر ہے اور اس کی چوڑائی مشرق

ومغرب کے برابر ہے، اس کے دونوں کنارے موتی اور یاقوت کے ہیں اس کے دونوں پٹھے سرخ یاقوت کے ہیں اس کا قلم نور ہے اس کا کلام عرش کے ساتھ وابستہ ہے اس کی اصل فرشتہ کی گود میں ہے۔

فرماتے ہیں یہ اللہ کے عرش کے دائیں طرف ہے۔

طبرانی میں ہے:

رسول اللہ صلی اللہ علیہ وآلہ وسلم فرماتے ہیں کہ اللہ تعالیٰ نے لوح محفوظ کو سفید موتی سے پیدا کیا اس کے صفحے سرخ یاقوت کے ہیں اس کا قلم نور کا ہے اس کی کتابت نور کی ہے اللہ تعالیٰ ہر دن تین سو ساٹھ مرتبہ اسے دیکھتا ہے وہ پیدا کرتا ہے روزی دیتا ہے مارتا ہے زندگی دیتا ہے عزت دیتا ہے ذلت دیتا ہے اور جو چاہے کرتا ہے

# Surah Tariq

## سورة الطارق

بِسْمِ اللّٰہِ الرَّحْمٰنِ الرَّحِیْمِ

وَالسَّمَاءِ وَالطَّارِقِ (۱)

قسم ہے آسمان کی اور اندھیرے میں روشن ہونے والے کی۔

وَمَا أَدْرَاكَ مَا الطَّارِقُ (۲)

تجھے معلوم بھی ہے کہ وہ رات کو نمودار ہونے والی چیز کیا ہے؟

اللہ تعالیٰ آسمانوں کی اور ان کے روشن ستاروں کی قسم کھاتا ہے

الطَّارِق کی تفسیر چمکتے ستارے سے کی ہے وجہ یہ ہے کہ دن کو چھپے رہتے ہیں اور رات کو ظاہر ہو جاتے ہیں ایک صحیح حدیث میں ہے:

رسول اللہ صلی اللہ علیہ وآلہ وسلم نے منع فرمایا کہ کوئی اپنے گھر رات کے وقت بے خبر آجائے،

یہاں بھی لفظ طروق ہے، آپ کی ایک دعا میں بھی طارق کا لفظ آیا ہے۔

النَّجْمُ الثَّاقِبُ (۳)

وہ روشن ستارہ ہے

الثَّاقِبُ کہتے ہیں چمکیلے اور روشنی والے ستارے کو جو شیطان پر گرتا ہے اور اسے جلا دیتا ہے

إِنْ كُلُّ نَفْسٍ لَمَّا عَلَيْهَا حَافِظٌ (۴)

کوئی ایسا نہیں جس پر نگہبان فرشتہ نہ ہو

ہر شخص پر اللہ کی طرف سے ایک محافظ مقرر ہے جو اسے آفات سے بچاتا ہے،

جیسے اور جگہ ہے:

لَهُ مُعَقِّبَتٌ مِّنۢ بَيۡنِ يَدَيۡهِ وَمِنۡ خَلۡفِهِۦ يَحۡفَظُونَهُۥ مِنۡ أَمۡرِ ٱللَّهِ (۱۳:۱۱)

آگے پیچھے سے باری باری آنے والے فرشتے مقرر ہیں جو اللہ کے حکم سے بندے کی حفاظت کرتے ہیں

فَلۡيَنظُرِ ٱلۡإِنسَٰنُ مِمَّ خُلِقَ (۵)

انسان کو دیکھنا چاہیے کہ وہ کس چیز سے پیدا کیا گیا ہے۔

انسان کی ضعیفی کا بیان ہو رہا ہے کہ دیکھو تو اس کی اصل کیا ہے اور گویا اس میں نہایت باریکی کے ساتھ قیامت کا یقین دلایا گیا ہے کہ جو ابتدائی پیدائش پر قادر ہے وہ لوٹانے پر قادر کیوں نہ ہو گا، جیسے فرمایا:

وَهُوَ ٱلَّذِي يَبۡدَأُ ٱلۡخَلۡقَ ثُمَّ يُعِيدُهُۥ وَهُوَ أَهۡوَنُ عَلَيۡهِ (۳۰:۲۷)

جس نے پہلے پیدا کیا وہی دوبارہ لوٹائے گا اور یہ اس پر بہت ہی آسان ہے

خُلِقَ مِن مَّآءٖ دَافِقٖ (۶)

وہ ایک اچھلتے ہوئے پانی سے پیدا کیا گیا ہے۔

يَخۡرُجُ مِنۢ بَيۡنِ ٱلصُّلۡبِ وَٱلتَّرَآئِبِ (۷)

جو پیٹھ اور سینے کے درمیان سے نکلتا ہے۔

انسان اچھلنے والے پانی یعنی عورت مرد کی منی سے پیدا کیا گیا ہے جو مرد کی پیٹھ سے اور عورت کی چھاتی سے نکلتی ہے عورت کا یہ پانی زرد رنگ کا اور پتلا ہوتا ہے اور دونوں سے بچہ کی پیدائش ہوتی ہے۔

ترائبہ کہتے ہیں ہار کی جگہ کو، کندھوں سے لے کر سینے تک کو بھی کہا گیا ہے اور نرخرے سے نیچے کو بھی کہا گیا ہے اور چھاتیوں سے اوپر کے حصہ کو بھی کہا گیا ہے اور نیچے کی طرف چار پسلیوں کو بھی کہا گیا ہے اور دونوں چھاتیوں اور دونوں پیروں اور دونوں آنکھوں کے درمیان کو بھی کہا گیا ہے دل کے نچوڑ کو بھی کہا گیا ہے سینہ اور پیٹھ کے درمیان کو بھی کہا جاتا ہے۔

إِنَّهُۥ عَلَىٰ رَجۡعِهِۦ لَقَادِرٞ (۸)

بیشک وہ اسے پھیر لانے پر یقیناً قدرت رکھنے والا ہے

وہ اس کے لوٹانے پر قادر ہے یعنی نکلے ہوئے پانی کو اس کی جگہ واپس پہنچا دینے پر اور یہ مطلب کہ اسے دوبارہ پیدا کر کے آخرت کی طرف لوٹانے پر بھی۔

پچھلا قول ہی اچھا ہے اور یہ دلیل کئی مرتبہ بیان ہو چکی ہے

يَوْمَ تُبْلَى السَّرَائِرُ (٩)

جس دن پوشیدہ باتوں کی جانچ پڑتال ہوگی۔

پھر فرمایا کہ قیامت کے دن پوشیدگیاں کھل جائیں گی راز ظاہر ہو جائیں گے بھید آشکار ہو جائیں گے۔

رسول اللہ صلی اللہ علیہ وآلہ وسلم فرماتے ہیں کہ ہر غدار کی رانوں کے درمیان اس کے غدر کا جھنڈا گاڑ دیا جائے گا اور اعلان ہو جائے گا کہ یہ فلاں بن فلاں کی غداری ہے۔

فَمَا لَهُ مِنْ قُوَّةٍ وَلَا نَاصِرٍ (١٠)

تو نہ ہوگا اس کے پاس کچھ زور نہ مددگار۔

اس دن نہ تو خود انسان کو کوئی قوت حاصل ہوگی نہ اس کا مددگار کوئی اور کھڑا ہوگا یعنی نہ تو خود اپنے آپ کو عذابوں سے بچاسکے گا نہ کوئی اور ہوگا جو اسے اللہ کے عذاب سے بچاسکے۔

وَالسَّمَاءِ ذَاتِ الرَّجْعِ (١١)

بارش والے آسمان کی قسم

الرَّجْعِ کے معنی مروی ہیں بارش کے، بارش والے بادل کے، برسنے کے،

اور ہر سال بندوں کی روزی لوٹانے کے جس کے بغیر انسان اور ان کے جانور ہلاک ہو جائیں،

اور سورج چاند اور ستاروں کے ادھر ادھر لوٹنے کے۔

وَالْأَرْضِ ذَاتِ الصَّدْعِ (١٢)

اور پھٹنے والی زمین کی قسم

إِنَّهُ لَقَوْلٌ فَصْلٌ (١٣)

بیشک یہ (قرآن) البتہ دوٹوک فیصلہ کرنے والا کلام ہے۔

یہ قرآن حق ہے عدل کا مظہر ہے

وَمَا هُوَ بِالْهَزْلِ (۱۴)

یہ ہنسی کی (اور بے فائدہ) بات نہیں

یہ کوئی عذر قصہ باتیں نہیں،

إِنَّهُمْ يَكِيدُونَ كَيْدًا (۱۵)

البتہ کافر داؤ گھات میں ہیں

کافر اسے جھٹلاتے ہیں اللہ کی راہ سے لوگوں کو روکتے ہیں طرح طرح کے مکرو فریب سے لوگوں کو قرآن کے خلاف اکساتے ہیں،

وَأَكِيدُ كَيْدًا (۱۶)

اور میں بھی ایک چال چل رہا ہوں

فَمَهِّلِ الْكَافِرِينَ أَمْهِلْهُمْ رُوَيْدًا (۱۷)

تو کافروں کو مہلت دے انہیں تھوڑے دن چھوڑ دے۔

اے نبی تو انہیں ذرا سی ڈھیل دے پھر عنقریب دیکھ لے گا کہ کیسے کیسے بدترین عذابوں میں پکڑے جاتے ہیں جیسے اور جگہ ہے:

نُمَتِّعُهُمْ قَلِيلًا ثُمَّ نَضْطَرُّهُمْ إِلَىٰ عَذَابٍ غَلِيظٍ (۳۱:۲۴)

ہم انہیں کچھ یونہی سا فائدہ دیں گے پھر نہایت سخت عذاب کی طرف انہیں بے بس کر دیں گے۔

# Surah Al A'la

# سورۃ الأعلی

بِسۡمِ اللّٰہِ الرَّحۡمٰنِ الرَّحِیۡمِ

مسند احمد میں ہے عقبہ بن عامر جہنی رضی اللہ تعالیٰ عنہ فرماتے ہیں:

جب آیت فَسَبِّحۡ بِاسۡمِ رَبِّكَ الۡعَظِیۡمِ (۵۶:۹۶) اتری تو رسول اللہ صلی اللہ علیہ وسلم نے فرمایا اسے تم اپنے رکوع میں کرلو، جب آیت سَبِّحِ اسۡمَ رَبِّكَ الۡاَعۡلَی اتری تو آپ ﷺ نے فرمایا اسے اپنے سجدے میں کرلو۔

ابو داؤد وغیرہ کی حدیث میں ہے کہ جب رسول اللہ صلی اللہ علیہ وآلہ وسلم آیت سَبِّحِ اسۡمَ رَبِّكَ الۡاَعۡلَی پڑھتے تو کہتے سبحان ربی الاعلیٰ

حضرت علیؓ اور حضرت ابن عباسؓ سے بھی یہ مروی ہے اور آپ جب آیت لَاۤ اُقۡسِمُ بِیَوۡمِ الۡقِیٰمَةِ (۷۵:۱) پڑھتے اور آخری آیت اَلَیۡسَ ذٰلِكَ بِقٰدِرٍ عَلٰۤی اَنۡ یُّحۡیِیَ الۡمَوۡتٰی پر پہنچتے تو فرماتے سبحانک وبلی

سَبِّحِ اسۡمَ رَبِّكَ الۡاَعۡلَی (۱)

اپنے بہت ہی بلند اللہ کے نام کی پاکیزگی بیان کر

اللہ تعالیٰ یہاں ارشاد فرماتا ہے کہ اپنے بلندیوں والے پرورش کرنے والے اللہ کے پاک نام کی پاکیزگی اور تسبیح بیان کرو

الَّذِیۡ خَلَقَ فَسَوّٰی (۲)

جس نے پیدا کیا اور صحیح سالم بنایا۔

جس نے تمام مخلوق کو پیدا کیا اور سب کو اچھی ہیئت بخشی،

وَالَّذِیۡ قَدَّرَ فَهَدٰی (۳)

اور جس نے (ٹھیک ٹھاک) اندازہ کیا اور پھر راہ دکھائی

انسان کو سعادت شقاوت کے چہرے دکھا دیئے اور جانور کو چرنے چگنے وغیرہ کے سامان مہیا کیے،

جیسے اور جگہ ہے:

رَبُّنَا ٱلَّذِىٓ أَعۡطَىٰ كُلَّ شَىۡءٍ خَلۡقَهُۥ ثُمَّ هَدَىٰ (۲۰:۵۰)

ہمارا رب وہ ہے جس نے ہر چیز کو اس کی پیدائش عطا فرمائی پھر رہبری کی

صحیح مسلم شریف کی حدیث میں ہے:

زمین آسمان کی پیدائش سے پچاس ہزار سال پہلے اللہ تعالیٰ نے اپنی مخلوق کی تقدیر لکھی اس کا عرش پانی پر تھا۔

وَالَّذِي أَخْرَجَ الْمَرْعَى (۴)

اور جس نے تازہ گھاس پیدا کی۔

فَجَعَلَهُ غُثَاءً أَحْوَى (۵)

اس نے اس کو (سوکھا کر) سیاہ کوڑا کر دیا۔

جس نے ہر قسم کے نباتات اور کھیت نکالے پھر ان سرسبز چاروں کو خشک اور سیاہ رنگ کر دیا،

بعض عارفان کلام عرب نے کہا ہے کہ یہاں بعض الفاظ جو ذکر میں مؤخر ہیں معنی کے لحاظ سے مقدم ہیں یعنی مطلب یہ ہے کہ جس نے گھاس چارہ سبز رنگ سیاہی مائل پیدا کیا پھر اسے خشک کر دیا گو یہ معنی بھی بن سکتے ہیں لیکن کچھ زیادہ ٹھیک نظر نہیں آتے کیونکہ مفسرین کے اقوال کے خلاف ہیں۔

سَنُقْرِئُكَ فَلَا تَنْسَى (۶)

ہم تجھے پڑھائیں گے پھر تو نہ بھولے گا

إِلَّا مَا شَاءَ اللَّهُ ۚ

مگر جو کچھ اللہ چاہے،

پھر فرماتا ہے کہ تجھے ہم اے محمد صلی اللہ علیہ وآلہ وسلم ایسا پڑھائیں گے جسے تو بھولے نہیں ہاں اگر خود اللہ کوئی آیت بھلا دینا چاہے تو اور بات ہے امام ابن جریرؒ تو اسی مطلب کو پسند کرتے ہیں، اور مطلب اس آیت کا یہ ہے کہ جو قرآن ہم تجھے پڑھاتے ہیں اسے نہ بھول ہاں جسے ہم خود منسوخ کر دیں اس کی اور بات ہے۔

إِنَّهُ يَعْلَمُ الْجَهْرَ وَمَا يَخْفَى (٧)

وہ ظاہر اور پوشیدہ کو جانتا ہے۔

اللہ پر بندوں کے چھپے کھلے اعمال احوال عقائد سب ظاہر ہیں،

وَنُيَسِّرُكَ لِلْيُسْرَى (٨)

ہم آپ کے لئے آسانی پیدا کر دیں گے

ہم تجھ پر بھلائی کے کام اچھی باتیں شرعی امر آسان کر دیں گے نہ اس میں کجی ہو گی نہ سختی نہ جرم ہو گا،

فَذَكِّرْ إِنْ نَفَعَتِ الذِّكْرَى (٩)

تو آپ نصیحت کرتے رہیں اگر نصیحت کچھ فائدہ دے۔

تو نصیحت کر اگر نصیحت فائدے دے۔

اس سے معلوم ہوا کہ نالائقوں کو نہ سکھانا چاہیے جیسے کہ امیر المومنین حضرت علی کرم اللہ وجہہ فرماتے ہیں کہ اگر تم دوسروں کے ساتھ وہ باتیں کرو گے جو ان کی عقل میں نہ آسکیں تو نتیجہ یہ ہو گا کہ تمہاری بھلی باتیں ان کے لیے بری بن جائیں گی اور باعث فتنہ ہو جائیں گی بلکہ لوگوں سے ان کی سمجھ کے مطابق بات چیت کرو تاکہ لوگ اللہ اور رسول کو نہ جھٹلائیں۔

سَيَذَّكَّرُ مَنْ يَخْشَى (١٠)

ڈرنے والا تو نصیحت لے گا۔

پھر فرمایا کہ اس سے نصیحت وہ حاصل کریگا جس کے دل میں اللہ کا خوف ہے جو اس کی ملاقات پر یقین رکھتا ہے

وَيَتَجَنَّبُهَا الْأَشْقَى (١١)

(ہاں) بدبخت اس سے گریز کرے گا۔

الَّذِي يَصْلَى النَّارَ الْكُبْرَى (١٢)

جو بڑی آگ میں جائے گا۔

ثُمَّ لَا يَمُوتُ فِيهَا وَلَا يَحْيَىٰ (١٣)

جہاں پھر نہ مرے گا نہ جیئے گا (بلکہ حالت نزع میں پڑا رہے گا)۔

اور اس سے وہ عبرت و نصیحت حاصل نہیں کر سکتا جو بد بخت ہو، جو جہنم میں جانے والا ہو جہاں نہ تو راحت کی زندگی ہے نہ بھلی موت ہے بلکہ وہ لازوال عذاب اور دائمی برائی ہے اس میں طرح طرح کے عذاب اور بدترین سزائیں ہیں۔

مسند احمد میں ہے:

جو اصلی جہنمی ہیں انہیں نہ تو موت آئے گی نہ کار آمد زندگی ملے گی ہاں جن کے ساتھ اللہ کا ارادہ رحمت کا ہے، وہ آگ میں گرتے ہی جل کر مر جائیں گے پھر سفارشی لوگ جائیں گے اور ان میں سے اکثر کو چھڑا لائیں گے پھر نہر حیاۃ میں ڈال دیئے جائیں گے جنتی نہروں کا پانی ان پر ڈالا جائیگا اور وہ اس طرح جی اٹھیں گے جس طرح دانہ نالی کے کنارے کوڑے پر اگ آتا ہے کہ پہلے سبز ہوتا ہے پھر زرد پھر ہرا۔

لوگ کہنے لگے حضور صلی اللہ علیہ وسلم تو اس طرح بیان فرماتے ہیں جیسے آپ جنگل سے واقف ہوں۔

یہ حدیث مختلف الفاظ سے بہت سی کتب میں مروی ہے۔

قرآن کریم میں اور جگہ وارد ہے:

وَنَادَوْا يَا مَالِكُ لِيَقْضِ عَلَيْنَا رَبُّكَ قَالَ إِنَّكُم مَّاكِثُونَ (٤٣:٧٧)

جہنمی لوگ پکار پکار کر کہیں گے کہ اے مالک داروغہ جہنم اللہ سے کہہ وہ ہمیں موت دے دے، جواب ملے گا تم تو اب اسی میں پڑے رہنے والے ہو

اور جگہ ہے:

لَا يُقْضَىٰ عَلَيْهِمْ فَيَمُوتُوا وَلَا يُخَفَّفُ عَنْهُم مِّنْ عَذَابِهَا (٣٥:٣٦)

یعنی نہ تو ان کی موت آئے گی نہ عذاب کم ہوں گے

اس معنی کی آیتیں اور بھی ہیں۔

قَدْ أَفْلَحَ مَن تَزَكَّىٰ (١٤)

بیشک اس نے فلاح پائی جو پاک ہو گیا

وَذَكَرَ اسْمَ رَبِّهِ فَصَلَّى (١٥)

اور جس نے اپنے رب کا نام یاد رکھا اور نماز پڑھتا رہا۔

اللہ تعالیٰ فرماتا ہے جس نے رذیل اخلاق سے اپنے تئیں پاک کر لیا احکام اسلام کی تابعداری کی نماز کو ٹھیک وقت پر قائم رکھا صرف اللہ تعالیٰ کی رضا مندی اور اس کی خوشنودی طلب کرنے کے لیے اس نے نجات اور فلاح پالی۔

رسول اللہ صلی اللہ علیہ وآلہ وسلم نے اس آیت کی تلاوت کر کے فرمایا:

جو شخص اللہ تعالیٰ کے وحدہ لاشریک ہونے کی گواہی دے اس کے سوا کسی کی عبادت نہ کرے اور میری رسالت کو مان لے اور پانچوں وقت کی نمازوں کی پوری طرح حفاظت کرے وہ نجات پا گیا۔ (بزار)

ابن عباسؓ فرماتے ہیں کہ اس سے مراد پانچ وقت کی نماز ہے،

حضرت ابو العالیہؒ نے ایک مرتبہ ابو خلدہ سے فرمایا کہ کل جب عید گاہ جاؤ تو مجھ سے ملتے جانا، جب میں گیا تو مجھ سے کہا کچھ کھا لیا ہے میں نے کہا ہاں،

فرمایا نہا چکے ہو؟ میں نے کہا ہاں

فرمایا زکوٰۃ فطر ادا کر چکے ہو؟ میں نے کہا ہاں،

فرمایا بس یہی کہنا تھا کہ اس آیت میں یہی مراد ہے۔

اہل مدینہ فطرہ سے اور پانی پلانے سے افضل اور کوئی صدقہ نہیں جانتے تھے،

حضرت عمر بن عبد العزیز رحمۃ اللہ علیہ بھی لوگوں کو فطرہ ادا کرنے کا حکم کرتے پھر اسی آیت کی تلاوت کرتے،

حضرت ابو الاحوصؒ فرماتے ہیں جب تم میں سے کوئی نماز کا ارادہ کرے اور کوئی سائل آ جائے تو اسے خیرات دے دے پھر یہی آیت پڑھی۔

حضرت قتادہؒ فرماتے ہیں اس نے اپنے مال کو پاک کر لیا اور اپنے رب کو راضی کر لیا۔

بَلْ تُؤْثِرُونَ الْحَيَاةَ الدُّنْيَا (١٦)

لیکن تم تو دنیا کی زندگی کو ترجیح دیتے ہو۔

وَالْآخِرَةُ خَيْرٌ وَأَبْقَى (۱۷)

اور آخرت بہت بہتر اور بہت بقا والی ہے

ارشاد ہے کہ تم دنیا کی زندگی کو آخرت کی زندگی پر ترجیح دے رہے ہو اور دراصل تمہاری مصلحت تمہارا نفع اخروی زندگی کو دنیوی زندگی پر ترجیح دینے میں ہے دنیا ذلیل ہے فانی ہے آخرت شریف ہے باقی ہے کوئی عاقل ایسا نہیں کر سکتا کہ فانی کو باقی کی جگہ اختیار کر لے اور اس فانی کے انتظام میں پڑ کر اس باقی کے اہتمام کو چھوڑ دے۔ مسند احمد میں ہے رسول اللہ صلی اللہ علیہ وآلہ وسلم فرماتے ہیں:

دنیا اس کا گھر ہے جس کا آخرت میں نہ ہو، دنیا اس کا مال ہے جس کا مال وہاں نہ ہو اسے جمع کرنے کے پیچھے وہ لگتے ہیں جو بیوقوف ہیں۔

ابن جریر میں ہے کہ حضرت عرفجہ ثقفیؒ اس سورت کو حضرت ابن مسعود رضی اللہ تعالیٰ عنہ کے پاس پڑھ رہے تھے جب اس آیت پر پہنچے تو تلاوت چھوڑ کر اپنے ساتھیوں سے فرمانے لگے کہ سچ ہے ہم نے دنیا کو آخرت پر ترجیح دی، لوگ خاموش رہے تو آپ نے پھر فرمایا کہ اس لیے کہ ہم دنیا کے گرویدہ ہو گئے کہ یہاں کی زینت کو یہاں کی عورتوں کو یہاں کے کھانے پینے کو ہم نے دیکھ لیا آخرت نظروں سے اوجھل ہے اس لیے ہم نے اس سامنے والی کی طرف توجہ کی اور اس نظر نہ آنے والی سے آنکھیں پھیر لیں۔

یا تو یہ فرمان حضرت عبد اللہؓ کا بطور تواضع کے ہے یا جنس انسان کی بابت فرماتے ہیں۔ واللہ اعلم

رسول اللہ صلی اللہ علیہ وآلہ وسلم فرماتے ہیں:

جس نے دنیا سے محبت کی اس نے اپنی آخرت کو نقصان پہنچایا اور جس نے آخرت سے محبت رکھی اس نے دنیا کو نقصان پہنچایا تم اے لوگو! باقی رہنے والی کو فنا ہونے والی پر ترجیح دو، (مسند احمد)

إِنَّ هَٰذَا لَفِي الصُّحُفِ الْأُولَىٰ (۱۸)

یہ باتیں پہلی کتابوں میں بھی ہیں۔

صُحُفِ إِبْرَاهِيمَ وَمُوسَىٰ (۱۹)

(یعنی) ابراہیم اور موسیٰ کی کتابوں میں۔

پھر فرماتا ہے کہ ابراہیمؑ اور موسیٰؑ کے صحیفوں میں بھی یہ تھا

رسول اللہ صلی اللہ علیہ وآلہ وسلم فرماتے ہیں:

یہ سب بیان ان صحیفوں میں بھی تھا (بزار)

نسائی میں حضرت عباسؓ سے یہ مروی ہے اور جب آیت وَإِبْرَٰهِيمَ ٱلَّذِى وَفَّىٰٓ (۵۳:۳۷) نازل ہوئی تو فرمایا کہ اس سے مراد یہ ہے کہ ایک کا بوجھ دوسرے کو نہ اٹھانا ہے،

سورہ نجم میں ہے آیت أَمْ لَمْ يُنَبَّأْ بِمَا فِى صُحُفِ مُوسَىٰ آخری مضمون تک کی تمام آیتیں یعنی یہ سب احکام اگلی کتابوں میں بھی تھے اسی طرح یہاں بھی مراد سَبِّحِ ٱسْمَ کی یہ آیتیں ہیں بعض نے پوری سورت کہی ہے بعض نے قَدْ أَفْلَحَ سے خَيْرٌ وَأَبْقَىٰٓ تک کہا ہے زیادہ قوی بھی یہی قول معلوم ہوتا ہے۔ واللہ اعلم

# Surah Ghashiyah

# سورۃ الغَاشِیَة

بِسۡمِ اللّٰہِ الرَّحۡمٰنِ الرَّحِیۡمِ

هَلۡ أَتَاكَ حَدِيثُ الۡغَاشِيَةِ (۱)

کیا تجھے بھی چھپا لینے والی (قیامت) کی خبر پہنچی ہے۔

الۡغَاشِيَة قیامت کا نام ہے اس لیے کہ وہ سب پر آئے گی سب کو گھیرے ہوئے ہوگی اور ہر ایک کو ڈھانپ لیگی

ابن ابی حاتم میں ہے کہ رسول اللہ صلی اللہ علیہ وآلہ وسلم کہیں جا رہے تھے کہ ایک عورت کے قرآن پڑھنے کی آواز آئی آپؐ کھڑے ہو کر سننے لگے اس نے یہی آیت هَلۡ أَتَاكَ حَدِيثُ الۡغَاشِيَةِ پڑھی یعنی کیا تیرے پاس ڈھانپ لینے والی قیامت کی بات پہنچی ہے؟ تو آپؐ نے جواباً فرمایا نعم قد جآءنی یعنی ہاں میرے پاس پہنچ چکی ہے

وُجُوهٌ يَوۡمَئِذٍ خَاشِعَةٌ (۲)

اس دن بہت سے چہرے ذلیل ہونگے۔

اس دن بہت سے لوگ ذلیل چہروں والے ہوں گے پستی ان پر برس رہی ہوں گی،

عَامِلَةٌ نَاصِبَةٌ (۳)

(اور) محنت کرنے والے تھکے ہوئے ہونگے

ان کے اعمال غارت ہو گئے ہوں گے انہوں نے تو بڑے بڑے اعمال کئے تھے سخت تکلیفیں اٹھائی تھیں

تَصۡلَىٰ نَارًا حَامِيَةً (۴)

اور دہکتی ہوئی آگ میں جائیں گے۔

وہ آج بھڑکتی ہوئی آگ میں داخل ہو گئے،

ایک مرتبہ حضرت عمرؓ ایک خانقاہ کے پاس سے گزرے وہاں کے راہب کو آواز دی وہ حاضر ہوا آپ اسے دیکھ کر رو دیئے، لوگوں نے پوچھا حضرت کیا بات ہے؟

تو فرمایا اسے دیکھ کر یہ آیت یاد آگئی کہ عبادت اور ریاضت کرتے ہیں لیکن آخر جہنم میں جائیں گے۔

حضرت ابن عباسؓ فرماتے ہیں اس سے مراد نصرانی ہیں۔

تُسْقَىٰ مِنْ عَيْنٍ آنِيَةٍ (٥)

نہایت گرم چشمے کا پانی ان کو پلایا جائے گا۔

لَّيْسَ لَهُمْ طَعَامٌ إِلَّا مِن ضَرِيعٍ (٦)

ان کے لئے کانٹے دار درختوں کے سوا اور کچھ کھانا نہ ہوگا۔

عکرمہؒ اور سدیؒ فرماتے ہیں کہ دنیا میں گناہوں کے کام کرتے رہے اور آخرت میں عذاب کی اور مار کی تکلیفیں برداشت کریں گے یہ سخت بھڑکنے والی جلتی تپتی آگ میں جائیں گے جہاں سوائے ضَرِيعٍ کے اور کچھ کھانے کو نہ ملے گا، یہ آگ کا درخت ہے، جہنم کا پتھر ہے، یہ تھوہر کی بیل ہے اس میں زہریلے کانٹے دار پھل لگتے ہیں

لَّا يُسْمِنُ وَلَا يُغْنِي مِن جُوعٍ (٧)

جو نہ موٹا کرے گا نہ بھوک مٹائے گا۔

یہ بدترین کھانا ہے اور نہایت ہی برا نہ بدن بڑھائے نہ بھوک مٹائے یعنی نہ نفع پہنچے نہ نقصان دور ہو۔

وُجُوهٌ يَوْمَئِذٍ نَّاعِمَةٌ (٨)

بہت سے چہرے اس دن تروتازہ اور (آسودہ) حال ہونگے۔

اوپر چونکہ بدکاروں کا بیان اور ان کے عذابوں کا ذکر ہوا تھا تو یہاں نیک کاروں اور ان کے ثوابوں کا بیان ہو رہا ہے، چنانچہ فرمایا اس دن بہت سے چہرے ایسے بھی ہوں گے جن پر خوشی اور آسودگی کے آثار ظاہر ہوں گے،

لِّسَعْيِهَا رَاضِيَةٌ (٩)

اپنی کوشش پر خوش ہونگے۔

فِي جَنَّةٍ عَالِيَةٍ (١٠)

بلند و بالا جنتوں میں ہونگے۔

لَا تَسۡمَعُ فِيهَا لَاغِيَةً (۱۱)

جہاں کوئی بیہودہ بات نہیں سنیں گے۔

یہ اپنے اعمال سے خوش ہوں گے، جنتوں کے بلند بالا خانوں میں ہوں گے جس میں کوئی لغو بات کان میں نہ پڑے گی۔ جیسے فرمایا:

لَّا يَسۡمَعُونَ فِيهَا لَغۡوًا إِلَّا سَلَٰمًا (۱۹:۶۲)

اس میں سوائے سلامتی اور سلام کے کوئی بری بات نہ سنیں گے

اور فرمایا:

لَّا لَغۡوٌ فِيهَا وَلَا تَأۡثِيمٌ (۵۲:۲۳)

نہ اس میں بیہودگی ہے نہ گناہ کی باتیں

اور فرمایا:

لَا يَسۡمَعُونَ فِيهَا لَغۡوًا وَلَا تَأۡثِيمًا إِلَّا قِيلًا سَلَٰمًا سَلَٰمًا (۵۶:۲۵،۲۶)

نہ اس میں فضول گوئی سنیں گے نہ بری باتیں سوائے سلام ہی سلام کے اور کچھ نہ ہوگا

فِيهَا عَيۡنٌ جَارِيَةٌ (۱۲)

جہاں بہتا ہوا چشمہ ہوگا۔

اس میں بہتی ہوئی نہریں ہوں گی،

یہاں نکرہ اثبات کے سیاق میں ہے ایک ہی نہر مراد نہیں بلکہ جنس نہر مراد ہے یعنی نہریں بہتی ہوں گی۔

رسول اللہ ﷺ فرماتے ہیں کہ جنت کی نہریں مشک کے پہاڑوں اور مشک کے ٹیلوں سے نکلتی ہیں۔

فِيهَا سُرُرٌ مَّرۡفُوعَةٌ (۱۳)

(اور) اس میں اونچے اونچے تخت ہونگے۔

ان میں اونچے اونچے بلند و بالا تخت ہیں جن پر بہترین فرش ہیں اور ان کے پاس حوریں بیٹھی ہوئی ہیں گو یہ تخت بہت اونچے اور ضخامت والے ہیں لیکن جب یہ اللہ کے دوست ان پر بیٹھنا چاہیں گے تو وہ جھک جائیں گے،

وَأَكْوَابٌ مَوْضُوعَةٌ (١٤)

اور پینے کے برتن رکھے ہوئے (ہونگے)۔

شراب کے بھرپور جام ادھر ادھر قرینے سے چنے ہوئے ہیں جو چاہے جس قسم کا چاہے جس مقدار میں چاہے لے لے اور پی لے،

وَنَمَارِقُ مَصْفُوفَةٌ (١٥)

اور قطار میں لگے ہوئے تکیے ہونگے۔

وَزَرَابِيُّ مَبْثُوثَةٌ (١٦)

اور مخملی مسندیں پھیلی پڑی ہونگی۔

اور تکیے ایک قطار میں لگے ہوئے اور ادھر ادھر بہترین بستر اور فرش باقاعدہ بچھے ہوئے ہیں،

ابن ماجہ میں حدیث ہے کہ رسول اللہ صلی اللہ علیہ وآلہ وسلم فرماتے ہیں:

کوئی ہے جو تہبند چڑھائے جنت کی تیاری کرے اس جنت کی جس کی لمبائی چوڑائی بے حساب ہے رب کعبہ کی قسم وہ ایک چمکتا ہوا نور ہے وہ ایک لہلہاتا ہوا سبزہ ہے وہ بلند و بالا محلات ہیں وہ بہتی ہوئی نہریں ہیں وہ بکثرت ریشمی حلے ہیں وہ پکے پکائے تیار عمدہ پھل ہیں وہ ہیشگی والی جگہ ہے وہ سراسر میوہ جات سبزہ راحت اور نعمت ہے وہ تروتازہ بلند و بالا جگہ ہے،

سب لوگ بول اٹھے کہ ہم سب اس کے خواہش مند ہیں اور اس کے لیے تیاری کریں گے، فرمایا انشاء اللہ تعالیٰ کہو، صحابہ کرام نے انشاء اللہ تعالیٰ کہا۔

أَفَلَا يَنْظُرُونَ إِلَى الْإِبِلِ كَيْفَ خُلِقَتْ (١٧)

کیا یہ اونٹوں کو نہیں دیکھتے وہ کس طرح پیدا کئے

اللہ تعالیٰ اپنے بندوں کو حکم دیتا ہے کہ وہ اس کی مخلوقات پر تدبر کے ساتھ نظریں ڈالیں اور دیکھیں کہ اس کی بے انتہا قدرت ان میں سے ہر ایک چیز سے کس طرح ظاہر ہوتی ہے اس کی پاک ذات پر ہر ایک چیز کس طرح دلالت کر رہی ہے،

اونٹ کو ہی دیکھو کہ کس عجیب و غریب ترکیب اور ہیئت کا ہے کتنا مضبوط اور قوی ہے اور اس کے باوجود کس طرح نرمی اور آسانی سے بوجھ لادلیتا ہے اور ایک بچے کیساتھ کس طرح اطاعت گزار بن کر چلتا ہے۔ اس کا گوشت بھی تمہارے کھانے میں آئے اس کے بال بھی تمہارے کام آئیں اس کا دودھ تم پیؤ اور طرح طرح کے فائدے اٹھاؤ،

اونٹ کا حال سب سے پہلے اس لیے بیان کیا گیا کہ عموماً عرب کے ملک میں اور عربوں کے پاس یہی جانور تھا۔

وَإِلَى السَّمَاءِ كَيْفَ رُفِعَتْ (١٨)

اور آسمان کو کہ کس طرح اونچا کیا گیا۔

اور آسمان کی بلندی زمین سے کس طرح ہے، اور جگہ ارشاد ہے:

أَفَلَمْ يَنظُرُوا إِلَى السَّمَاءِ فَوْقَهُمْ كَيْفَ بَنَيْنَاهَا وَزَيَّنَّاهَا وَمَا لَهَا مِن فُرُوجٍ (٥٠:٦)

کیا ان لوگوں نے اپنے اوپر آسمان کو نہیں دیکھا کہ ہم نے اسے کس طرح بنایا کیسے مزین کیا اور ایک سوراخ نہیں چھوڑا،

وَإِلَى الْجِبَالِ كَيْفَ نُصِبَتْ (١٩)

اور پہاڑوں کی طرف کس طرح گاڑھ دیئے گئے ہیں۔

پھر پہاڑوں کو دیکھو کہ کیسے گاڑ دیئے گئے تاکہ زمین ہل نہ سکے اور پہاڑ بھی اپنی جگہ نہ چھوڑ سکیں پھر اس میں جو بھلائی اور نفع کی چیزیں پیدا کی ہیں ان پر بھی نظر ڈالو،

وَإِلَى الْأَرْضِ كَيْفَ سُطِحَتْ (٢٠)

اور زمین کی طرف کس طرح بچھائی گئی ہے۔

زمین کو دیکھو کہ کس طرح پھیلا کر بچھا دی گئی ہے،

غرض یہاں ان چیزوں کا ذکر کیا جو قرآن کے مخاطب عربوں کے ہر وقت پیش نظر رہا کرتی ہیں ایک بدوی جو اپنے اونٹ پر سوار ہو کر نکلتا ہے زمین اس کے نیچے ہوتی ہے آسمان اس کے اوپر ہوتا ہے پہاڑ اس کی نگاہوں کے سامنے ہوتے ہیں اور اونٹ پر خود سوار ہے ان باتوں سے خالق کی قدرت کاملہ اور صنعت ظاہرہ بالکل ہویدا ہے اور صاف ظاہر ہے کہ خالق، صانع، رب عظمت و عزت والا مالک اور متصرف معبود برحق اور اللہ حقیقی

صرف وہی ہے اس کے سوا کوئی ایسا نہیں جس کے سامنے اپنی عاجزی اور پستی کا اظہار کریں جسے ہم حاجتوں کے وقت پکاریں جس کا نام دود زباں بنائیں اور جس کے سامنے سر خم ہوں۔

حضرت ضمام رضی اللہ تعالیٰ عنہ نے جو سوالات آنحضرت صلی اللہ علیہ وآلہ وسلم سے کئے تھے وہ اس طرح کی قسمیں دے کر کئے تھے، بخاری مسلم ترمذی نسائی مسند احمد وغیرہ میں حدیث ہے:

حضرت انس رضی اللہ تعالیٰ عنہ فرماتے ہیں کہ ہمیں بار بار سوالات کرنے سے روک دیا گیا تھا تو ہماری یہ خواہش رہتی تھی کہ باہر کا کوئی عقل مند شخص آئے وہ سوالات کرے ہم بھی موجود ہوں اور پھر حضور صلی اللہ علیہ وسلم کی زبانی جوابات سنیں چنانچہ ایک دن بادیہ نشین آئے اور کہنے لگے اے محمد (صلی اللہ علیہ وآلہ وسلم) آپ کے قاصد ہمارے پاس آئے اور ہم سے کہا آپ فرماتے ہیں کہ اللہ نے آپ کو اپنا رسول بنایا ہے، آپ نے ﷺ فرمایا اس نے سچ کہا۔

وہ کہنے لگا بتایئے آسمان کو کس نے پیدا کیا؟ آپ صلی اللہ علیہ وسلم نے فرمایا اللہ نے،

کہا زمین کس نے پیدا کی؟ آپ صلی اللہ علیہ وسلم نے فرمایا اللہ نے،

کہا ان پہاڑوں کو کس نے گاڑ دیا؟ ان سے یہ فائدے کی چیزیں کس نے پیدا کیں؟ آپؐ نے فرمایا اللہ نے،

کہا پس آپ کو قسم ہے اس اللہ کی جس نے آسمان و زمین پیدا کیے اور ان پہاڑوں کو گاڑا کیا اللہ نے آپ کو اپنا رسول بنا کر بھیجا ہے؟ آپ ﷺ نے فرمایا ہاں،

کہنے لگے آپ کے قاصد نے یہ بھی کہا ہے کہ ہم پر رات دن میں پانچ نمازیں فرض ہیں، فرمایا اس نے سچ کہا۔

کہا اس اللہ کی آپ کو قسم ہے جس نے آپ کو بھیجا کہ کیا یہ اللہ کا حکم ہے؟ آپ ﷺ نے فرمایا ہاں۔

کہنے لگے آپ کے قاصد نے یہ بھی کہا کہ ہمارے مالوں میں ہم پر زکوٰۃ فرض ہے، فرمایا سچ ہے،

پھر کہا آپ کو اپنے بھیجنے والے اللہ کی قسم کیا اللہ نے آپ کو یہ حکم دیا ہے؟ فرمایا ہاں،

مزید کہا کہ آپ کے قاصد نے ہم میں سے طاقت رکھنے والے لوگوں کو حج کا حکم بھی دیا ہے،

آپ نے فرمایا ہاں اس نے جو کہا سچ کہا، وہ یہ سن کر یہ کہتا ہوا چل دیا کہ اس اللہ واحد کی قسم جس نے آپ کو حق کے ساتھ بھیجا ہے نہ میں ان پر کچھ زیادتی کروں گا نہ ان میں کوئی کمی کروں گا۔

نبی صلی اللہ علیہ وآلہ وسلم نے فرمایا اگر اس نے سچ کہا ہے تو یہ جنت میں داخل ہو گا۔

بعض روایات میں ہے کہ اس نے کہا میں ضمام بن ثعلبہ ہوں بنو سعد بن بکر کا بھائی۔

ابو یعلی میں ہے کہ رسول اللہ صلی اللہ علیہ وآلہ وسلم ہمیں اکثر یہ حدیث سنایا کرتے تھے:

زمانہ جاہلیت میں ایک عورت پہاڑ پر تھی اس کے ساتھ اس کا ایک چھوٹا سا بچہ تھا یہ عورت بکریاں چرایا کرتی تھی اس کے لڑکے نے اس سے پوچھا کہ اماں جان تمہیں کس نے پیدا کیا؟ اس نے کہا اللہ نے۔

پوچھا میرے اباجی کو کس نے پیدا کیا؟ اس نے کہا اللہ نے،

پوچھا مجھے؟ کہا اللہ نے،

پوچھا آسمان کو؟ کہا اللہ نے،

پوچھا زمین کو؟ کہا اللہ نے،

پوچھا پہاڑوں کو؟ بتایا کہ انہیں بھی اللہ تعالیٰ نے پیدا کیا ہے

بچے نے پھر سوال کیا کہ اچھا ان بکریوں کو کس نے پیدا کیا؟ ماں نے کہا انہیں بھی اللہ تعالیٰ نے پیدا کیا ہے

بچے کے منہ سے بے اختیار نکلا کہ اللہ تعالیٰ بڑی شان والا ہے اس کا دل عظمت اللہ سے بھر گیا وہ اپنے نفس پر قابو نہ رکھ سکا اور پہاڑ پر سے گر پڑا، ٹکڑے ٹکڑے ہو گیا۔

ابن دینارؒ فرماتے ہیں حضرت ابن عمر رضی اللہ عنہ بھی یہ حدیث ہم سے اکثر بیان فرمایا کرتے تھے۔

اس حدیث کی سند میں عبد اللہ بن جعفر مدینی ضعیف ہیں۔ امام علی بن مدینی جو ان کے صاحبزادے ہیں وہ انہیں یعنی اپنے والد کو ضعیف بتلاتے ہیں۔

فَذَكِّرْ إِنَّمَا أَنتَ مُذَكِّرٌ (٢١)

پس آپ نصیحت کر دیا کریں (کیونکہ) آپ صرف نصیحت کرنے والے ہیں

اللہ تعالیٰ پھر فرماتا ہے کہ اے نبی صلی اللہ علیہ وسلم تم تو اللہ کی رسالت کی تبلیغ کیا کرو تمہارے ذمہ صرف بلاغ ہے حساب ہمارے ذمہ ہے،

لَّسْتَ عَلَيْهِم بِمُصَيْطِرٍ (٢٢)

آپ کچھ ان پر داروغہ نہیں ہیں۔

آپ ان پر مسلط نہیں ہیں جبر کرنے والے نہیں ہیں ان کے دلوں میں آپ ایمان پیدا نہیں کر سکتے، آپ انہیں ایمان لانے پر مجبور نہیں کر سکتے،

رسول اللہ صلی اللہ علیہ وآلہ وسلم فرماتے ہیں کہ مجھے حکم کیا گیا ہے کہ میں لوگوں سے لڑوں یہاں تک کہ وہ لا الہ الا اللہ کہیں جب وہ اسے کہہ لیں تو انہوں نے اپنے جان ومال مجھ سے بچا لیے مگر حق اسلام کے ساتھ اور ان کا حساب اللہ تعالیٰ کے ذمہ ہے پھر آپ نے اسی آیت کی تلاوت کی (مسلم ترمذی مسند وغیرہ)

إِلَّا مَن تَوَلَّىٰ وَكَفَرَ (۲۳)

ہاں! جو شخص روگردانی کرے اور کفر کرے۔

اللہ تعالیٰ فرماتا ہے مگر وہ جو منہ موڑے اور کفر کرے یعنی نہ عمل کرے نہ ایمان لائے نہ اقرار کرے، فرمایا:

فَلَا صَدَّقَ وَلَا صَلَّىٰ وَلَٰكِن كَذَّبَ وَتَوَلَّىٰ (۷۵:۳۱،۳۲)

نہ تو سچائی کی تصدیق کی نہ نماز پڑھی بلکہ جھٹلایا اور منہ پھیر لیا

فَيُعَذِّبُهُ اللَّهُ الْعَذَابَ الْأَكْبَرَ (۲۴)

اسے اللہ بہت بڑا عذاب دے گا۔

اسی لیے اسے بہت بڑا عذاب ہو گا،

ابو امامہ باہلیؓ حضرت خالد بن یزید بن معاویہؓ کے پاس گئے تو کہا کہ تم نے نبی ﷺ سے جو آسانی سے آسانی والی حدیث سنی ہو اور اسے مجھے سنا تو آپ نے فرمایا کہ میں نے حضور ﷺ سے سنا ہے کہ تم میں سے ہر ایک جنت میں جائے گا مگر وہ جو اس طرح کی سرکشی کرے جیسے شریر اونٹ اپنے مالک سے کرتا ہے۔ (مسند احمد)

إِنَّ إِلَيْنَا إِيَابَهُمْ (۲۵)

بیشک ہماری طرف ان کا لوٹنا ہے۔

ثُمَّ إِنَّ عَلَيْنَا حِسَابَهُم (۲۶)

اور بیشک ہمارے ذمہ ہے ان سے حساب لینا۔

ان سب کا لوٹنا ہماری ہی جانب ہے اور پھر ہم ہی ان سے حساب لیں گے اور انہیں بدلہ دیں گے، نیکی کا نیک بدی کا بد۔

# Surah Al Fajr

# سورۃ الفجر

بِسۡمِ اللّٰہِ الرَّحۡمٰنِ الرَّحِیۡمِ

وَٱلۡفَجۡرِ (١)

قسم ہے فجر کی!

فجر تو ہر شخص جانتا ہے یعنی صبح، اور یہ مطلب بھی ہے کہ بقر عید کے دن کی صبح، اور یہ مراد بھی ہے کہ صبح کے وقت کی نماز،

وَلَيَالٍ عَشۡرٍ (٢)

اور دس راتوں کی!

اور پورا دن اور دس راتوں سے مراد ذی الحجہ مہینے کی پہلی دس راتیں۔ چنانچہ صحیح بخاری کی حدیث میں ہے:

کوئی عبادت ان دس دنوں کی عبادت سے افضل نہیں،

لوگوں نے پوچھا اللہ کی راہ کا جہاد بھی نہیں؟

فرمایا یہ بھی نہیں مگر وہ شخص جو جان مال لے کر نکلا اور پھر کچھ بھی ساتھ لے کر نہ پلٹا۔

بعض نے کہا ہے محرم کے پہلے دس دن مراد ہیں۔

حضرت ابن عباس رضی اللہ عنہ فرماتے ہیں رمضان شریف کے پہلے دس دن۔

لیکن صحیح قول پہلا ہی ہے یعنی ذی الحجہ کی شروع کی دس راتیں۔

وَٱلشَّفۡعِ وَٱلۡوَتۡرِ (٣)

جفت اور طاق کی!

مسند احمد میں ہے رسول اللہ صلی اللہ علیہ وآلہ وسلم فرماتے ہیں:

عَشۡرٍ سے مراد عید الاضحیٰ کے دس دن ہیں اور ٱلۡوَتۡرِ سے مراد عرفے کا دن ہے اور ٱلشَّفۡعِ سے مراد قربانی کا دن ہے۔

اس کی اسناد میں تو کوئی مضائقہ نہیں لیکن متن میں نکارت ہے۔ واللہ اعلم

ٱلۡوَتۡرِ سے مراد عرفے کا دن ہے یہ نویں تاریخ ہوتی ہے تو ٱلشَّفۡعِ سے مراد دسویں تاریخ یعنی بقر عید کا دن ہے وہ طاق ہے یہ جفت ہے۔

حضرت واصل بن سائبؒ نے حضرت عطاءؒ سے پوچھا کہ کیا ٱلۡوَتۡرِ سے مراد یہی وتر نماز ہے؟ آپ نے فرمایا نہیں ٱلشَّفۡعِ عرفہ کا دن ہے اور ٱلۡوَتۡرِ عید الاضحیٰ کی رات ہے۔

عبد اللہ بن زبیرؓ خطبہ پڑھ رہے تھے کہ ایک شخص نے کھڑے ہو کر پوچھا کہ شَّفۡعِ کیا ہے اور وَتۡرِ کیا ہے؟ آپ نے فرمایا آیت فَمَن تَعَجَّلَ فِي يَوۡمَيۡنِ (۲:۲۰۳) میں جو دو دن کا ذکر ہے وہ شَّفۡعِ ہے اور مَن تَأَخَّرَ میں جو ایک دن ہے وہ وَتۡرِ ہے یعنی گیارہویں بارہویں ذی الحجہ کی دن شَّفۡعِ اور تیرھویں وَتۡرِ ہے۔

آپ نے یہ بھی فرمایا ہے کہ ایام تشریق کا درمیانی دن شَّفۡعِ ہے اور آخری دن وَتۡرِ ہے،

بخاری و مسلم کی حدیث میں ہے:

اللہ تعالیٰ کے ایک کم ایک سو نام ہیں جو انہیں یاد کرلے جنتی ہے وہ وتر ہے وتر کو دوست رکھتا ہے۔

زید بن اسلمؒ فرماتے ہیں اس سے مراد تمام مخلوق ہے اس میں شَّفۡعِ بھی ہے اور وَتۡرِ بھی۔

یہ بھی کہا گیا ہے کہ مخلوق شَّفۡعِ اور اللہ وَتۡرِ ہے، یہ بھی کہا گیا ہے کہ شَّفۡعِ صبح کی نماز ہے اور وَتۡرِ مغرب کی نماز ہے، یہ بھی کہا گیا ہے کہ شَّفۡعِ سے مراد جوڑ جوڑ اور وَتۡرِ سے مراد اللہ عزوجل جیسے آسمان زمین، تری خشکی، جن انس، سورج چاند وغیرہ۔ قرآن میں ہے:

وَمِن كُلِّ شَيۡءٍ خَلَقۡنَا زَوۡجَيۡنِ لَعَلَّكُمۡ تَذَكَّرُونَ (۵۱:۴۹)

ہم نے ہر چیز کو جوڑ جوڑ پیدا کیا ہے تاکہ تم عبرت حاصل کرلو

یعنی جان لو کہ ان تمام چیزوں کا خالق اللہ واحد ہے جس کا کوئی شریک نہیں۔

یہ بھی کہا گیا ہے کہ اس سے مراد گنتی ہے جس میں جفت بھی ہے اور طاق بھی ہے، ایک حدیث میں ہے:

شَفۡع سے مراد دو دن ہیں اور وَتۡر سے مراد تیسرا دن۔

یہ حدیث اس حدیث کے مخالف ہے جو اس سے پہلے گزر چکی ہے

ایک قول یہ بھی ہے کہ اس سے مراد نماز ہے کہ اس میں شَفۡع ہے جیسے صبح کی دو ظہر، عصر اور عشاء کی چار چار اور وَتۡر ہے جیسے مغرب کی تین رکعتیں جو دن کے وتر ہیں اور اسی طرح آخری رات کا وتر۔

ایک مرفوع حدیث میں مطلق نماز کے لفظ کے ساتھ مروی ہے، بعض صحابہ سے فرض نماز مروی ہے، لیکن یہ مرفوع حدیث نہیں زیادہ ٹھیک یہی معلوم ہوتا ہے کہ حضرت عمران بن حصین پر موقوف ہے۔ واللہ اعلم

امام ابن جریر نے ان آٹھ نو اقوال میں سے کسی کو فیصل قرار نہیں دیا۔

وَٱلَّيۡلِ إِذَا يَسۡرِ (۴)

رات جب چلنے لگے۔

پھر فرماتا ہے رات کی قسم جب جانے لگے ور یہ بھی معنی کئے گئے ہیں کہ جب آنے لگے بلکہ یہی معنی زیادہ مناسب اور والفجر سے زیادہ مناسبت رکھتے ہیں۔

فجر کہتے ہیں رات کے جانے کو اور دن کے آنے کو تو یہاں رات کا آنا اور دن کا جانا مراد ہوگا۔ جیسے آیت وَٱلَّيۡلِ إِذَا عَسۡعَسَ۔ وَٱلصُّبۡحِ إِذَا تَنَفَّسَ (۸۱:۱۷،۱۸) میں۔

عکرمہؒ فرماتے ہیں مراد مزدلفہ کی رات ہے۔

هَلۡ فِي ذَٰلِكَ قَسَمٌ لِّذِي حِجۡرٍ (۵)

کیا ان میں عقلمند کے واسطے کافی قسم ہے

حِجۡر سے مراد عقل ہے، حِجۡر کہتے ہیں روک کو چونکہ عقل بھی غلط کاریوں اور جھوٹی باتوں سے روک دیتی ہے اس لیے اسے عقل کہتے ہیں۔ حطیم کو بھی حجر البیت اسی لیے کہتے ہیں کہ وہ طواف کرنے والے کو کعبۃ اللہ کی شامی دیوار سے روک دیتا ہے اسی سے ماخوذ ہے حجر یمامہ اور اسی لیے عرب کہتے ہیں حجر الحاکم علی فلان جبکہ کسی شخص کو بادشاہ تصرف سے روک دے اور کہتے ہیں کہ حجرا محجورا

تو فرماتا ہے کہ ان میں عقل مندوں کے لیے قابل عبرت قسم ہے،

کہیں تو قسمیں ہیں عبادتوں کی، کہیں عبادت کے وقتوں کی جیسے حج نماز وغیرہ کہ جن سے اس کے نیک بندے اس کا قرب اور اس کی نزدیکی حاصل کرتے ہیں اور اس کے سامنے اپنی پستی اور خود فراموشی ظاہر کرتے ہیں۔

جب ان پرہیزگار نیک کار لوگوں کا اور ان کی عاجزی و تواضع خشوع و خضوع کا ذکر کیا تو اب ان کے ساتھ ہی ان کے خلاف جو سرکش اور بدکار لوگ ہیں ان کا ذکر ہو رہا ہے تو فرماتا ہے کہ

أَلَمْ تَرَ كَيْفَ فَعَلَ رَبُّكَ بِعَادٍ (٦)

کیا آپ نے نہیں دیکھا کہ آپ کے رب نے عادیوں کے ساتھ کیا کیا

کیا تم نے نہ دیکھا کہ کس طرح اللہ تعالیٰ نے عادیوں کو غارت کر دیا جو کہ سرکش اور متکبر تھے، اللہ کی نافرمانی کرتے، رسول کی تکذیب کرتے اور بدیوں پر جھک پڑتے تھے ان میں اللہ کے رسول حضرت ہودؑ آئے تھے۔

یہ عاد اولیٰ ہیں جو عاد بن ارم بن سام بن نوح کی اولاد میں تھے اللہ تعالیٰ نے ان میں سے ایمانداروں کو تو نجات دے دی اور باقی بے ایمانوں کو تیز و تند خوفناک اور ہلاک آفریں ہواؤں سے ہلاک کیا، سات راتیں اور آٹھ دن تک یہ غضب ناک آندھی چلتی رہی اور یہ سارے کے سارے اس طرح غارت ہو گئے کہ ان کے سر الگ تھے اور دھڑ الگ تھے ان میں سے ایک بھی باقی نہ رہا جس کا مفصل بیان قرآن کریم میں کئی جگہ ہے سورہ الحاقہ میں بھی یہ بیان ہے

إِرَمَ ذَاتِ الْعِمَادِ (٧)

ستونوں والے ارم کے ساتھ

إِرَمَ ذَاتِ الْعِمَادِ یہ عاد کی تفسیر بطور عطف بیان کے ہے تاکہ بخوبی وضاحت ہو جائے یہ لوگ مضبوط اور بلند ستونوں والے گھروں میں رہتے تھے اور اپنے زمانے کے اور لوگوں سے بہت بڑے، تن و توش والے، قوت و طاقت والے تھے اسی لیے حضرت ہود علیہ السلام نے انہیں نصیحت کرتے ہوئے فرمایا تھا:

وَاذْكُرُوا إِذْ جَعَلَكُمْ خُلَفَاءَ مِنْ بَعْدِ قَوْمِ نُوحٍ وَزَادَكُمْ فِي الْخَلْقِ بَصْطَةً فَاذْكُرُوا آلَاءَ اللَّهِ لَعَلَّكُمْ تُفْلِحُونَ

(٧:٦٩)

یاد کرو کہ اللہ تعالیٰ نے تمہیں قوم نوح کے بعد زمین پر خلیفہ بنایا ہے اور تمہیں جسمانی قوت پوری طرح دی تمہیں چاہیے کہ اللہ کی نعمتوں کو یاد کرو اور زمین میں فسادی بن کر نہ رہو

اور جگہ ہے:

فَأَمَّا عَادٌ فَاسْتَكْبَرُوا فِي الْأَرْضِ بِغَيْرِ الْحَقِّ وَقَالُوا مَنْ أَشَدُّ مِنَّا قُوَّةً أَوَلَمْ يَرَوْا أَنَّ اللَّهَ الَّذِي خَلَقَهُمْ هُوَ أَشَدُّ مِنْهُمْ قُوَّةً (٤١:١٥)

کہ عادیوں نے زمین میں ناحق سرکشی کی اور بول اٹھے کہ ہم سے زیادہ قوت والا اور کون ہے؟ کیا وہ بھول گئے کہ ان کا پیدا کرنے والا ان سے بہت ہی زبردست طاقت و قوت والا ہے

الَّتِي لَمْ يُخْلَقْ مِثْلُهَا فِي الْبِلَادِ (٨)

جس کی مانند کوئی قوم ملکوں میں پیدا نہیں ہوئی۔

یہاں بھی ارشاد ہوتا ہے کہ اس قبیلے جیسے طاقتور اور شہروں میں نہ تھے بڑے طویل القامت قوی الجثہ تھے ارم ان کا دار السلطنت تھا۔ انہیں ستونوں والے کہا جاتا تھا اس لیے بھی کہ یہ لوگ بہت دراز قد تھے، بلکہ صحیح وجہ یہی ہے۔

مِثْلُهَا کی ضمیر کا مرجع عِمَادِ بتایا گیا ہے ان جیسے اور شہروں میں نہ تھے یہ احقاف میں بنے ہوئے لمبے لمبے ستون تھے اور بعض نے ضمیر کا مرجع قبیلہ بتایا ہے یعنی اس قبیلے جیسے لوگ اور شہروں میں نہ تھے اور یہی قول ٹھیک ہے اور اگلا قول ضعیف ہے اسی لیے بھی کہ یہی مراد ہوتی تو لم یجعل کہا جاتا نہ کہ لم یخلق۔

ابن ابی حاتم میں ہے کہ رسول اللہ صلی اللہ علیہ وسلم فرماتے ہیں ان میں اس قدر زور و طاقت تھی کہ ان میں سے کوئی اٹھتا اور ایک بڑی ساری چٹان لے کر کسی قبیلے پر پھینک دیتا تو بیچارے سب کے سب دب کر مر جاتے۔

حضرت ثور بن زید دیلیؒ فرماتے ہیں کہ میں نے ایک ورق پر یہ لکھا ہوا پڑھا ہے کہ میں شداد بن عاد ہوں میں نے ستون بلند کیے ہیں میں نے ہاتھ مضبوط کیے ہیں میں نے سات ذرائع کے خزانے جمع کیے ہیں جو امت محمد صلی اللہ علیہ وآلہ وسلم نکالے گی۔

غرض خواہ یوں کہو کہ وہ عمدہ اونچے اور مضبوط مکانوں والے تھے، خواہ یوں کہو کہ وہ بلند و بالا ستونوں والے تھے، یا یوں کہو کہ وہ بہترین ہتھیاروں والے تھے، یا یوں کہو لمبے لمبے قد والے تھے، مطلب یہ ہے کہ ایک قوم تھی جن کا ذکر قرآن کریم میں کئی جگہ ثمودیوں کے ساتھ آ چکا ہے یہاں بھی اسی طرح عادیوں اور ثمودیوں کا دونوں کا ذکر ہے۔ واللہ اعلم

بعض حضرات نے یہ بھی کہا کہ اِرَمَ ذَاتِ الْعِمَادِ ایک شہر ہے یا تو دمشق یا اسکندریہ، لیکن یہ قول ٹھیک نہیں معلوم ہوتا اس لیے کہ عبارت کا ٹھیک مطلب نہیں بنتا کیونکہ یا تو یہ بدل ہو سکتا ہے یا عطف بیان، دوسرے اس لیے بھی کہ یہاں یہ بیان مقصود ہے کہ ہر ایک سرکش قبیلے کو اللہ نے برباد کیا جن کا نام عادی تھا، نہ کہ کسی شہر کو میں نے اس بات کو یہاں اس لیے بیان کر دیا ہے تاکہ جن مفسرین کی جماعت نے یہاں یہ تفسیر کی ہے کہ ان سے کوئی شخص دھوکے میں نہ پڑ جائے وہ لکھتے ہیں کہ یہ ایک شہر کا نام ہے جس کی ایک اینٹ سونے کی ہے دوسرے چاندی کی اس کے مکانات باغات محلے وغیرہ سب چاندی سونے کے ہیں کنکر لولو اور جواہر ہیں مٹی مشک ہے نہریں بہہ رہی ہیں پھل تیار ہیں، کوئی رہنے سہنے والا نہیں ہے در و دیوار خالی ہیں کوئی ہاں ہوں کرنے والا بھی نہیں، یہ شہر جگہ بدلتا رہتا ہے کبھی شام میں کبھی یمن میں کبھی عراق میں کبھی کہیں کبھی کہیں۔ وغیرہ

یہ سب خرافات بنو اسرائیل کی ہیں ان کے بددینوں نے یہ خود ساختہ روایت تیار کی ہے تاکہ جاہلوں میں باتیں بنائیں،

ثعلبیؒ وغیرہ نے بیان کیا ہے کہ ایک اعرابی حضرت امیر معاویہ رضی اللہ تعالیٰ عنہ کے زمانہ میں اپنے گم شدہ اونٹوں کو ڈھونڈ رہا تھا کہ جنگل بیابان میں اس نے اسی صفت کا ایک شہر دیکھا اور اس میں گیا، گھوما پھرا، پھر لوگوں سے آکر ذکر کیا لوگ بھی وہاں گئے لیکن پھر کچھ نظر نہ آیا،

ابن ابی حاتم نے یہاں ایسے قصے بہت سے لمبے چوڑے نقل کئے ہیں یہ حکایت بھی صحیح نہیں اور اگر یہ اعرابی والا قصہ سنداً صحیح مان لیں تو ممکن ہے کہ اسے ہوس اور خیال ہو اور اپنے خیال میں اس نے یہ نقشہ جما لیا ہو اور خیالات کی پختگی اور عقل کی کمی نے اسے یقین دلایا ہو کہ وہ صحیح طور پر یہی دیکھ رہا ہے اور فی الواقع یوں نہ ہو ٹھیک اسی طرح جو جاہل حریض اور خیالات کے کچے ہوں سمجھتے ہیں کہ کسی خاص زمین تلے سونے چاندی کے پل ہیں اور قسم قسم کے جواہر یاقوت لولو اور موتی ہیں اکسیر کبیر ہے لیکن ایسے چند مواقع ہیں کہ وہاں لوگ پہنچ نہیں سکتے مثلاً خزانے کے منہ پر کوئی اژدھا بیٹھا ہے کسی جن کا پہرہ ہے وغیرہ یہ سب فضول قصے اور بناوٹی باتیں ہیں انہیں گھڑ گھڑا کر بے وقوفوں اور مال کے حریصوں کو اپنے دام میں پھانس کر ان سے کچھ وصول کرنے کے لیے مکاروں نے مشہور کر رکھے ہیں پھر کبھی چلے کھینچنے کے بہانے سے کبھی نجور کے بہانے سے کبھی کسی اور طرح سے ان سے یہ مکار روپے وصول کر لیتے ہیں اور اپنا پیٹ پالتے ہیں۔

ہاں یہ ممکن ہے کہ زمین میں سے جاہلیت کے زمانے کا یا مسلمانوں کے زمانے کا کسی کا گاڑا ہوا مال نکل آئے تو اس کا پتہ جسے چل جائے وہ اسکے ہاتھ لگ جاتا ہے نہ وہاں کوئی مار گنج ہوتا ہے نہ کوئی دیو بھوت جن پری جس طرح ان لوگوں نے مشہور کر رکھا ہے یہ بالکل غیر صحیح ہے یہ ایسے ہی لوگوں کی خود ساختہ بات ہے یا ان جیسے ہی لوگوں سے سنی سنائی ہے اللہ سبحانہ و تعالیٰ نیک سمجھ دے۔

امام ابن جریرؒ نے بھی فرمایا ہے کہ ممکن ہے اس سے قبیلہ مراد ہو اور ممکن ہے شہر مراد ہو لیکن ٹھیک نہیں یہاں تو صاف ظاہر ہوتا ہے کہ ایک قوم کا ذکر ہے نہ کہ شہر کا اسی لئے اس کے بعد ہی ثمودیوں کا ذکر کیا کہ وہ ثمودی جو پتھروں کو تراش لیا کرتے تھے۔

وَثَمُودَ ٱلَّذِينَ جَابُوا۟ ٱلصَّخْرَ بِٱلْوَادِ (۹)

اور ثمودیوں کے ساتھ جنہوں نے وادی میں بڑے بڑے پتھر تراشے تھے۔

جیسے اور جگہ ہے:

وَتَنْحِتُونَ مِنَ ٱلْجِبَالِ بُيُوتًا فَٰرِهِينَ (۲۶:۱۴۹)

تم پہاڑوں میں اپنے کشادہ آرام دہ مکانات اپنے ہاتھوں پتھروں میں تراش لیا کرتے ہو۔

اس کے ثبوت میں کہ اس کے معنی تراش لینے کے ہیں عربی شعر بھی ہیں۔

ابن اسحاقؒ فرماتے ہیں ثمودی عرب تھے وادی القریٰ میں رہتے تھے۔

عادیوں کا قصہ پورا پورا سورہ اعراف میں ہم بیان کر چکے ہیں اب اعادہ کی ضرورت نہیں۔

وَفِرْعَوْنَ ذِى ٱلْأَوْتَادِ (۱۰)

اور فرعون کے ساتھ جو میخوں والا تھا

پھر فرمایا میخوں والا فرعون،

أَوْتَاد کے معنی ابن عباسؓ نے لشکروں کے کئے ہیں جو کہ اس کے کاموں کو مضبوط کرتے رہتے تھے، یہ بھی مروی ہے کہ فرعون غصے کے وقت لوگوں کے ہاتھ پاؤں میں میخیں گڑوا کر مروا ڈالتا تھا چورنگ کر کے اوپر سے بڑا پتھر پھینکتا تھا جس سے اس کا کچومر نکل جاتا تھا۔

بعض لوگ کہتے ہیں کہ رسیوں اور میخوں وغیرہ سے اس کے سامنے کھیل کئے جاتے تھے اس کی ایک وجہ یہ بھی بیان کی گئی ہے کہ اس نے اپنی بیوی صاحبہ کو جو مسلمان ہو گئی تھیں لیٹا کر دونوں ہاتھوں اور دونوں پاؤں میں میخیں گاڑیں پھر بڑا سا چکی کا پتھر ان کی پیٹھ پر مار کر جان لے لی، اللہ ان پر رحم کرے،

ٱلَّذِينَ طَغَوْا۟ فِى ٱلْبِلَٰدِ (۱۱)

ان سبھی نے شہروں میں سر اٹھا رکھا تھا۔

فَأَكْثَرُوا۟ فِيهَا ٱلْفَسَادَ (۱۲)

اور بہت فساد مچا رکھا تھا۔

پھر فرمایا کہ ان لوگوں نے سرکشی پر کمر باندھ لی تھی اور فسادی لوگ تھے لوگوں کو حقیر و ذلیل جانتے تھے اور ہر ایک کو ایذاء پہنچاتے تھے،

فَصَبَّ عَلَيْهِمْ رَبُّكَ سَوْطَ عَذَابٍ (۱۳)

آخر تیرے رب نے ان سب پر عذاب کا کوڑا برسایا۔

نتیجہ یہ ہوا کہ اللہ کے عذاب کا کوڑا برس پڑا۔ وہ وبال آیا جو ٹالے نہ ٹلا ہلاک و برباد اور نیست و نابود ہو گئے،

إِنَّ رَبَّكَ لَبِالْمِرْصَادِ (۱۴)

یقیناً تیرا رب گھات میں ہے۔

تیرا رب گھات میں ہے دیکھ رہا ہے سن رہا ہے سمجھ رہا ہے وقت مقررہ پر ہر برے بھلے کو نیکی کی جزاء سزا دے گا یہ سب لوگ اس کے پاس جانے والے تن تنہا اس کے سامنے کھڑے ہونے والے ہیں اور وہ عدل و انصاف کے ساتھ ان میں فیصلے کرے گا اور ہر شخص کو پورا پورا بدلہ دے گا جس کا وہ مستحق تھا وہ ظلم و جور سے پاک ہے،

یہاں ابن ابی حاتم نے ایک حدیث وارد کی ہے جو بہت غریب ہے جس کی سند میں کلام ہے اور صحت میں بھی نظر ہے، اس میں ہے کہ رسول اللہ صلی اللہ علیہ وآلہ وسلم نے فرمایا:

اے معاذ! مؤمن حق کا قیدی ہے،

اے معاذ! مؤمن تو امید و بیم کی حالت میں ہی رہتا ہے جب تک کہ پل صراط سے پار نہ ہو جائے۔

اے معاذ! مؤمن کو قرآن نے بہت سی دلی خواہشوں سے روک رکھا ہے تا کہ وہ ہلاکت سے بچ جائے،

قرآن اس کی دلیل ہے، خوف اس کی حجت ہے، شوق اس کی سواری ہے، نماز اس کی پناہ ہے، روزہ اس کی ڈھال ہے، صدقہ اس کا چھٹکارا ہے، سچائی اس کی امیر ہے، شرم اس کا وزیر ہے، اور اس کا رب ان سب کے بعد اس پر واقف و آگاہ ہے وہ تیز نگاہوں سے اسے دیکھ رہا ہے۔

اس کے راوی یونس اللہ اور ابو حمزہ مجہول ہیں پھر اس میں ارسال بھی ہے ممکن ہے یہ ابو حمزہ ہی کا کلام ہو،

اسی ابن ابی حاتم میں ہے کہ ابن عبد الکلاعیؒ نے اپنے ایک وعظ میں کہا لوگو! جہنم کے سات پل ہیں ان سب پر پل صراط ہے پہلے ہی پل پر لوگ روکے جائیں گے یہاں نماز کا حساب کتاب ہو گا یہاں سے نجات مل گئی تو

دوسرے پل پر روک ہو گی یہاں امانتداری کا سوال ہو گا جو امانت دار ہو گا اس نے نجات پائی اور جو خیانت والا نکلا ہلاک ہوا، تیسرے پل پر صلہ رحمی کی پرسش ہو گی اس کے کاٹنے والے یہاں سے نجات نہ پا سکیں گے اور ہلاک ہوں گے رشتہ داری یعنی صلہ رحمی وہیں موجود ہو گی اور یہ کہہ رہی ہو گی کہ اللہ جس نے مجھے جوڑا تو اسے جوڑ اور جسے مجھے توڑا تو اسے توڑ یہی معنی ہیں آیت إِنَّ رَبَّكَ لَبِالْمِرْصَادِ

یہ اثر اتنا ہی ہے پورا نہیں۔

فَأَمَّا ٱلْإِنسَٰنُ إِذَا مَا ٱبْتَلَىٰهُ رَبُّهُۥ فَأَكْرَمَهُۥ وَنَعَّمَهُۥ فَيَقُولُ رَبِّىٓ أَكْرَمَنِ (۱۵)

انسان (کا یہ حال ہے) کہ جب اسے اس کا رب آزماتا ہے اور عزت اور نعمت دیتا ہے تو کہنے لگتا ہے کہ میرے رب نے مجھے عزت دار بنایا

مطلب یہ ہے کہ جو لوگ وسعت اور کشادگی پا کر یوں سمجھ بیٹھتے ہیں کہ اللہ نے ان کا اکرام کیا یہ غلط ہے بلکہ دراصل یہ امتحان ہے جیسے اور جگہ ہے:

أَيَحْسَبُونَ أَنَّمَا نُمِدُّهُم بِهِۦ مِن مَّالٍ وَبَنِينَ ـ نُسَارِعُ لَهُمْ فِى ٱلْخَيْرَٰتِ بَل لَّا يَشْعُرُونَ (۲۳:۵۵،۵۶)

یعنی مال و اولاد کے بڑھ جانے کو یہ لوگ نیکیوں کی زیادتی سمجھتے ہیں دراصل یہ ان کی بے سمجھی ہے

وَأَمَّآ إِذَا مَا ٱبْتَلَىٰهُ فَقَدَرَ عَلَيْهِ رِزْقَهُۥ فَيَقُولُ رَبِّىٓ أَهَٰنَنِ (۱۶)

اور جب وہ اس کو آزماتا ہے اس کی روزی تنگ کر دیتا ہے تو وہ کہنے لگتا ہے کہ میرے رب نے میری توہین کی (اور ذلیل کیا)

اسی طرح اس کے برعکس بھی یعنی تنگ ترشی کو انسان اپنی اہانت سمجھ بیٹھتا ہے حالانکہ دراصل یہ بھی اللہ کی طرف سے آزمائش ہے۔

كَلَّا ۖ بَل لَّا تُكْرِمُونَ ٱلْيَتِيمَ (۱۷)

ایسا ہرگز نہیں بلکہ (بات یہ ہے) کہ تم (ہی) لوگ یتیموں کی عزت نہیں کرتے

اسی لیے یہاں كَلَّا کہہ کر ان دونوں خیالات کی تردید کی کہ یہ واقعہ نہیں جسے اللہ مال کی وسعت دے اس سے وہ خوش ہے اور جس پر تنگی کرے اس سے ناخوش ہے بلکہ خوشی اور ناخوشی کا مدار ان دونوں حالتوں میں عمل پر

ہے غنی ہو کر شکر گزاری کرے تو اللہ کا محبوب اور فقیر ہو کر صبر کرے تو اللہ کا محبوب اللہ تعالیٰ اِس طرح اور اُس طرح آزماتا ہے۔

پھر یتیم کی عزت کرنے کا حکم دیا، حدیث میں ہے:

سب سے اچھا گھر وہ ہے جس میں یتیم ہو اور اس کی اچھی پرورش ہو رہی ہو اور بدترین گھر وہ ہے جس میں یتیم ہو اور اس سے بدسلوکی کی جاتی ہو پھر آپ نے انگلی اٹھا کر فرمایا میں اور یتیم کا پالنے والا جنت میں اسی طرح ہوں گے یعنی قریب قریب۔

ابوداؤد کی حدیث میں ہے:

کلمہ کی اور بیچ کی انگلی ملا کر انہیں دکھا کر آپ ﷺ نے فرمایا میں اور یتیم کا پالنے والا جنت میں اسطرح ہوں گے

وَلَا تَحَٰٓضُّونَ عَلَىٰ طَعَامِ ٱلْمِسْكِينِ (۱۸)

اور مسکینوں کو کھلانے کی ایک دوسرے کو ترغیب نہیں دیتے۔

فرمایا کہ یہ لوگ فقیروں مسکینوں کے ساتھ سلوک احسان کرنے انہیں کھانا پینا دینے کی ایک دوسرے کو رغبت ولالچ نہیں دلاتے،

وَتَأْكُلُونَ ٱلتُّرَاثَ أَكْلًا لَّمًّا (۱۹)

اور (مُردوں کی) میراث سمیٹ سمیٹ کر کھاتے ہو۔

اور یہ عیب بھی ان میں ہے کہ میراث کا مال حلال وحرام ہضم کر جاتے ہیں،

وَتُحِبُّونَ ٱلْمَالَ حُبًّا جَمًّا (۲۰)

اور مال کو جی بھر کر عزیز رکھتے ہو۔

اور مال کی محبت بھی ان میں بیحد ہے۔

كَلَّآ إِذَا دُكَّتِ ٱلْأَرْضُ دَكًّا دَكًّا (۲۱)

یقیناً جب زمین کوٹ کوٹ کر برابر کر دی جائے گی۔

قیامت کے ہولناک حالات کا بیان ہو رہا ہے،

بالیقین اس دن زمین پست کر دی جائے گی اونچی نیچی زمین برابر کر دی جائے گی اور بالکل صاف ہموار ہو جائے گی پہاڑ زمین کے برابر کر دیئے جائیں گے تمام مخلوق قبر سے نکل آئے گی خود اللہ تعالیٰ مخلوق کے فیصلے کرنے کے لئے آجائے گا۔

یہ اس عام شفاعت کے بعد جو تمام اولاد آدم کے سردار حضرت محمد مصطفیٰ صلی اللہ علیہ وآلہ وسلم کی ہو گی اور یہ شفاعت اس وقت ہو گی جبکہ تمام مخلوق ایک ایک بڑے بڑے پیغمبر علیہ والسلام کے پاس ہو آئے گی اور ہر نبی کہہ دے گا کہ میں اس قابل نہیں پھر سب کے سب حضور صلی اللہ علیہ وسلم کے پاس آئیں گے اور آپ ﷺ فرمائیں گے کہ ہاں ہاں میں اس کے لیے تیار ہوں پھر آپ جائیں گے اور اللہ کے سامنے سفارش کریں گے کہ وہ پروردگار لوگوں کے درمیان فیصلے کرنے کے لیے تشریف لائے۔

یہی پہلی شفاعت ہے اور یہی وہ مقام محمود ہے جس کا مفصل بیان سورہ سبحان میں گزر چکا ہے۔

وَجَآءَ رَبُّكَ وَٱلْمَلَكُ صَفًّا صَفًّا (۲۲)

اور تیرا رب (خود) آجائے گا اور فرشتے صفیں باندھ کر (آجائیں گے)

پھر اللہ تعالیٰ رب العالمین فیصلے کے لیے تشریف لائے گا اس کے آنے کی کیفیت وہی جانتا ہے فرشتے بھی اس کے آگے آگے صف بستہ حاضر ہوں گے۔

وَجِاْیٓءَ یَوْمَئِذٍۭ بِجَهَنَّمَ ۚ

اور جس دن جہنم بھی لائی جائے گی

جہنم بھی لائی جائے گی، صحیح مسلم شریف میں ہے کہ رسول اللہ صلی اللہ علیہ وآلہ وسلم فرماتے ہیں جہنم کی اس روز ستر ہزار لگامیں ہوں گی ہر لگام پر ستر ہزار فرشتے ہوں گے جو اسے گھسیٹ رہے ہوں گے۔

یہی روایت خود حضرت عبداللہ بن مسعودؓ سے بھی مروی ہے۔

یَوْمَئِذٍ یَتَذَكَّرُ ٱلْإِنسَٰنُ وَأَنَّىٰ لَهُ ٱلذِّكْرَىٰ (۲۳)

اس دن انسان کو سمجھ آئے گی مگر آج اسکے سمجھنے کا فائدہ کہاں

اس دن انسان اپنے نئے پرانے تمام اعمال کو یاد کرنے لگے گا برائیوں پر پچھتائے گا نیکیوں کے نہ کرنے یا کم کرنے پر افسوس کرے گا گناہوں پر نادم ہو گا۔

يَقُولُ يَٰلَيۡتَنِي قَدَّمۡتُ لِحَيَاتِي (۲۴)

وہ کہے گا کہ کاش میں نے اپنی زندگی کے لئے کچھ پیشگی سامان کیا ہوتا۔

**مسند احمد میں ہے کہ رسول اللہ صلی اللہ علیہ وآلہ وسلم فرماتے ہیں:**

اگر کوئی بندہ اپنے پیدا ہونے سے لے کر مرتے دم تک سجدے میں پڑا رہے اور اللہ کا پورا اطاعت گزار رہے پھر بھی اپنی اس عبادت کو قیامت کے دن حقیر اور ناچیز سمجھے گا اور چاہے گا کہ اگر میں دنیا کی طرف لوٹایا جاؤں تو اجر وثواب کام اور زیادہ کروں۔

فَيَوۡمَئِذٍ لَّا يُعَذِّبُ عَذَابَهُۥٓ أَحَدٌ (۲۵)

پس آج اللہ کے عذاب جیسا عذاب کسی نہ ہو گا۔

وَلَا يُوثِقُ وَثَاقَهُۥٓ أَحَدٌ (۲۶)

نہ اس کی قید وبند جیسی کسی کی قید وبند ہو گی۔

اللہ تعالیٰ فرماتا ہے کہ اس دن اللہ کے عذاب جیسا عذاب کسی اور کا نہ ہو گا۔ جو وہ اپنے نافرمان اور نافرجام بندوں کو کرے گا، نہ اس جیسی زبردست پکڑ اور قید وبند کسی کی ہو سکتی ہے زبانیہ فرشتے بدترین بیڑیاں اور ہتھکڑیاں انہیں پہنائے ہوئے ہوں گے۔ یہ تو ہوا بدبختوں کا انجام اب نیک بختوں کا حال سنئے،

يَٰٓأَيَّتُهَا ٱلنَّفۡسُ ٱلۡمُطۡمَئِنَّةُ (۲۷)

اے اطمینان والی روح۔

ٱرۡجِعِيٓ إِلَىٰ رَبِّكِ رَاضِيَةً مَّرۡضِيَّةً (۲۸)

تو اپنے رب کی طرف لوٹ چل اس طرح کہ تو اس سے راضی وہ تجھ سے خوش۔

جو روحیں سکون اور اطمینان والی ہیں پاک اور ثابت ہیں حق کی ساتھی ہیں ان سے موت کے وقت اور قبر سے اٹھنے کے وقت کہا جائے گا کہ تو اپنے رب کی طرف اس کے پڑوس کی طرف اس کے ثواب اور اجر کی طرف اس کی جنت اور رضامندی کی طرف لوٹ چل یہ اللہ سے خوش ہے اور اللہ اس سے راضی ہے اور اتنا دے گا کہ یہ بھی خوش ہو جائے گا۔

فَادْخُلِي فِي عِبَادِي (۲۹)

پس میرے خاص بندوں میں داخل ہو جا۔

وَادْخُلِي جَنَّتِي (۳۰)

اور میری جنت میں چلی جا۔

تو میرے خاص بندوں میں آجا اور میری جنت میں داخل ہو جا۔

حضرت ابن عباسؓ فرماتے ہیں کہ یہ آیت حضرت عثمان بن عفانؓ کے بارے میں اتری ہے۔

بریدہؓ فرماتے ہیں حضرت حمزہ بن عبد المطلب رضی اللہ تعالیٰ عنہ کے بارے میں اتری ہے،

حضرت عبد اللہؓ سے یہ بھی مروی ہے کہ قیامت کے دن اطمینان والی روحوں سے کہا جائے گا کہ تو اپنے رب یعنی اپنے جسم کی طرف لوٹ جا جسے تو دنیا میں آباد کئے ہوئے تھی تم دونوں آپس میں ایک دوسرے سے راضی و رضامند ہو،

یہ بھی مروی ہے کہ حضرت عبد اللہؓ اس آیت کو فادخلی فی عبادی پڑھتے تھے یعنی اے روح میرے بندے میں یعنی اس کے جسم میں چلی جا لیکن یہ غریب ہے اور ظاہر قول پہلا ہی ہے جیسے اور جگہ ہے:

وَرُدُّوا إِلَى اللَّهِ مَوْلَاهُمُ الْحَقِّ (۱۰:۳۰)

پھر سب کے سب اپنے سچے مولا کی طرف لوٹائے جائیں گے

وَأَنَّ مَرَدَّنَا إِلَى اللَّهِ (۴۰:۴۳)

ہمارا لوٹنا اللہ ہی کی طرف ہے

یعنی اس کے حکم کی طرف اور اس کے سامنے ہے۔

ابن ابی حاتم میں ہے کہ یہ آیتیں حضرت صدیق اکبر رضی اللہ تعالیٰ عنہ کی موجودگی میں اتریں تو آپ نے کہا کتنا اچھا قول ہے، حضور صلی اللہ علیہ وسلم نے فرمایا تمہیں بھی یہی کہا جائے گا۔

دوسری روایت میں ہے:

حضور صلی اللہ علیہ وسلم کے سامنے حضرت سعید بن جبیرؓ نے یہ آیتیں پڑھیں تو حضرت صدیقؓ نے یہ فرمایا جس پر آپ ﷺ نے یہ خوش خبری سنائی کہ تجھے فرشتہ موت کے وقت یہی کہے گا،

**ابن ابی حاتم میں یہ روایت بھی ہے:**

جب اللہ کے رسول صلی اللہ علیہ وآلہ وسلم کے چچازاد بھائی حضرت عبد اللہ بن عباسؓ مفسر القرآن کا طائف میں انتقال ہوا تو ایک پرندہ آیا جس طرح کا پرندہ کبھی زمین پر دیکھا نہیں گیا وہ نعش میں چلا گیا پھر نکلتے ہوئے دیکھا گیا جب آپ کو دفن کر دیا گیا تو قبر کے کونے سے اسی آیت کی تلاوت کی آواز آئی اور یہ نہ معلوم ہو سکا کہ کون پڑھ رہا ہے۔

یہ روایت طبرانی میں بھی ہے۔

**ابو ہاشم قبات بن زرین رحمۃ اللہ علیہ فرماتے ہیں:**

جنگ روم میں ہم دشمنوں کے ہاتھ قید ہو گئے شاہ روم نے ہمیں اپنے سامنے بلایا اور کہا یا تو تم اس دین کو چھوڑ دو یا قتل ہونا منظور کر لو، ایک ایک کو وہ یہ کہتا کہ ہمارا دین قبول کر و ورنہ جلاد کو حکم دیتا ہوں کہ تمہاری گردن مارے تین شخص تو مرتد ہو گئے جب چوتھا آیا تو اس نے صاف انکار کیا۔

بادشاہ کے حکم سے اس کی گردن اڑادی گئی اور سر کو نہر میں ڈال دیا گیا وہ نیچے ڈوب گیا اور ذرا سی دیر میں اوپر آ گیا اور ان تینوں کی طرف دیکھنے لگا کہ اے فلاں اور اے فلاں اور اے فلاں ان کے نام لے کر انہیں آواز دی جب یہ متوجہ ہوئے سب درباری لوگ بھی دیکھ رہے تھے اور خود بادشاہ بھی تعجب کے ساتھ سن رہا تھا اس مسلمان شہید کے سر نے کہا سنو اللہ تعالیٰ فرماتا ہے:

يَاأَيَّتُهَا النَّفْسُ الْمُطْمَئِنَّةُ ـ ارْجِعِي إِلَى رَبِّكِ رَاضِيَةً مَّرْضِيَّةً ـ فَادْخُلِي فِي عِبَادِي ـ وَادْخُلِي جَنَّتِي

اتنا کہہ کر وہ سر پھر پانی میں غوطہ لگا گیا

اس واقعہ کا اتنا اچھا اثر ہوا کہ قریب تھا کہ نصرانی اسی وقت مسلمان ہو جاتے بادشاہ نے اسی وقت دربار برخاست کرا دیا اور وہ تینوں پھر مسلمان ہو گئے اور ہم سب یونہی قید میں رہے آخر خلیفہ ابو جعفر کی طرف سے فدیہ آ گیا اور ہم نے نجات پائی۔

**ابن عساکر میں ہے کہ رسول اللہ صلی اللہ علیہ وآلہ وسلم نے ایک شخص سے کہا یہ دعا پڑھا کر:**

اللھم انی اسئلک نفسا بلک مطمئنتہ تومن بلقائک وترضی بقضالک وتقنع بعطائک

الٰہی میں تجھ سے ایسا نفس طلب کرتا ہوں جو تیری ذات پر اطمینان اور بھروسہ رکھتا ہو تیری ملاقات پر ایمان رکھتا ہو تیری قضا پر راضی ہو تیرے دیئے ہوئے پر قناعت کرنے والا۔

# Surah Balad

# سورۃ البلد

بِسۡمِ اللّٰہِ الرَّحۡمٰنِ الرَّحِیۡمِ

لَا أُقۡسِمُ بِهَٰذَا الۡبَلَدِ (۱)

میں اس شہر کی قسم کھاتا ہوں

وَأَنتَ حِلٌّ بِهَٰذَا الۡبَلَدِ (۲)

اور آپ اس شہر میں مقیم ہیں

**اللہ تبارک وتعالیٰ مکہ مکرمہ کی قسم کھاتا ہے درآنحالیکہ وہ آباد ہے اس میں لوگ بستے ہیں اور وہ بھی امن چین میں ہیں۔ لا سے ان پر رد کیا پھر قسم کھائی اور فرمایا کہ اے نبی صلی اللہ علیہ وسلم! تیرے لیے یہاں ایک مرتبہ لڑائی حلال ہونے والی ہے، جس میں کوئی گناہ اور حرج نہ ہو گا اور اس میں جو ملے وہ حلال ہو گا صرف اسی وقت کے لیے یہ حکم ہے، صحیح حدیث میں بھی ہے:**

اس بابرکت شہر مکہ کو پروردگار عالم نے اول دن سے ہی حرمت والا بنایا ہے اور قیامت تک اس کی یہ حرمت و عزت باقی رہنے والی ہے، اس کا درخت نہ کاٹا جائے، اس کے کانٹے نہ اکھیڑے جائیں، میرے لیے بھی صرف ایک دن ہی کی ایک ساعت کے لیے حلال کیا گیا تھا آج پھر اس کی حرمت اسی طرح لوٹ آئی جیسے کل تھی ہر حاضر کو چاہیے کہ غیر حاضر کو پہنچا دے۔

**ایک روایت میں ہے:**

اگر یہاں کے جنگ وجدال کے جواز کی دلیل میں کوئی میری لڑائی پیش کرے تو کہہ دینا کہ اللہ نے اپنے رسول کو اجازت دی تھی اور تمہیں نہیں دی۔

وَوَالِدٍ وَمَا وَلَدَ (۳)

اور (قسم ہے) انسانی باپ اور اولاد کی

پھر اللہ تعالیٰ قسم کھاتا ہے باپ کی اور اولاد کی،

بعض نے تو کہا ہے کہ مَا وَلَدَ میں مَا نافیہ ہے یعنی قسم ہے اس کی جو اولاد والا ہے اور قسم ہے اس کی جو بے اولاد ہے یعنی عیالدار اور بانجھ، مَا کو موصولہ مانا جائے تو معنی یہ ہوئے کہ باپ کی اور اولاد کی قسم،

باپ سے مراد حضرت آدمؑ اور اولاد سے مراد کل انسان، زیادہ قوی اور بہتر بات یہی معلوم ہوتی ہے کیونکہ اس سے پہلے قسم ہے مکہ کی جو تمام زمین اور کل بستیوں کی ماں ہے تو اس کے بعد اس کے رہنے والوں کی قسم کھائی اور رہنے والوں یعنی انسان کے اصل اور اس کی جڑ یعنی حضرت آدمؑ کی پھر ان کی اولاد کی قسم کھائی۔

ابو عمرانؒ فرماتے ہیں مراد حضرت ابراہیمؑ اور آپ کی اولاد ہے،

امام ابن جریرؒ فرماتے ہیں عام ہے یعنی ہر باپ اور ہر اولاد۔

لَقَدْ خَلَقْنَا الْإِنسَانَ فِي كَبَدٍ (۴)

یقیناً ہم نے انسان کو (بڑی) مشقت میں پیدا کیا ہے

اللہ تعالیٰ فرماتا ہے کہ ہم نے انسان کو بالکل درست قامت جچے تلے اعضاء والا ٹھیک ٹھاک پیدا کیا ہے اس کی ماں کے پیٹ میں ہی اسے یہ پاکیزہ ترتیب اور عمدہ ترکیب دے دی جاتی ہے، جیسے فرمایا:

الَّذِي خَلَقَ فَسَوَّىٰ ۔ وَالَّذِي قَدَّرَ فَهَدَىٰ (۸۷:۲،۳)

اس اللہ نے تجھے پیدا کیا درست کیا ٹھیک ٹھاک بنایا اور پھر جس صورت میں چاہا ترکیب دی

اور جگہ ہے:

لَقَدْ خَلَقْنَا الْإِنسَانَ فِي أَحْسَنِ تَقْوِيمٍ (۹۵:۴)

ہم نے انسان کو بہترین صورت پر بنایا ہے

ابن عباسؓ سے مروی ہے کہ قوت طاقت والا پیدا کیا ہے خود اسے دیکھو اس کی پیدائش کی طرف غور کرو اس کے دانتوں کا نکلنا دیکھو وغیرہ،

حضرت مجاہدؒ فرماتے ہیں پہلے نطفہ پھر خون بستہ پھر گوشت کا لوتھڑا غرض اپنی پیدائش میں خوب مشقتیں برداشت کی بلکہ دودھ پلانے میں بھی مشقت اور معیشت میں بھی تکلیف،

حضرت قتادہؒ فرماتے ہیں سختی اور طلب کسب میں پیدا کیا گیا ہے،

عکرمہؒ فرماتے ہیں شدت اور طول میں پیدا ہوا ہے، قتادہؒ فرماتے ہیں سختی اور طلب کسب میں پیدا کیا گیا ہے، یہ بھی مروی ہے اعتدال اور قیام میں دنیا اور آخرت میں سختیاں سہنی پڑتی ہیں

أَيَحْسَبُ أَن لَّن يَقْدِرَ عَلَيْهِ أَحَدٌ (٥)

کیا یہ گمان کرتا ہے کہ یہ کسی کے بس میں نہیں

حضرت آدمؑ چونکہ آسمان میں پیدا ہوئے تھے اس لیے یہ کہا گیا کہ وہ یہ سمجھتا ہے کہ اس کے مال کے لینے پر کوئی قادر نہیں، اس پر کسی کا بس نہیں، کیا وہ نہ پوچھا جائے گا کہ کہاں سے مال لایا اور کہاں خرچ کیا؟ یقیناً اس پر اللہ کا بس ہے اور وہ پوری طرح اس پر قادر ہے۔

يَقُولُ أَهْلَكْتُ مَالًا لُّبَدًا (٦)

کہتا (پھرتا) ہے کہ میں نے بہت کچھ مال خرچ کر ڈالا

پھر کہتا ہے کہ میں نے بڑے وارے نیارے کئے ہزاروں لاکھوں خرچ کر ڈالے،

أَيَحْسَبُ أَن لَّمْ يَرَهُ أَحَدٌ (٧)

کیا (یوں) سمجھتا ہے کہ کسی نے اسے دیکھا ہی نہیں۔

کیا وہ یہ خیال کرتا ہے کہ اسے کوئی دیکھ نہیں رہا؟ یعنی اللہ کی نظروں سے وہ اپنے آپ کو غائب سمجھتا ہے۔

أَلَمْ نَجْعَل لَّهُ عَيْنَيْنِ (٨)

کیا ہم نے اس کی دو آنکھیں نہیں بنائیں

کیا ہم نے اس انسان کو دیکھنے والی آنکھیں نہیں دیں؟

وَلِسَانًا وَشَفَتَيْنِ (٩)

زبان اور ہونٹ (نہیں) بنائے۔

اور دل کی باتوں کے اظہار کے لیے زبان عطا نہیں فرمائی؟ اور دو ہونٹ نہیں دیئے؟ جن سے کلام کرنے میں مدد ملے کھانا کھانے میں مدد ملے اور چہرے کی خوبصورتی بھی ہو اور منہ کی بھی۔

**ابن عساکر میں ہے نبی صلی اللہ علیہ وآلہ وسلم فرماتے ہیں:**

اللہ تعالیٰ فرماتا ہے اے ابن آدم میں نے بڑی بڑی بیحد نعمتیں تجھ پر انعام کیں جنہیں تو گن بھی نہیں سکتا نہ اس کے شکر کی تجھ میں طاقت ہے

- میری ہی یہ نعمت بھی ہے کہ میں نے تجھے دیکھنے کو دو آنکھیں دیں پھر میں نے ان پر پلکوں کا غلاف بنا دیا ہے پس ان آنکھوں سے میری حلال کردہ چیزیں دیکھ اگر حرام چیزیں تیرے سامنے آئیں تو ان دونوں کو بند کر لے،
- میں نے تجھے زبان دی ہے اور اس کا غلاف بھی عنایت فرمایا ہے میری مرضی کی باتیں زبان سے نکال اور میری منع کی ہوئی باتوں سے زبان بند کر لے،
- میں نے تجھے شرمگاہ دی ہے اور اس کا پردہ بھی عطا فرمایا ہے حلال جگہ تو بیشک استعمال کر لیکن حرام جگہ پردہ ڈال لے،

اے ابن آدم تو میری ناراضگی نہیں اٹھا سکتا اور میرے عذاب کے سہنے کی طاقت نہیں رکھتا۔

وَهَدَيْنَاهُ النَّجْدَيْنِ (١٠)

ہم نے دکھا دیئے اس کو دونوں راستے

**پھر فرمایا کہ ہم نے اسے دونوں راستے دکھا دیئے بھلائی کا اور برائی کا، رسول اللہ ﷺ فرماتے ہیں:**

دو راستے ہیں پھر تمہیں برائی کا راستہ بھلائی کے راستے سے زیادہ اچھا کیوں لگتا ہے؟

یہ حدیث بہت ضعیف ہے، یہ حدیث مرسل طریقے سے بھی مروی ہے

**ابن عباسؓ فرماتے ہیں مراد اس سے دونوں دودھ ہیں اور مفسرین نے بھی یہی کہا ہے۔**

**امام ابن جریرؒ فرماتے ہیں ٹھیک قول پہلا ہی ہے جیسے اور جگہ ہے:**

إِنَّا خَلَقْنَا الْإِنسَانَ مِن نُّطْفَةٍ أَمْشَاجٍ نَّبْتَلِيهِ فَجَعَلْنَاهُ سَمِيعًا بَصِيرًا ۔ إِنَّا هَدَيْنَاهُ السَّبِيلَ إِمَّا شَاكِرًا وَإِمَّا كَفُورًا

(٧٦:٢،٣)

بیشک ہم نے انسان کو ملے جلے نطفے سے امتحان کے لئے پیدا کیا اور اس کو سنتا دیکھتا بنایا ہم نے اسے راہ دکھائی اب خواہ وہ شکر گزار بنے خواہ ناشکرا

فَلَا اقْتَحَمَ الْعَقَبَةَ (۱۱)

سو اس سے نہ ہو سکا کہ گھاٹی میں داخل ہوتا

حضرت ابن عمرؓ فرماتے ہیں الْعَقَبَة جہنم کے ایک پھسلنے والے پہاڑ کا نام ہے،

حضرت کعب احبارؓ فرماتے ہیں اس کے جہنم میں ستر درجے ہیں

قتادہؓ فرماتے ہیں کہ یہ داخلے کی سخت گھاٹی ہے اس میں اللہ تعالیٰ کی فرمانبرداری سے داخل ہو جاؤ

وَمَا أَدْرَاكَ مَا الْعَقَبَةُ (۱۲)

اور کیا سمجھا کہ گھاٹی ہے کیا؟

پھر اس کا داخلہ بتایا یہ کہہ کر کہ تمہیں کس نے بتایا کہ یہ گھاٹی کیا ہے؟

فَكُّ رَقَبَةٍ (۱۳)

کسی گردن (غلام لونڈی) کو آزاد کرنا۔

تو فرمایا غلام آزاد کرنا اور اللہ کے نام کھانا دینا،

ابن زیدؓ فرماتے ہیں مطلب یہ ہے کہ یہ نجات اور خیر کی راہوں میں کیوں نہ چلا؟ پھر ہمیں تنبیہ کی اور فرمایا تم کیا جانو الْعَقَبَةُ کیا ہے؟ آزادگی گردن یا صدقہ طعام۔

مسند احمد میں ہے رسول اللہ صلی اللہ علیہ وآلہ وسلم فرماتے ہیں:

جو کسی مسلمان کی گردن چھڑوائے اللہ تعالیٰ اس کا ہر ایک عضو اس کے ہر عضو کے بدلے جہنم سے آزاد کر دیتا ہے یہاں تک کہ ہاتھ کے بدلے ہاتھ پاؤں کے بدلے پاؤں اور شرمگاہ کے بدلے شرمگاہ۔

حضرت امام زید العابدینؒ نے جب یہ حدیث سنی تو سعید بن مرجانہ راوی حدیث سے پوچھا کہ کیا تم نے خود حضرت ابوہریرہؓ کی زبانی یہ حدیث سنی ہے؟ آپ نے فرمایا ہاں، تو آپ نے اپنے غلام سے فرمایا کہ مطرف کو بلالو جب وہ سامنے آیا تو آپ نے فرمایا جاؤ تم اللہ کے نام پر آزاد ہو۔

بخاری مسلم ترمذی اور نسائی میں بھی یہ حدیث ہے۔

صحیح مسلم میں یہ بھی ہے کہ یہ غلام دس ہزار درہم کا خرید اہوا تھا

اور حدیث میں ہے کہ جو مسلمان کسی مسلمان غلام کو آزاد کرے اللہ تعالیٰ اس کی ایک ہڈی کے بدلے اس کی ایک ایک ہڈی جہنم سے آزاد کرتا ہے اور جو مسلمان عورت کسی مسلمان لونڈی کو آزاد کرے اس کی ایک ہڈی کے بدلے اس کی بھی ایک ایک ہڈی جہنم سے آزاد ہو جاتی ہے۔ (ابن جریر)

مسند میں ہے:

- جو شخص اللہ تعالیٰ کے ذکر کے لیے مسجد بنائے اللہ تعالیٰ اس کے لیے جنت میں گھر بناتا ہے،
- اور جو مسلمان غلام کو آزاد کرے اللہ تعالیٰ اسے اس کا فدیہ بنا دیتا ہے اور اسے جہنم سے آزاد کر دیتا ہے،
- جو شخص اسلام میں بوڑھا ہو اسے قیامت کے دن نور ملے گا۔

اور روایت میں یہ بھی ہے:

جو شخص اللہ کی راہ میں تیر چلائے خواہ وہ لگے یا نہ لگے اسے اولاد اسمٰعیل میں سے ایک غلام کے آزاد کرنے کا ثواب ملے گا۔

اور حدیث میں ہے:

جس مسلمان کے تین بچے بلوغت سے پہلے مر جائیں اسے اللہ تعالیٰ اپنے فضل و کرم سے جنت میں داخل کرے گا اور جو شخص اللہ کی راہ میں جوڑ دے، اللہ تعالیٰ اس کے لیے جنت کے آٹھوں دروازے کھول دے گا جس سے چاہے چلا جائے۔

ان تمام احادیث کی سندیں نہایت عمدہ ہیں۔

ابو داؤد میں ہے کہ ایک مرتبہ ہم نے حضرت واثلہ بن اسقعؓ سے کہا کہ ہمیں کوئی ایسی حدیث سنایئے جس میں کوئی کمی زیادتی نہ ہو تو آپ بہت ناراض ہوئے اور فرمانے لگے تم میں سے کوئی پڑھے اور اس کا قرآن شریف اس کے گھر میں ہو تو کیا وہ کمی زیادتی کرتا ہے؟

ہم نے کہا حضرت ہمارا مطلب یہ نہیں ہم تو یہ کہتے ہیں کہ رسول اللہ صلی اللہ علیہ وآلہ وسلم سے سنی ہوئی حدیث ہمیں سناؤ،

آپ نے فرمایا ہم ایک مرتبہ رسول اللہ صلی اللہ علیہ وآلہ وسلم کی خدمت میں اپنے ایک ساتھی کے بارے میں حاضر ہوئے جس نے قتل کی وجہ سے اپنے اوپر جہنم واجب کر لی تھی تو آپ ﷺ نے فرمایا:

اس کی طرف سے غلام آزاد کرو، اللہ تعالیٰ اس کے ایک ایک عضو کے بدلے اس کا ایک ایک عضو جہنم کی آگ سے آزاد کر دے گا،

یہ حدیث نسائی شریف میں بھی ہے،

**اور حدیث میں ہے**

جو شخص کسی کی گردن آزاد کرائے اللہ تعالیٰ اسے اس کا فدیہ بنا دیتا ہے۔

**ایسی اور بھی بہت سی حدیثیں ہیں،**

**مسند احمد میں ہے:**

**ایک اعرابی رسول اللہ صلی اللہ علیہ وآلہ وسلم کے پاس آیا اور کہنے لگا حضور صلی اللہ علیہ وسلم کوئی ایسا کام بتا دیجئے جس سے میں جنت میں جا سکوں؟**

**آپ ﷺ نے فرمایا تھوڑے سے الفاظ میں بہت ساری باتیں تو پوچھ بیٹھا۔** نسمہ **آزاد کر،** رقبتہ **چھڑا،**

**اس نے کہا حضرت کیا یہ دونوں ایک چیز نہیں؟ آپ ﷺ نے فرمایا:**

نہیں نسمہ کی آزادی کے معنی تو ہیں کہ تو اکیلا ایک غلام آزاد کرے اور فك رقبۃ کے معنی ہیں کہ تھوڑی بہت مدد کرے۔

دودھ والا جانور دودھ پینے کے لیے کسی مسکین کو دینا، ظالم رشتہ دار سے نیک سلوک کرنا، یہ جنت کے کام ہیں، اگر اس کی تجھے طاقت نہ ہو تو بھوکے کو کھلا، پیاسے کو پلا، نیکیوں کا حکم کر، برائیوں سے روک، اور اگر اس کی بھی طاقت نہ ہو تو سوائے بھلائی کے اور نیک بات کے اور کوئی کلمہ زبان سے نہ نکال۔

أَوْ إِطْعَامٌ فِي يَوْمٍ ذِي مَسْغَبَةٍ (۱۴)

یا بھوکے کو کھانا کھلانا۔

ذِي مَسْغَبَةٍ **کے معنی ہیں بھوک والا، جبکہ کھانے کی اشتہا ہو، غرض بھوک کے وقت کا کھلانا**

يَتِيمًا ذَا مَقْرَبَةٍ (۱۵)

کسی رشتہ دار یتیم کو۔

اور وہ بھی اسے جو نادان بچہ ہے سر سے باپ کا سایہ اٹھ چکا ہے اور اس کا رشتہ دار بھی ہے،

أَوْ مِسْكِينًا ذَا مَتْرَبَةٍ (١٦)

یا خاکسار مسکین کو۔

رسول اللہ صلی اللہ علیہ وآلہ وسلم فرماتے ہیں:

مسکین کو صدقہ دینا اکہرا ثواب رکھتا ہے، اور رشتے دار کو دینا دوہرا اجر دلواتا ہے، (مسند احمد)

یا ایسے مسکین کو دینا جو

- خاک آلودہ ہو،
- راستے میں پڑا ہوا ہو
- گھر ور نہ ہو،
- بر بستر نہ ہو،
- بھوک کی وجہ سے پیٹھ زمین دوز ہو رہی ہو،
- اپنے گھر سے دور ہو،
- مسافرت میں ہو،
- فقیر، مسکین، محتاج، مقروض، مفلس ہو کوئی پرسان حال بھی نہ ہو،
- اہل و عیال والا ہو،

یہ سب معنی قریب قریب ایک ہی ہیں

ثُمَّ كَانَ مِنَ الَّذِينَ آمَنُوا

پھر ان لوگوں میں ہو جاتا ہے جو ایمان لاتے

پھر یہ شخص باوجود ان نیک کاموں کے دل میں ایمان رکھتا ہو ان نیکیوں پر اللہ سے اجر کا طالب ہو جیسے اور جگہ ہے:

وَمَنْ أَرَادَ الْآخِرَةَ وَسَعَى لَهَا سَعْيَهَا وَهُوَ مُؤْمِنٌ فَأُولَئِكَ كَانَ سَعْيُهُم مَّشْكُورًا (١٧:١٩)

جو شخص آخرت کا ارادہ رکھے اور اس کے لیے کوشش کرے اور وہ بھی با ایمان تو ان کی کوشش اللہ کے ہاں مشکور ہے

اور جگہ ہے:

مَنۡ عَمِلَ صَالِحًا مِّن ذَكَرٍ أَوۡ أُنثَىٰ وَهُوَ مُؤۡمِنٌ فَلَنُحۡيِيَنَّهُۥ حَيَوٰةً طَيِّبَةً وَلَنَجۡزِيَنَّهُمۡ أَجۡرَهُم بِأَحۡسَنِ مَا كَانُواْ يَعۡمَلُونَ

(۱۶:۹۷)

ایمان والوں میں سے جو مرد عورت مطابق سنت عمل کرے یہ جنت میں جائیں گے اور وہاں بے حساب روزیاں پائیں گے

وَتَوَاصَوۡاْ بِٱلصَّبۡرِ وَتَوَاصَوۡاْ بِٱلۡمَرۡحَمَةِ (۱۷)

اور ایک دوسرے کو صبر کی اور رحم کرنے کی وصیت کرتے ہیں

پھر ان کا وصف بیان ہو رہا ہے کہ لوگوں کے صدمات سہنے اور ان پر رحم و کرم کرنے کی یہ آپس میں ایک دوسرے کو وصیت کرتے ہیں، جیسے کہ حدیث میں ہے:

رحم کرنے والوں پر رحمٰن بھی رحم کرتا ہے، تم زمین والوں پر رحم کرو آسمانوں والا تم پر رحم کرے گا۔

اور حدیث میں ہے:

جو رحم نہ کرے اس پر رحم نہیں کیا جاتا،

ابو داؤد میں ہے:

جو ہمارے چھوٹوں پر رحم نہ کرے اور بڑوں کے حق کو نہ سمجھے وہ ہم میں سے نہیں،

أُوْلَٰٓئِكَ أَصۡحَٰبُ ٱلۡمَيۡمَنَةِ (۱۸)

یہی لوگ ہیں دائیں بازو والے (خوش بختی والے)۔

فرمایا کہ یہ لوگ وہ ہیں جن کے داہنے ہاتھ میں اعمالنامہ دیا جائے گا

وَٱلَّذِينَ كَفَرُواْ بِـَٔايَٰتِنَا هُمۡ أَصۡحَٰبُ ٱلۡمَشۡـَٔمَةِ (۱۹)

اور جن لوگوں نے ہماری آیتوں کے ساتھ کفر کیا یہ کم بختی والے ہیں۔

عَلَيۡهِمۡ نَارٞ مُّؤۡصَدَةُۢ (۲۰)

انہی پر آگ ہوگی جو چاروں طرف سے گھیری ہوئی ہوگی۔

اور ہماری آیتوں کے جھٹلانے والوں کے بائیں ہاتھ میں اعمال نامہ ملے گا، اور سر بند تہہ بہ تہہ آگ میں جائیں گے، جس سے نہ کبھی چھٹکارا ملے گا نہ نجات نہ راحت نہ آرام، اس آگ کے دروازے ان پر بند رہیں گے

مزید بیان اس کا سورہ وَيۡلٌ لِّكُلِّ هُمَزَةٍ لُّمَزَةٍ، میں آئے گا انشاء اللہ۔

حضرت قتادہؒ فرماتے ہیں مطلب یہ ہے کہ نہ اس میں روشنی ہوگی نہ سوراخ ہوگا نہ کبھی وہاں سے نکلنا ملے گا،

حضرت ابو عمران جونیؒ فرماتے ہیں:

جب قیامت کا دن آئے گا اللہ حکم دے گا اور ہر سرکش کو، ہر ایک شیطان کو اور ہر اس شخص کو جس کی شرارت سے لوگ دنیا میں ڈرتے رہتے تھے۔ لوہے کی زنجیروں سے مضبوط باندھ دیا جائے گا، پھر جہنم میں جھونک دیا جائے گا پھر جہنم بند کر دی جائے گی۔

اللہ کی قسم کبھی ان کے قدم ٹکیں گے ہی نہیں، اللہ کی قسم انہیں کبھی آسمان کی صورت ہی دکھائی نہ دے گی، اللہ کی قسم کبھی آرام سے ان کی آنکھ لگے گی ہی نہیں، اللہ کی قسم انہیں کبھی کوئی مزے کی چیز کھانے پینے کو ملے گی ہی نہیں۔ (ابن ابی حاتم)

# Surah Shams

# سورۃ الشمس

بِسۡمِ اللّٰہِ الرَّحۡمٰنِ الرَّحِیۡمِ

وَالشَّمۡسِ وَضُحَاهَا (۱)

قسم ہے سورج کی اور اس کی دھوپ کی۔

مجاہدؒ فرماتے ہیں "ضُحَا سے مراد روشنی ہے"، قتادہؒ فرماتے ہیں "پورا دن مراد ہے"

وَالۡقَمَرِ إِذَا تَلَاهَا (۲)

قسم ہے چاند کی جب اس کے پیچھے آئے۔

امام جریرؒ فرماتے ہیں کہ ٹھیک بات یہ ہے کہ اللہ تعالیٰ نے سورج کی اور دن کی قسم کھائی ہے اور چاند جبکہ اس کے پیچھے آئے یعنی سورج چھپ جائے اور چاند چمکنے لگے،

ابن زیدؒ فرماتے ہیں کہ مہینہ کے پہلے پندرہ دن میں تو چاند سورج کے پیچھے رہتا ہے اور پچھلے پندرہ دنوں میں آگے ہوتا ہے، زید بن اسلمؒ فرماتے ہیں مراد اس سے لیلۃ القدر ہے۔

وَالنَّهَارِ إِذَا جَلَّاهَا (۳)

قسم ہے دن کی جب سورج کو نمایاں کرے۔

پھر دن کی قسم کھائی جبکہ وہ منور ہو جائے یعنی سورج دن کو گھیر لے، بعض عربی دانوں نے یہ بھی کہا ہے کہ دن جبکہ اندھیرے کو روشن کر دے لیکن اگر یوں کہا جاتا کہ پھیلاوٹ کو وہ جب چمکا دے تو اور اچھا ہوتا ہے تاکہ يَغۡشَاهَا میں بھی یہ معنی ٹھیک بیٹھتے، اسی لیے مجاہدؒ فرماتے ہیں دن کی قسم جبکہ وہ اسے روشن کر دے، امام ابن جریرؒ اس قول کو پسند فرماتے ہیں کہ ان سب میں ضمیر ھا کا مرجع شمس ہے کیونکہ اسی کا ذکر چل رہا ہے،

وَاللَّيۡلِ إِذَا يَغۡشَاهَا (۴)

قسم ہے رات کی جب اسے ڈھانپ لے۔

رات جبکہ اسے ڈھانپ لے یعنی سورج کو ڈھانپ لے اور چاروں طرف اندھیرا پھیل جائے،

یزید بن ذی حمایہ کہتے ہیں کہ جب رات آتی ہے تو اللہ تعالیٰ جل جلالہ فرماتا ہے:

میرے بندوں کو میری ایک بہت بڑی خلق نے چھپا لیا پس مخلوق رات سے ہیبت کرتی ہے حالانکہ اس کے پیدا کرنے والے سے زیادہ ہیبت کرنی چاہیے۔ (ابن ابی حاتم)

وَالسَّمَاءِ وَمَا بَنَاهَا (۵)

قسم ہے آسمان کی اور اس کے بنانے کی۔

پھر آسمان کی قسم کھاتا ہے یہاں جو مَا ہے یہ مصدریہ بھی ہو سکتا ہے، یعنی آسمان اور اس کی بناوٹ کی قسم، حضرت قتادہؓ کا قول یہی ہے اور یہ مَا معنی میں من کے بھی ہو سکتا ہے تو مطلب یہ ہو گا کہ آسمان کی قسم اور اس کے بنانے والے کی قسم، یعنی خود اللہ کی، مجاہدؒ یہی فرماتے ہیں

یہ دونوں معنی ایک دوسرے کو لازم ملزوم ہیں بَنَا کے معنی بلندی کے ہیں جیسے اور جگہ ہے:

وَالسَّمَاءَ بَنَيْنَاهَا بِأَيْدٍ وَإِنَّا لَمُوسِعُونَ ـ وَالْأَرْضَ فَرَشْنَاهَا فَنِعْمَ الْمَاهِدُونَ (۵۱:۴۷،۴۸)

آسمان کو ہم نے قوت کے ساتھ بنایا اور ہم کشادگی والے ہیں ہم نے زمین کو بچھایا اور کیا ہی اچھا ہم بچھانے والے ہیں،

وَالْأَرْضِ وَمَا طَحَاهَا (۶)

قسم ہے زمین کی اور اسے ہموار کرنے کی۔

اس طرح یہاں بھی فرمایا کہ زمین کی اور اس کی ہمواری کی اسے بچھانے، پھیلانے کی اس کی تقسیم کی، اس کی مخلوق کی قسم، زیادہ مشہور قول اس کی تفسیر میں پھیلانے کا ہے، اہل لغت کے نزدیک بھی یہی معروف ہے، جوہریؒ فرماتے ہیں طَحَاهَا مثل دَحَاهَا کے ہے اور اس کے معنی پھیلانے کے ہیں اکثر مفسرین کا یہی قول ہے

وَنَفْسٍ وَمَا سَوَّاهَا (۷)

قسم ہے نفس کی اور اسے درست بنانے کی

پھر فرمایا نفس کی اور اسے ٹھیک ٹھاک بنانے کی قسم، یعنی اسے پیدا کیا اور آنحالیکہ یہ ٹھیک ٹھاک اور فطرت پر قائم تھا، جیسے اور جگہ ہے:

فَأَقِمْ وَجْهَكَ لِلدِّينِ حَنِيفاً فِطْرَةَ اللّٰهِ الَّتِي فَطَرَ النَّاسَ عَلَيْهَا لَا تَبْدِيلَ لِخَلْقِ اللّٰهِ (۳۰:۳۰)

اپنے چہرے کو قائم رکھ دین حنیف کے لئے فطرت ہے، اللہ کی جس پر لوگوں کو بنایا اللہ کی خلق کی تبدیل نہیں،

حدیث میں ہے:

ہر بچہ فطرت پر پیدا ہوتا ہے پھر اس کے ماں باپ اسے یہودی یا نصرانی یا مجوسی بنالیتے ہیں جیسے چوپائے جانور کا بچہ صحیح سالم پیدا ہوتا ہے کوئی ان میں کن کٹا نہ پاؤ گے۔ (بخاری و مسلم)

صحیح مسلم شریف کی ایک حدیث میں ہے:

اللہ تعالیٰ فرماتا ہے میں نے اپنے بندے کو یکسوئی والے پیدا کئے ان کے پاس شیطان پہنچا اور دین سے ورغلالیا،

فَأَلْهَمَهَا فُجُورَهَا وَتَقْوَاهَا (۸)

پھر سمجھ دی اس کو بدکاری سے اور بچ کر چلنے کی۔

فرماتا ہے کہ اللہ نے اس کے لیے بدکاری و پرہیز گاری کو بیان کر دیا اور جو چیز اس کی قسمت میں تھی اس کی طرف اس کی رہبری ہوئی، ابن عباسؓ فرماتے ہیں یعنی خیر و شر ظاہر کر دیا،

ابن جریر میں ہے حضرت ابوالاسودؒ فرماتے ہیں کہ حضرت عمران بن حصین رضی اللہ تعالیٰ عنہ نے پوچھا ذرا بتاؤ تو لوگ جو کچھ اعمال کرتے ہیں اور تکلیفیں اٹھا رہے ہیں یہ کیا ان کے لیے اللہ کی جانب سے مقرر ہو چکی ہیں اور ان کی تقدیر میں لکھی جا چکی ہیں یا یہ خود آئندہ کے لیے اپنے طور پر کر رہے ہیں اس بنا پر کہ انبیاء کے پاس آچکے اور اللہ کی حجت ان پر پوری ہوئی، میں جواب میں کہا نہیں نہیں بلکہ یہ چیز پہلے سے فیصل شدہ ہے اور مقدر ہو چکی ہے۔ حضرت عمرانؓ نے کہا پھر یہ ظلم تو نہ ہو گا۔

میں تو اسے سن کر کانپ اٹھا اور گھبرا کر کہا کہ ہر چیز کا خالق مالک وہی اللہ ہے تمام ملک اسی کے ہاتھ میں ہے اس کے افعال کی باز پرس کوئی نہیں کر سکتا وہ سب سے سوال کر سکتا ہے

میرا یہ جواب سن کر حضرت عمرانؓ بہت خوش ہوئے اور کہا اللہ تجھے درستگی عنایت فرمائے میں نے تو یہ سوالات اسی لیے کئے تھے کہ امتحان ہو جائے،

سنو ایک شخص مزینہ یا جھینہ قبیلے کا آنحضرت صلی اللہ علیہ وآلہ وسلم کی خدمت میں حاضر ہوا اور یہی سوال کیا جو میں نے پہلے تم سے کیا اور حضور صلی اللہ علیہ وسلم نے بھی وہی جواب دیا جو تم نے دیا تو اس نے کہا پھر ہمارے

اعمال سے کیا؟ آپ نے جواباً ارشاد فرمایا کہ جس کسی کو اللہ تبارک وتعالیٰ نے جس منزل کے لیے پیدا کیا ہے اس سے ویسے ہی کام ہو کر رہیں گے اگر جنتی ہے تو اعمال جنت اور دوزخی لکھا گیا ہے تو ویسے ہی اعمال اس پر آسان ہوں گے۔ سنو قرآن میں اس کی تصدیق موجود ہے، اللہ تعالیٰ فرماتا ہے:

وَنَفْسٍ وَمَا سَوَّاهَا۔ فَأَلْهَمَهَا فُجُورَهَا وَتَقْوَاهَا

یہ حدیث مسلم شریف میں بھی ہے،

قَدْ أَفْلَحَ مَنْ زَكَّاهَا (۹)

جس نے اسے پاک کیا وہ کامیاب ہوا۔

مسند احمد میں ہے:

جس نے اپنے نفس کو پاک کیا اور بامراد ہوا،

یعنی اطاعت رب میں لگا رہا، نکمے اعمال رذیل اخلاق چھوڑ دیئے، جیسے اور جگہ ہے:

وَذَكَرَ اسْمَ رَبِّهِ فَصَلَّى۔ بَلْ تُؤْثِرُونَ الْحَيَاةَ الدُّنْيَا (۸۷:۱۵،۱۶)

جس نے پاکیزگی اختیار کی اور اپنے رب کا نام دیا کیا پھر نماز پڑھی اس نے کامیابی پالی

وَقَدْ خَابَ مَنْ دَسَّاهَا (۱۰)

اور جس نے اسے خاک میں ملا دیا وہ ناکام ہو گا

اور جس نے اپنے ضمیر کا ستیاناس کیا اور ہدایت سے ہٹا کر اسے برباد کیا، نافرمانیوں میں پڑ گیا اطاعت اللہ کو چھوڑ بیٹھا یہ ناکام اور نامراد ہوا۔ اور یہ معنی بھی ہو سکتے ہیں کہ جس کے نفس کو اللہ تعالیٰ نے پاک کیا اور بامراد ہوا اور جس کے نفس کو اللہ نے نیچے گرا دیا وہ برباد، خائب اور خاسر رہا،

عوفیؒ اور علی بن ابو طلحہؒ حضرت ابن عباسؓ سے یہی روایت کرتے ہیں۔

ابن ابی حاتم کی ایک مرفوع حدیث میں ہے:

حضور ﷺ نے آیت قَدْ أَفْلَحَ مَنْ زَكَّاهَا پڑھ کر فرمایا کہ جس نفس کو اللہ نے پاک کیا اس نے چھٹکارا پالیا۔

لیکن اس حدیث میں ایک علت تو یہ ہے کہ جویبر بن سعید متروک الحدیث ہے دوسری علت یہ ہے کہ ضحاک جو حضرت عبد اللہ سے روایت کرتے ہیں ان کی ملاقات ثابت نہیں،

طبرانی کی حدیث میں ہے کہ فَأَلْهَمَهَا فُجُورَهَا وَتَقْوَاهَا پڑھ کر آپ نے یہ دعا پڑھی،

اللّٰهُمَّ آتِ نَفْسِي تَقْوَاهَا . أَنْتَ وَلِيُّهَا وَمَوْلَاهَا . وَخَيْرُ مَنْ زَكَّاهَا

ابن ابی حاتم کی حدیث میں یہ دعا یوں وارد ہوئی ہے،

اللّٰهُمَّ آتِ نَفْسِي تَقْوَاهَا . وَزَكِّهَا أَنْتَ خَيْرُ مَنْ زَكَّاهَا . أَنْتَ وَلِيُّهَا وَمَوْلَاهَا

مسند احمد کی حدیث میں ہے:

حضرت عائشہ رضی اللہ تعالیٰ عنہ فرماتی ہیں کہ رات کو ایک مرتبہ میری آنکھ کھلی میں نے دیکھا کہ حضور صلی اللہ علیہ وآلہ وسلم اپنے بستر پر نہیں اندھیرے کی وجہ سے میں گھر میں اپنے ہاتھوں سے ٹٹولنے لگی تو میرے ہاتھ آپ پر پڑے آپ اس وقت سجدے میں تھے اور یہ دعا پڑھ رہے تھے،

رب أعط نَفْسِي تَقْوَاهَا . وَزَكِّهَا أَنْتَ خَيْرُ مَنْ زَكَّاهَا . أَنْتَ وَلِيُّهَا وَمَوْلَاهَا

یہ حدیث صرف مسند احمد میں ہی ہے،

مسلم شریف اور مسند احمد کی ایک حدیث میں ہے کہ رسول کریم صلی اللہ علیہ وآلہ وسلم یہ دعا مانگتے تھے،

اللّٰهُمَّ إِنِّي أَعُوذُبِكَ مِنَ الْعَجْزِ وَالْكَسَلِ . وَالْهَرَمِ وَالْجُبْنِ وَالْبُخْلِ وَعَذَابِ الْقَبْرِ .

اللّٰهُمَّ آتِ نَفْسِي تَقْوَاهَا . وَزَكِّهَا أَنْتَ خَيْرُ مَنْ زَكَّاهَا . أَنْتَ وَلِيُّهَا وَمَوْلَاهَا .

اللّٰهُمَّ إِنِّي أَعُوذُبِكَ مِنْ قَلْبٍ لَا يَخْشَعُ . وَمِنْ نَفْسٍ لَا تَشْبَعُ . وَعِلْمٍ لَا يَنْفَعُ . وَدَعْوَةٍ لَا يُسْتَجَابُ لَهَا

اللہ میں عاجزی، بے چارگی، سستی تھکاوٹ بڑھاپے نامردی سے اور بخیلی اور عذاب قبر سے تیری پناہ چاہتا ہوں،

اے اللہ میرے دل کو اس کا تقویٰ عطا فرما اور اسے پاک کر دے تو ہی اسے بہتر پاک کرنے والا ہے تو ہی اس کا والی اور مولیٰ ہے

اے اللہ مجھے ایسے دل سے بچا جس میں تیرا ڈر نہ ہو اور ایسے نفس سے بچا جو آسودہ نہ ہو اور ایسے علم سے بچا جو نفع نہ دے اور ایسی دعا سے بچا جو قبول نہ کی جائے،

راوی حدیث میں حضرت زید بن ارقمؓ فرماتے ہیں کہ اللہ کے رسول صَلَّى اللّٰهُ عَلَيْهِ وَسَلَّمَ نے ہمیں یہ دعا سکھائی اور ہم تمہیں سکھاتے ہیں۔

كَذَّبَتْ ثَمُودُ بِطَغْوَاهَا (۱۱)

(قوم) ثمود نے اپنی سرکشی کی باعث جھٹلایا۔

اللہ تعالیٰ بیان فرمارہا ہے کہ ثمودیوں نے اپنی سرکشی، تکبر و تجبر کی بناء پر اپنے رسول کی تصدیق نہ کی۔

محمد بن کعب فرماتے ہیں بِطَغْوَاهَا کا مطلب یہ ہے کہ ان سب نے تکذیب کی، لیکن پہلی بات ہی زیادہ اولیٰ ہے، حضرت مجاہدؒ اور حضرت قتادہؒ نے بھی یہی بیان کیا ہے،

إِذِ انبَعَثَ أَشْقَاهَا (۱۲)

جب ان میں ایک بد بخت کھڑا ہوا۔

اس سرکشی اور تکذیب کی شامت سے یہ قوم اس قدر بد بخت ہو گئی کہ ان میں سے جو زیادہ بد شخص تھا وہ تیار ہو گیا اس کا نام قدار بن سالف تھا اسی نے حضرت صالح علیہ السلام کی اونٹنی کی کوچیں کاٹی تھیں اسی کے بارے میں فرمان ہے،

فَنَادَوْا صَاحِبَهُمْ فَتَعَاطَىٰ فَعَقَرَ (۵۴:۲۹)

ثمودیوں کی آواز پر یہ آگیا اور اس نے اونٹنی کو مار ڈالا،

یہ شخص اس قوم میں ذی عزت تھا شریف تھا ذی نسب تھا قوم کا رئیس اور سردار تھا۔

مسند احمد کی حدیث میں ہے:

رسول اللہ صَلَّى اللهُ عَلَيْهِ وَسَلَّمَ نے ایک مرتبہ اپنے خطبے میں اس اونٹنی کا اور اس کے مار ڈالنے والے کا ذکر کیا اس آیت کی تلاوت کی اور فرمایا کہ جیسے ابو زمعہ تھا اسی جیسا یہ شخص بھی اپنی قوم میں شریف عزیز اور بڑا آدمی تھا،

امام بخاریؒ اسے تفسیر میں اور امام مسلمؒ جہنم کی صفت میں لائے ہیں اور سنن ترمذی، سنن نسائی میں بھی یہ روایت تفسیر میں ہے،

ابن ابی حاتم میں ہے کہ رسول صَلَّى اللهُ عَلَيْهِ وَسَلَّمَ نے حضرت علیؓ سے فرمایا کہ میں تجھے دنیا بھر کے بد بخت ترین دو شخص بتاتا ہوں، ایک تو احیم ثمود جس نے اونٹنی کو مار ڈالا، اور دوسرا وہ شخص جو تیری پیشانی پر زخم لگائے گا یہاں تک کہ داڑھی خون سے تربتر ہو جائے گی،

فَقَالَ لَهُمْ رَسُولُ اللَّهِ نَاقَةَ اللَّهِ وَسُقْيَاهَا (۱۳)

تو خدا کے پیغمبر (صالح) نے ان سے کہا کہ خدا کی اونٹنی اور اس کے پینے کی باری کی حفاظت کرو

اللہ کے رسول حضرت صالح علیہ السلام نے اپنی قوم سے فرمایا تھا کہ اے قوم اللہ کی اونٹنی کو برائی پہنچانے سے ڈرو، اس کے پانی پینے کے مقرر دن میں ظلم کر کے اسے پانی سے نہ روکو تمہاری اور اس کی باری مقرر رہے۔

فَكَذَّبُوهُ فَعَقَرُوهَا

ان لوگوں نے اپنے پیغمبر کو جھوٹا سمجھ کر اس اونٹنی کی کوچیں کاٹ دیں

لیکن ان بدبختوں نے پیغمبر کی نہ مانی جس گناہ کے باعث ان کے دل سخت ہو گئے اور پھر یہ صاف طور پر مقابلہ کر لیے تیار ہو گئے اور اس اونٹنی کی کوچیں کاٹ دیں، جسے اللہ تعالیٰ نے بغیر ماں باپ کے پتھر کی ایک چٹان سے پیدا کیا تھا جو حضرت صالحؑ کا معجزہ اور اللہ کی قدرت کی کامل نشانی تھی۔

فَدَمْدَمَ عَلَيْهِمْ رَبُّهُم بِذَنبِهِمْ فَسَوَّاهَا (۱۴)

پس انکے رب نے انکے گناہوں کے باعث ان پر ہلاکت ڈالی پھر ہلاکت کو عام کر دیا اور اس بستی کو برابر کر دیا

اللہ بھی ان پر غضبناک ہو گیا اور ہلاکت ڈال دی۔ اور سب پر ابر سے عذاب اترا یہ اس لیے کہ احیم ثمود کے ہاتھ پر اس کی قوم کے چھوٹے بڑوں نے مرد عورت نے بیعت کر لی تھی اور سب کے مشورے سے اس نے اس اونٹنی کو کاٹا تھا اس لیے عذاب میں بھی سب پکڑے گئے۔

وَلَا يَخَافُ عُقْبَاهَا (۱۵)

وہ نہیں ڈرتا اس کے تباہ کن انجام سے۔

وَلَا يَخَافُ کو فلا یخافبھی پڑھا گیا ہے۔

مطلب یہ ہے کہ اللہ کسی کو سزا کرے تو اسے یہ خوف نہیں ہوتا کہ اس کا انجام کیا ہو گا؟ کہیں یہ بگڑ نہ بیٹھیں،

یہ مطلب بھی ہو سکتا ہے کہ اس بدکار، احیم نے اونٹنی کو مار تو ڈالا لیکن انجام سے نہ ڈرا،

مگر پہلا قول ہی اولیٰ ہے۔ واللہ اعلم

# Surah Al Layl

## سورۃ اللیل

بِسۡمِ اللّٰہِ الرَّحۡمٰنِ الرَّحِیۡمِ

وَاللَّيۡلِ إِذَا يَغۡشَىٰ (۱)

قسم ہے رات کی جب چھا جائے،

وَالنَّهَارِ إِذَا تَجَلَّىٰ (۲)

اور قسم ہے دن کی جب روشن ہو۔

وَمَا خَلَقَ الذَّكَرَ وَالۡأُنثَىٰ (۳)

اور قسم ہے اس ذات کی جس نے نر مادہ کو پیدا کیا

مسند احمد میں ہے حضرت علقمہؒ شام میں آئے اور دمشق کی مسجد میں جا کر دو رکعت نماز ادا کی اور اللہ تعالیٰ سے دعا کی کہ الٰہی مجھے نیک ساتھی عطا فرما پھر چلے تو حضرت ابو الدرداءؓ سے ملاقات ہوئی، انہوں نے پوچھا کہ تم کہاں کے ہو تو حضرت علقمہؒ نے کہا میں کوفے والا ہوں، پوچھا ام عبد اس سورت کو کس طرح پڑھتے تھے؟

میں نے کہا وَالذَّكَرَ وَالۡأُنثَىٰ پڑھتے تھے، حضرت ابو الدرداءؓ فرمانے لگے میں نے بھی رسول اللہ صلی اللہ علیہ وآلہ وسلم سے یونہی سنا ہے اور یہ لوگ مجھے شک وشبہ میں ڈال رہے ہیں۔

پھر فرمایا کیا تم میں تکئے والے یعنی جن کے پاس سفر میں حضور صلی اللہ علیہ وسلم کا بستر رہتا تھا اور راز دان ایسے بھیدوں سے واقف جن کا علم اور کسی کو نہیں وہ جو شیطان سے بزبان رسول اللہ صلی اللہ علیہ وآلہ وسلم بچا لئے گئے تھے وہ نہیں؟ یعنی حضرت عبد اللہ بن مسعود رضی اللہ تعالیٰ عنہ۔

یہ حدیث بخاری میں بھی ہے اور اس میں یہ ہے:

حضرت عبد اللہ بن مسعودؓ کے شاگرد اور ساتھی حضرت ابو الدرداءؓ کے پاس آئے آپ بھی انہیں ڈھونڈتے ہوئے پہنچے پھر پوچھا کہ تم میں حضرت عبد اللہؓ کی قرأت پر قرآن پڑھنے والا کون ہے؟ کہا کہ ہم سب ہیں،

پھر پوچھا کہ تم سب میں حضرت عبد اللہؓ کی قرأت کو زیادہ یاد رکھنے والا کون ہے؟ لوگوں نے حضرت علقمہؒ کی طرف اشارہ کیا تو ان سے سوال کیا کہ وَاللَّيْلِ إِذَا يَغْشَى کو حضرت عبد اللہؓ سے تم نے کس طرح سنا؟ تو کہا وہ وَالذَّكَرِ وَالْأُنثَى پڑھتے تھے

کہا میں نے بھی حضور علیہ السلام سے اسی طرح سنا ہے اور یہ لوگ چاہتے ہیں کہ میں وَمَا خَلَقَ الذَّكَرَ وَالْأُنثَى پڑھوں اللہ کی قسم میں تو ان کی مانوں گا نہیں،

الغرض حضرت ابن مسعود اور حضرت ابو الدرداء رضی اللہ عنہم کی قرأت یہی ہے اور حضرت ابو الدرداء نے تو اسے مرفوع بھی کہا ہے۔ باقی جمہور کی قرأت وہی ہے جو موجودہ قرآنوں میں ہے۔

پس اللہ تعالیٰ رات کی قسم کھاتا ہے جبکہ اس کا اندھیرا تمام مخلوق پر چھا جائے اور دن کی قسم کھاتا ہے جبکہ وہ تمام چیزوں کو روشنی سے منور کر دے اور اپنی ذات کی قسم کھاتا ہے جو نر و مادہ کا پیدا کرنے والا ہے، جیسے فرمایا:

وَخَلَقْنَاكُمْ أَزْوَاجًا (۷۸:۸)

ہم نے تمہیں جوڑا جوڑا پیدا کیا ہے

وَمِن كُلِّ شَيْءٍ خَلَقْنَا زَوْجَيْنِ (۵۱:۴۹)

ہم نے ہر چیز کے جوڑے پیدا کئے ہیں،

إِنَّ سَعْيَكُمْ لَشَتَّى (۴)

یقیناً تمہاری کوشش مختلف قسم کی ہے

ان متضاد اور ایک دوسری کے خلاف قسمیں کھا کر اب فرماتا ہے کہ تمہاری کوششیں اور تمہارے اعمال بھی متضاد اور ایک دوسرے کے خلاف ہیں۔ بھلائی کرنے والے بھی ہیں اور برائیوں میں مبتلا رہنے والے بھی ہیں،

فَأَمَّا مَنْ أَعْطَى وَاتَّقَى (۵)

جس نے دیا (اللہ کی راہ میں) اور ڈرا (اپنے رب سے)۔

وَصَدَّقَ بِالْحُسْنَى (۶)

اور نیک بات کی تصدیق کرتا رہے گا۔

فرمایا کہ جس نے دیا یعنی اپنے مال کو اللہ کے حکم کے ماتحت خرچ کیا اور پھونک پھونک کر قدم رکھا ہر ایک امر میں خوف اللہ کرتا رہا اور اس کے بدلے کو سچا جانتا رہا اس کے ثواب پر یقین رکھا،

حُسنیٰ کے معنی لا الہ الا اللہ کے کئے گئے ہیں۔ اللہ کی نعمتوں کے بھی کئے گئے ہیں، نماز، زکوۃ، صدقہ، فطر، جنت کے بھی مروی ہیں۔

فَسَنُيَسِّرُهُ لِلْيُسْرَىٰ (٧)

توہم بھی اس کو آسان راستے کی سہولت دیں گے۔

فرمایا کہ ہم اسے آسانی کی راہ آسان کر دیں گے یعنی بھلائی، جنت اور نیک بدلے کی

وَأَمَّا مَنْ بَخِلَ وَاسْتَغْنَىٰ (٨)

لیکن جس نے بخیلی کی اور بے پرواہی برتی۔

اور جس نے اپنے مال کو راہ اللہ میں نہ دیا اور اللہ تعالیٰ سے بے نیازی برتی

وَكَذَّبَ بِالْحُسْنَىٰ (٩)

اور نیک بات کو جھٹلایا۔

فَسَنُيَسِّرُهُ لِلْعُسْرَىٰ (١٠)

توہم بھی اس کی تنگی و مشکل کے سامان میسر کر دیں گے۔

اور حُسنیٰ کی یعنی قیامت کے بدلے کی تکذیب کی تو اس پر ہم برائی کا راستہ آسان کر دیں گے جیسے فرمایا،

وَنُقَلِّبُ أَفْئِدَتَهُمْ وَأَبْصَارَهُمْ كَمَا لَمْ يُؤْمِنُوا بِهِ أَوَّلَ مَرَّةٍ وَنَذَرُهُمْ فِي طُغْيَانِهِمْ يَعْمَهُونَ (٦:١١٠)

ہم ان کے دل اور ان کی آنکھیں الٹ دینگے جس طرح وہ پہلی بار قرآن پر ایمان نہ لائے تھے اور ہم انہیں ان کی سرکشی میں ہی بہکنے دیں گے،

وَمَا يُغْنِي عَنْهُ مَالُهُ إِذَا تَرَدَّىٰ (١١)

اس کا مال اسے (اوندھا) کرنے کے وقت کچھ کام نہ آئے گا۔

اس مطلب کی آیتیں قرآن کریم میں جابجا موجود ہیں کہ ہر عمل کا بدلہ اسی جیسا ہوتا ہے خیر کا قصد کرنے والے کو توفیق خیر ملتی ہے اور شر کا قصد رکھنے والوں کو اسی کی توفیق ہوتی ہے۔

اس معنی کی تائید میں یہ حدیثیں بھی ہیں:

حضرت صدیق اکبرؓ نے ایک مرتبہ رسول اللہ صلی اللہ علیہ وآلہ وسلم سے سوال کیا کہ ہمارے اعمال فارغ شدہ تقدیر کے ماتحت ہیں یا نو پید ہماری طرف سے ہیں؟ آپؐ نے فرمایا بلکہ تقدیر کے لکھے ہوئے کے مطابق، کہنے لگے پھر عمل کی کیا ضرورت؟ فرمایا ہر شخص پر وہ عمل آسان ہوں گے جس چیز کے لیے وہ پیدا کیا گیا ہے۔ (مسند احمد)

حضرت علی رضی اللہ عنہ فرماتے ہیں کہ بقیع غرقد میں ہم رسول اللہ صلی اللہ علیہ وآلہ وسلم کے ساتھ ایک جنازے میں تھے تو آپؐ نے فرمایا:

سنو تم میں سے ہر ایک کی جگہ جنت و دوزخ میں مقرر کردہ ہے۔ اور لکھی ہوئی ہے،

لوگوں نے کہا پھر ہم اس پر بھروسہ کر کے بیٹھ کیوں نہ رہیں؟ تو آپؐ نے فرمایا:

عمل کرتے رہو ہر شخص سے وہی اعمال صادر ہوں گے جن کے لیے وہ پیدا کیا گیا ہے پھر آپ نے یہی آیتیں تلاوت فرمائیں (صحیح بخاری)

اسی روایت کے اور طریق میں ہے کہ اس بیان کے وقت آپ کے ہاتھ میں ایک تنکا تھا اور سر نیچا کئے ہوئے زمین پر اسے پھیر رہے تھے۔ الفاظ میں کچھ کمی بیشی بھی ہے،

مسند احمد میں حضرت عبداللہ بن عمرؓ کا بھی ایسا ہی سوال جیسا اوپر کی حدیث میں حضرت صدیقؓ کا گزرا مروی ہے اور آپؐ کا جواب بھی تقریباً ایسا ہی مروی ہے۔

ابن جریر میں حضرت جابرؓ سے بھی ایسی ہی روایت مروی ہے،

ابن جریر کی ایک حدیث میں دو نوجوانوں کا ایسا ہی سوال اور حضور صلی اللہ علیہ وسلم کا ایسا ہی جواب مروی ہے اور پھر ان دونوں حضرات کا یہ قول بھی ہے کہ یارسول اللہ ﷺ ہم بہ کوشش نیک اعمال کرتے رہیں گے۔

حضرت ابوالدرداءؓ سے بھی اسی طرح مروی ہے کہ رسول اللہ صلی اللہ علیہ وآلہ وسلم فرماتے ہیں:

ہر دن غروب کے وقت سورج کے دونوں طرف دو فرشتے ہوتے ہیں اور وہ با آواز بلند دعا کرتے ہیں جسے تمام چیزیں سنتی ہیں سوائے جنات اور انسان کے کہ اے اللہ سخی کو نیک بدلہ دے اور بخیل کا مال تلف کر۔

یہی معنی ہیں قرآن کی ان چاروں آیتوں کے۔

ابن ابی حاتم کی ایک بہت ہی غریب حدیث میں اس پوری سورت کا شان نزول یہ لکھا ہے:

ایک شخص کا کھجوروں کا باغ تھا ان میں سے ایک درخت کی شاخیں ایک مسکین شخص کے گھر میں پڑتی تھیں اور وہ بیچارہ غریب شخص بال بچے دار تھا باغ والا جب اس درخت کی کھجوریں اتارنے آتا تو اس مسکین کے گھر جا کر وہاں کی کھجوریں اتارتا اس میں جو کھجوریں نیچے گرتیں انہیں اس غریب شخص کے بچے چن لیتے تو یہ آکر ان سے چھین لیتا بلکہ اگر کسی بچے نے منہ میں ڈال لی ہے تو انگلی ڈال کر اس کے منہ سے نکلوا لیتا،

اس مسکین نے اسکی شکایت رسول اللہ ﷺ سے کی آپؐ نے اس سے فرمادیا کہ اچھا تم جاؤ اور آپؐ اس باغ والے سے ملے اور فرمایا کہ تو اپنا وہ درخت جس کی شاخیں فلاں مسکین کے گھر میں ہیں مجھے دے دو، اللہ تعالیٰ اس کے بدلے تجھے جنت کا ایک درخت دے گا وہ کہنے لگا اچھا حضرت میں نے دیا مگر مجھے اس کی کھجوریں بہت اچھی لگتی ہیں میرے تمام باغ میں ایسی کھجوریں کسی اور درخت کی نہیں، آنحضرت صلی اللہ علیہ وآلہ وسلم یہ سن کر خاموشی کے ساتھ واپس تشریف لے گئے۔

ایک شخص جو یہ بات چیت سن رہا تھا وہ آپؐ کی خدمت میں حاضر ہوا اور کہنے لگا حضرت اگر یہ درخت میرا ہو جائے اور میں آپ کا کر دوں تو کیا مجھے اس کے بدلے جنتی درخت مل سکتا ہے؟ آپؐ نے فرمایا ہاں،

یہ شخص اس باغ والے کے پاس آئے ان کا بھی باغ کھجوروں کا تھا یہ پہلا شخص ان سے وہ ذکر کرنے لگا کہ حضرت ﷺ مجھے فلاں درخت کھجور کے بدلے جنت کا ایک درخت دینے کو کہہ رہے تھے۔ میں نے یہ جواب دیا، یہ سن کر خاموش ہو رہے پھر تھوڑی دیر بعد فرمایا کہ کیا تم اسے بیچنا چاہتے ہو؟ اس نے کہا نہیں۔ ہاں یہ اور بات ہے کہ جو قیمت اس کی مانگوں وہ کوئی مجھے دے دے۔ لیکن کون دے سکتا ہے؟

پوچھا کیا قیمت لینا چاہتے ہو؟ کہا چالیس درخت خرما کے۔ اس نے کہا یہ تو بڑی زبردست قیمت لگا رہے ہو ایک کے چالیس؟ پھر اور باتوں میں لگ گئے پھر کہنے لگے اچھا میں اسے اتنے ہی میں خرید تا ہوں اس نے کہا اچھا اگر سچ مچ خرید نا ہے تو گواہ کر لو، اس نے چند لوگوں کو بلا لیا اور معاملہ طے ہو گیا گواہ مقرر ہو گئے۔

پھر اسے کچھ سوجھی تو کہنے لگا کہ دیکھئے صاحب جب تک ہم تم الگ نہیں ہوئے یہ معاملہ طے نہیں ہوا۔ اس نے بھی کہا بہت اچھا میں بھی ایسا احمق نہیں ہوں کہ تیرے ایک درخت کے بدلے جو خم کھایا ہوا ہے اپنے چالیس درخت دے دوں تو یہ کہنے لگا کہ اچھا اچھا مجھے منظور ہے۔ لیکن درخت جو میں لوں گا وہ تنے والے بہت عمدہ لوں گا۔ اس نے کہا اچھا منظور۔ چنانچہ گواہوں کے روبرو یہ سودا فیصل ہوا اور مجلس برخاست ہوئی۔

یہ شخص خوشی خوشی رسول کریم ﷺ کی خدمت میں حاضر ہوئے اور کہنے لگے یارسول اللہ ﷺ اب وہ درخت میرا ہو گیا اور میں نے اسے آپ کو دے دیا۔ رسول اللہ صلی اللہ علیہ وآلہ وسلم اس مسکین کے پاس گئے اور فرمانے لگے۔ یہ درخت تمہارا ہے اور تمہارے بال بچوں کا۔

حضرت ابن عباسؓ فرماتے ہیں اس پر یہ سورت نازل ہوئی۔

ابن جریر میں مروی ہے کہ یہ آیتیں حضرت ابو بکر صدیقؓ کے بارے میں نازل ہوئی ہیں۔

آپ مکہ شریف میں ابتداء میں اسلام کے زمانے میں بڑھیا عورتوں اور ضعیف لوگوں کو جو مسلمان ہو جاتے تھے آزاد کر دیا کرتے تھے اس پر ایک مرتبہ آپ کے والد حضرت ابو قحافہ نے جو اب تک مسلمان نہیں ہوئے تھے کہا کہ بیٹا تم جوان کمزور ہستیوں کو آزاد کرتے پھرتے ہو اس سے تو یہ اچھا ہو کہ نوجوان طاقت والوں کو آزاد کراؤ تاکہ وقت پر وہ تمہارے کام آئیں، تمہاری مدد کریں اور دشمنوں سے لڑیں۔ تو صدیق اکبر رضی اللہ تعالیٰ عنہ نے جواب دیا ابا جی میرا ارادہ دنیوی فائدے کا نہیں میں تو صرف رضائے رب اور مرضی مولا چاہتا ہوں۔ اس بارے میں یہ آیت نازل ہوئیں۔

تَرَدّٰى کے معنی مرنے کے بھی مروی ہیں اور آگ میں گرنے کے بھی۔

إِنَّ عَلَيْنَا لَلْهُدَىٰ (١٢)

بیشک راہ دکھا دینا ہمارا ذمہ ہے۔

یعنی حلال و حرام کا ظاہر کر دینا ہمارے ذمے ہے، یہ بھی معنی ہیں کہ جو ہدایت پر چلا وہ یقیناً ہم تک پہنچ جائیگا

وَإِنَّ لَنَا لَلْآخِرَةَ وَالْأُولَىٰ (١٣)

اور ہمارے ہی ہاتھ آخرت اور دنیا ہے۔

جیسے اور جگہ فرمایا:

وَعَلَى اللَّهِ قَصْدُ السَّبِيلِ (١٦:١٩)

آخرت اور دنیا کی ملکیت ہماری ہی ہے۔

فَأَنذَرْتُكُمْ نَارًا تَلَظَّىٰ (١٤)

میں نے تو تمہیں شعلہ مارتی ہوئی آگ سے ڈرا دیا ہے۔

میں نے بھڑکتی ہوئی آگ سے تمہیں ہوشیار کر دیا ہے۔

مسند احمد میں ہے کہ حضرت نعمان بن بشیر رضی اللہ تعالیٰ عنہ نے اپنے خطبہ میں فرمایا کہ رسول اللہ صلی اللہ علیہ وآلہ وسلم سے میں نے خطبہ کی حالت میں سنا ہے آپؐ بہت بلند آواز سے فرما رہے تھے یہاں تک کہ میری اس جگہ سے بازار تک آواز پہنچے اور بار بار فرماتے جاتے تھے:

لوگو! میں تمہیں جہنم کی آگ سے ڈرا چکا۔ لوگو! میں تمہیں جہنم کی آگ سے ڈرا رہا ہوں،

بار بار یہ فرما رہے تھے یہاں تک کہ چادر مبارک کندھوں سے سرک کر پیروں میں گر پڑی۔

صحیح بخاری شریف میں ہے رسول اللہ صلی اللہ علیہ وآلہ وسلم نے فرمایا:

سب سے ہلکے عذاب والا جہنمی قیامت کے دن وہ ہو گا جس کے دونوں قدموں تلے دو انگارے رکھ دیئے جائیں جس سے اس کا دماغ ابل رہا ہو،

مسلم شریف کی حدیث میں ہے:

ہلکے عذاب والا ہے جہنمی وہ ہو گا جس کی دونوں جوتیاں اور دونوں تسمے آگ کے ہوں گے جن سے اس کا دماغ اس طرح ابل رہا ہو گا جس طرح ہنڈیا جوش کھا رہی ہو باوجود یہ کہ سب سے ہلکے عذاب والا یہی ہے لیکن اس کے خیال میں اس سے زیادہ عذاب والا اور کوئی نہ ہو گا،

لَا يَصْلَاهَا إِلَّا الْأَشْقَى (١٥)

جس میں صرف وہی بدبخت داخل ہو گا۔

الَّذِي كَذَّبَ وَتَوَلَّى (١٦)

جس نے جھٹلایا اور (اس کی پیروی سے) منہ پھیر لیا۔

اس جہنم میں صرف وہی لوگ گھیر گھار کر بدترین عذاب کیے جائیں گے جو بدبخت تر ہوں جن کے دل میں کذب بغض ہو اور اسلام پر عمل نہ ہو،

مسند احمد کی حدیث میں بھی ہے:

جہنم میں صرف شقی لوگ جائیں گے، لوگوں نے پوچھا وہ کون ہیں؟ فرمایا جو اطاعت گزار نہ ہوں اور نہ اللہ کے خوف سے کوئی بدی چھوڑتا ہو۔

مسند کی اور حدیث میں ہے کہ میری ساری اُمت جنت میں جائیگی سوائے اس کے جو جنت میں جانے سے انکار کریں، لوگوں نے پوچھا جنت میں جانے سے انکار کرنے والا کون ہے؟ فرمایا جو میری اطاعت کرے وہ جنت میں گیا اور جس نے میری نافرمانی کی اس نے گویا جنت میں جانے سے انکار کر دیا۔

وَسَيُجَنَّبُهَا الْأَتْقَى (١٧)

اور اس سے ایسا شخص دور رکھا جائے گا جو بڑا پرہیز گار ہو گا۔

جہنم سے دوری اسے ہو گی جو تقویٰ شعار، پرہیز گار اور اللہ کے ڈر والا ہو گا،

الَّذِي يُؤْتِي مَالَهُ يَتَزَكَّى (١٨)

جو پاکی حاصل کرنے کے لئے اپنا مال دیتا ہے

وَمَا لِأَحَدٍ عِنْدَهُ مِنْ نِعْمَةٍ تُجْزَى (١٩)

کسی کا اس پر کوئی احسان نہیں کہ جس کا بدلہ دیا جا رہا ہو۔

جو اپنے مال کو اللہ کی راہ میں دے تاکہ خود بھی پاک ہو جائے اور اپنی چیزوں کو بھی پاک کر لے اور دین دنیا میں پاکیز گی حاصل کر لے کیونکہ یہ شخص اس کے لیے کسی کے ساتھ سلوک نہیں کرتا کہ اس کا کوئی احسان اس پر ہے بلکہ اس لیے کہ آخرت میں جنت ملے اور وہاں اللہ کا دیدار نصیب ہو۔

إِلَّا ابْتِغَاءَ وَجْهِ رَبِّهِ الْأَعْلَى (٢٠)

بلکہ صرف اپنے پروردگار بزرگ وبلند کی رضا چاہنے کے لیے۔

وَلَسَوْفَ يَرْضَى (٢١)

یقیناً وہ (اللہ بھی) عنقریب رضامند ہو جائے گا

پھر فرماتا ہے کہ بہت جلد بالیقین ایسی پاک صفتوں والا شخص راضی ہو جائے گا

اکثر مفسرین کہتے ہیں یہ آیتیں حضرت ابو بکر صدیق رضی اللہ تعالیٰ عنہ کے بارے میں اتری ہیں یہاں تک کہ بعض مفسرین نے تو اس پر اجماع نقل کیا ہے بیشک صدیق اکبرؓ اس میں داخل ہیں اور اس کی عمومیت میں ساری اُمت سے پہلے ہیں،

گو الفاظ آیت کے عام ہیں لیکن آپ سے اول اس کے مصداق ہیں ان تمام اوصاف میں اور کل کی کل نیکیوں میں سب سے پہلے اور سب سے آگے اور سب سے بڑھے چڑھے ہوئے آپ ہی تھے۔ آپ صدیق تھے، پرہیز گار تھے، بزرگ تھے، سخی تھے۔ آپ مالوں کو اپنے مولا کی اطاعت میں اور رسول اللہ صلی اللہ علیہ وآلہ وسلم کی امداد میں دل کھول کر خرچ کرتے رہتے تھے ہر ایک کے ساتھ احسان و سلوک کرتے اور کسی دنیوی فائدے کی چاہت پر نہیں کسی کے احسان کے بدلے نہیں بلکہ صرف اللہ کی مرضی کے لئے۔

رسول صلی اللہ علیہ وسلم کی فرمانبرداری کے لیے جتنے لوگ تھے خواہ بڑے ہوں خواہ چھوٹے سب پر حضرت صدیق اکبر رضی اللہ تعالیٰ عنہ کے احسانات کے بار تھے یہاں تک کہ عروہ بن مسعود جو قبیلہ ثقیف کا سردار تھا صلح حدیبیہ کے موقعہ پر جبکہ حضرت صدیقؓ نے اسے ڈانٹا ڈپٹا اور دو باتیں سنائیں تو اس نے کہا کہ اگر آپ کے احسان مجھ پر نہ ہوتے جس کا بدلہ میں نہیں دے سکا تو میں آپ کو ضرور جواب دیتا پس جبکہ عرب کے سردار اور قبائل عرب کے بادشاہ کے اوپر آپ کے اس قدر احسان تھے کہ وہ سر نہیں اٹھا سکتا تھا تو بھلا اور تو کہاں ؟اسی لیے یہاں بھی فرمایا گیا کہ کسی پر احسان کا بدلہ انہیں دینا نہیں بلکہ صرف دیدار اللہ کی خواہش ہے۔

بخاری ومسلم کی حدیث میں ہے:

جو شخص جوڑا اللہ کی راہ میں خرچ کرے اسے جنت کے داروغے پکاریں گے کہ اے اللہ کے بندے ادھر سے آؤ یہ سب سے اچھا ہے تو حضرت ابو بکر رضی اللہ تعالیٰ عنہ نے فرمایا رسول اللہ صلی اللہ علیہ وآلہ وسلم ! کوئی ضرورت تو ایسی نہیں لیکن فرمایئے تو کیا کوئی ایسا بھی ہے جو جنت کے تمام دروازوں سے بلایا جائے ؟

آپؐ نے فرمایا ہاں ہے اور مجھے اللہ سے امید ہے کہ تم ان میں سے ہو۔

# Surah Ad Duha

## سورۃ الضحیٰ

بِسۡمِ اللّٰہِ الرَّحۡمٰنِ الرَّحِیۡمِ

شان نزول

مسند احمد میں ہے کہ حضور صلی اللہ علیہ وآلہ وسلم بیمار ہو گئے اور ایک یا دو راتوں تک آپ تہجد کی نماز کے لیے نہ اٹھ سکے تو ایک عورت کہنے لگی کہ تجھے تیرے شیطان نے چھوڑ دیا اس پر یہ آیتیں نازل ہوئیں۔ (بخاری و مسلم)

حضرت جندبؓ فرماتے ہیں جبرائیل کے آنے میں کچھ دیر ہوئی تو مشرکین کہنے لگے کہ یہ تو چھوڑ دیئے گئے تو اللہ تعالیٰ نے والضحی سے ماقلٰی تک کی آیتیں اتاریں،

اور روایت میں ہے کہ حضور ﷺ کی انگلی پر پتھر مارا گیا تھا جس سے خون نکلا اور جس پر آپ نے فرمایا:

هل انت الا اصبع دميت وفی سبیل الله مالقیت

یعنی تو صرف ایک انگلی ہے اور راہ اللہ میں تجھے یہ زخم لگا ہے۔

طبعیت کچھ ناساز ہو جانے کی وجہ سے دو تین رات آپؐ بیدار نہ ہوئے جس پر اس عورت نے وہ ناشائستہ الفاظ نکالے اور یہ آیتیں نازل ہوئیں، کہا گیا ہے کہ یہ عورت ابو لہب کی بیوی ام جمیل تھی اس پر اللہ کی مار،

آپ کی انگلی کا زخمی ہونا، اور اس موزوں کلام کا بے ساختہ زبان مبارک سے ادا ہونا تو بخاری و مسلم میں بھی ثابت ہے لیکن ترک قیام کا سبب اسے بتانا اور اس پر ان آیتوں کا نازل ہونا یہ غریب ہے،

ابن جریر میں ہے کہ حضرت خدیجہ رضی اللہ عنہا نے کہا تھا کہ آپ کا رب آپ سے کہیں ناراض نہ ہو گیا ہو؟ اس پر یہ آیتیں اتریں۔

اور روایت میں ہے کہ جبرائیل علیہ السلام کے آنے میں دیر ہوئی حضور صلی اللہ علیہ وسلم بہت گھبرائے اس پر حضرت حضرت خدیجہ رضی اللہ عنہا نے یہ سبب بیان کیا اور اس پر یہ آیتیں اتریں،

یہ دونوں روایتیں مرسل ہیں اور حضرت خدیجہؓ کا نام تو اس میں محفوظ نہیں معلوم ہوتا ہاں یہ ممکن ہے کہ ام المومنین نے افسوس اور رنج کے ساتھ یہ فرمایا، واللہ اعلم،

ابن اسحاقؒ اور بعض سلف نے فرمایا ہے کہ جب حضرت جبرائیل علیہ السلام اپنی اصلی صورت میں ظاہر ہوئے تھے اور بہت ہی قریب ہو گئے تھے اس وقت اسی سورت کی وحی نازل فرمائی تھی۔

ابن عباسؓ کا بیان ہے کہ وحی کے رک جانے کی بنا پر مشرکین کے اس ناپاک قول کی تردید میں یہ آیتیں اتریں۔

وَالضُّحَى (۱)

قسم ہے چاشت کے وقت کی

وَاللَّيْلِ إِذَا سَجَى (۲)

اور قسم ہے رات کی جب چھا جائے۔

یہاں اللہ تعالیٰ نے دھوپ پڑنے کے وقت دن کی روشنی، اور رات کے سکون اور اندھیرے کی قسم کھائی جو قدرت اور خلق خالق کی صاف دلیل ہے۔ جیسے اور جگہ ہے:

وَاللَّيْلِ إِذَا يَغْشَى وَالنَّهَارِ إِذَا تَجَلَّى (۹۲:۱،۲)

رات کی قسم جب (دن کو) چھپالے اور دن کی قسم جب چمک اٹھے

مطلب یہ ہے کہ اپنی اس قدرت کا یہاں بھی بیان کیا ہے۔

مَا وَدَّعَكَ رَبُّكَ وَمَا قَلَى (۳)

نہ تو تیرے رب نے تجھے چھوڑا ہے اور نہ وہ بیزار ہو گیا ہے۔

وَلَلْآخِرَةُ خَيْرٌ لَكَ مِنَ الْأُولَى (۴)

یقیناً تیرے لئے انجام آغاز سے بہتر ہو گا

اللہ تعالیٰ فرماتا ہے کہ تیرے رب نے نہ تو تجھے چھوڑا نہ تجھ سے دشمنی کی، تیرے لیے آخرت اس دنیا سے بہت بہتر ہے۔ اسی لیے رسول اللہ صلی اللہ علیہ وآلہ وسلم دنیا میں سب سے زیادہ زاہد تھے۔ اور سب سے زیادہ تارک دنیا تھے، آپ کی سیرت کا مطالعہ کرنے والے پر یہ بات ہرگز مخفی نہیں رہ سکتی۔

مسند احمد میں ہے حضرت عبداللہ بن مسعودؓ فرماتے ہیں کہ حضور صلی اللہ علیہ وسلم بوریئے پر سوئے، جسم مبارک پر بوریئے کے نشان پڑ گئے۔ جب بیدار ہوئے تو میں آپ کی کروٹ پر ہاتھ پھیرنے لگا اور کہا حضور صلی

اللہ علیہ وسلم ہمیں کیوں اجازت نہیں دیتے کہ اس بوریئے پر کچھ بچھا دیا کریں۔ حضور صلی اللہ علیہ وسلم نے فرمایا:

مجھے دنیا سے کیا واسطہ میں کہاں دنیا کہاں؟ میری اور دنیا کی مثال تو اس راہ رو سوار کی طرح ہے جو کسی درخت تلے ذراسی دیر ٹھہر جائے پھر اسے چھوڑ کر چل دے۔

یہ حدیث ترمذی میں بھی ہے اور حسن ہے۔

وَلَسَوۡفَ يُعۡطِيكَ رَبُّكَ فَتَرۡضَىٰٓ (٥)

تجھے تیرا رب بہت جلد (انعام) دے گا اور تو راضی و خوش ہو جائے گا

فرمایا تیرا رب تجھے آخرت میں تیری اُمت کے بارے میں اس قدر نعمتیں دے گا کہ تُو خوش ہو جائے' ان کی بڑی تکریم ہو گی اور آپؐ کو خاص کر کے حوض کوثر عطا فرمایا جائے گا۔ جس کے کنارے پر کھوکلے موتیوں کے خیمے ہوں گے جس کی مٹی خالص مشک کی ہو گی،

ایک روایت میں ہے کہ جو خزانے آپ کی اُمت کو ملنے والے تھے وہ ایک ایک کر کے آپ کو بتا دیئے گئے۔ آپؐ بہت خوش ہوئے اس پر یہ آیت اتری۔

جنت میں ایک ہزار محل آپؐ کو دیئے گئے ہر ہر محل میں پاک بیویاں اور بہترین غلام ہیں۔

ابن عباسؓ تک اس کی سند صحیح ہے اور بظاہر ایسی بات بغیر حضور صلی اللہ علیہ وسلم سے سنے روایت نہیں ہو سکتی۔

حضرت ابن عباسؓ فرماتے ہیں حضور ﷺ کی رضامندی میں سے یہ بھی ہے کہ آپؐ کے اہل بیت میں سے کوئی دوزخ میں نہ جائے۔ حسنؒ فرماتے ہیں اس سے مراد شفاعت ہے۔

ابن ابی شیبہ میں ہے، حضور صلی اللہ علیہ وسلم نے فرمایا کہ ہم وہ لوگ ہیں جن کے لیے اللہ تعالیٰ نے آخرت دنیا پر پسند کر لی ہے، پھر آپ نے آیت وَلَسَوۡفَ يُعۡطِيكَ رَبُّكَ فَتَرۡضَىٰٓ کی تلاوت فرمائی۔

أَلَمۡ يَجِدۡكَ يَتِيمٗا فَـَٔاوَىٰ (٦)

کیا اس نے یتیم پا کر جگہ نہیں دی

آپؐ کی یتیمی کی حالت میں اللہ تبارک وتعالیٰ نے آپؐ کا بچاؤ کیا۔ اور آپؐ کی حفاظت کی اور پرورش کی اور مقام و مرتبہ عنایت فرمایا۔

آپؐ کے والد کا انتقال تو آپ کی پیدائش سے پہلے ہی ہو چکا تھا چھ سال کی عمر میں والدہ صاحبہ کا بھی انتقال ہو گیا۔ اب آپ دادا کی کفالت میں تھے لیکن جب آٹھ سال کی آپ کی عمر ہوئی تو دادا کا سایہ بھی اٹھ گیا۔ اب آپ اپنے چچا ابو طالب کی پرورش میں آئے، ابو طالب دل و جان سے آپ کی نگرانی اور امداد میں رہے۔ آپ کی پوری عزت و توقیر کرتے اور قوم کی مخالفت کے چڑھتے طوفان کو روکتے رہتے تھے اور اپنی جان کو بطور ڈھال کے پیش کر دیا کرتے تھے۔ کیونکہ چالیس سال کی عمر میں آپ کو نبوت مل چکی تھی اور قریش سخت تر مخالفت بلکہ دشمن جان ہو گئے تھے ابو طالب باوجود بت پرست مشرک ہونے کے آپ کا ساتھ دیتا تھا۔ اور مخالفین سے لڑتا بھڑتا رہتا تھا۔

یہ تھی منجانب اللہ حسن تدبیر کہ آپ کی یتیمی کے ایام اسی طرح گزرے اور مخالفین سے آپ کی خدمت اس طرح لی، یہاں تک کہ ہجرت سے کچھ پہلے ابو طالب بھی فوت ہو گئے، اب سفہاء و جہلا قریش اٹھ کھڑے ہوئے تو پروردگار عالم نے آپؐ کو مدینہ تشریف کی طرف ہجرت کرنے کی رخصت عطا فرمائی اور اوس و خزرج جیسی قوموں کو آپ کا انصار بنا دیا۔ ان بزرگوں نے آپ کو اور آپ کے ساتھیوں کو جگہ دی۔ مدد کی، حفاظت کی اور مخالفین سے سینہ سپر ہو کر مردانہ وار لڑائیاں کیں۔ اللہ ان سب سے خوش رہے۔

یہ سب کا سب اللہ کی حفاظت اور اس کی عنایت احسان اور اکرام سے تھا۔

وَوَجَدَكَ ضَالًّا فَهَدَىٰ (٧)

اور تجھے راہ بھولا پا کر ہدایت نہیں دی

پھر فرمایا کہ راہ بھولا پا کر صحیح راستہ دکھا دیا، جیسے اور جگہ ہے:

وَكَذَٰلِكَ أَوْحَيْنَا إِلَيْكَ رُوحًا مِّنْ أَمْرِنَا مَا كُنتَ تَدْرِي مَا الْكِتَابُ وَلَا الْإِيمَانُ وَلَٰكِن جَعَلْنَاهُ نُورًا نَّهْدِي بِهِ مَن نَّشَاءُ مِنْ عِبَادِنَا (٤٢:٥٢)

اسی طرح ہم نے اپنے حکم سے تمہاری طرف روح کی وحی کی۔ تم یہ بھی نہیں جانتے تھے کہ ایمان کیا ہے؟ تمہیں نہ کتاب کی خبر تھی بلکہ ہم نے اسے نور بنا کر جسے چاہا ہدایت کر دی۔

بعض کہتے ہیں کہ مراد یہ ہے کہ حضور صلی اللہ علیہ وسلم بچپن میں مکہ کی گلیوں میں گم ہو گئے تھے اس وقت اللہ نے لوٹا دیا۔ بعض کہتے ہیں شام کی طرف اپنے چچا کے ساتھ جاتے ہوئے رات کو شیطان نے آپ کی اونٹنی کی نکیل پکڑ کر راہ سے ہٹا کر جنگل میں ڈال دیا۔ پس جبرائیل علیہ السلام آئے اور پھونک مار کر شیطان کو تو حبشہ میں ڈال دیا اور سواری کو راہ لگا دیا۔

بگویؒ نے یہ دونوں قول نقل کئے ہیں۔

وَوَجَدَكَ عَائِلًا فَأَغْنَىٰ (٨)

اور تجھے نادار پا کر تونگر نہیں بنا دیا۔

اللہ فرماتا ہے کہ بال بچوں والے ہوتے ہوئے تنگ دست پا کر ہم نے آپ کو غنی کر دیا، پس فقیر صابر اور غنی شاکر ہونے کے درجات آپ کو مل گئے۔ صلوات اللہ وسلامہ علیہ

حضرت قتادہؒ فرماتے ہیں یہ سب حال نبوت سے پہلے کے ہیں۔

بخاوی و مسلم وغیرہ میں ہے رسول اللہ صلی اللہ علیہ وآلہ وسلم نے فرمایا:

تونگری مال و اسباب کی زیادتی سے نہیں بلکہ حقیقی تونگری وہ ہے جس کا دل بے پرواہ ہو۔

صحیح مسلم شریف میں ہے کہ اس نے فلاح پالی جسے اسلام نصیب ہوا اور جو کافی ہوا اتنا رزق بھی ملا، اللہ کے دیئے ہوئے پر قناعت کی توفیق بھی ملی،

فَأَمَّا الْيَتِيمَ فَلَا تَقْهَرْ (٩)

پس یتیم پر تو بھی سختی نہ کیا کر۔

پھر فرمایا ہے کہ یتیم کو حقیر جان کر نہ ڈانٹ ڈپٹ کر بلکہ اسکے ساتھ احسان وسلوک کر اور اپنی یتیمی کو نہ بھول، قتادہؓ فرماتے ہیں یتیم کے لیے ایسا ہو جانا چاہیے جیسے سگا باپ اولاد پر مہربان ہوتا ہے،

وَأَمَّا السَّائِلَ فَلَا تَنْهَرْ (١٠)

اور نہ سوال کرنے والے کو ڈانٹ ڈپٹ۔

سائل کو نہ جھڑک جس طرح تم بے راہ تھے اور اللہ نے ہدایت دی تو اب جو تم سے علمی باتیں پوچھے صحیح راستہ دریافت کرے تو تم اسے ڈانٹ ڈپٹ نہ کرو، غریب مسکین ضعیف بندوں پر تکبر تجبر نہ کرو، انہیں ڈانٹو ڈپٹو نہیں برا بھلا نہ کہو سخت سست نہ بولو، اگر مسکین کو کچھ نہ دے سکو تو بھی بھلا اچھا جواب دے، نرمی اور رحم کے ساتھ لوٹا دے،

وَأَمَّا بِنِعْمَةِ رَبِّكَ فَحَدِّثْ (١١)

اور اپنے رب کی نعمتوں کو بیان کرتا رہ۔

فرمایا کہ اپنے رب کی نعمتیں بیان کرتے رہو۔

یعنی جس طرح تمہاری فقیری کو ہم نے تونگری سے بدل دیا، تم بھی ہماری ان نعمتوں کو بیان کرتے رہو، اسی لئے حضور صلی اللہ علیہ وسلم کی دعاؤں میں یہ بھی تھا،

واجعلنا شاکرین لنعمتک مثنین بها علیک قابیلها واتمها علینا

اللہ ہمیں اپنی نعمتوں کی شکر گزاری کرنے والا ان کی وجہ سے تیری ثنا بیان کرنے والا ان کا اقرار کرنے والا کر دے اور ان نعمتوں کو ہم پر پورا کر دے۔

ابو نضرہؒ فرماتے ہیں کہ مسلمانوں کا یہ خیال تھا کہ نعمتوں کی شکر گزاری میں یہ بھی داخل ہے کہ ان کا بیان ہو،

مسند احمد کی حدیث میں ہے:

جس نے تھوڑے پر شکر نہ ادا کیا اس نے زیادہ پر بھی شکر نہیں کیا۔ جس نے لوگوں کی شکر گزاری نہ کی اس نے اللہ کا شکر بھی ادا نہیں کیا۔ نعمتوں کا بیان بھی شکر ہے اور ان کا بیان نہ کرنا بھی ناشکری ہے، جماعت کے ساتھ رہنا رحمت کا سبب ہے اور تفرقہ عذاب کا باعث ہے،

اس کی اسناد ضعیف ہے۔

بخاری و مسلم میں حضرت انسؓ سے مروی ہے کہ مہاجرین نے کہا یا رسول اللہ صلی اللہ علیہ وسلم! انصار سارے کا سارا اجر لے گئے فرمایا کہ نہیں جب تک کہ تم ان کے لیے دعا کیا کرو اور ان کی تعریف کرتے رہو۔

ابو داؤد میں ہے:

اس نے اللہ کا شکر ادا نہ کیا جس نے بندوں کا شکر ادا نہ کیا۔

ابو داؤد کی حدیث میں ہے:

جسے کوئی نعمت ملی اور اس نے اسے بیان کیا تو وہ شکر گزار ہے اور جس نے اسے چھپایا اس نے ناشکری کی۔

اور روایت میں ہے:

جسے کوئی عطیہ دیا جائے اسے چاہئے کہ اگر ہو سکے تو بدلہ اتار دے اگر نہ ہو سکے تو اس کی ثناء بیان کرے جس نے ثناء کی وہ شکر گزار ہوا اور جس نے اس نعمت کا اظہار نہ کیا اس نے ناشکری کی۔ (ابو داؤد)

مجاہدؒ فرماتے ہیں یہاں نعمت سے مراد نبوت ہے،

ایک روایت میں ہے کہ قرآن مراد ہے،

حضرت علی رضی اللہ عنہ فرماتے ہیں کہ طلب یہ ہے کہ جو بھلائی کی باتیں آپ کو معلوم ہیں وہ اپنے بھائیوں سے بھی بیان کرو،

محمد بن اسحاقؒ کہتے ہیں جو نعمت و کرامت نبوت کی تمہیں ملی ہے اسے بیان کرو اس کا ذکر کرو اور اس کی طرف لوگوں کو دعوت دو۔ چنانچہ حضور صلی اللہ علیہ وسلم نے اپنے والوں میں سے جن پر آپ کو اطمینان ہوتا در پردہ سب سے پہلے پہل دعوت دینی شروع کی اور آپؐ پر نماز فرض ہوئی جو آپ نے ادا کی۔

# Surah Inshirah

# سورۃ الشرح

بِسۡمِ اللّٰهِ الرَّحۡمٰنِ الرَّحِيۡمِ

أَلَمۡ نَشۡرَحۡ لَكَ صَدۡرَكَ (١)

کیا ہم نے تیرا سینہ نہیں کھول دیا

یعنی ہم نے تیرے سینے کو منور کر دیا چوڑا کشادہ اور رحمت و کرم والا کر دیا، اور جگہ ہے:

فَمَن يُرِدِ ٱللَّهُ أَن يَهۡدِيَهُۥ يَشۡرَحۡ صَدۡرَهُۥ لِلۡإِسۡلَٰمِ (٦:١٢٥)

جسے اللہ ہدایت دینا چاہتا ہے اس کے سینے کو اسلام کے لیے کھول دیتا ہے۔

جس طرح آپؐ کا سینہ کشادہ کر دیا گیا تھا۔ اسی طرح آپ کی شریعت بھی کشادگی والی نرمی اور آسانی والی بنادی، جس میں نہ تو کوئی حرج ہے نہ تنگی، نہ ترشی، نہ تکلیف، اور سختی،

اور یہ بھی کہا گیا ہے کہ مراد معراج والی رات سینے کا شق کیا جانا ہے۔ جیسے کہ مالک بن صعصعہؓ کی روایت سے پہلے گزر چکا، امام ترمذیؒ نے اس حدیث کو یہیں وارد کیا ہے۔ لیکن یہ یاد رہے کہ یہ دونوں واقعات مراد ہو سکتے ہیں یعنی معراج کی رات سینے کا شق کیا جانا اور سینہ کو راز اللہ کا گنجینہ بنا دینا۔ واللہ اعلم

حضرت ابی بن کعبؓ فرماتے ہیں کہ حضرت ابوہریرہؓ بڑی دلیری سے رسول اللہ صلی اللہ علیہ وآلہ وسلم سے وہ باتیں پوچھ لیا کرتے تھے جسے دوسرے نہ پوچھ سکتے تھے ایک مرتبہ سوال کیا کہ یارسول اللہ ﷺ امر نبوت میں سب سے پہلے آپ نے کیا دیکھا؟ آپ ﷺ سنبھل بیٹھے اور فرمانے لگے:

ابوہریرہ میں دس سال کچھ ماہ کا تھا جنگل میں کھڑا تھا کہ میں نے اوپر آسمان کی طرف سے کچھ آواز سنی کہ ایک شخص دوسرے سے کہہ رہا ہے کیا یہ وہی ہیں؟ اب دو شخص میرے سامنے آئے جن کے منہ ایسے منور تھے کہ میں نے ایسے کبھی نہیں دیکھے اور ایسی خوشبو آرہی تھی کہ میرے دماغ نے ایسی خوشبو کبھی نہیں سونگھی اور ایسے کپڑے پہنے ہوئے تھے کہ میں نے کبھی کسی پر ایسے کپڑے نہیں دیکھے اور آکر انہوں نے میرے دونوں بازو تھام لئے لیکن مجھے یہ بھی نہیں معلوم ہوتا تھا کہ کوئی میرے بازو تھامے ہوئے ہے۔

پھر ایک نے دوسرے سے کہا کہ انہیں لٹادو، چنانچہ اس نے لٹادیا لیکن اس میں بھی نہ مجھے تکلیف ہوئی نہ برا محسوس ہوا۔

پھر ایک نے دوسرے سے کہا ان کا سینہ شق کرو چنانچہ میرا سینہ چیر دیا لیکن نہ تو مجھے اس میں کچھ دکھ ہوا اور نہ میں نے خود دیکھا، پھر کہا اس میں سے غل وغش، حسد و بغض سب نکال دو،

چنانچہ اس نے ایک خون بستہ جیسی کوئی چیز نکالی اور اسے پھینک دیا پھر اس نے کہا اس میں رافت و رحمت رحم و کرم بھر دو، پھر ایک چاندی جیسی چیز جتنی نکالی تھی اتنی ڈال دی پھر میرے دائیں پاؤں کا انگوٹھا ہلا کر کہا جایئے اور سلامتی سے زندگی گزاریئے اب میں چلا تو میں نے دیکھا کہ ہر چھوٹے پر میرے دل میں شفقت ہے اور ہر بڑے پر رحمت ہے۔ (مسند احمد)

وَوَضَعْنَا عَنكَ وِزْرَكَ (۲)

اور تجھ پر سے تیرا بوجھ ہم نے اتار دیا

فرمان ہے کہ ہم نے تیرا بوجھ اتار دیا۔ یہ اسی معنی میں ہے کہ اللہ نے آپ کے اگلے پچھلے گناہ معاف فرمادیئے۔ جیسے اور جگہ فرمایا:

لِّيَغْفِرَ لَكَ اللَّهُ مَا تَقَدَّمَ مِن ذَنبِكَ وَمَا تَأَخَّرَ (۴۸:۲)

تاکہ جو کچھ تیرے گناہ آگے ہوئے اور پیچھے سب کو اللہ تعالیٰ معاف فرمائے

الَّذِي أَنقَضَ ظَهْرَكَ (۳)

جس نے تیری پیٹھ توڑ دی تھی۔

جس بوجھ نے تیری کمر سے آواز نکلوادی تھی یعنی جس نے تیری کمر کو بوجھل کر دیا تھا۔

وَرَفَعْنَا لَكَ ذِكْرَكَ (۴)

ہم نے تیرا ذکر بلند کر دیا۔

ہم نے تیرا ذکر بلند کیا۔ حضرت مجاہدؒ فرماتے ہیں یعنی جہاں میرا ذکر کیا جائے گا وہاں تیرا ذکر کیا جائے گا، جیسے

اشہد ان لا الہ اللہ و اشہد ان محمد ا رسول اللہ

قتادہؒ فرماتے ہیں کہ دنیا اور آخرت میں اللہ تعالیٰ نے آپ کا ذکر بلند کر دیا، کوئی خطیب، کوئی واعظ، کوئی کلمہ گو، کوئی نمازی ایسا نہیں جو اللہ کی وحدانیت کا اور آپ کی رسالت کا کلمہ نہ پڑھتا ہو۔

**ابن جریر میں ہے:**

حضور صلی اللہ علیہ وسلم کے پاس حضرت جبرائیلؑ آئے اور فرمایا کہ میرا اور آپ کا رب فرماتا ہے کہ میں آپ کا ذکر کس طرح بلند کروں؟

آپؐ نے فرمایا اللہ ہی کو پورا علم ہے،

فرمایا جب میں ذکر کیا جاؤں تو آپ کا بھی ذکر کیا جائے گا،

**ابن ابی حاتم میں ہے رسول اللہ صلی اللہ علیہ وآلہ وسلم فرماتے ہیں:**

میں نے اپنے رب سے ایک سوال کیا لیکن نہ کرتا تو اچھا ہوتا میں نے کہا اللہ مجھ سے پہلے نبیوں میں سے کسی کے لیے تو نے ہوا کو تابعدار کر دیا تھا، کسی کے ہاتھوں مردوں کو زندہ کر دیا تھا، تو اللہ تعالیٰ نے مجھ سے فرمایا کیا تجھے میں نے یتیم پا کر جگہ نہیں دی؟ میں نے کہا بیشک،

فرمایا راہ گم کردہ پا کر میں نے تجھے ہدایت نہیں کی؟ میں نے کہا بیشک،

فرمایا کیا فقیر پا کر غنی نہیں بنا دیا؟ میں نے کہا بیشک،

فرمایا کیا میں نے تیرا سینہ کھول نہیں دیا؟ کیا میں نے تیرا ذکر بلند نہیں کیا؟ میں نے کہا بیشک کیا ہے۔

**ابو نعیم دلائل النبوۃ میں لائے ہیں کہ رسول اللہ صلی اللہ علیہ وآلہ وسلم نے فرمایا:**

جب میں فارغ ہوا اس چیز سے جس کا حکم مجھے میرے رب عزوجل نے کیا تھا آسمان اور زمین کے کام سے تو میں نے کہا اللہ مجھ سے پہلے جتنے انبیاء ہوئے اب سب کی تو نے تکریم کی، ابراہیمؑ کو خلیل بنایا، موسیٰؑ کو کلیم بنایا، داؤدؑ کے لیے پہاڑوں کو مسخر کیا، سلیمانؑ کے لیے ہواؤں اور شیاطین کو بھی تابعدار بنایا اور عیسیٰؑ کے ہاتھ پر مردے زندہ کرائے، پس میرے لیے کیا کیا ہے؟

اللہ تعالیٰ نے فرمایا کیا میں نے تجھے ان سب سے افضل چیز نہیں دی کہ میرے ذکر کے ساتھ ہی تیرا ذکر بھی کیا جاتا ہے اور میں نے تیری اُمت کے سینوں کو ایسا کر دیا کہ وہ قرآن کو قرأت سے پڑھتے ہیں۔ یہ میں نے کسی اگلی اُمت کو نہیں دیا اور میں نے تجھے اپنے عرش کے خزانوں میں سے خزانہ دیا جو لاحول ولا قوت الا باللہ العلی العظیم ہے

**ابن عباسؓ اور مجاہدؒ فرماتے ہیں کہ اس سے مراد اذان ہے یعنی اذان میں آپؐ کا ذکر ہے**

جس طرح حضرت حسانؓ کے شعروں میں ہے۔

اغر علیہ للنبوۃ خاتم　　من اللہ من نور یلوح ویشھد

وضم الالہ اسم النبی اسمہ　　اذا قال فی الخمس الموذن اشھد

وشق لہ من اسمہ لیجلہ　　فذو العرش محمود وھذا محمد

اللہ تعالیٰ نے مہر نبوت کو اپنے پاس کا ایک نور بنا کر آپ پر ثبت فرمایا جو آپ کی رسالت کی گواہ ہے

اپنے نام کے ساتھ اپنے نبی کا نام ملا لیا جبکہ پانچویں وقت اشھد کہتا ہے

آپ کی عزت و جلال کے اظہار کے لیے اپنے نام میں سے آپ کا نام نکالا دیکھو وہ عرش والا محمود ہے اور آپ محمد ﷺ ہیں

اور لوگ کہتے ہیں کہ اگلوں پچھلوں میں اللہ تعالیٰ نے آپ کا ذکر بلند کیا اور تمام انبیاء علیہم السلام سے روز میثاق میں عہد لیا گیا کہ وہ آپؐ پر ایمان لائیں اور اپنی اپنی اُمتوں کو بھی آپؐ پر ایمان لانے کا حکم کریں پھر آپ کی اُمت میں آپ کے ذکر کو مشہور کیا کہ اللہ کے ذکر کے ساتھ آپ کا ذکر کیا جائے،

صرصریؒ نے کتنی اچھی بات بیان فرمائی ہے فرماتے ہیں کہ فرضوں کی اذان صحیح نہیں ہوتی مگر آپ کے پیارے اور میٹھے نام سے جو پسندیدہ اور اچھے منہ سے ادا ہو۔

اور فرماتے ہیں کہ تم نہیں دیکھتے کہ ہماری اذان اور ہمارا فرض صحیح نہیں ہوتا جب تک کہ آپؐ کا ذکر بار بار اس میں نہ آئے،

فَإِنَّ مَعَ الْعُسْرِ يُسْرًا (۵)

پس یقیناً مشکل کے ساتھ آسانی ہے۔

إِنَّ مَعَ الْعُسْرِ يُسْرًا (۶)

بیشک مشکل کے ساتھ آسانی ہے۔

اللہ تبارک و تعالیٰ تکرار اور تاکید کے ساتھ دو دو دفعہ فرماتا ہے کہ سختی کے ساتھ آسانی دشواری کے ساتھ سہولت ہے۔ ابن ابی حاتم میں ہے:

رسول اللہ صلی اللہ علیہ وآلہ وسلم بیٹھے ہوئے تھے اور آپ کے سامنے ایک پتھر تھا پس لوگوں نے کہا اگر سختی آئے اور اس پتھر میں گھس جائے تو آسانی بھی آئے گی اور اسی میں جائے گی اور اسے نکال لائے گی۔

اس پر یہ آیت اتری۔

مسند بزار میں ہے حضور صلی اللہ علیہ وسلم فرماتے ہیں:

اگر دشواری اس پتھر میں داخل ہو جائے تو آسانی آکر اسے نکالے گی، پھر آپ نے اس آیت کی تلاوت کی،

یہ حدیث عائذ بن شریح حضرت انسؓ سے روایت کرتے ہیں اور ان کے بارے میں ابو حاتم راضیؒ کا فیصلہ ہے کہ ان کی حدیث میں ضعف ہے اور ابن مسعودؓ سے یہ موقوف مروی ہے۔

حضرت حسنؒ فرماتے ہیں لوگ کہتے تھے کہ ایک سختی دو آسانیوں پر غالب نہیں آسکتی،

ابن جریر میں مروی ہے:

آنحضرت صلی اللہ علیہ وسلم ایک دن شاداں اور فرحاں آئے اور ہنستے ہوئے فرمانے لگے ہرگز ایک دشواری دو نرمیوں پر غالب نہیں آسکتی۔ پھر اس آیت کی آپ صلی اللہ علیہ وسلم نے تلاوت کی،

یہ حدیث مرسل ہے۔

حضرت قتادہؓ فرماتے ہیں کہ ہم سے ذکر کیا گیا ہے کہ رسول اللہ صلی اللہ علیہ وسلم نے اپنے اصحاب کو خوش خبری سنائی کہ دو آسانیوں پر ایک سختی غالب نہیں آسکتی۔

مطلب یہ ہے کہ عسرہ کے لفظ کو تو دونوں جگہ معرفہ لائے ہیں تو وہ مفرد ہوا اور یسر کے لفظ کو نکرہ لائے ہیں تو وہ متعدد ہو گیا۔ ایک حدیث میں ہے:

معونتہ یعنی امداد الٰہی بقدر معونتہ یعنی تکلیف کے آسمان سے نازل ہوتی ہے یعنی صبر مصیبت کی مقدار پر نازل ہوتا ہے۔

حضرت امام شافعیؒ فرماتے ہیں:

صبرا جمیلا ما اقرب الفرجا　من راقب اللہ فی الامر نجا

من صدق اللہ لم ینلہ اذی　ومن رجاہ یکون حیث رجا

یعنی اچھا صبر آسانیوں سے کیا ہی قریب ہے؟ اپنے کاموں میں اللہ تعالیٰ کا لحاظ رکھنے والا، نجات یافتہ ہے، اللہ تعالیٰ کی باتوں کی تصدیق کرنے والے کو کوئی ایذاء نہیں پہنچتی اس سے بھلائی کی امید رکھنے والا اسے اپنی امید کے ساتھ ہی پاتا ہے۔

حضرت ابو حاتم سجستانی رحمۃ اللہ علیہ کے اشعار ہیں:

جب مایوسی دل پر قبضہ کر لیتی ہے اور سینہ باوجود کشادگی کے تنگ ہو جاتا ہے تکلیفیں گھیر لیتی ہیں اور مصیبتیں ڈیرہ جما لیتی ہیں کوئی چارہ سجھائی نہیں دیتا اور کوئی تدبیر نجات کار کردگی نہیں ہوتی اس وقت اچانک اللہ کی مدد آ پہنچتی ہے۔
اور وہ دعاؤں کا سننے والا باریک بین اللہ اس سختی کو آسانی سے اور اس تکلیف کو راحت میں بدل دیتا ہے۔
تنگیاں جب کہ بھرپور آ پڑی ہیں پروردگار معاً وسعتیں نازل فرما کر نقصان کو فائدے سے بدل دیتا ہے

کسی اور شاعر نے کہا ہے:

ولرب نازل یضیق بہ الفتی　　ذرعا وعند اللہ منها المخرج

کملت فلما استحلت حلقاتها　　فرجت وکان یظنها لا تفرج

یعنی بہت سی ایسی مصیبتیں انسان پر نازل ہوتی ہیں جن سے وہ تنگ دل ہو جاتا ہے حالانکہ اللہ کے پاس ان سے چھٹکارا بھی ہے جب یہ مصیبتیں کامل ہو جاتی ہیں اور اس زنجیر کے حلقے، مضبوط ہو جاتے ہیں اور انسان گمان کرنے لگتا ہے کہ بھلا یہ کیا ہٹیں گی کہ اچانک اس رحیم و کریم اللہ کی شفقت بھری نظریں پڑتی ہیں اور اس مصیبت کو اس طرح دور کرتا ہے کہ گویا آئی ہی نہ تھی۔

فَإِذَا فَرَغْتَ فَانْصَبْ (۷)

پس جب تو فارغ ہو تو عبادت میں محنت کر

وَإِلَىٰ رَبِّكَ فَارْغَبْ (۸)

اور اپنے پروردگار ہی کی طرف دل لگا

ارشاد باری ہوتا ہے کہ جب تو دنیوی کاموں سے اور یہاں کے اشغال سے فرصت پائے تو ہماری عبادتوں میں لگ جا اور فارغ البال ہو کر دلی توجہ کے ساتھ ہمارے سامنے عاجزی میں لگ جا، اپنی نیت خالص کر لے اپنی پوری رغبت کے ساتھ ہماری جناب کی طرف متوجہ ہو جا۔

اسی معنی کی وہ حدیث ہے جس کی صحت پر اتفاق ہے جس میں ہے:

کھانا سامنے موجود ہونے کے وقت نماز نہیں اور اس حالت میں بھی کہ انسان کو پاخانہ پیشاب کی حاجت ہو،

اور حدیث میں ہے:

جب نماز کھڑی کی جائے اور شام کا کھانا سامنے موجود ہو تو پہلے کھانے سے فراغت حاصل کر لو۔

حضرت مجاہدؒ اس آیت کی تفسیر میں فرماتے ہیں جب امر دنیا سے فارغ ہو کر نماز کے لیے کھڑے ہو تو محنت کے ساتھ عبادت کرو اور مشغولیت کے ساتھ رب کی طرف توجہ کر۔

حضرت ابن مسعود رضی اللہ تعالیٰ عنہ فرماتے ہیں کہ جب فرض نماز سے فارغ ہو تو تہجد کی نماز میں کھڑا ہو۔

حضرت عبداللہ بن مسعود رضی اللہ تعالیٰ عنہ فرماتے ہیں کہ نماز سے فارغ ہو کر بیٹھے ہوئے اپنے رب کی طرف توجہ کر،

حضرت عبداللہ بن عباسؓ فرماتے ہیں یعنی دعا کر،

زید بن اسلمؒ اور ضحاکؒ فرماتے ہیں جہاد سے فارغ ہو کر اللہ کی عبادت میں لگ جا،

ثوریؒ فرماتے ہیں اپنی نیت اور اپنی رغبت اللہ ہی کی طرف رکھ۔

# Surah At Tin

## سورۃ التّین

بِسۡمِ اللّٰہِ الرَّحۡمٰنِ الرَّحِیۡمِ

وَالتِّیۡنِ وَالزَّیۡتُوۡنِ (۱)

قسم ہے انجیر کی اور زیتون کی۔

التّین سے مراد تو کسی کے نزدیک مسجد دمشق ہے، کوئی کہتا ہے خود دمشق مراد ہے، کسی کے نزدیک دمشق کا ایک پہاڑ مراد ہے، بعض کہتے ہیں کہ اصحاب کہف کی مسجد مراد ہے، کوئی کہتا ہے کہ جودی پہاڑ پر مسجد نوح ہے وہ مراد ہے۔ بعض کہتے ہیں انجیر مراد ہے۔

الزّیتُون سے کوئی کہتا ہے مسجد بیت المقدس مراد ہے۔

کسی نے کہا کہ وہ زیتون جسے نچوڑتے ہو،

وَطُوۡرِ سِیۡنِیۡنَ (۲)

اور طور سینین کی

طُورِ سِینِین وہ پہاڑ ہے جس پر حضرت موسیٰؑ سے اللہ تعالیٰ نے کلام کیا تھا،

وَہٰذَا الۡبَلَدِ الۡاَمِیۡنِ (۳)

اور اس امن والے شہر کی

البَلَدِ الْاَمِین سے مراد مکہ شریف ہے اس میں کسی کو اختلاف نہیں۔

بعض کا قول یہ ہے کہ یہ تینوں وہ جگہیں ہیں جہاں تین اولوالعزم صاحب شریعت پیغمبر بھیجے گئے تھے،

- التّین سے مراد تو بیت المقدس ہے۔ جہاں پر حضرت عیسیٰ علیہ السلام کو نبی بنا کر بھیجا گیا تھا اور
- طُورِ سِینِین سے مراد طور سینا ہے جہاں حضرت موسیٰؑ سے اللہ تعالیٰ نے کلام کیا تھا اور

- الْبَلَدِ الْأَمِينِ سے مراد مکہ مکرمہ جہاں ہمارے سردار حضرت محمد صلی اللہ علیہ وآلہ وسلم بھیجے گئے،

تورات کے آخر میں بھی ان تینوں جگہوں کا نام ہے اس میں ہے کہ

- طور سینا سے اللہ تعالیٰ آیا یعنی وہاں پر حضرت موسیٰ علیہ السلام سے اللہ تعالیٰ نے کلام کیا اور
- ساعیر یعنی بیت المقدس کے پہاڑ سے اس نے نور چمکایا یعنی حضرت عیسیٰ علیہ السلام کو وہاں بھیجا اور
- فاران کی چوٹیوں پر وہ بلند ہوا یعنی مکہ کے پہاڑوں سے حضرت محمد صلی اللہ علیہ وآلہ وسلم کو بھیجا،

پھر ان تینوں زبردست بڑے مرتبے والے پیغمبروں کی زبانی اور وجودی ترتیب بیان کر دی۔ اسی طرح یہاں بھی پہلے جس کا نام لیا اس سے زیادہ شریف چیز کا نام پھر لیا اور پھر ان دونوں سے بزرگ تر چیز کا نام آخر میں لیا۔

لَقَدْ خَلَقْنَا الْإِنْسَانَ فِي أَحْسَنِ تَقْوِيمٍ (٤)

یقیناً ہم نے انسان کو بہترین صورت میں پیدا کیا

ثُمَّ رَدَدْنَاهُ أَسْفَلَ سَافِلِينَ (٥)

پھر اسے نیچوں سے نیچا کر دیا۔

ان قسموں کے بعد بیان فرمایا کہ انسان کو اچھی شکل وصورت میں صحیح قد و قامت والا، درست اور سڈول اعضاء والا خوبصورت اور سہانے چہرے والا پیدا کیا پھر اسے نیچوں کا نیچ کر دیا یعنی جہنمی ہو گیا، اگر اللہ کی اطاعت اور رسول کی اتباع نہ کی تو اسی لیے ایمان والوں کو اس سے الگ کر لیا،

بعض کہتے ہیں کہ مراد انتہائی بڑھاپے کی طرف لوٹا دینا ہے۔

حضرت عکرمہ ؒ فرماتے ہیں جس نے قرآن جمع کیا وہ رذیل عمر کو نہ پہنچے گا، امام ابن جریر ؒ اسی کو پسند فرماتے ہیں

إِلَّا الَّذِينَ آمَنُوا وَعَمِلُوا الصَّالِحَاتِ فَلَهُمْ أَجْرٌ غَيْرُ مَمْنُونٍ (٦)

لیکن جو لوگ ایمان لائے اور (پھر) نیک عمل کئے تو ان کے لئے ایسا اجر ہے جو کبھی ختم نہ ہو گا۔

لیکن اگر یہی بڑھاپا مراد ہوتا تو مؤمنوں کا استثناء کیوں ہوتا؟ بڑھاپا تو بعض مؤمنوں پر بھی آتا ہے پس ٹھیک بات وہی ہے جو اوپر ہم نے ذکر کی جیسے اور جگہ سورہ العصر میں ہے کہ تمام انسان نقصان میں ہیں سوائے ایمان اور اعمال صالح والوں کے کہ انہیں ایسی نیک جزا ملے گی جس کی انتہا نہ ہو جیسے پہلے بیان ہو چکا ہے۔

فَمَا يُكَذِّبُكَ بَعْدُ بِالدِّينِ (٧)

پس تجھے اب روز جزا کے جھٹلانے پر کون سی چیز آمادہ کرتی ہے

اللہ تعالیٰ فرماتا ہے اے انسان جبکہ تو اپنی پہلی اور اول مرتبہ کی پیدائش کو جانتا ہے تو پھر جزا و سزا کے دن کے آنے پر اور تیرے دوبارہ زندہ ہونے پر تجھے کیوں یقین نہیں؟ کیا وجہ ہے کہ تو اسے نہیں مانتا حالانکہ ظاہر ہے کہ جس نے پہلی دفعہ پیدا کر دیا اس پر دوسری دفعہ کا پیدا کرنا کیا مشکل ہے؟

حضرت مجاہدؒ ایک مرتبہ حضرت ابن عباسؓ سے پوچھ بیٹھے کہ اس سے مراد آنحضرت ﷺ ہیں؟ آپ نے فرمایا معاذ اللہ اس سے مراد مطلق انسان ہے۔ عکرمہؒ کا بھی یہی قول ہے۔

أَلَيْسَ اللَّهُ بِأَحْكَمِ الْحَاكِمِينَ (٨)

کیا اللہ تعالیٰ سب حاکموں کا حاکم نہیں ہے۔

پھر فرماتا ہے کہ کیا اللہ حکم الحاکمین نہیں ہے وہ نہ ظلم کرے نہ بے عدلی کرے اسی لیے وہ قیامت قائم کرے گا اور ہر ایک ظالم سے مظلوم کا انتقام لے گا،

حضرت ابوہریرہؓ سے مرفوع حدیث میں یہ گزر چکا ہے کہ جو شخص وَالتِّينِ وَالزَّيْتُونِ پڑھے اور اس کے آخر کی آیت أَلَيْسَ اللَّهُ پڑھے تو کہہ دے بلی و انا علی ذالک من الشاھدین یعنی ہاں اور میں اس پر گواہ ہوں۔

# Surah Alaq

## سورۃ العلق

بِسْمِ اللّٰهِ الرَّحْمٰنِ الرَّحِیْمِ

اقْرَأْ بِاسْمِ رَبِّكَ الَّذِي خَلَقَ (١)

پڑھ اپنے رب کے نام سے جس نے پیدا کیا

اُم المؤمنین حضرت عائشہ صدیقہ رضی اللہ تعالیٰ عنہا فرماتی ہیں کہ رسول اللہ صلی اللہ علیہ وآلہ وسلم کی وحی کی ابتدا سچے خوابوں سے ہوئی اور جو خواب دیکھتے وہ صبح کے ظہور کی طرح ظاہر ہو جاتا پھر آپ نے گوشہ نشینی اور خلوت اختیار کی۔ اُم المؤمنین حضرت خدیجہ رضی اللہ عنہ سے توشہ لے کر غار میں چلے جاتے اور کئی کئی راتیں وہیں عبادت میں گزارہ کرتے پھر آتے اور توشہ لے کر چلے جاتے یہاں تک کہ ایک مرتبہ اچانک وہیں شروع شروع میں وحی آئی،

فرشتہ آپ کے پاس آیا اور کہا اقْرَأْ یعنی پڑھیئے، آپ صَلَّى اللّٰهُ عَلَيْهِ وَسَلَّم فرماتے ہیں، میں نے کہا میں پڑھنا نہیں جانتا۔

فرشتے نے مجھے دوبارہ دبوچا یہاں تک کہ مجھے تکلیف ہوئی پھر چھوڑ دیا اور فرمایا پڑھو میں نے پھر یہی کہا کہ میں پڑھنے والا نہیں، اس نے مجھے تیسری مرتبہ پکڑ کر دبایا اور تکلیف پہنچائی، پھر چھوڑ دیا اور اقْرَأْ بِاسْمِ رَبِّكَ الَّذِي خَلَقَ سے مَا لَمْ يَعْلَمْ پڑھا۔

آپ صَلَّى اللّٰهُ عَلَيْهِ وَسَلَّم ان آیتوں کو لئے ہوئے کانپتے ہوئے حضرت خدیجہؓ کے پاس آئے اور فرمایا مجھے کپڑا اڑھا دو چنانچہ کپڑا اڑھا دیا یہاں تک کہ ڈر خوف جاتا رہا تو آپ نے حضرت خدیجہؓ سے سارا واقعہ بیان کیا اور فرمایا مجھے اپنی جان جانے کا خوف ہے، حضرت خدیجہؓ نے کہا حضور آپ خوش ہو جایئے اللہ کی قسم اللہ تعالیٰ آپ کو ہر گز رسوا نہ کرے گا آپ صلہ رحمی کرتے ہیں سچی باتیں کرتے ہیں دوسروں کا بوجھ خود اٹھاتے ہیں۔ مہمان نوازی کرتے ہیں اور حق پر دوسروں کی مدد کرتے ہیں، پھر حضرت خدیجہؓ آپ کو لے کر اپنے چچازاد بھائی ورقہ بن نوفل کے پاس آئیں جاہلیت کے زمانہ میں یہ نصرانی ہو گئے تھے عربی کتاب لکھتے تھے اور عبرانی میں انجیل لکھتے تھی بہت بڑی عمر کے انتہائی بوڑھے تھے آنکھیں جا چکی تھیں حضرت خدیجہؓ نے ان سے کہا کہ اپنے بھتیجے کا واقعہ سنئے،

ورقہ نے پوچھا بھتیجے! آپ نے کیا دیکھا؟ رسول اللہ صلی اللہ علیہ وآلہ وسلم نے سارا واقعہ کہہ سنایا۔

ورقہ نے سنتے ہی کہا کہ یہی وہ راز داں فرشتہ ہے جو حضرت عیسیٰؑ کے پاس بھی اللہ کا بھیجا ہوا آیا کرتا تھا کاش کہ میں اس وقت جوان ہوتا، کاش کہ میں اس وقت زندہ ہوتا جبکہ آپ کو آپ کی قوم نکال دے گی۔

رسول اللہ صلی اللہ علیہ وآلہ وسلم نے تعجب سے سوال کیا کہ کیا وہ مجھے نکال دیں گے؟

ورقہ نے کہا ہاں ایک آپ کیا جتنے بھی لوگ آپ کی طرح نبوت سے سرفراز ہو کر آئے ان سب سے دشمنیاں کی گئیں۔ اگر وہ وقت میری زندگی میں آ گیا تو میں آپ کی پوری پوری مدد کروں گا لیکن اس واقعہ کے بعد ورقہ بہت کم زندہ رہے۔

ادھر وحی بھی رک گئی اور اس کے رکنے کا حضور صلی اللہ علیہ وسلم کو بڑا قلق تھا کئی مرتبہ آپ نے پہاڑ کی چوٹی پر سے اپنے تئیں گرا دینا چاہا لیکن ہر وقت حضرت جبرائیلؑ آجاتے اور فرمادیتے کہ اے محمد صلی اللہ علیہ وسلم آپ اللہ تعالیٰ کے سچے رسول ہیں۔ اس سے آپ کا قلق اور رنج و غم جاتا رہتا اور دل میں قدرے اطمینان پیدا ہو جاتا اور آرام سے گھر واپس آجاتے۔ (مسند احمد)

یہ حدیث صحیح بخاری اور صحیح مسلم میں بھی بروایت زہریؒ مروی ہے۔

پس قرآن کریم کی باعتبار نزول کے سب سے پہلی آیتیں یہی ہیں یہی پہلی نعمت ہے جو اللہ تعالیٰ نے اپنے بندوں پر انعام کی اور یہی وہ پہلی رحمت ہے جو اس ارحم الراحمین نے اپنے رحم و کرم سے ہمیں دی۔

خَلَقَ الْإِنْسَانَ مِنْ عَلَقٍ (٢)

جس نے انسان کو خون کے لوتھڑے سے پیدا کیا۔

اس میں تنبیہ ہے انسان کی اول پیدائش پر کہ وہ ایک جمے ہوئے خون کی شکل میں تھا اللہ تعالیٰ نے اس پر یہ احسان کیا اسے اچھی صورت میں پیدا کیا،

اقْرَأْ وَرَبُّكَ الْأَكْرَمُ (٣)

تو پڑھتا رہ تیرا رب بڑے کرم والا ہے

الَّذِي عَلَّمَ بِالْقَلَمِ (٤)

جس نے قلم کے ذریعے (علم) سکھایا۔

## عَلَّمَ الْإِنْسَانَ مَا لَمْ يَعْلَمْ (۵)

جس نے انسان کو وہ سکھایا جسے وہ نہیں جانتا تھا۔

پھر علم جیسی اپنی خاص نعمت اسے مرحمت فرمائی اور وہ سکھایا جسے وہ نہیں جانتا تھا، علم ہی کی برکت تھی کہ کل انسانوں کے باپ حضرت آدم علیہ السلام فرشتوں میں بھی ممتاز نظر آئے، علم کبھی تو ذہن میں ہی ہوتا ہے اور کبھی زبان پر ہوتا ہے اور کبھی کتابی صورت میں لکھا ہوا ہوتا ہے پس علم کی تین قسمیں ہوئیں،

- ذہنی،
- لفظی اور
- رسمی،

رسمی علم ذہنی اور لفظی کو مستلزم ہے لیکن وہ دونوں اسے مستلزم نہیں اسی لیے فرمایا کہ پڑھ! تیرا رب تو بڑے اکرام والا ہے جس نے قلم کے ذریعہ علم سکھایا اور آدمی کو جو وہ نہیں جانتا تھا معلوم کرا دیا۔

ایک اثر میں وارد ہے کہ علم کو لکھ لیا کرو، اور اسی اثر میں ہے کہ جو شخص اپنے علم پر عمل کرے اسے اللہ تعالیٰ اس علم کا بھی وارث کر دیتا ہے جسے وہ نہیں جانتا تھا۔

## كَلَّا إِنَّ الْإِنْسَانَ لَيَطْغَى (٦)

سچ مچ انسان تو آپے سے باہر ہو جاتا ہے۔

## أَنْ رَآهُ اسْتَغْنَى (٧)

اس لئے کہ وہ اپنے آپ کو بے پرواہ (یا تونگر) سمجھتا ہے۔

## إِنَّ إِلَى رَبِّكَ الرُّجْعَى (٨)

یقیناً لوٹنا تیرے رب کی طرف ہے۔

فرماتا ہے کہ انسان کے پاس جہاں دو پیسے ہوئے ذرا فارغ البال ہوا کہ اسکے دل میں کبر و غرور، عجب و خود پسندی آئی اسے ڈرتے رہنا چاہیے اور خیال رکھنا چاہیے کہ اسے ایک دن اللہ کی طرف لوٹنا ہے وہاں جہاں اور حساب ہوں گے۔ مال کی بابت بھی سوال ہو گا کہ لایا کہاں سے خرچ کہاں کیا؟

حضرت عبد اللہؓ فرماتے ہیں دو لالچی ایسے ہیں جن کا پیٹ ہی نہیں بھرتا، ایک طالبعلم اور دوسرا طالب دنیا۔ ان دونوں میں بڑا فرق ہے۔ علم کا طالب تو اللہ کی رضامندی کے حاصل کرنے میں بڑھتا رہتا ہے اور دنیا کا لالچی سرکشی اور خود پسندی میں بڑھتا رہتا ہے پھر آپ نے یہ آیت تلاوت فرمائی جس میں دنیا داروں کا ذکر ہے پھر طالب علموں کی فضیلت کے بیان کی یہ آیت تلاوت کی انما یخشی اللہ من عبادہ العلماءُ

یہ حدیث مرفوعاً یعنی نبی صلی اللہ علیہ وآلہ وسلم کے فرمان سے بھی مروی ہے کہ دو لالچی ہیں جو شکم پر نہیں ہوتے، طالب علم اور طالب دنیا۔

أَرَأَيْتَ الَّذِي يَنْهَىٰ (٩)

(بھلا) اسے بھی تو نے دیکھا جو بندے کو روکتا ہے۔

عَبْدًا إِذَا صَلَّىٰ (١٠)

جبکہ وہ بندہ نماز ادا کرتا ہے۔

یہ آیات ابو جہل ملعون کے بارے میں نازل ہوئی ہیں کہ یہ آنحضرت صلی اللہ علیہ وآلہ وسلم کو بیت اللہ میں نماز پڑھنے سے روکتا تھا۔

أَرَأَيْتَ إِن كَانَ عَلَى الْهُدَىٰ (١١)

بھلا بتلا تو اگر وہ ہدایت پر ہو

أَوْ أَمَرَ بِالتَّقْوَىٰ (١٢)

یا پرہیز گاری کا حکم دیتا ہو۔

پس پہلے تو اسے بہترین طریقہ سے سمجھایا گیا کہ جنہیں تو روکتا ہے یہی اگر سیدھی راہ پر ہوں، انہی کی باتیں تقویٰ کی طرف بلاتی ہوں، پھر تو انہیں پر تشدد کرے اور خانہ اللہ سے روکے تو تیری بدقسمتی کی انتہا ہے یا نہیں؟

أَرَأَيْتَ إِن كَذَّبَ وَتَوَلَّىٰ (١٣)

بھلا دیکھو تو اگر یہ جھٹلاتا ہو اور منہ پھیرتا ہو تو

أَلَمْ يَعْلَمْ بِأَنَّ اللَّهَ يَرَىٰ (۱۴)

کیا اس نے نہیں جانا کہ اللہ تعالیٰ اسے خوب دیکھ رہا ہے۔

کیا یہ روکنے والا جو نہ صرف خود حق کی راہنمائی سے محروم ہے بلکہ راہ حق سے روکنے کے درپے ہے اتنا بھی نہیں جانتا کہ اللہ تعالیٰ اسے دیکھ رہا ہے اس کا کلام سن رہا ہے اور اس کے کلام اور کام پر اسے سزا دے گا،

كَلَّا لَئِن لَّمْ يَنتَهِ لَنَسْفَعًا بِالنَّاصِيَةِ (۱۵)

یقیناً اگر یہ باز نہ رہا تو ہم اس کی پیشانی کے بال پکڑ کر گھسیٹیں گے

نَاصِيَةٍ كَاذِبَةٍ خَاطِئَةٍ (۱٦)

ایسی پیشانی جو جھوٹی خطا کار ہے۔

اس طرح سمجھا چکنے کے بعد اب اللہ ڈرا رہا ہے کہ اگر اس نے مخالفت، سرکشی اور ایذاء دہی نہ چھوڑ دی تو ہم بھی اس کی پیشانی کے بال پکڑ کر گھسیٹیں گے جو اقوال میں جھوٹا اور افعال میں بدکار ہے

فَلْيَدْعُ نَادِيَهُ (۱۷)

یہ اپنی مجلس والوں کو بلا لے۔

سَنَدْعُ الزَّبَانِيَةَ (۱۸)

ہم بھی (دوزخ کے) پیادوں کو بلا لیں گے۔

یہ اپنے مدد گاروں، ہم نشینوں قرابت داروں اور کنبہ قبیلے والوں کو بلا لے۔ دیکھیں تو کون اس کی مدافعت کر سکتا ہے۔ ہم بھی اپنے عذاب کے فرشتوں کو بلا لیتے ہیں پھر ہر ایک کو کھل جائے گا کہ کون جیتا اور کون ہارا؟

### ابو جہل کا واقعہ

صحیح بخاری شریف میں حضرت ابن عباس رضی اللہ عنہ سے مروی ہے کہ ابو جہل نے کہا کہ اگر میں محمد (صلی اللہ علیہ وآلہ وسلم) کو کعبہ میں نماز پڑھتے ہوئے دیکھوں گا تو گردن سے دبوچوں گا حضور صلی اللہ علیہ وسلم کو بھی خبر پہنچی تو آپ ﷺ نے فرمایا کہ اگر یہ ایسا کرے گا تو اللہ کے فرشتے اسے پکڑ لیں گے۔

دوسری روایت میں ہے کہ حضور صلی اللہ علیہ وسلم مقام ابراہیم کے پاس بیت اللہ میں نماز پڑھ رہے تھے کہ یہ ملعون آیا اور کہنے لگا کہ میں نے تجھے منع کر دیا پھر بھی تو باز نہیں آیا اگر اب میں نے تجھے کعبے میں نماز پڑھتے ہوئے دیکھا تو سخت سزا دوں گا وغیرہ۔

نبی صلی اللہ علیہ وآلہ وسلم نے سختی سے جواب دیا اس کی بات کو ٹھکرا دیا اور اچھی طرح ڈانٹ دیا، اس پر وہ کہنے لگا کہ تو مجھے ڈانٹتا ہے اللہ کی قسم میری ایک آواز پر یہ ساری وادی آدمیوں سے بھر جائے گی اس پر یہ آیت اتری فَلْيَدْعُ نَادِيَهُ سَنَدْعُ الزَّبَانِيَةَ اچھا تو اپنے حامیوں کو بلا ہم بھی اپنے فرشتوں کو بلا لیتے ہیں۔

حضرت عبد اللہ بن عباسؓ فرماتے ہیں اگر وہ اپنے والوں کو پکارتا تو اسی وقت عذاب کے فرشتے اسے لپک لیتے۔ (ترمذی)

مسند احمد میں ابن عباسؓ سے مروی ہے:

ابو جہل نے کہا اگر میں رسول اللہ صلی اللہ علیہ وآلہ وسلم کو بیت اللہ میں نماز پڑھتے ہوئے دیکھ لونگا تو اس کی گردن توڑ دوں گا۔ آپؐ نے فرمایا اگر وہ ایسا کرتا تو اسی وقت لوگوں کے دیکھتے ہوئے عذاب کے فرشتے اسے پکڑ لیتے اور اسی طرح جبکہ یہودیوں سے قرآن نے کہا تھا کہ اگر تم سچے ہو تو موت مانگو اگر وہ اسے قبول کر لیتے اور موت طلب کرتے تو سارے کے سارے مر جاتے اور جہنم میں اپنی جگہ دیکھ لیتے اور جن نصرانیوں کو مباہلہ کی دعوت دی گئی تھی اگر یہ مباہلہ کے لیے نکلتے تو لوٹ کر نہ اپنا مال پاتے نہ اپنے بال بچوں کو پاتے۔

ابن جریر میں ہے:

ابو جہل نے کہا اگر میں آپ کو مقام ابراہیم کے پاس نماز پڑھتا ہوا دیکھ لوں گا تو جان سے مار ڈالوں گا اس پر یہ سورت اتری۔ حضور علیہ السلام تشریف لے گئے ابو جہل موجود تھا اور آپؐ نے وہیں نماز ادا کی تو لوگوں نے اس بدبخت سے کہا کہ کیوں بیٹھا رہا؟ اس نے کہا کیا بتاؤں کون میرے اور ان کے درمیان حائل ہو گئے۔

ابن عباسؓ فرماتے ہیں اگر ذرا بھی ہلتا جلتا تو لوگوں کے دیکھتے ہوئے فرشتے اسے ہلاک کر ڈالتے۔

ابن جریر کی اور روایت میں ہے:

ابو جہل نے پوچھا کہ کیا محمد (صلی اللہ علیہ وآلہ وسلم) تمہارے سامنے سجدہ کرتے ہیں؟ لوگوں نے کہا ہاں، تو کہنے لگا کہ اللہ کی قسم اگر میرے سامنے اس نے یہ کیا تو اس کی گردن روند دوں گا اور اس کے منہ کو مٹی میں

ملادوں گا، ادھر اس نے یہ کہا ادھر رسول اللہ صلی اللہ علیہ وآلہ وسلم وبارک علیہ نے نماز شروع کی جب آپؐ سجدے میں گئے تو یہ آگے بڑھا لیکن ساتھ ہی اپنے ہاتھ سے اپنے آپ کو بچاتا ہوا پچھلے پیروں نہایت بد حواسی سے پیچھے ہٹا۔

لوگوں نے کہا کیا ہوا ہے؟ کہنے لگا کہ میرے اور حضور صلی اللہ علیہ وسلم کے درمیان آگ کی خندق ہے اور گھبراہٹ کی خوفناک چیزیں ہیں اور فرشتوں کے پر ہیں وغیرہ، اس وقت حضور صلی اللہ علیہ وسلم نے فرمایا اگر یہ ذرا قریب آجاتا تو فرشتے اس کا ایک ایک عضو الگ الگ کر دیتے پس یہ آیتیں كَلَّآ إِنَّ الْإِنسَانَ لَيَطْغَىٰٓ سے آخر تک سورت تک نازل ہوئیں۔

یہ حدیث مسند مسلم، نسائی ابن ابی حاتم میں بھی ہے۔

كَلَّا لَا تُطِعْهُ وَاسْجُدْ وَاقْتَرِب ۩ (١٩)

خبردار! اس کا کہنا ہرگز نہ ماننا اور سجدہ کر اور قریب ہو جا۔

پھر فرمایا کہ اے نبی صلی اللہ علیہ وسلم! تم اس مردود کی بات نہ ماننا، عبادت پر مداومت کرنا اور بکثرت عبادت کرتے رہنا اور جہاں جی چاہے نماز پڑھتے رہنا اور اس کی مطلق پرواہ نہ کرنا۔ اللہ تعالیٰ خود تیرا حافظ و ناصر ہے۔ وہ تجھے دشمنوں سے محفوظ رکھے گا، تو سجدے میں اور قرب اللہ کی طلب میں مشغول رہ۔

رسول اللہ صلی اللہ علیہ وآلہ وسلم فرماتے ہیں:

سجدہ کی حالت میں بندہ اپنے رب تبارک وتعالیٰ سے بہت ہی قریب ہوتا ہے پس تم بکثرت سجدوں میں دعائیں کرتے رہو۔

پہلے یہ حدیث بھی گزر چکی ہے کہ حضور صلی اللہ علیہ وآلہ وسلم سورہ اذالسماء نشقت میں اور اس سورت میں سجدہ کیا کرتے تھے

# Surah Al Qadr

## سورة القدر

بِسْمِ اللّٰهِ الرَّحْمٰنِ الرَّحِيمِ

إِنَّا أَنزَلْنَاهُ فِي لَيْلَةِ الْقَدْرِ (۱)

یقیناً ہم نے اسے شب قدر میں نازل فرمایا

ماہ رمضان اور لیلۃ القدر کی فضیلت

مقصد یہ ہے کہ اللہ تعالیٰ نے قرآن کریم کو لیلۃ القدر میں نازل فرمایا ہے اسی کا نام لیلۃ المبارکہ بھی ہے، اور جگہ ارشاد ہے:

إِنَّا أَنزَلْنَاهُ فِي لَيْلَةٍ مُّبَارَكَةٍ (۴۴:۳)

اور یہ بھی قرآن سے ثابت ہے کہ یہ رات رمضان المبارک کے مہینے میں ہے جیسے فرمایا:

شَهْرُ رَمَضَانَ الَّذِي أُنزِلَ فِيهِ الْقُرْآنُ (۲:۱۸۵)

ابن عباسؓ وغیرہ کا قول ہے کہ پورا قرآن پاک لوح محفوظ سے آسمان اول پر بیت العزت میں اس رات اترا پھر تفصیل وار واقعات کے مطابق بتدریج تئیس سال میں رسول اللہ صلی اللہ پر نازل ہوا۔

اللہ تعالیٰ لیلۃ القدر کی شان وشوکت کا اظہار فرماتا ہے کہ اس رات کی ایک زبردست برکت تو یہ ہے کہ قرآن کریم جیسی اعلیٰ نعمت اسی رات اتری، تو فرماتا ہے کہ

وَمَا أَدْرَاكَ مَا لَيْلَةُ الْقَدْرِ (۲)

تو کیا سمجھا کہ شب قدر کیا ہے؟

تمھیں کیا خبر لیلۃ القدر کیا ہے؟

لَيْلَةُ الْقَدْرِ خَيْرٌ مِّنْ أَلْفِ شَهْرٍ (۳)

شب قدر ایک ہزار مہینوں سے بہتر ہے۔

پھر خود ہی بتاتا ہے کہ یہ ایک رات ایک ہزار مہینہ سے افضل ہے۔

امام ابو عیسیٰ ترمذی شریف میں اس آیت کی تفسیر میں ایک روایت لائے ہیں کہ یوسف بن سعد نے حضرت حسن بن علیؓ سے جبکہ آپ نے حضرت معاویہؓ سے صلح کرلی کہا کہ تم نے ایمان والوں کے منہ کالے کر دیئے یایوں کہا کہ اے مؤمنوں کے منہ سیاہ کرنے والے تو آپ نے فرمایا اللہ تجھ پر رحم کرے مجھ پر خفا نہ ہو نبی ﷺ کو دکھلایا گیا کہ گویا آپ کے منبر پر بنو امیہ ہیں آپؐ کو یہ برا معلوم ہوا تو إِنَّا أَعْطَيْنَاكَ الْكَوْثَرَ نازل ہوئی یعنی جنت کی نہر کوثر آپؐ کو عطا کئے جانے کی خوشخبری ملی اور اتری پس ہزار مہینے وہ مراد ہیں جن میں آپ کے کے بعد بنو امیہ کی مملکت رہے گی قاسم کہتے ہیں ہم نے حساب لگایا تو وہ پورے ایک ہزار مہینے ہوئے نہ ایک دن زیادہ نہ ایک دن کم۔

امام ترمذی اس روایت کو غریب بتلاتے بتاتے ہیں اور اس کی سند میں یوسف بن سعد ہیں جو مجہول ہیں اور صرف اسی ایک سند سے یہ مروی ہے۔

مسدرک حاکم میں بھی یہ روایت ہے امام ترمذیؒ کا یہ فرمانا کہ یہ یوسف مجہول ہیں اس میں ذرا تذبذب ہے ان کے بہت سے شاگرد ہیں، یحییٰ بن معین کہتے ہیں یہ مشہور ہیں اور ثقہ ہیں اور اس کی سند میں کچھ اضطراب جیسا بھی ہے۔ واللہ اعلم

بہر صورت ہے یہ روایت بہت ہی منکر، ہمارے شیخ حافظ حجت الحجاج منیری بھی اس روایت کو منکر بتلاتے ہیں

قاسم بن فضل حدائی کا یہ قول کہ کہ بنو امیہ کی سلطنت کی ٹھیک مدت ایک ہزار مہینے تھی یہ بھی صحیح نہیں اس لئے کہ حضرت معاویہؓ کی مستقل سلطنت سنہ ۴۰ ہجری میں قائم ہوئی جبکہ حضرت امام حسنؓ نے آپ کے ہاتھ پر بیعت کرلی اور امر خلافت آپ کو سونپ دیا اور سب لوگ بھی حضرت معاویہؓ کی بیعت پر جمع ہوگئے اور اس سال کا نام ہی عام الجماعہ مشہور ہوا۔

پھر شام وغیرہ میں برابر بنو امیہ کی سلطنت قائم رہی ہاں تقریباً نو سال تک حرمین شریفین اور اہواز اور بعض شہروں پر حضرت عبد اللہ بن زبیرؓ کی سلطنت ہوگئی تھی لیکن تاہم اس مدت میں بھی کلیۃً ان کے ہاتھ سے حکومت نہیں گئی۔ البتہ بعض شہروں پر سے حکومت ہٹ گئی تھی ہاں سنہ ۱۳۲ھ میں بنو العباس نے اس سے خلافت اپنے قبضے میں کرلی پس ان کی سلطنت کی مدت بانوے (۹۲) برس ہوئی اور یہ ایک ہزار مہینے کے تراسی سال چار ماہ ہوتے ہیں ہاں قاسم بن فضل کا یہ حساب اس طرح تو تقریباً ٹھیک ہو جاتا ہے کہ حضرت ابن زبیرؓ کی مدت خلافت اس گنتی میں سے نکال دی جائے۔ واللہ اعلم

اس روایت کے ضعیف ہونے کی ایک یہ وجہ بھی ہے کہ بنو امیہ کی سلطنت کے زمانے کی برائی اور مذمت بیان کرنی مقصود ہے اور لیلۃ القدر کی اس زمانے پر فضیلت کا ثابت ہونا کچھ ان کے زمانہ کی مذمت کی دلیل نہیں لیلۃ القدر تو ہر طرح بندگی والی ہے ہی اور پوری سورت اس مبارک رات کی مدح وستائش بیان کر رہی ہے پس بنو امیہ کے زمانے کے دنوں کی مذمت سے لیلۃ القدر کی کون سی فضیلت ثابت ہو جائے گی یہ تو بالکل وہی مثل اصل ہو جائے گی کہ کوئی شخص تلوار کی تعریف کرتے ہوئے کہے کہ لکڑی سے بہت تیز ہے کسی بہترین فضیلت والے شخص کو کسی کم درجہ کے ذلیل شخص پر فضیلت دینا تو اس شریف بزرگ کی توہین کرنا ہے

اور وجہ سنئے اس روایت کی بنا پر ایک ہزار مہینے وہ ہوئے جن میں بنو امیہ کی سلطنت رہے گی اور یہ سورت اتری ہے' مکہ شریف میں تو اس میں ان مہینوں کا حوالہ کیسے دیا جا سکتا ہے جو بنو امیہ کے زمانے کے ہیں' اس پر نہ تو کوئی لفظ دلالت کرتا ہے نہ معنی کے طور پر یہ سمجھا جا سکتا ہے' منبر تو مدینہ میں قائم ہوتا ہے اور ہجرت کی ایک مدت بعد منبر بنایا جاتا ہے اور رکھا جاتا ہے پس ان تمام وجوہ سے معلوم ہوتا ہے کہ یہ روایت ضعیف اور منکر ہے۔ واللہ اعلم

ابن ابی حاتم میں ہے حضرت مجاہدؒ فرماتے ہیں:

نبی صلی اللہ علیہ وآلہ وسلم نے بنی اسرائیل کے ایک شخص کا ذکر کیا جو ایک ہزار ماہ تک اللہ کی راہ میں یعنی جہاد میں ہتھیار بند رہا مسلمانوں کو یہ سن کر تعجب معلوم ہوا تو اللہ عزوجل نے یہ سورت اتاری کہ ایک لیلۃ القدر کی عبادت اس شخص کی ایک ہزار مہینے کی عبادت سے افضل ہے۔

ابن جریر میں ہے:

بنی اسرائیل میں ایک شخص تھا جو رات کو قیام کرتا تھا صبح تک اور دن میں دشمنان دین سے جہاد کرتا تھا شام تک ایک ہزار مہینے تک یہی کرتا رہا پس اللہ تعالیٰ نے یہ سورت نازل فرمائی کہ اس اُمت کے کسی شخص کا صرف لیلۃ القدر کا قیام اس عابد کی ایک ہزار مہینے کی اس عبادت سے افضل ہے۔

ابن ابی حاتم میں ہے:

رسول اللہ صلی اللہ علیہ وآلہ وسلم نے بنی اسرائیل کے چار عابدوں کا ذکر کیا جنہوں نے اسی (۸۰) سال تک اللہ تعالیٰ کی عبادت کی تھی ایک آنکھ جھپکنے کے برابر بھی اللہ کے نافرمانی نہیں کی تھی،

- حضرت ایوبؑ،
- حضرت زکریاؑ،
- حضرت حزقیل بن عجوزؑ،
- حضرت یوشع بن نونؑ،

اصحاب رسول صلی اللہ علیہ وآلہ وسلم کو سخت تعجب ہوا آپؐ کے پاس حضرت جبرائیل علیہ السلام آئے اور کہا کہ اے محمد ﷺ آپ کی اُمت نے اس جماعت کی اس عبادت پر تعجب کیا تو اللہ تعالیٰ نے اس سے بھی افضل چیز آپ پر نازل فرمائی اور فرمایا کہ یہ افضل ہے اس سے جن پر آپ اور آپ کی اُمت نے تعجب ظاہر کیا تھا۔

پس آنحضرت صلی اللہ علیہ وآلہ وسلم اور آپ کے صحابہ بے حد خوش ہوئے،

حضرت مجاہدؒ فرماتے ہیں مطلب یہ ہے کہ اس رات کا نیک عمل اس کا روزہ اس کی نماز ایک ہزار مہینوں کے روزے اور نماز سے افضل ہے جن میں لیلۃ القدر نہ ہو اور مفسرین کا بھی یہ قول ہے۔

امام ابن جریرؒ نے بھی اسی کو پسند فرمایا ہے کہ وہ ایک ہزار مہینے جن میں لیلۃ القدر نہ ہو یہی ٹھیک ہے اس کے سوا اور کوئی قول ٹھیک نہیں جیسے رسول اللہ صلی اللہ علیہ وآلہ وسلم فرماتے ہیں:

ایک رات کی جہاد کی تیاری اس کے سوا کی ایک ہزار راتوں سے افضل ہے (مسند احمد)

اسی طرح اور حدیث میں ہے:

جو شخص اچھی نیت اور اچھی حالت سے جمعہ کی نماز کے لیے جائے اس کے لیے ایک سال کے اعمال کا ثواب لکھا جاتا ہے سال بھر کے روزوں کا اور سال بھر کی نمازوں کا۔

اسی طرح کی اور بھی بہت سی حدیثیں ہیں پس مطلب یہ ہے کہ مراد ایک ہزار مہینے سے وہ مہینے ہیں جن میں لیلۃ القدر نہ آئے جیسے ایک ہزار راتوں سے مراد وہ راتیں ہیں جن میں کوئی رات اس عبادت کی نہ ہو اور جیسے جمعہ کی طرف جانے والے کو ایک سال کی نیکیاں یعنی وہ سال جس میں جمعہ نہ ہو۔

مسند احمد میں ہے حضرت ابوہریرہ رضی اللہ تعالیٰ عنہ فرماتے ہیں کہ جب رمضان آگیا تو رسول اللہ صلی اللہ علیہ وآلہ وسلم نے فرمایا:

لوگو تم پر رمضان کا مہینہ آگیا یہ بابرکت مہینہ آگیا اس کے روزے اللہ نے تم پر فرض کئے ہیں اس میں جنت کے دروازے کھول دیئے جاتے ہیں اور جہنم کے دروازے بند کر دیئے جاتے ہیں شیاطین قید کر لیے جاتے ہیں اس میں ایک رات ہے جو ایک ہزار مہینے سے افضل ہے اس کی بھلائی سے محروم رہنے والا حقیقی بد قسمت ہے۔

نسائی شریف میں بھی یہ روایت ہے۔

چونکہ اس رات کی عبادت ایک ہزار مہینے کی عبادت سے افضل ہے اس لیے بخاری و مسلم کی حدیث میں ہے:

رسول اللہ صلی اللہ علیہ وآلہ وسلم نے فرمایا جو شخص لیلۃ القدر کا قیام ایمانداری اور نیک نیتی سے کرے اس کے تمام سابقہ گناہ بخش دیئے جاتے ہیں۔

تَنَزَّلُ الْمَلَائِكَةُ وَالرُّوحُ فِيهَا بِإِذْنِ رَبِّهِم مِّن كُلِّ أَمْرٍ (۴)

اس میں (ہر کام) کے سرانجام دینے کو اپنے رب کے حکم سے فرشتے اور روح (جبرائیلؑ) اترتے ہیں۔

اللہ تعالیٰ فرماتا ہے کہ اس رات کی برکت کی زیادتی کی وجہ سے بکثرت فرشتے اس میں نازل ہوتے ہیں، فرشتے تو ہر برکت اور رحمت کے ساتھ نازل ہوتے رہتے ہیں جیسے تلاوت قرآن کے وقت اترتے ہیں اور ذکر کی مجلسوں کو گھیر لیتے ہیں اور علم دین کے سیکھنے والوں کے لیے راضی خوشی اپنے پر بچھا دیا کرتے ہیں اور اس کی عزت و تکریم کرتے ہیں۔

رُوح سے مراد یہاں حضرت حضرت جبرائیل علیہ السلام ہیں، یہ خاص کا عطف ہے عام پر،
بعض کہتے ہیں رُوح کے نام کے ایک خاص قسم کے فرشتے ہیں جیسے کہ سورہ عم یتساءلون کی تفسیر میں تفصیل سے گزر چکا، واللہ اعلم

سَلَامٌ هِيَ حَتَّىٰ مَطْلَعِ الْفَجْرِ (۵)

یہ رات سلامتی کی ہوتی ہے اور فجر طلوع ہونے تک رہتی ہے

فرمایا وہ سراسر سلامتی والی رات ہے جس میں شیطان نہ تو برائی کر سکتا ہے نہ ایذاء پہنچا سکتا ہے،
حضرت قتادہؒ وغیرہ فرماتے ہیں اس میں تمام کاموں کا فیصلہ کیا جاتا ہے عمر اور رزق مقدر کیا جاتا ہے،

جیسے اور جگہ ہے

فِيهَا يُفْرَقُ كُلُّ أَمْرٍ حَكِيمٍ (۴۴:۴)

اسی رات میں ہر حکمت والے کام کا فیصلہ کیا جاتا ہے

حضرت شعبیؒ فرماتے ہیں کہ اس رات میں فرشتے مسجد والوں پر صبح تک سلام بھیجتے رہتے ہیں
امام بیہقیؒ نے اپنی کتاب فضائل اوقات میں حضرت علی رضی اللہ تعالیٰ عنہ کا ایک غریب اثر فرشتوں کے نازل ہونے میں اور نمازیوں پر ان کے گزرنے میں اور انہیں برکت حاصل ہونے میں وارد کیا ہے۔
ابن ابی حاتم میں حضرت کعب احبار رضی اللہ تعالیٰ عنہ سے ایک عجیب وغریب بہت طول طویل اثر وارد کیا ہے جس میں فرشتوں کا سدرۃ المنتہیٰ سے حضرت جبرائیل علیہ السلام کے ساتھ زمین پر آنا اور مؤمن مردوں اور مؤمن عورتوں کے لیے دعائیں کرنا وارد ہے۔
ابو داؤد طیالسی فرماتے ہیں کہ رسول اللہ صلی اللہ علیہ وآلہ وسلم فرماتے ہیں کہ لیلۃ القدر ستائیسویں ہے یا انتیسویں اس رات میں فرشتے زمین پر سنگریزوں کی گنتی سے بھی زیادہ ہوتے ہیں۔

عبد الرحمٰن بن ابو یعلیٰ فرماتے ہیں اس رات میں ہر امر سے سلامتی ہے یعنی کوئی نئی بات پیدا نہیں ہوتی، حضرت قتادہؒ اور حضرت ابن زیدؒ کا قول ہے کہ یہ رات سراسر سلامتی والی ہے کوئی برائی صبح ہونے تک نہیں ہوتی۔

**مسند احمد میں ہے رسول اللہ صلی اللہ علیہ وآلہ وسلم فرماتے ہیں:**

لیلۃ القدر آخری دس راتوں میں ہے جو ان میں طلب ثواب کی نیت سے قیام کرے اللہ تعالیٰ اس کے اگلے اور پچھلے گناہ معاف فرما دیتا ہے یہ رات اکائی کی ہے یعنی اکیسویں یا تئیسویں یا پچیسویں یا ستائیسویں یا آخری رات۔

آپ فرماتے ہیں یہ رات بالکل صاف اور ایسی روشن ہوتی ہے کہ گویا چاند چڑھا ہوا ہے اس میں سکون اور دلجمعی ہوتی ہے نہ سردی زیادہ ہوتی ہے نہ گرمی، صبح تک ستارے نہیں جھڑتے۔ ایک نشانی اس کی یہ بھی ہے کہ اس صبح کو سورج تیز شعاؤں کے ساتھ نہیں نکلتا بلکہ وہ چودھویں رات کی طرح صاف نکلتا ہے۔ اس دن اس کے ساتھ شیطان بھی نہیں نکلتا۔

یہ اسناد تو صحیح ہے لیکن متن میں غرابت ہے اور بعض الفاظ میں نکارت بھی ہے۔

**اور ابو داؤد طیالسی میں ہے کہ رسول اللہ صلی اللہ علیہ وآلہ وسلم فرماتے ہیں:**

لیلۃ القدر صاف پرسکون سردی گرمی سے خالی رات ہے اسکی صبح مدھم روشنی والا سرخ رنگ نکلتا ہے،

**حضرت ابو عاصم نبیلؒ اپنی اسناد سے حضرت جابر رضی اللہ تعالیٰ عنہ سے روایت کرتے ہیں رسول اللہ صلی اللہ علیہ وآلہ وسلم نے ایک مرتبہ فرمایا:**

میں لیلۃ القدر دکھلایا گیا پھر بھلا دیا گیا یہ آخری دس راتوں میں ہے یہ صاف شفاف سکون و وقار والی رات ہے نہ زیادہ سردی ہوتی ہے نہ زیادہ گرمی اس قدر روشن رات ہوتی ہے کہ یہ معلوم ہوتا ہے گویا چاند چڑھا ہوا ہے سورج کے ساتھ شیطان نہیں نکلتا یہاں تک کہ دھوپ چڑھ جائے۔

## کیا لیلۃ القدر اگلی اُمتوں میں بھی تھی

**اس باب میں علماء کا اختلاف ہے کہ لیلۃ القدر اگلی اُمتوں میں بھی تھی یا صرف اسی اُمت کو خصوصیت کے ساتھ عطا کی گئی ہے پس ایک حدیث میں تو یہ آیا ہے کہ آنحضرت صلی اللہ علیہ وآلہ وسلم نے جب نظریں ڈالیں اور یہ معلوم کیا کہ سابقہ لوگوں کی عمریں بہت زیادہ ہوتی تھیں تو آپ کو خیال گزرا کہ میری اُمت کی عمریں ان کے**

مقابلہ میں کم ہیں تو نیکیاں بھی کم رہیں گی اور پھر درجات اور ثواب میں بھی کمی رہے گی تو اللہ تعالیٰ نے آپ کو یہ رات عنایت فرمائی اور اس کا ثواب ایک ہزار مہینے کی عبادت سے زیادہ دینے کا وعدہ فرمایا۔

اس حدیث سے تو یہ معلوم ہوتا ہے کہ صرف اسی اُمت کو یہ رات دی گئی ہے بلکہ صاحب عدقؒ نے جو شافعیہ میں سے ایک امام ہیں جمہور علماء کا یہی قول نقل کیا ہے۔ واللہ اعلم

اور خطابیؒ نے تو اس پر اجماع نقل کیا ہے لیکن ایک اور حدیث ہے جس سے یہ معلوم ہوتا کہ یہ رات جس طرح اس اُمت میں ہے، اگلی اُمتوں میں بھی تھی، چنانچہ حضرت مرثدؒ فرماتے ہیں میں نے حضرت ابوذر رضی اللہ تعالیٰ عنہ سے پوچھا کہ آپ نے لیلۃ القدر کے بارے میں رسول اللہ صلی اللہ علیہ وآلہ وسلم سے کیا سوال کیا تھا؟

آپ نے فرمایا سنو میں حضور صلی اللہ علیہ وسلم سے اکثر باتیں دریافت کرتا رہتا تھا ایک مرتبہ میں نے کہا یا رسول اللہ صلی اللہ علیہ وسلم یہ تو فرمایئے کہ لیلۃ القدر رمضان میں ہی ہے یا اور مہینوں میں؟

آپ صلی اللہ علیہ وسلم نے فرمایا رمضان میں۔

میں نے کہا اچھا یا رسول اللہ صلی اللہ علیہ وسلم یہ انبیاء کے ساتھ ہی ہے کہ جب تک وہ ہیں یہ بھی ہے جب انبیاء قبض کئے جاتے ہیں تو یہ اٹھ جاتی ہیں یا یہ قیامت تک باقی رہیں گی؟

حضور صلی اللہ علیہ وسلم نے جواب دیا کہ نہیں وہ قیامت تک باقی رہے گی،

میں نے کہا اچھا رمضان کے کس حصہ میں ہے؟

آپؐ نے فرمایا اسے رمضان کے پہلے اور آخری عشرہ میں ڈھونڈو۔

پھر میں خاموش ہو گیا، آپ بھی اور باتوں میں مشغول ہو گئے۔ میں نے پھر موقع پا کر سوال کیا کہ حضور صلی اللہ علیہ وسلم ان دونوں عشروں میں سے کس عشرے میں اس رات کو تلاش کروں؟

آپ نے فرمایا آخری عشرے میں، بس کچھ نہ پوچھنا۔

میں پھر چپکا ہو گیا لیکن پھر موقعہ پا کر میں نے سوال کیا کہ حضور صلی اللہ علیہ وسلم آپ کی قسم ہے میرا بھی کچھ حق آپ پر ہے فرمادیجئے کہ وہ کونسی رات ہے؟ آپؐ سخت غصے ہوئے میں نے تو کبھی آپ کو اپنے اوپر اتنا غصہ ہوتے ہوئے دیکھا ہی نہیں اور فرمایا آخری ہفتہ میں تلاش کرو، اب کچھ نہ پوچھنا۔

یہ روایت نسائی میں بھی مروی ہے۔

اس سے ثابت ہوتا ہے کہ یہ رات اگلی اُمتوں میں بھی تھی، اور اس حدیث سے بھی یہ ثابت ہوتا ہے کہ یہ رات نبی صلی اللہ علیہ وآلہ وسلم کے بعد بھی قیامت تک ہر سال آتی رہے گی۔

بعض شیعہ کا قول ہے کہ یہ رات بالکل اٹھ گئی، یہ قول غلط ہے ان کو غلط فہمی اس حدیث سے ہوئی ہے جس میں ہے کہ وہ اٹھالی گئی اور ممکن ہے کہ تمہارے لیے اسی میں بہتری ہو یہ پوری حدیث بھی آگے آئے گی۔ مطلب حضور صلی اللہ علیہ وسلم کے اس فرمان سے یہ ہے کہ اس رات کی تعین اور اس کا تقرر بھی ساتھ گیا نہ یہ کہ سرے سے لیلۃ القدر ہی اٹھ گئی۔

مندرجہ بالا حدیث سے یہ بھی معلوم ہوا کہ یہ رات رمضان شریف میں آتی ہے کسی اور مہینہ میں نہیں،

حضرت ابن مسعودؓ اور علماء کوفہ کا قول ہے کہ سارے سال میں ایک رات ہے اور ہر مہینہ میں اس کا ہو جانا ممکن ہے۔ یہ حدیث اس کے خلاف ہے،

سنن ابو داؤد میں باب ہے کہ اس شخص کی دلیل جو کہتا ہے لیلۃ القدر سارے رمضان میں ہے۔ پھر حدیث لائے کہ حضور صلی اللہ علیہ وسلم سے لیلۃ القدر کے بارے میں پوچھا گیا تو آپؐ نے فرمایا کہ سارے رمضان میں ہے، اس کی سند کے کل راوی ثقہ ہیں یہ موقوف بھی مروی ہیں۔

امام ابو حنیفہ رحمۃ اللہ علیہ سے ایک روایت میں ہے کہ رمضان المبارک کے سارے مہینہ میں اس رات کا ہونا ممکن ہے، غزالیؒ نے اسی کو نقل کیا ہے لیکن رافعیؒ اُسے بالکل غریب بتلاتے ہیں۔

## لیلۃ القدر کونسی رات ہے

ابو زرینؒ تو فرماتے ہیں کہ رمضان کی پہلی رات ہی لیلۃ القدر ہے

امام محمد بن ادریس شافعیؒ کا فرمان ہے کہ یہ سترھویں شب ہے، ابو داؤد میں اس مضمون کی ایک حدیث مرفوع مروی ہے اور حضرت ابن مسعودؓ حضرت زید بن ارقمؓ اور حضرت عثمان بن العاصؓ سے موقوف بھی مروی ہے حضرت حسن بصریؒ کا مذہب بھی یہی نقل کیا گیا ہے اس کی ایک دلیل یہ بھی بیان کی جاتی ہے کہ رمضان المبارک کی یہی سترھویں رات شب جمعہ تھی اور یہی رات بدر کی رات تھی اور سترھویں تاریخ کو جنگ بدر واقع ہوئی تھی جس دن کو قرآن نے یوم الفرقان کہا ہے۔

حضرت علیؓ اور ابن مسعودؓ سے مروی ہے کہ انیسویں رات لیلۃ القدر ہے اور یہ بھی کہ اکیسویں رات ہے۔

حضرت ابو سعید خدریؓ کی حدیث میں ہے:

رسول اللہ صلی اللہ علیہ وآلہ وسلم نے رمضان شریف کے دس پہلے دن کا اعتکاف کیا ہم بھی آپ کے ساتھ ہی اعتکاف بیٹھے پھر آپؐ کے پاس حضرت جبرائیلؑ آئے اور فرمایا کہ جسے آپ ڈھونڈتے ہیں وہ تو آپ کے آگے ہے پھر آپؐ نے دس سے بیس تک کا اعتکاف کیا اور ہم نے بھی۔

پھر حضرت جبرائیلؑ آئے اور یہی فرمایا کہ جسے آپ ڈھونڈتے ہیں وہ تو ابھی بھی آگے ہیں یعنی لیلۃ القدر۔

پس رمضان کی بیسویں تاریخ کی صبح کو نبی صلی اللہ علیہ وآلہ وسلم نے کھڑے ہو کر خطبہ فرمایا اور فرمایا کہ میرے ساتھ اعتکاف کرنے والوں کو چاہیے کہ وہ پھر اعتکاف میں بیٹھ جائیں میں نے لیلۃ القدر دیکھ لی لیکن میں بھول گیا لیلۃ القدر آخری عشرے کی طاق راتوں میں ہے میں نے دیکھا ہے کہ گویا میں کیچڑ میں سجدہ کر رہا ہوں۔

راوی حدیث فرماتے ہیں کہ مسجد نبوی کی چھت صرف کھجور کے پتوں کی تھی آسمان پر اس وقت ابر کا ایک چھوٹا سا ٹکڑا ابھی نہ تھا پھر ابر اٹھا اور بارش ہوئی اور نبی صلی اللہ علیہ وآلہ وسلم کا خواب سچا ہوا اور میں نے خود دیکھا کہ نماز کے بعد آپ کی پیشانی پر تر مٹی لگی ہوئی تھی۔

اسی روایت کے ایک طریق میں ہے کہ یہ اکیسویں رات کا واقعہ ہے یہ حدیث بخاری و مسلم دونوں میں ہے، امام شافعیؒ فرماتے ہیں تمام روایتوں میں سے زیادہ صحیح یہی حدیث ہے

یہ بھی کہا گیا ہے کہ لیلۃ القدر رمضان شریف کی تئیسویں رات ہے اور اس کی دلیل حضرت عبد اللہ بن انیسؓ کی صحیح مسلم والی ایسی ہی ایک روایت ہے۔ واللہ اعلم

ایک قول یہ بھی ہے کہ یہ چوبیسویں رات ہے ابو داؤد طیالسی میں ہے رسول اللہ صلی اللہ علیہ وآلہ وسلم فرماتے ہیں لیلۃ القدر چوبیسویں شب ہے اس کی سند بھی صحیح ہے، مسند احمد میں بھی یہ روایت ہے لیکن اس کی سند میں ابن لہیعہ ہیں جو ضعیف ہیں۔

بخاری میں حضرت بلال رضی اللہ تعالیٰ عنہ سے جو رسول اللہ صلی اللہ علیہ وآلہ وسلم کے مؤذن ہیں مروی ہے کہ یہ پہلی ساتویں ہے آخری دس میں سے یہ موقوف روایت ہی صحیح ہے۔ واللہ اعلم

ابن مسعودؓ، ابن عباسؓ، جابر حسنؒ، قتادہؒ، عبد اللہ بن وہبؒ بھی فرماتے ہیں کہ چوبیسویں رات لیلۃ القدر ہے

سورہ بقرہ کی تفسیر میں حضرت واثلہ بن اسقعؓ کی روایت کی ہوئی مرفوع حدیث بیان ہو چکی ہے کہ قرآن کریم رمضان شریف کی چوبیسویں رات کو اترا، بعض کہتے ہیں پچیسویں رات لیلۃ القدر رہے ان کی دلیل بخاری شریف کی یہ حدیث ہے کہ حضور صلی اللہ علیہ وسلم نے فرمایا:

اسے رمضان کے آخری عشرے میں ڈھونڈو۔ نو باقی رہیں تب، سات باقی رہیں تب، پانچ باقی رہیں تب۔

اکثر محدثین نے اس کا یہی مطلب بیان کیا ہے کہ اس سے مراد طاق راتیں ہیں یہی زیادہ ظاہر ہے اور زیادہ مشہور ہے گو بعض اوروں نے اسے جفت راتوں پر بھی محمول کیا ہے جیسے کہ صحیح مسلم شریف میں ہے کہ حضرت ابو سعیدؓ نے اسے جفت پر محمول کیا ہے۔ واللہ اعلم

یہ بھی کہا گیا ہے کہ یہ ستائیسویں رات ہے اس کی دلیل صحیح مسلم شریف کی حدیث میں ہے جس میں ہے کہ رسول اللہ صلی اللہ علیہ وآلہ وسلم فرماتے ہیں یہ ستائیسویں رات ہے۔

مسند احمد میں ہے:

حضرت زرؓ نے حضرت ابی ابن کعبؓ سے کہا کہ آپ کے بھائی حضرت عبد اللہ بن مسعودؓ تو فرماتے ہیں جو شخص سال بھر راتوں کو قیام کرے گا وہ لیلۃ القدر کو پائے گا، آپ نے فرمایا اللہ تعالیٰ ان پر رحم کرے وہ جانتے ہیں کہ یہ رات رمضان میں ہی ہے یہ ستائیسویں رات رمضان کی ہے پھر اس بات پر حضرت ابیؓ نے قسم کھائی، میں نے پوچھا آپ کو یہ کیسے معلوم ہوا؟ جواب دیا کہ ان نشانیوں کو دیکھنے سے جو ہم بتائے گئے ہیں کہ اس دن سورج شعاعوں بغیر نکلتا ہے۔

اور روایت میں ہے کہ حضرت ابی رضی اللہ تعالیٰ عنہ نے کہا:

اس اللہ کی قسم جس کے سوا کوئی معبود نہیں کہ یہ رات رمضان میں ہی ہے آپ نے اس پر انشاء اللہ بھی نہیں فرمایا اور پختہ قسم کھالی پھر فرمایا مجھے خوب معلوم ہے کہ وہ کونسی رات ہے جس میں قیام کرنے کا رسول اللہ صلی اللہ علیہ وآلہ وسلم کا حکم ہے یہ ستائیسویں رات ہے اس کی نشانی یہ ہے کہ اس کی صبح کو سورج سفید رنگ نکلتا ہے اور تیزی زیادہ نہیں ہوتی۔

حضرت معاویہ، حضرت ابن عمر، حضرت ابن عباس رضی اللہ تعالیٰ عنہم سے بھی مروی ہے کہ رسول اللہ صلی اللہ علیہ وآلہ وسلم نے فرمایا یہ رات ستائیسویں رات ہے،

سلف کی ایک جماعت نے بھی یہی کہاہے اور امام احمد بن حنبل رحمۃ اللہ علیہ کا مختار مسلک بھی یہی ہے اور امام ابو حنیفہؒ سے ایک روایت اسی قول کی منقول ہے

بعض سلف نے قرآن کریم کے الفاظ سے بھی اسکے ثبوت کا حوالہ دیا ہے اس طرح کہ "ھی" اس سورت میں ستائیسواں کلمہ ہے اور اسکے معنی ہیں" یہ" فاللہ اعلم،

طبرانی میں ہے حضرت عمر بن خطاب رضی اللہ تعالیٰ عنہ نے اصحاب رسول صلی اللہ علیہ وآلہ وسلم کو جمع کیا اور ان سے لیلۃ القدر کی بابت سوال کیا تو سب کا اجماع اس امر پر ہوا کہ یہ رمضان کے آخری عشرہ میں ہے، ابن عباس رضی اللہ تعالیٰ عنہ نے اس وقت فرمایا کہ میں تو یہ بھی جانتا ہوں کہ وہ کونسی رات ہے، حضرت عمر رضی اللہ تعالیٰ عنہ نے فرمایا پھر کہو وہ کونسی رات ہے ؟ فرمایا اس آخری عشرے میں سات گزرنے پر یا سات باقی رہنے پر، حضرت عمرؓ نے پوچھا یہ کیسے معلوم ہوا تو جواب دیا:

دیکھو اللہ تعالیٰ نے آسمان بھی سات پیدا کیے اور زمین بھی سات بنائیں مہینہ بھی ہفتوں پر ہے انسان کی پیدائش بھی سات پر ہے کھانا بھی سات ہے سجدہ بھی سات پر ہے طواف بیت اللہ کی تعداد بھی سات کی ہے رمی جمار کی کنکریاں بھی سات ہیں اور اسی طرح کی سات کی گنتی کی بہت سی چیزیں اور گنوادیں۔

حضرت فاروق اعظمؓ نے فرمایا تمہاری سمجھ وہاں پہنچی جہاں تک ہمارے خیالات کو رسائی نہ ہو سکی۔

یہ جو فرمایا سات ہی کھانا ہے اس سے قرآن کریم کی آیتیں فانبتنا فیھا حبا وعنبا الخ، مراد ہیں جن میں سات چیزوں کا ذکر ہے جو کھائی جاتی ہیں۔

اس کی اسناد بھی جید اور قوی ہے کہ انتیسویں رات ہے۔ حضرت عبادہ بن صامت رضی اللہ تعالیٰ عنہ کے سوال کے جواب میں حضور صلی اللہ علیہ وسلم نے فرمایا تھا:

اسے آخری عشرے میں ڈھونڈو طاق راتوں میں، اکیس، تئیس، پچیس ستائیس اور انتیس یا آخری رات۔

مسند میں ہے کہ لیلۃ القدر ستائیسویں رات ہے، یا انتیسویں۔ اس رات فرشتے زمین پر سنگریزوں کی گنتی سے بھی زیادہ ہوتے ہیں، اس کی اسناد بھی اچھی ہے

ایک قول یہ بھی ہے کہ آخری رات لیلۃ القدر ہے کیونکہ ابھی جو حدیث گزری اس میں ہے اور ترمذی اور نسائی میں بھی ہے کہ جب نو باقی رہ جائیں یا سات یا پانچ یا تین یا آخری رات یعنی ان راتوں میں لیلۃ القدر کی تلاش کرو، امام ترمذی اسے حسن صحیح کہتے ہیں۔ مسند میں ہے یہ آخری رات ہے۔

امام شافعیؒ فرماتے ہیں کہ ان مختلف احادیث میں تطبیق یوں ہو سکتی ہے کہ یہ سوالوں کا جواب ہے کسی نے کہا حضرت ہم اسے فلاں رات میں تلاش کریں تو آپ نے فرما دیا ہاں حقیقت یہ ہے کہ لیلۃ القدر مقرر ہے اور اس میں تبدیلی نہیں ہوتی۔ امام ترمذیؒ نے امام شافعیؒ کا اسی معنی کا قول نقل کیا ہے،

ابو قلابہؒ فرماتے ہیں کہ آخری عشرے کی راتوں میں یہ پھیر بدل ہوا کرتی ہے،

امام مالکؒ، امام ثوریؒ، امام احمد بن حنبلؒ، امام اسحاق بن راہویہؒ، ابو ثور مزنیؒ، ابو بکر بن خزیمہؒ وغیرہ نے بھی یہی فرمایا ہے امام شافعیؒ سے بھی قاضی نے یہی نقل کیا ہے اور یہی ٹھیک بھی ہے واللہ اعلم۔

حضرت عائشہ رضی اللہ تعالیٰ عنہا سے بھی بخاری و مسلم میں مروی ہے کہ رسول اللہ ﷺ نے فرمایا:

رمضان کے آخری عشرے کی طاق راتوں میں شب قدر کی جستجو کرو۔

امام شافعی رحمۃ اللہ علیہ کے اس فرمان پر کہ لیلۃ القدر ہر رمضان میں ایک معین رات ہے اور اس کا ہیر پھیر نہیں ہوتا یہ حدیث دلیل بن سکتی ہے جو صحیح بخاری میں حضرت عبادہ صامتؓ کی روایت سے مروی ہے:

رسول اللہ صلی اللہ علیہ وآلہ وسلم ہمیں لیلۃ القدر کی خبر دینے کے لیے (کہ فلاں رات لیلۃ القدر ہے) نکلے۔ دو مسلمان آپس میں جھگڑ رہے تھے تو آپؐ نے فرمایا کہ تمہیں لیلۃ القدر کی خبر دینے کے لیے آیا تھا لیکن فلاں فلاں کی لڑائی کی وجہ سے وہ اٹھالی گئی اور ممکن ہے کہ اسی میں تمہاری بہتری ہو اب اسے نویں ساتویں اور پانچویں میں ڈھونڈو۔

وجہ دلالت یہ ہے کہ اگر اس کا تعین ہمیشہ کے لیے نہ ہوتا تو ہر سال کی لیلۃ القدر کا علم حاصل نہ ہوتا اگر لیلۃ القدر کا تغیر و تبدل ہوتا رہتا تو صرف اس سال کے لیے تو معلوم ہو جاتا کہ فلاں رات ہے لیکن اور برسوں کے لیے تعین نہ ہوتی ہاں یہ ایک جواب اس کا ہو سکتا ہے کہ آپ صرف اسی سال کی اس مبارک رات کی خبر دینے کے لیے تشریف لائے تھے۔

اس حدیث سے یہ بھی معلوم ہوا کہ لڑائی جھگڑا خیر و برکت اور نفع دینے والے علم کو غارت کر دیتا ہے۔

ایک اور صحیح حدیث میں ہے کہ بندہ اپنے گناہ کے باعث اللہ کی روزی سے محروم رکھ دیا جاتا ہے

یہ یاد رہے کہ اس حدیث میں جو آپؐ نے فرمایا کہ وہ اٹھالی گئی اس سے مراد اسکے تعین کے علم کا اٹھالیا جانا ہے

نہ یہ کہ بالکل لیلۃ القدر ہی دنیا سے اٹھالی گئی جیسے کہ شیعہ کا قول ہے اس پر بڑی دلیل یہ ہے کہ اس لفظ کے بعد ہی یہ ہے کہ آپؐ نے فرمایا اسے نویں، ساتویں اور پانچویں میں ڈھونڈو۔

آپؐ کا یہ فرمان کہ ممکن ہے اسی میں تمہاری بہتری ہو یعنی اس کی مقررہ تعین کا علم نہ ہونے میں اس کا مطلب یہ ہے کہ جب یہ مبہم ہے تو اس کا ڈھونڈنے والا جن جن راتوں میں اس کا ہونا ممکن دیکھے گا ان تمام راتوں میں کوشش و خلوص کے ساتھ عبادت میں لگا رہے گا بخلاف اس کے کہ معلوم ہو جائے کہ فلاں رات ہی ہے تو وہ صرف اسی ایک رات کی عبادت کریگا کیونکہ ہمتیں پست ہیں اس لیے حکمت حکیم کا تقاضا یہی ہوا کہ اس رات کے تعین کی خبر نہ دی جائے تاکہ اس رات کے پالینے کے شوق میں اس مبارک مہینہ میں جی لگا کر اور دل کھول کر بندے اپنے معبود برحق کی بندگی کریں اور آخری عشرے میں تو پوری کوشش اور خلوص کے ساتھ عبادتوں میں مشغول رہیں اسی لیے خود حضرت محمد مصطفیٰ صلی اللہ علیہ وآلہ وسلم بھی اپنے انتقال تک رمضان شریف کے آخری عشرے کا اعتکاف کرتے رہے اور آپ کے بعد آپ کی ازواج مطہرات نے اعتکاف کیا۔

یہ حدیث بخاری مسلم دونوں میں ہے۔

حضرت ابن عباسؓ کی روایت میں ہے کہ آپ رمضان شریف کے آخری عشرے کا اعتکاف کیا کرتے تھے

حضرت عائشہ صدیقہ رضی اللہ عنہا فرماتی ہیں کہ جب آخری دس راتیں رمضان شریف کی رہ جاتیں تو اللہ کے رسول صلی اللہ علیہ وآلہ وسلم ساری رات جاگتے اپنے گھر والوں کو بھی جگاتے اور کمر کس لیتے (بخاری و مسلم)

مسلم شریف میں ہے کہ حضور صلی اللہ علیہ وسلم ان دنوں میں جس محنت کے ساتھ عبادت کرتے اتنی محنت سے عبادت آپ کی اور دنوں میں نہیں ہوتی تھی۔

یہی معنی ہیں اوپر والی حدیث کے اس جملہ کے کہ آپ تہمد مضبوط باندھ لیا کرتے یعنی کمر کس لیا کرتے یعنی عبادت میں پوری کوشش کرتے گو اس کے یہ معنی بھی کیے گئے ہیں کہ آپ بیویوں سے نہ ملتے اور یہ بھی ہو سکتا ہے کہ دونوں ہی باتیں مراد ہوں یعنی بیویوں سے ملنا بھی ترک کر دیتے تھے اور عبادت کی مشغولی میں بھی کمر باندھ لیا کرتے تھے چنانچہ مسند احمد کی حدیث کے یہ الفاظ ہیں کہ جب رمضان کا آخری عشرہ باقی رہ جاتا تو آپؐ تہمد مضبوط باندھ لیتے اور عورتوں سے الگ رہتے۔

امام مالکؒ فرماتے ہیں کہ رمضان کی آخری دس راتوں میں لیلۃ القدر کی یکساں جستجو کرے کسی ایک رات کو دوسری رات پر ترجیح نہ دے (شرح رافعی)

یہ بھی یاد رہے کہ یوں تو ہر وقت دعا کی کثرت مستحب ہے لیکن رمضان میں اور زیادتی کرے اور خصوصاً آخری عشرے میں اور بالخصوص طاق راتوں میں اس دعا کو بکثرت پڑھے۔

اللھم انک عفو تحب العفو فاعف عنی

اللہ تو در گزر کرنے والا اور در گزر کو پسند فرمانے والا ہے مجھ سے بھی در گزر فرما

مسند احمد میں ہے کہ حضرت اُم المومنین عائشہ صدیقہ رضی اللہ عنہا نے حضور صلی اللہ علیہ وسلم سے پوچھا کہ اگر مجھے لیلۃ القدر مل جائے تو میں کیا دعا پڑھوں؟

آپ ؐ نے یہی دعا بتائی

یہ حدیث ترمذی نسائی اور ابن ماجہ میں بھی ہے امام ترمذی اسے حسن صحیح کہتے ہیں مستدرک حاکم میں بھی یہ مروی ہے اور امام حاکم اسے شرط بخاری ومسلم پر صحیح بتاتے ہیں

ایک عجیب وغریب اثر جس کا تعلق لیلۃ القدر سے ہے امام ابو محمد بن ابو حاتم رحمۃ اللہ علیہ نے اپنی تفسیر میں اس سورت کی تفسیر میں حضرت کعبؓ سے اس روایت کے ساتھ وارد کیا ہے:

سدرۃ المنتہیٰ جو ساتویں آسمان کی حد پر جنت سے متصل ہے جو دنیا اور آخرت کے فاصلہ پر ہے اس کی بلندی جنت میں ہے اس کی شاخیں اور ڈالیں کرسی تلے ہیں، اس میں اس قدر فرشتے ہیں جن کی گنتی اللہ تعالی کے سوا اور کوئی نہیں جانتا اس کی ہر ایک شاخ پر بیشمار فرشتے ہیں ایک بال برابر بھی جگہ ایسی نہیں جو فرشتوں سے خالی ہو اس درخت کے بیچوں بیچ حضرت جبرائیل علیہ السلام کا مقام ہے۔ اللہ تعالی کی طرف سے حضرت جبرائیل کو آواز دی جاتی ہے کہ اے جبرائیل لیلۃ القدر میں اس درخت کے تمام فرشتوں کو لے کر زمین پر جاؤ یہ فرشتے رافت ورحمت والے ہیں جن کے دلوں میں ہر ہر مؤمن کے لیے رحم کے جذبات موجزن ہیں سورج غروب ہوتے ہی یہ کل کے کل فرشتے حضرت جبرائیلؑ کے ساتھ لیلۃ القدر میں اترتے ہیں تمام روئے زمین پر پھیل جاتے ہیں ہر ہر جگہ پر سجدے میں قیام میں مشغول ہو جاتے ہیں اور تمام مؤمن مردوں اور مؤمن عورتوں کے لیے دعائیں مانگتے رہتے ہیں

ہاں گرجا گھر میں مندر میں آتش کدے میں بت خانے میں غرض اللہ کے سوا اوروں کی جہاں پرستش ہوتی ہے وہاں تو یہ فرشتے نہیں جاتے اور ان جگہوں میں بھی جن میں تم گندی چیزیں ڈالتے ہو اور اس گھر میں بھی جہاں نشے والا شخص ہو یا نشہ والی چیز ہو یا جس گھر میں کوئی بت گڑا ہوا ہو یا جس گھر میں باجے گاجے گھنٹیاں ہوں یا مجسمہ ہو یا کوڑا کرکٹ ڈالنے کی جگہ ہو وہاں تو یہ رحمت کے فرشتے جاتے نہیں باقی چپے چپے پر گھوم جاتے ہیں

اور ساری رات مؤمن مردوں عورتوں کے لیے دعائیں مانگنے میں گزارتے ہیں حضرت جبرائیل علیہ السلام تمام مؤمنوں سے مصافحہ کرتے ہیں اس کی نشانی یہ ہے کہ روئیں جسم پر کھڑے ہو جائیں دل نرم پڑ جائے آنکھیں بہہ نکلیں اس وقت آدمی کو سمجھ لینا چاہیے کہ اس وقت میرا ہاتھ حضرت جبرائیل علیہ السلام کے ہاتھ میں ہے۔

حضرت کعبؓ فرماتے ہیں جو شخص اس رات میں تین مرتبہ لا الہ الا اللہ پڑھے اس کی

- پہلی مرتبہ کے پڑھنے پر گناہوں کی بخشش ہو جاتی ہے،
- دوسری مرتبہ کے کہنے پر آگ سے نجات مل جاتی ہے،
- تیسری مرتبہ کے کہنے پر جنت میں داخل ہو جاتا ہے،

راوی نے پوچھا کہ اے ابو اسحاق جو اس کلمہ کو سچائی سے کہے اس کے؟

فرمایا یہ تو نکلے گا ہی اس کے منہ سے جو سچائی سے اس کا کہنے والا ہو اس اللہ کی قسم جس کے ہاتھ میں میری جان ہے کہ لیلۃ القدر کافر و منافق پر تو اتنی بھاری پڑتی ہے کہ گویا اس کی پیٹھ پر پہاڑ آ پڑا۔

غرض فجر ہونے تک فرشتے اسی طرح رہتے ہیں پھر سب سے پہلے حضرت جبرائیلؑ چڑھتے ہیں اور بہت اونچے چڑھ کر اپنے پروں کو پھیلا دیتے ہیں بالخصوص ان دو سبز پروں کو جنہیں اس رات کے سوا وہ کبھی نہیں پھیلاتے یہی وجہ ہے کہ سورج کی تیزی ماند پڑ جاتی ہے اور شعائیں جاتی رہتی ہیں پھر ایک ایک فرشتے کو پکارتے ہیں اور سب کے سب اوپر چڑھتے ہیں پس فرشتوں کا نور اور جبرائیل علیہ السلام کے پروں کا نور مل کر سورج کو ماند کر دیتا ہے اس دن سورج متحیر رہ جاتا ہے۔

حضرت جبرائیلؑ اور یہ سارے کے سارے بیشمار فرشتے اس دن آسمان و زمین کے درمیان مؤمن مردوں اور مؤمن عورتوں کے لیے رحمت کی دعائیں مانگتے ہیں اور ان کے گناہوں کی بخشش طلب کرنے میں گزار دیتے ہیں نیک نیتی کے ساتھ روزے رکھنے والوں کے لیے اور ان لوگوں کے لیے بھی جن کا یہ خیال رہا کہ اگلے سال بھی اگر اللہ نے زندگی رکھی تو رمضان کے روزے عمدگی کے ساتھ پورے کریں گے یہی دعائیں مانگتے رہتے ہیں،

شام کو دنیا کے آسمان پر چڑھ جاتے ہیں وہاں کے تمام فرشتے حلقے باندھ باندھ کر ان کے پاس جمع ہو جاتے ہیں اور ایک ایک مرد اور ایک ایک عورت کے بارے میں ان سے سوال کرتے ہیں اور یہ جواب دیتے ہیں یہاں تک کہ وہ پوچھتے ہیں کہ فلاں شخص کو اس سال تم نے کس حالت میں پایا تو یہ کہتے ہیں کہ گذشتہ سال تو ہم نے اسے عبادتوں میں پایا تھا لیکن اس سال تو وہ بدعتوں میں مبتلا تھا اور فلاں شخص گذشتہ سال بدعتوں میں مبتلا تھا لیکن اس سال ہم نے اسے سنت کے مطابق عبادتوں میں پایا پس یہ فرشتے اس سے پہلے شخص کے لیے بخشش کی دعائیں مانگنی موقوف کر دیتے ہیں اور اس دوسرے شخص کے لیے شروع کر دیتے ہیں،

اور یہ فرشتے انہیں سناتے ہیں کہ فلاں فلاں کو ہم نے ذکر اللہ میں پایا اور فلاں کو رکوع میں اور فلاں کو سجدے میں اور فلاں کو کتاب اللہ کی تلاوت میں غرض ایک رات دن یہاں گزار کر دوسرے آسمان پر جاتے ہیں یہاں بھی یہی ہوتا ہے یہاں تک

کہ سدرۃ المنتہیٰ میں اپنی اپنی جگہ پہنچ جاتے ہیں اس وقت سدرۃ المنتہیٰ ان سے پوچھتا ہے کہ مجھ میں بسنے والو میرا بھی تم پر حق ہے میں بھی ان سے محبت رکھتا ہوں جو اللہ سے محبت رکھیں ذرا مجھے بھی تو لوگوں کی حالت کی خبر دو اور ان کے نام بتاؤ،

حضرت کعب احبار رضی اللہ تعالیٰ عنہ فرماتے ہیں کہ اب فرشتے اس کے سامنے گنتی کر کے اور ایک ایک مرد و عورت کا مع ولدیت کے نام بتاتے ہیں پھر جنت سدرۃ المنتہیٰ کی طرف متوجہ ہو کر پوچھتی ہے کہ تجھ میں رہنے والے فرشتوں نے جو خبریں تجھے دی ہیں مجھ سے بھی تو بیان کر چنانچہ سدرۃ المنتہیٰ اس سے ذکر کرتا ہے یہ سن کر وہ کہتی ہے اللہ کی رحمت ہو فلاں مرد اور فلاں عورت پر اللہ انہیں جلدی مجھ سے ملا

جبرائیل علیہ السلام سب سے پہلے اپنی جگہ پہنچ جاتے ہیں انہیں الہام ہوتا ہے اور یہ عرض کرتے ہیں پروردگار میں نے تیرے فلاں فلاں بندوں کو سجدے میں پایا تو انہیں بخش، اللہ تعالیٰ فرماتا ہے میں نے انہیں بخشا

حضرت جبرائیل علیہ السلام اسے عرش کے اٹھانے والے فرشتوں کو سناتے ہیں پھر سب کہتے ہیں فلاں فلاں مرد و عورت پر اللہ تعالیٰ کی رحمت ہوئی اور مغفرت ہوئی

پھر حضرت جبرائیل علیہ السلام خبر دیتے ہیں کہ باری تعالیٰ فلاں شخص کو گذشتہ سال تو عامل سنت اور عابد چھوڑا تھا لیکن امسال تو بدعتوں میں پڑ گیا اور تیرے احکام سے روگردانی کر لی ہے، اللہ تعالیٰ فرماتا ہے اے جبرائیل اگر یہ مرنے سے تین ساعت پہلے بھی توبہ کر لے گا تو میں اسے بخش دوں گا، اس وقت حضرت جبرائیل بے ساختہ کہہ اٹھتے ہیں

اللہ تیرے ہی لیے سب تعریفیں سزاوار ہیں الٰہی تو اپنی مخلوق پر سب سے زیادہ مہربان ہے بندوں پر تیری مہربانی خود ان کی مہربانی سے بھی بڑھی ہوئی ہے

اس وقت عرش اور اس کے آس پاس کی چیزیں پردے اور تمام آسمان جنبش میں آجاتے ہیں اور کہہ اٹھتے ہیں الحمد اللہ الرحیم ۔ الحمد اللہ الرحیم،

حضرت کعب رضی اللہ تعالیٰ عنہ یہ بھی فرماتے ہیں کہ جو شخص رمضان شریف کے روزے پورے کرے اور اس کی نیت یہ ہو کہ رمضان کے بعد بھی میں گناہوں سے بچتا رہوں گا وہ بغیر سوال جواب کے اور بغیر حساب کتاب کے جنت میں داخل ہو گا

# Surah Bayyinah

## سورۃ البیّنۃ

بِسۡمِ اللّٰہِ الرَّحۡمٰنِ الرَّحِیۡمِ

لَمۡ یَکُنِ الَّذِیۡنَ کَفَرُوۡا مِنۡ اَہۡلِ الۡکِتٰبِ وَ الۡمُشۡرِکِیۡنَ مُنۡفَکِّیۡنَ حَتّٰی تَاۡتِیَہُمُ الۡبَیِّنَۃُ (۱)

اہل کتاب کے کافر اور مشرک لوگ جب تک کہ ان کے پاس ظاہر دلیل نہ آجائے باز رہنے والے نہ تھے

اہل کتاب سے مراد یہود و نصاریٰ ہیں اور مشرکین سے مراد بت پوجنے والے عرب اور آتش پرست عجمی ہیں اللہ تعالیٰ فرماتا ہے کہ یہ لوگ بغیر دلیل حاصل کئے باز رہنے والے نہ تھے،

(وہ دلیل یہ تھی کہ)

رَسُوۡلٌ مِّنَ اللّٰہِ یَتۡلُوۡا صُحُفًا مُّطَہَّرَۃً (۲)

اللہ تعالیٰ کا ایک رسول جو پاک آسمانی کتاب پڑھے۔

پھر بتایا کہ وہ دلیل اللہ کے رسول حضرت محمد صلی اللہ علیہ وآلہ وسلم جو پاک صحیفے یعنی قرآن کریم پڑھ کر سناتے ہیں جو اعلیٰ فرشتوں نے پاک اوراق میں لکھا ہوا ہے جیسے اور جگہ فرمایا:

فِیۡ صُحُفٍ مُّکَرَّمَۃٍ ۔ مَّرۡفُوۡعَۃٍ مُّطَہَّرَۃٍۭ ۔ بِاَیۡدِیۡ سَفَرَۃٍ ۔ کِرَامٍۭ بَرَرَۃٍ (۸۰:۱۳،۱۶)

وہ نامی گرامی بلند و بالا پاک صاف اوراق میں پاک باز نیکوکار بزرگ فرشتوں کے ہاتھوں لکھے ہوئے ہیں

فِیۡہَا کُتُبٌ قَیِّمَۃٌ (۳)

جن میں صحیح اور درست احکام ہوں۔

فرمایا کہ ان پاک صحیفوں میں اللہ کی لکھی ہوئی باتیں عدل و استقامت والی موجود ہیں جن کے اللہ کی جانب سے ہونے میں کوئی شک وشبہ نہیں نہ ان میں کوئی خطا اور غلطی ہوئی ہے،

حضرت قتادہؒ فرماتے ہیں کہ وہ رسول صلی اللہ علیہ وسلم عمدگی کے ساتھ قرآنی وعظ کہتے ہیں اور اس کی اچھی تعریفیں بیان کرتے ہیں،

ابن زیدؒ فرماتے ہیں ان صحیفوں میں کتابیں ہیں استقامت اور عدل و انصاف والی۔

وَمَا تَفَرَّقَ الَّذِينَ أُوتُوا الْكِتَابَ إِلَّا مِن بَعْدِ مَا جَاءَتْهُمُ الْبَيِّنَةُ (۴)

اہل کتاب اپنے پاس ظاہر دلیل آجانے کے بعد ہی (اختلاف میں پڑکر) متفرق ہو گئے

فرمایا کہ اگلی کتابوں والے اللہ کی حجتیں قائم ہو چکنے اور دلیلیں پانے کے بعد اللہ کے کلام کے مطلب میں اختلاف کرنے لگے اور جدا جدا راہوں میں بٹ گئے جیسے کہ اس حدیث میں ہے:

یہودیوں کے اکہتر (۷۱) فرقے ہو گئے اور نصرانیوں کے بہتر (۷۲) اور اس امت کے تہتر (۷۳) فرقے ہو جائیں گے، سوا ایک کے سب جہنم میں جائیں گے۔

لوگوں نے پوچھا وہ ایک کون ہے،

فرمایا وہ جو اس پر ہو جس پر میں اور میرے اصحاب ہیں۔

وَمَا أُمِرُوا إِلَّا لِيَعْبُدُوا اللَّهَ مُخْلِصِينَ لَهُ الدِّينَ حُنَفَاءَ

انہیں اس کے سوا کوئی حکم نہیں دیا گیا کہ صرف اللہ کی عبادت کریں اسی کے لئے دین کو خالص رکھیں۔ ابراہیم حنیف کے دین پر

پھر فرمایا کہ انہیں صرف اتنا ہی حکم تھا کہ خلوص اور اخلاص کے ساتھ صرف اپنے سچے معبود کی عبادت میں لگے رہیں، جیسے اور جگہ فرمایا:

وَمَآ أَرْسَلْنَا مِن قَبْلِكَ مِن رَّسُولٍ إِلَّا نُوحِىٓ إِلَيْهِ أَنَّهُۥ لَآ إِلَـٰهَ إِلَّآ أَنَا۠ فَٱعْبُدُونِ (۲۱:۲۵)

تجھ سے پہلے بھی ہم نے جتنے رسول بھیجے سب کی طرف یہی وحی کی کہ میرے سوا کوئی معبود برحق نہیں تم سب صرف میری ہی عبادت کرتے رہو

اسی لیے یہاں بھی فرمایا کہ یکسو ہو کر یعنی شرک سے دور اور توحید میں مشغول ہو کر،

جیسے اور جگہ ہے:

وَلَقَدْ بَعَثْنَا فِى كُلِّ أُمَّةٍ رَّسُولًا أَنِ ٱعْبُدُوا۟ ٱللَّهَ وَٱجْتَنِبُوا۟ ٱلطَّـٰغُوتَ (۱۶:۳۶)

ہم نے ہر امت میں رسول بھیجا کہ اللہ کی عبادت کرو اور اللہ کے سوا دوسروں کی عبادت سے بچو

حُنَفَاءَ کی پوری تفسیر سورہ انعام میں گزر چکی ہے جسے لوٹانے کی اب ضرورت نہیں۔

وَيُقِيمُوا الصَّلَاةَ وَيُؤْتُوا الزَّكَاةَ ۚ وَذَٰلِكَ دِينُ الْقَيِّمَةِ (٥)

اور نماز قائم رکھیں اور زکوۃ دیتے رہیں یہی ہے دین سیدھی ملت کا۔

پھر فرمایا نمازوں کو قائم کریں جو کہ بدن کی تمام عبادتوں میں سب سے اعلیٰ عبادت ہے اور زکوۃ دیتے رہیں یعنی فقیروں اور محتاجوں کے ساتھ سلوک کرتے رہیں یہی دین مضبوط سیدھا درست عدل والا اور عمدگی والا ہے۔

بہت سے آئمہ کرام نے جیسے امام زہریؒ، امام شافعیؒ وغیرہ نے اس آیت سے اس امر پر استدلال کیا ہے کہ اعمال ایمان میں داخل ہیں کیونکہ ان آیتوں میں اللہ تعالیٰ کی خلوص اور یکسوئی کے ساتھ کی عبادت اور نماز و زکوۃ کو دین فرمایا گیا ہے۔

إِنَّ الَّذِينَ كَفَرُوا مِنْ أَهْلِ الْكِتَابِ وَالْمُشْرِكِينَ فِي نَارِ جَهَنَّمَ خَالِدِينَ فِيهَا ۚ أُولَٰئِكَ هُمْ شَرُّ الْبَرِيَّةِ (٦)

بیشک جو لوگ اہل کتاب میں سے کافر ہوئے اور مشرکین سب دوزخ کی آگ میں جائیں گے جہاں وہ ہمیشہ ہمیشہ رہیں گے، یہ لوگ بدترین خلائق ہیں

اللہ تعالیٰ کافروں کا انجام بیان فرماتا ہے وہ کافر خواہ یہود و نصاریٰ ہوں یا مشرکین عرب و عجم ہوں جو بھی انبیاء اللہ کے مخالف ہوں اور کتاب اللہ کے جھٹلانے والے ہوں وہ قیامت کے دن جہنم کی آگ میں ڈال دیئے جائیں گے اور اسی میں پڑے رہیں گے نہ وہاں سے نکلیں گے نہ رہا ہوں گے یہ لوگ تمام مخلوق سے بدتر اور کمتر ہیں۔

إِنَّ الَّذِينَ آمَنُوا وَعَمِلُوا الصَّالِحَاتِ أُولَٰئِكَ هُمْ خَيْرُ الْبَرِيَّةِ (٧)

بیشک جو لوگ ایمان لائے اور نیک عمل کئے یہ لوگ بہترین خلائق ہیں

اللہ تعالیٰ اپنے نیک بندوں کے انجام کی خبر دیتا ہے جن کے دلوں میں ایمان ہے اور جو اپنے جسموں سے سنت کی بجا آوری میں ہر وقت مصروف رہتے ہیں کہ یہ ساری مخلوق سے بہتر اور بزرگ ہیں۔

اس آیت سے حضرت ابوہریرہ رضی اللہ تعالیٰ عنہ اور علماء کرام کی ایک جماعت نے استدلال کیا ہے کہ ایمان والے انسان فرشتوں سے بھی افضل ہیں۔

جَزَاؤُهُمْ عِندَ رَبِّهِمْ جَنَّاتُ عَدْنٍ تَجْرِي مِن تَحْتِهَا الْأَنْهَارُ خَالِدِينَ فِيهَا أَبَدًا ۖ

انکا بدلہ ان کے رب کے پاس ہمیشگی والی جنتیں ہیں جنکے نیچے نہریں بہہ رہی ہیں جن میں وہ ہمیشہ رہیں گے۔

ارشاد ہوتا ہے کہ ان کا نیک بدلہ ان کے رب کے پاس ان لازوال جنتوں کی صورت میں ہے جن کے چپے چپے پر پاک صاف پانی کی نہریں بہہ رہی ہیں جن میں دوام اور ہمیشہ کی زندگی کے ساتھ رہیں گے نہ وہاں سے نکالے جائیں نہ وہ نعمتیں ان سے جدا ہوں نہ کم ہوں نہ اور کوئی کھٹکا ہے نہ غم۔

رَضِيَ اللَّهُ عَنْهُمْ وَرَضُوا عَنْهُ

اللہ ان سے راضی ہوا اور یہ اس سے راضی ہوئے

پھر ان سب سے بڑھ چڑھ کر نعمت ورحمت یہ ہے کہ رضائے رب مرضی مولا انہیں حاصل ہوگئی ہے اور انہیں اس قدر نعمتیں جناب باری نے عطا فرمائی ہیں کہ یہ بھی دل سے راضی ہوگئے ہیں۔

ذَٰلِكَ لِمَنْ خَشِيَ رَبَّهُ (٨)

یہ ہے اس کے لئے جو اپنے پروردگار سے ڈرے۔

اللہ تعالیٰ ارشاد فرماتا ہے کہ یہ بہترین بدلہ، یہ بہت بڑی جزاء، یہ اجر عظیم دنیا میں اللہ سے ڈرتے رہنے کا عوض ہے ہر وہ شخص جس کے دل میں ڈر ہو جس کی عبادت میں اخلاص ہو جو جانتا ہو کہ اللہ کی اس پر نظریں ہیں بلکہ عبادت کے وقت اس مشغولی اور دلچسپی سے عبادت کر رہا ہو کہ گویا خود وہ اپنی آنکھوں سے اپنے خالق مالک سچے رب اور حقیقی اللہ کو دیکھ رہا ہے، مسند احمد کی حدیث میں ہے رسول ﷺ فرماتے ہیں:

میں تمہیں بتاؤں کہ سب سے بہتر شخص کون ہے؟ لوگوں نے کہا ضرور، فرمایا:

وہ شخص جو اپنے گھوڑے کی لگام تھامے ہوئے ہے کہ کب جہاد کی آواز بلند ہو اور کب میں کود کر اس کی پیٹھ پر سوار ہو جاؤں اور گرجتا ہوا دشمن کی فوج میں گھسوں اور داد شجاعت دوں،

میں تمہیں ایک اور بہترین مخلوق کی خبر دوں،

وہ شخص جو اپنی بکریوں کے ریوڑ میں ہے نہ نماز کو چھوڑتا ہے نہ زکوۃ سے جی چراتا ہے،

آؤ اب میں بدترین مخلوق بتاؤں،

وہ شخص کہ اللہ کے نام سے سوال کرے اور پھر نہ دیا جائے۔

# Surah Zalzalah

## سورۃ الزلزلة

بِسۡمِ اللّٰہِ الرَّحۡمٰنِ الرَّحِیۡمِ

إِذَا زُلۡزِلَتِ الۡأَرۡضُ زِلۡزَالَهَا (١)

جب زمین پوری طرح جھنجھوڑ دی جائے گی

وَأَخۡرَجَتِ الۡأَرۡضُ أَثۡقَالَهَا (٢)

اور اپنے بوجھ باہر نکال پھینکے گی

**زمین اپنے نیچے سے اوپر تک کپکپانے لگے گی اور جتنے مردے اس میں ہیں سب نکال پھینکے گی۔**

**جیسے اور جگہ ہے**

يَأَيُّهَا النَّاسُ اتَّقُوا رَبَّكُمۡ إِنَّ زَلۡزَلَةَ السَّاعَةِ شَيۡءٌ عَظِيمٌ (٢٢:١)

لوگو اپنے رب سے ڈرو یقین مانو کہ قیامت کا زلزلہ اس دن کا بھونچال بڑی چیز ہے

**اور جگہ ارشاد ہے**

وَإِذَا الۡأَرۡضُ مُدَّتۡ۔ وَأَلۡقَتۡ مَا فِيهَا وَتَخَلَّتۡ (٨٤:٣،٤)

جبکہ زمین کھینچ کھانچ کر برابر ہموار کر دی جائیگی اور اس میں جو کچھ ہے وہ اسے باہر ڈال دے گی اور بالکل خالی ہو جائیگی

**صحیح مسلم شریف میں ہے رسول اللہ صلی اللہ علیہ وآلہ وسلم فرماتے ہیں:**

زمین اپنے کلیجے کے ٹکڑوں کو اگل دے گی سونا چاندی مثل ستونوں کے باہر نکل پڑے گا قاتل اسے دیکھ کر افسوس کرتا ہوا کہے گا کہ ہائے اسی مال کے لیے میں نے فلاں کو قتل کیا تھا آج یہ یوں ادھر ادھر بکھر رہا ہے کوئی آنکھ بھر کر دیکھتا بھی نہیں۔

اسی طرح صلہ رحمی توڑنے والا بھی کہے گا کہ اسی کی محبت میں آکر رشتہ داروں سے میں سلوک نہیں کرتا تھا،

چور بھی کہے گا کہ اسی کی محبت میں میں نے ہاتھ کٹوا دیئے تھے،

غرض وہ مال یونہی بکھرا پھرے گا کوئی نہیں لے گا۔

## وَقَالَ الْإِنسَانُ مَا لَهَا (۳)

انسان کہنے لگے گا اسے کیا ہو گیا ہے۔

انسان اس وقت ہکا بکارہ جائیگا اور کہے گا یہ تو ہلنے جلنے والی نہ تھی بلکہ ٹھہری ہوئی بوجھل اور جمی ہوئی تھی اسے کیا ہو گیا کہ یوں بید کی طرح تھرانے لگی

اور ساتھ ہی جب دیکھے گا کہ تمام پہلی پچھلی لاشیں بھی زمین نے اگل دیں تو اور حیران و پریشان ہو جائیگا کہ آخر اسے کیا ہو گیا ہے؟

## يَوْمَئِذٍ تُحَدِّثُ أَخْبَارَهَا (۴)

اس دن زمین اپنی سب خبریں بیان کر دے گی

پس زمین بالکل بدل دی جائیگی اور آسمان بھی اور سب لوگ اس قہار اللہ کے سامنے کھڑے ہو جائیں گے زمین کھلے طور پر صاف صاف گواہی دے گی کہ فلاں فلاں شخص نے فلاں فلاں زیادتی اس شخص پر کی ہے۔

حضور صلی اللہ علیہ وآلہ وسلم نے اس آیت کی تلاوت کر کے فرمایا کہ جانتے بھی ہو کہ زمین کی بیان کردہ خبریں کیا ہوں گی، لوگوں نے کہا اللہ تعالیٰ اور اس کے رسول ہی کو علم ہے تو آپ ﷺ نے فرمایا:

جو جو اعمال بنی آدم نے زمین پر کئے ہیں وہ تمام وہ ظاہر کر دے گی کہ فلاں فلاں شخص نے فلاں نیکی یا بدی فلاں جگہ فلاں وقت کی ہے۔

امام ترمذی اس حدیث کو حسن صحیح غریب بتلاتے ہیں

معجم طبرانی میں ہے کہ آپ صلی اللہ علیہ وآلہ وسلم نے فرمایا:

زمین سے بچو یہ تمہاری ماں ہے جو شخص جو نیکی بدی اس پر کرتا ہے یہ سب کھول کھول کر بیان کر دے گی۔

## بِأَنَّ رَبَّكَ أَوْحَىٰ لَهَا (۵)

اس لئے کہ تیرے رب نے اسے حکم دیا ہو گا۔

یہاں وحی سے مراد حکم دینا ہے اوحی اور اس کے ہم معنی افعال کا صلہ حرف لام بھی آتا ہے الی بھی، مطلب یہ ہے کہ اللہ اسے فرمائے گا کہ بتا اور وہ بتاتی جائے گی

يَوْمَئِذٍ يَصْدُرُ النَّاسُ أَشْتَاتًا لِيُرَوْا أَعْمَالَهُمْ (٦)

اس روز لوگ مختلف جماعتیں ہو کر (واپس) لوٹیں گے تاکہ انہیں ان کے اعمال دکھا دیئے جائیں

اس دن لوگ حساب کی جگہ سے مختلف قسموں کی جماعتیں بن بن کر لوٹیں گے کوئی بد ہو گا کوئی نیک کوئی جنتی بنا ہو گا کوئی جہنمی،

یہ معنی بھی ہیں کہ یہاں سے جو الگ الگ ہوں گے تو پھر اجتماع نہ ہو گا یہ اس لیے کہ وہ اپنے اعمال کو جان لیں اور بھلائی برائی کا بدلہ پالیں گے اسی لیے آخر میں بھی بیان فرمادیا،

فَمَنْ يَعْمَلْ مِثْقَالَ ذَرَّةٍ خَيْرًا يَرَهُ (٧)

پس جس نے ذرہ برابر بھی نیکی کی ہو گی وہ اسے دیکھ لے گا۔

وَمَنْ يَعْمَلْ مِثْقَالَ ذَرَّةٍ شَرًّا يَرَهُ (٨)

اور جس نے ذرہ برابر برائی کی ہو گی وہ اسے دیکھ لے گا۔

رسول اللہ صلی اللہ علیہ وآلہ وسلم فرماتے ہیں گھوڑوں والے تین قسم کے ہیں،

- ایک اجر پانے والا
- ایک پردہ پوشی والا اور
- ایک بوجھ اور گناہ والا

اجر والا تو وہ ہے جو گھوڑا پالتا ہے جہاد کی نیت سے اگر اس کے گھوڑے کی اگاڑی پچھاڑی ڈھیلی ہو گئی اور یہ ادھر ادھر سے چرتا رہا تو یہ بھی گھوڑے والے کے لیے اجر کا باعث ہے اور اگر اس کی رسی ٹوٹ گئی اور یہ ادھر ادھر چلا گیا تو اس کے نشان قدم اور لید کا بھی اسے ثواب ملتا ہے اگر یہ کسی نہر پر جا کر پانی پی لے چاہے پلانے کا ارادہ نہ ہو تو بھی ثواب مل جاتا یہ گھوڑا تو اس کے لیے سراسر اجر و ثواب ہے،

دوسرا وہ شخص جس نے اس لیے پال رکھا ہے کہ دوسروں سے بے پرواہ رہے اور کسی سے سوال کی ضرورت نہ ہو لیکن اللہ کا حق نہ تو خود اس بارے میں بھولتا ہے نہ اس کی سواری میں پس یہ اس کے لیے پردہ ہے،

تیسرا وہ شخص ہے جس نے فخر وریاکاری اور ظلم وستم کے لیے پال رکھا ہے پس یہ اس کے ذمہ بوجھ اور اس پر گناہ کا بار ہے۔

پھر حضور صلی اللہ علیہ وسلم سے سوال ہوا کہ گدھوں کے بارے میں کیا حکم ہے آپؐ نے فرمایا:

مجھ پر اللہ تعالیٰ کی جانب سے سوائے اس تنہا اور جامع آیت کے اور کچھ نازل نہیں ہوا

فَمَنْ يَعْمَلْ مِثْقَالَ ذَرَّةٍ خَيْرًا يَرَهُ ۔ وَمَنْ يَعْمَلْ مِثْقَالَ ذَرَّةٍ شَرًّا يَرَهُ

ذرہ برابر نیکی یا بدی ہر شخص دیکھ لے گا۔ (مسلم)

حضرت صعصعہ بن مالک رضی اللہ تعالیٰ عنہ نے تو حضور صلی اللہ علیہ وسلم کی زبانی یہ آیت سن کر کہہ دیا تھا کہ صرف یہی آیت کافی ہے اور زیادہ اگر نہ بھی سنوں تو کوئی ضرورت نہیں۔ (مسند احمد ونسائی)

صحیح بخاری شریف میں یہ روایت حضرت عدی بن حاتم رضی اللہ تعالیٰ عنہ سے مروی ہے:

آگ سے بچو اگرچہ آدھی کھجور کا صدقہ ہی ہو۔

اسی طرح صحیح حدیث میں ہے:

نیکی کے کام کو ہلکا نہ سمجھو گو اتنا ہی کام ہو کہ تو اپنے ڈول میں سے ذرا سا پانی کسی پیاسے کو پلوا دے یا اپنے کسی مسلمان بھائی سے کشادہ روئی اور خندہ پیشانی سے ملاقات کر لے۔

دوسری ایک صحیح حدیث میں ہے:

سائل کو کچھ نہ کچھ دے دو گو جلا ہوا کھر ہی ہو۔

مسند احمد کی حدیث میں ہے:

اے عائشہ گناہوں کو حقیر نہ سمجھو یاد رکھو کہ ان کا بھی حساب اللہ لینے والا ہے۔

ابن جریر میں ہے کہ حضرت ابو بکر صدیق رضی اللہ تعالیٰ عنہ جناب رسول اللہ صلی اللہ علیہ وآلہ وسلم کے ساتھ کھانا کھا رہے تھے کہ یہ آیت اتری تو حضرت صدیقؓ نے کھانے سے ہاتھ اٹھا لیا اور پوچھنے لگے کہ یا رسول اللہ صلی اللہ علیہ وسلم کیا میں ایک ایک ذرے برابر کا بدلہ دیا جائے گا تو آپ صلی اللہ علیہ وسلم نے فرمایا:

اے صدیق دنیا میں جو جو تکلیفیں تمہیں پہنچی ہیں یہ تو اس میں آ گئیں اور نیکیاں تمہارے لیے اللہ کے ہاں ذخیرہ بنی ہوئی ہیں اور ان سب کا پورا پورا بدلہ قیامت کے دن تمہیں دیا جائے گا۔

ابن جریر کی ایک اور روایت میں ہے کہ یہ سورت حضرت ابو بکرؓ کی موجودگی میں نازل ہوئی تھی آپ اسے سن کر بہت روئے حضور ﷺ نے سبب پوچھا تو آپ نے فرمایا مجھے یہ سورت رلا رہی ہے آپ ﷺ نے فرمایا:

اگر تم خطا اور گناہ نہ کرتے کہ تمہیں بخشا جائے اور معاف کیا جائے تو اللہ تعالیٰ کسی اور اُمت کو پیدا کرتا جو خطا اور گناہ کرتے اور اللہ انہیں بخشتا۔

حضرت ابو سعید خدری رضی اللہ تعالیٰ عنہ نے حضور صلی اللہ علیہ وسلم سے یہ آیت سن کر پوچھا کہ حضورؐ کیا مجھے اپنے سب اعمال دیکھنے پڑیں گے، آپؐ نے فرمایا ہاں،

پوچھا بڑے بڑے، فرمایا ہاں

پوچھا اور چھوٹے چھوٹے بھی، فرمایا ہاں میں نے کہا ہائے افسوس! آپ ﷺ نے فرمایا:

ابو سعید خوش ہو جاؤ نیکی تو دس گنا سے لے کر سات سو گنا تک بلکہ اس سے بھی زیادہ تک اللہ جسے چاہے دے گا ہاں گناہ اسی کے مثل ہوں گے یا اللہ تعالیٰ اسے بھی بخش دے گا، سنو! کسی شخص کو صرف اس کے اعمال نجات نہ دے سکیں گے،

میں نے کہا حضور صلی اللہ علیہ وسلم کیا آپ کو بھی نہیں؟ فرمایا نہ مجھے ہی مگر یہ کہ اللہ تبارک وتعالیٰ اپنی رحمت سے مجھے ڈھانپ لے۔

اس کے راویوں میں ایک ابن لہیعہ ہیں یہ روایت صرف انہی سے مروی ہے۔

حضرت سعید بن جبیر رحمۃ اللہ علیہ فرماتے ہیں جب یہ آیت نازل ہوئی وَيُطْعِمُونَ الطَّعَامَ عَلَىٰ حُبِّهِ مِسْكِينًا وَيَتِيمًا وَأَسِيرًا (۷۶:۸) یعنی مال کی محبت کے باوجود مسکین یتیم اور قیدی کو کھانا کھلاتے ہیں تو لوگ یہ سمجھ گئے کہ اگر ہم تھوڑی سی چیز راہ اللہ دینگے تو کوئی ثواب نہ ملے گا، مسکین ان کے دروازے پر آتا لیکن ایک آدھ کھجور یا روٹی کا ٹکڑا وغیرہ دینے کو حقارت خیال کر کے یونہی لوٹا دیتے تھے کہ اگر دیں تو کوئی اچھی محبوب و مرغوب چیز دیں۔

ادھر تو اس خیال کی ایک جماعت تھی دوسری جماعت وہ تھی جنہیں یہ خیال پیدا ہو گیا تھا کہ چھوٹے چھوٹے گناہوں پر ہماری پکڑ نہ ہو گی مثلاً کبھی کوئی جھوٹ بات کہہ دی کبھی ادھر ادھر نظریں ڈال لیں کبھی غیبت کر لی وغیرہ جہنم کی وعید تو کبیرہ گناہوں پر ہے تو یہ آیت فَمَن يَعْمَلْ مِثْقَالَ ذَرَّةٍ خَيْرًا يَرَهُ نازل ہوئی اور انہیں بتایا گیا کہ چھوٹی سی نیکی کو حقیر نہ سمجھو یہ بڑی ہو کر ملے گی اور تھوڑے سے گناہ کو بھی بے جان نہ سمجھو کہیں تھوڑا تھوڑا مل کر بہت نہ بن جائے۔

ذَرَّة کے معنی چھوٹی چیونٹی کے ہیں۔

یعنی نیکیوں اور برائیوں کو چھوٹی سے چھوٹی اور بڑی سے بڑی اپنے نامہ اعمال میں دیکھ لے گا بدی تو ایک ہی لکھی جاتی ہے نیکی ایک کے بدلے دس بلکہ جس کے لیے اللہ چاہے اس سے بھی بہت زیادہ بلکہ ان نیکیوں کے بدلے برائیاں بھی معاف ہو جاتی ہیں ایک ایک کے بدل دس دس بدیاں معاف ہو جاتی ہیں پھر یہ بھی ہے کہ جس کی نیکی برائی سے ایک ذرے کے برابر بڑھ گئی وہ جنتی ہو گیا۔

**رسول اللہ صلی اللہ علیہ وآلہ وسلم فرماتے ہیں:**

گناہوں کو ہلکا نہ سمجھا کرو یہ سب جمع ہو کر آدمی کو ہلاک کر ڈالتے ہیں۔

**رسول اللہ صلی اللہ علیہ وآلہ وسلم نے ان برائیوں کی مثال بیان کی کہ:**

جیسے کچھ لوگ کسی جگہ اترے پھر ایک ایک دو دو لکڑیاں چن لائے تو لکڑیوں کا ڈھیر لگ جائیگا پھر اگر انہیں سلگایا جائے تو اس وقت اس آگ پر جو چاہیں پکا سکتے ہیں۔

(اسی طرح تھوڑے تھوڑے گناہ بہت زیادہ ہو کر آگ کا کام کرتے ہیں اور انسان کو جلا دیتے ہیں)

# Surah Adiyat

## سورۃ العادیات

بِسۡمِ اللّٰہِ الرَّحۡمٰنِ الرَّحِیۡمِ

وَالۡعَادِیَاتِ ضَبۡحًا (۱)

ہانپتے ہوئے دوڑنے والے گھوڑوں کی قسم

مجاہدین کے گھوڑے جبکہ اللہ کی راہ میں جہاد کے لیے ہانپتے اور ہنہناتے ہوئے دوڑتے ہیں ان کی اللہ تبارک و تعالیٰ قسم کھاتا ہے پھر اس تیزی میں دوڑتے ہوئے پتھروں کے ساتھ ان کے نعل کا ٹکرانا اور اس رگڑ سے آگ کی چنگاریاں اڑنا پھر صبح کے وقت دشمن پر ان کا چھاپہ مارنا اور دشمنان رب کو تہہ و بالا کرنا۔

حضرت عبداللہؓ سے مروی ہے کہ وَالۡعَادِیَاتِ سے مراد اونٹ ہیں اور حضرت علیؓ بھی یہی فرماتے ہیں۔

حضرت ابن عباسؓ کا قول کہ اس سے مراد گھوڑے ہیں جب حضرت علیؓ کو معلوم ہوا تو آپ نے فرمایا گھوڑے ہمارے بدر والے دن تھے ہی کب یہ تو اس چھوٹے لشکر میں تھے جو بھیجا گیا تھا۔

حضرت عبداللہ بن عباسؓ ایک مرتبہ حطیم میں بیٹھے ہوئے تھے کہ ایک شخص نے آکر اس آیت کی تفسیر پوچھی تو آپ نے فرمایا اس سے مراد مجاہدین کے گھوڑے ہیں جو بوقت جہاد دشمنوں پر دھاوا بولتے ہیں پھر رات کے وقت یہ گھڑ سوار مجاہد اپنے کیمپ میں آکر کھانے پکانے کے لیے آگ جلاتے ہیں وہ یہ پوچھ کر حضرت علیؓ کے پاس گیا آپ اس وقت زمزم کا پانی لوگوں کو پلا رہے تھے اس نے آپ سے بھی یہی سوال کیا، آپ نے فرمایا مجھ سے پہلے کسی اور سے بھی تم نے پوچھا ہے؟ کہا ہاں حضرت ابن عباسؓ سے پوچھا ہے تو انہوں نے فرمایا مجاہدین کے گھوڑے ہیں جو اللہ کی راہ میں دھاوا بولیں

حضرت علیؓ نے فرمایا جانا ذرا انہیں میرے پاس بلانا جب وہ آ گئے تو حضرت علیؓ نے فرمایا کہ تمہیں معلوم نہیں اور تم لوگوں کو فتوے دے رہے ہو اللہ کی قسم پہلا غزوہ اسلام میں بدر کا ہوا اس لڑائی میں ہمارے ساتھ صرف دو گھوڑے تھے ایک شخص حضرت زبیرؓ کا دوسرا حضرت مقدادؓ کا تو عادیات ضَبۡحًا یہ کیسے ہو سکتے ہیں اس سے مراد تو عرفات سے مزدلفہ کی طرف جانے والے اور پھر مزدلفہ سے منیٰ کی طرف جانے والے ہیں۔

حضرت عبد اللہؓ فرماتے ہیں یہ سن کر میں نے اپنے اگلے قول سے رجوع کر لیا اور حضرت علیؓ نے جو فرمایا تھا وہی کہنے لگا مزدلفہ میں پہنچ کر حاجی بھی اپنی ہنڈیا روٹی کے لیے آگ سلگاتے ہیں، غرض حضرت علیؓ کا فرمان یہ ہوا کہ اس سے مراد اونٹ ہیں۔

اور یہی قول ایک جماعت کا ہے جن میں ابراہیم عبید بن عمیرؒ وغیرہ ہیں

اور حضرت ابن عباسؓ سے گھوڑے مروی ہیں مجاہدؒ، عکرمہؒ، عطاءؒ، قتادہؒ اور ضحاکؒ بھی یہی کہتے ہیں اور امام ابن جریرؒ بھی اسی کو پسند فرماتے ہیں

بلکہ حضرت ابن عباسؓ اور حضرت عطاؒ سے مروی ہے کہ ضَبْح یعنی ہانپنا کسی جانور کے لیے نہیں ہوتا سوائے گھوڑے اور کتے کے۔ ابن عباسؓ فرماتے ہیں ان کے منہ سے ہانپتے ہوئے جو آواز اح اح کی نکلتی ہے یہی ضبح ہے۔

## فَالْمُورِيَاتِ قَدْحًا (۲)

پھر ٹاپ مار کر آگ جھاڑنے والوں کی قسم

اور اس دوسرے جملے کے ایک تو معنی یہ کئے گئے ہیں کہ ان گھوڑوں کی ٹاپوں کا پتھر سے ٹکرا کر آگ پیدا کرنا، اور دوسرے معنی یہ بھی کئے گئے ہیں کہ ان کے سواروں کا لڑائی کی آگ کو بھڑکانا، اور یہ بھی کہا گیا ہے کہ لڑائی میں مکر و دھوکہ کرنا،

اور یہ بھی مروی ہے کہ راتوں کو اپنی قیام گاہ پر پہنچ کر آگ روشن کرنا اور مزدلفہ میں حاجیوں کا بعد از مغرب پہنچ کر آگ جلانا۔

امام ابن جریرؒ فرماتے ہیں میرے نزدیک سب سے زیادہ ٹھیک قول یہی ہے کہ گھوڑوں کی ٹاپوں اور سموں کا پتھر سے رگڑ کھا کر آگ پیدا کرنا پھر صبح کے وقت مجاہدین کا دشمنوں پر اچانک ٹوٹ پڑنا۔

اور جن صاحبان نے اس سے مراد اونٹ لیے ہیں وہ فرماتے ہیں اس سے مراد مزدلفہ سے منیٰ کی طرف صبح کو جانا ہے

پھر یہ سب کہتے ہیں کہ پھر ان کا جس مکان میں یہ اترے ہیں خواہ جہاد میں ہوں، خواہ حج میں، غبار اڑانا پھر ان مجاہدین کا کفار کی فوجوں میں گھس جانا اور چیرتے پھاڑتے مارتے پچھاڑتے ان کے بیچ لشکر میں پہنچ جانا۔

فَالْمُغِيرَاتِ صُبْحًا (۳)

پھر صبح کے وقت دھاوا بولنے والوں کی قسم

فَأَثَرْنَ بِهِ نَقْعًا (۴)

پس اس وقت گرد و غبار اڑاتے ہیں۔

فَوَسَطْنَ بِهِ جَمْعًا (۵)

پھر اسی کے ساتھ فوجوں کے درمیان گھس جاتے ہیں۔

اور یہ بھی مراد ہو سکتی ہے کہ سب جمع ہو کر اس جگہ درمیان میں آجاتے ہیں تو اس صورت میں جَمْعًا حال موکد ہونے کی وجہ سے منصوب ہو گا۔

ابو بکر بزار میں اس جگہ ایک غریب حدیث ہے جس میں ہے کہ آنحضرت صلی اللہ علیہ وآلہ وسلم نے ایک لشکر بھیجا تھا، ایک مہینہ گزر گیا لیکن اسکی کوئی خبر نہ آئی اس پر یہ آیتیں اتریں اور اس لشکر کی اللہ تعالیٰ نے خبر دی کہ ان کے گھوڑے ہانپتے ہوئے تیز چال سے گئے' ان کے سموں سے چنگاریاں اڑ رہی تھیں' انہوں نے صبح ہی صبح دشمنوں پر پوری یلغار کے ساتھ حملہ کر دیا، ان کی ٹاپوں سے گرد اڑ رہا تھا پھر غالب آکر سب جمع ہو کر بیٹھ گئے،

إِنَّ الْإِنسَانَ لِرَبِّهِ لَكَنُودٌ (۶)

یقیناً انسان اپنے رب کا ناشکرا ہے۔

ان قسموں کے بعد اب وہ مضمون بیان ہو رہا ہے جس پر قسمیں کھائیں گئی تھیں کہ انسان اپنے رب کی نعمتوں کا قدردان نہیں اگر کوئی دکھ درد کسی وقت آگیا ہے تو وہ تو بخوبی یاد رکھتا ہے لیکن اللہ تعالیٰ کی ہزارہا نعمتیں جو ہیں سب کو بھلائے ہوئے ہے۔

ابن ابی حاتم کی حدیث میں ہے کہ کَنُود وہ ہے جو تنہا کھائے غلاموں کو مارے اور آسان سلوک نہ کرے۔

اس کی اسناد ضعیف ہے

وَإِنَّهُ عَلَىٰ ذَٰلِكَ لَشَهِيدٌ (۷)

اور یقیناً وہ خود بھی اس پر گواہ ہے۔

فرمایا اللہ اس پر شاہد ہے اور یہ بھی ہو سکتا ہے کہ یہ خود اس بات پر اپنا گواہ آپ ہے اس کی ناشکری اس کے افعال و اقوال سے صاف ظاہر ہے، جیسے اور جگہ ہے:

مَا كَانَ لِلْمُشْرِكِينَ أَن يَعْمُرُوا مَسَاجِدَ اللهِ شَاهِدِينَ عَلَىٰ أَنفُسِهِم بِالْكُفْرِ (۹:۱۷)

مشرکین سے اللہ تعالیٰ کی مسجدوں کی آبادی نہیں ہو سکتی جبکہ یہ اپنے کفر کے آپ گواہ ہیں

وَإِنَّهُ لِحُبِّ الْخَيْرِ لَشَدِيدٌ (۸)

یہ مال کی محبت میں بھی بڑا سخت ہے

فرمایا یہ مال کی چاہت میں بڑا سخت ہے یعنی اسے مال کی بیحد محبت ہے اور یہ بھی معنی ہیں کہ اس کی محبت میں پھنس کر ہماری راہ میں دینے سے جی چراتا اور بخل کرتا ہے۔

أَفَلَا يَعْلَمُ إِذَا بُعْثِرَ مَا فِي الْقُبُورِ (۹)

کیا اسے وہ وقت معلوم نہیں جب قبروں میں جو (کچھ) ہے نکال لیا جائے گا

وَحُصِّلَ مَا فِي الصُّدُورِ (۱۰)

اور سینوں کی پوشیدہ باتیں ظاہر کر دی جائیں گی۔

پروردگار عالم اسے دنیا سے بے رغبت کرنے اور آخرت کی طرف متوجہ کرنے کے لیے فرمارہا ہے کہ کیا انسان کو یہ معلوم نہیں کہ ایک وقت وہ آرہا ہے کہ جب تمام مردے قبروں سے نکل کھڑے ہوں گے اور جو کچھ باتیں چھپی لگی ہوئی تھیں سب ظاہر ہو جائیں گی۔

إِنَّ رَبَّهُم بِهِمْ يَوْمَئِذٍ لَّخَبِيرٌ (۱۱)

بیشک ان کا رب اس دن ان کے حال سے پورا باخبر ہو گا

سن لو ان کا رب ان کے تمام کاموں سے باخبر ہے اور ہر ایک عمل کا بدلہ پورا پورا دینے والا ہے ایک ذرے کے برابر ظلم وہ روا نہیں رکھتا اور نہ رکھے۔

# Surah Qariyah

# سورۃ القارعۃ

بِسۡمِ اللّٰہِ الرَّحۡمٰنِ الرَّحِیۡمِ

---

اَلۡقَارِعَۃُ (۱)

کھڑکھڑا دینے والی

مَا الۡقَارِعَۃُ (۲)

کیا ہے وہ کھڑکھڑا دینے والی۔

وَمَاۤ اَدۡرٰىکَ مَا الۡقَارِعَۃُ (۳)

تجھے کیا معلوم کہ وہ کھڑکھڑانے والی کیا ہے۔

اَلۡقَارِعَۃُ بھی قیامت کا ایک نام ہے جیسے حاقہ، طامہ، صاخہ، غاشیہ وغیرہ اس کی بڑائی اور ہولناکی کے بیان کے لیے سوال ہوتا ہے کہ وہ کیا چیز ہے؟ اس کا علم بغیر میرے بتائے کسی کو حاصل نہیں ہو سکتا پھر خود بتاتا ہے:

یَوۡمَ یَکُوۡنُ النَّاسُ کَالۡفَرَاشِ الۡمَبۡثُوۡثِ (۴)

جس دن انسان بکھرے ہوئے پروانوں کی طرح ہو جائیں گے

اس دن لوگ منتشر اور پراگندہ حیران و پریشان ادھر ادھر گھوم رہے ہوں گے جس طرح پروانے ہوتے ہیں اور جگہ فرمایا ہے

کَاَنَّہُمۡ جَرَادٌ مُّنۡتَشِرٌ (۵۴:۷)

گویا وہ ٹڈیاں ہیں پھیلی ہوئیں

وَتَکُوۡنُ الۡجِبَالُ کَالۡعِہۡنِ الۡمَنۡفُوۡشِ (۵)

اور پہاڑ دھنے ہوئے رنگین اون کی طرح ہو جائیں گے۔

پہاڑوں کا یہ حال ہوگا کہ وہ دھنی ہوئی اون کی طرح ادھر ادھر اڑتے نظر آئیں گے۔

فَأَمَّا مَنْ ثَقُلَتْ مَوَازِينُهُ (٦)

پھر جس کے پلڑے بھاری ہونگے۔

فَهُوَ فِي عِيشَةٍ رَاضِيَةٍ (٧)

وہ دل پسند آرام کی زندگی میں ہو گا۔

وَأَمَّا مَنْ خَفَّتْ مَوَازِينُهُ (٨)

جن کے پلڑے ہلکے ہونگے۔

اللہ تعالیٰ فرماتا ہے اس دن ہر نیک وبد کا انجام ظاہر ہو جائیگا نیکوں کی بزرگی اور بروں کی اہانت کھل جائیگی جس کی نیکیاں وزن میں برائیوں سے بڑھ گئیں وہ عیش و آرام کی جنت میں بسر کرے گا اور جسکی بدیاں نیکیوں پر چھا گئیں بھلائیوں کا پلڑا ہلکا ہو گیا وہ جہنمی ہو جائیگا وہ منہ کے بل اوندھا جہنم میں گرا دیا جائیگا

فَأُمُّهُ هَاوِيَةٌ (٩)

اس کا ٹھکانا ہاویہ (جہنم) ہے۔

أُمُّ سے مراد دماغ ہے یعنی سر کے بل هَاوِيَة میں جائیگا

اور یہ بھی معنی ہیں کہ فرشتے جہنم میں اسے کے سر پر عذابوں کی بارش برسائیں گے، اور یہ بھی مطلب ہے کہ اس کا اصلی ٹھکانا وہ جگہ جہاں اس کے لیے قرار گاہ مقرر کیا گیا ہے وہ جہنم ہے

هَاوِيَة جہنم کا نام ہے اسی لیے اس کی تفسیر بیان کرتے ہوئے فرمایا:

وَمَا أَدْرَاكَ مَا هِيَهْ (١٠)

تجھے کیا معلوم کہ وہ کیا ہے

نَارٌ حَامِيَةٌ (١١)

وہ تند تیز آگ ہے

تمہیں نہیں معلوم کہ هَاوِيَة کیا ہے؟ اب میں بتاتا ہوں کہ وہ شعلے مارتی بھڑکتی ہوئی آگ ہے

حضرت اشعث بن عبد اللہ فرماتے ہیں:

مؤمن کی موت کے بعد اس کی روح کو ایمانداروں کی روحوں کی طرف لے جاتے ہیں اور فرشتے ان سے کہتے ہیں کہ اپنے بھائی کی دلجوئی اور تسکین کرو یہ دنیا کے رنج و غم میں مبتلا تھا اب وہ نیک روحیں اس سے پوچھتی ہیں کہ فلاں کا کیا حال ہے وہ کہتا ہے کہ وہ تو مر چکا تمہارے پاس نہیں آیا تو یہ سمجھ لیتے ہیں اور کہتے ہیں پھونکو اسے وہ تو اپنی ماں هَاوِيَة میں پہنچا

اللہ تعالیٰ فرماتا ہے کہ وہ سخت تیز حرارت والی آگ ہے بڑے شعلے مارنے والی جھلسا دینے والی۔

رسول اللہ صلی اللہ علیہ وآلہ وسلم فرماتے ہیں:

تمہاری یہ آگ تو اس کا سترھواں حصہ ہے

لوگوں نے کہا حضرت صلی اللہ علیہ وسلم ہلاکت کو تو یہی کافی ہے

آپ ﷺ نے فرمایا ہاں لیکن آتش دوزخ تو اس سے انہتر حصے تیز ہے

صحیح بخاری میں یہ حدیث ہے اور اس میں یہ بھی ہے کہ ہر ایک حصہ اس آگ جیسا ہے۔

مسند احمد میں بھی یہ روایت موجود ہے مسند کی ایک حدیث میں اس کے ساتھ یہ بھی ہے:

یہ آگ باوجود اس آگ کا سترھواں حصہ ہونے کے بھی دو مرتبہ سمندر کے پانی میں بجھا کر بھیجی گئی ہے اگر یہ نہ ہوتا تو اس سے بھی نفع نہ اٹھا سکتے۔

ترمذی اور ابن ماجہ میں حدیث ہے:

جہنم کی آگ ایک ہزار سال تک جلائی گئی تو سرخ ہوئی پھر ایک ہزار سال تک جلائی گئی تو سفید ہو گئی پھر ایک ہزار سال تک جلائی گئی تو سیاہ ہو گئی پس اب وہ سخت سیاہ اور بالکل اندھیرے والی ہے۔

مسند احمد کی حدیث میں ہے:

سب سے ہلکے عذاب والا جہنمی وہ ہے جس کے پیروں میں آگ کی دو جوتیاں ہونگی جس سے اس کا دماغ کھدبدا رہا ہو گا۔

بخاری و مسلم میں ہے:

آگ نے اپنے رب سے شکایت کی کہ اے اللہ میرا ایک حصہ دوسرے کو کھائے جارہا ہے تو پروردگار نے اسے دو سانس لینے کی اجازت دی ایک جاڑے میں ایک گرمی میں پس سخت جاڑا جو تم پاتے ہو یہ اس کا سرد سانس ہے اور سخت گرمی جو پڑتی ہے یہ اس کے گرم سانس کا اثر ہے۔

## اور حدیث میں ہے:

جب گرمی شدت کی پڑے تو نماز ٹھنڈی کرکے پڑھو گرمی کی سختی جہنم کے جوش کی وجہ سے ہے۔

*\* \* \* \* \* \* \* \* \* \**

# Surah Takathur

## سورۃ التکاثر

بِسۡمِ اللّٰہِ الرَّحۡمٰنِ الرَّحِیۡمِ

أَلۡهَاكُمُ التَّكَاثُرُ (۱)

زیادتی کی چاہت نے تمہیں غافل کر دیا

حَتَّىٰ زُرۡتُمُ الۡمَقَابِرَ (۲)

یہاں تک کہ تم قبرستان جا پہنچے۔

ارشاد ہوتا ہے کہ دنیا کی محبت اس کے پالینے کی کوشش نے تمہیں آخرت کی طلب اور نیک کاموں سے بے پرواہ کر دیا تم اسی دنیا کی ادھیڑ بن میں رہے کہ اچانک موت آگئی اور تم قبروں میں پہنچ گئے۔

رسول اللہ صلی اللہ علیہ وآلہ وسلم فرماتے ہیں:

اطاعت پروردگار سے تم نے دنیا کی جستجو میں پھنس کر بے رغبتی کرلی اور مرتے دم تک غفلت برتی (ابن ابی حاتم)

حسن بصریؒ فرماتے ہیں مال اور اولاد کی زیادتی کی ہوس میں موت کا خیال پرے پھینک دیا۔

صحیح بخاری کتاب الرقاق میں ہے کہ حضرت ابی بن کعب رضی اللہ تعالیٰ عنہ فرماتے ہیں ہم لو کان لابن آدم واد من ذهب (یعنی اگر ابن آدم کے پاس ایک جنگل بھر کر سونا ہو) اسے قرآن کی آیت ہی سمجھتے رہے یہاں تک کہ أَلۡهَاكُمُ التَّكَاثُرُ نازل ہوئی۔

مسند احمد میں ہے حضرت عبداللہ بن شخیر رضی اللہ تعالیٰ عنہ فرماتے ہیں میں جناب رسول اللہ صلی اللہ کی خدمت میں جب آیا تو آپ اس آیت کو پڑھ رہے تھے آپ صَلَّى اللّٰهُ عَلَيْهِ وَسَلَّمَ نے فرمایا:

ابن آدم کہتا رہتا ہے کہ میرا مال میرا مال حالانکہ تیرا مال صرف وہ ہے جسے تو نے کھا کر فنا کر دیا یا پہن کر پھاڑ دیا یا صدقہ دے کر باقی رکھ لیا۔

صحیح مسلم شریف میں اتنا اور زیادہ ہے :

اس کے سوا جو کچھ ہے اسے تو تو لوگوں کے لیے چھوڑ چھاڑ کر چل دے گا۔

بخاری کی حدیث میں ہے:

میت کے ساتھ تین چیزیں جاتی ہیں جن میں سے دو تو پلٹ آتی ہیں صرف ایک ساتھ رہ جاتی ہے، گھر والے، مال اور اعمال، اہل و مال لوٹ تو آئے عمل ساتھ رہ گئے۔

مسند احمد کی حدیث میں ہے:

ابن آدم بوڑھا ہو جاتا ہے لیکن دو چیزیں اس کے ساتھ باقی رہ جاتی ہیں لالچ اور امنگ۔

حضرت ضحاکؒ نے ایک شخص کے ہاتھ میں ایک درہم دیکھ کر پوچھا یہ درہم کس کا ہے؟ اس نے کہا میرا، فرمایا تیرا تو اس وقت ہو گا کہ کسی نیک کام میں تو خرچ کر دے یا بطور شکر رب کے خرچ کرے۔

حضرت احنفؒ نے اس واقعہ کو بیان کر کے پھر یہ شعر پڑھا

انت للمال اذا امسکتہ فاذا انفقتہ فالمال لک

جب تک تو مال کو لیے بیٹھا ہے تو تو مال کی ملکیت ہے

ہاں جب اسے خرچ کر دے گا اس وقت مال تیری ملکیت میں ہو جائے گا

ابن بریدہؒ فرماتے ہیں:

بنو حارثہ اور بنو حارث انصار کے قبیلے والے آپس میں فخر و غرور کرنے لگے ایک کہتا دیکھو ہم میں فلاں شخص ایسا بہادر ایسا جیوٹ یا اتنا مالدار ہے دوسرے قبیلے والے اپنے میں ایسوں کو پیش کرتے تھے جب زندوں کے ساتھ یہ فخر و مباہات کر چکے تو کہنے لگے آؤ قبرستان میں چلیں وہاں جا کر اپنے اپنے مردوں کی قبروں کی طرف اشارے کر کے کہنے لگے بتاؤ اس جیسا بھی تم میں کوئی گزرا ہے وہ انہیں اپنے مردوں کے ساتھ الزام دینے لگے اس پر یہ دونوں ابتدائی آیتیں اتریں کہ تم فخر و مباہات کرتے ہوئے قبرستان میں پہنچ گئے اور اپنے اپنے مردوں پر بھی فخر و غرور کرنے لگے چاہیے تھا کہ یہاں آکر عبرت حاصل کرتے اپنا مرنا اور سڑنا گلنا یاد کرتے۔

حضرت قتادہؒ فرماتے ہیں:

لوگ اپنی زیادتی اور اپنی کثرت پر گھمنڈ کرتے تھے یہاں تک کہ ایک ایک ہو کر قبروں میں پہنچ گئے مطلب یہ ہے کہ بہتات کی چاہت نے غفلت میں ہی رکھا یہاں تک کہ مر گئے اور قبروں میں دفن ہو گئے۔

صحیح حدیث میں ہے:

نبی صلی اللہ علیہ وآلہ وسلم ایک اعرابی کی بیمار پرسی کو گئے اور حسب عادت فرمایا کوئی ڈر خوف نہیں انشاء اللہ گناہوں سے پاکیزگی حاصل ہوگی،

تو اس نے کہا آپ اسے خوب پاک بتلا رہے ہیں یہ تو وہ بخار ہے جو بوڑھے بڑوں پر جوش مارتا ہے اور قبر تک پہنچا کر رہتا ہے،

آپ صَلَّى اللَّهُ عَلَيْهِ وَسَلَّم نے فرمایا اچھا پھر یوں ہی سہی۔

اس حدیث میں بھی لفظ تزیرہ القبور ہے اور یہاں قرآن میں بھی زرتم المقابر ہے پس معلوم ہوتا ہے کہ اس سے مراد مر کر قبر میں دفن ہونا ہی ہے۔

ابن ابی حاتم میں ہے:

عمر بن عبدالعزیزؒ نے اس آیت کی تلاوت کی پھر کچھ دیر سوچ کر فرمانے لگے میمون! قبروں کا دیکھنا تو صرف بطور زیارت ہے اور ہر زیارت کرنے والا اپنی جگہ لوٹ جاتا ہے یعنی خواہ جنت کی طرف خواہ دوزخ کی طرف۔

ایک اعرابی نے بھی ایک شخص کی زبانی ان دونوں آیتوں کی تلاوت سن کر یہی فرمایا تھا کہ اصل مقام اور ہی ہے

كَلَّا سَوْفَ تَعْلَمُونَ (٣)

ہرگز نہیں تم عنقریب معلوم کر لوگے۔

ثُمَّ كَلَّا سَوْفَ تَعْلَمُونَ (٤)

ہرگز نہیں پھر تمہیں جلد معلوم ہو جائے گا

اللہ تعالیٰ دھمکاتے ہوئے دو دو مرتبہ فرماتا ہے کہ حقیقت حال کا علم تمہیں ابھی ہو جائیگا یہ مطلب بھی بیان کیا گیا ہے کہ پہلے مراد کفار ہیں دوبارہ مؤمن مراد ہیں۔

كَلَّا لَوْ تَعْلَمُونَ عِلْمَ الْيَقِينِ (٥)

ہرگز نہیں اگر تم یقینی طور پر جان لو۔

اگر تم علم یقینی کے ساتھ اسے معلوم کر لیتے یعنی اگر ایسا ہوتا تو تم غفلت میں نہ پڑتے اور مرتے دم تک اپنی آخری منزل آخرت سے غافل نہ رہتے، پھر جس چیز سے پہلے دھمکایا تھا اسی کا بیان کر رہا ہے۔

لَتَرَوُنَّ الْجَحِيمَ (٦)

تو بیشک تم جہنم دیکھ لوگے۔

ثُمَّ لَتَرَوُنَّهَا عَيْنَ الْيَقِينِ (٧)

اور تم اسے یقین کی آنکھ سے دیکھ لوگے۔

تم جہنم کو انہی ان آنکھوں سے دیکھ لوگے کہ اس کی ایک ہی جنبش کے ساتھ اور تو اور انبیاء علیہم السلام بھی ہیبت وخوف کے مارے گھٹنوں کے بل گر جائیں گے اس کی عظمت اور دہشت ہر دل پر چھائی ہوئی ہوگی جیسے کہ بہت سی احادیث میں یہ تفصیل مروی ہے۔

ثُمَّ لَتُسْأَلُنَّ يَوْمَئِذٍ عَنِ النَّعِيمِ (٨)

پھر اس دن تم سے ضرور بالضرور نعمتوں کا سوال ہوگا

اس دن تم سے نعمتوں کی باز پرس ہوگی صحت امن رزق وغیرہ تمام نعمتوں کی نسبت سوال ہوگا کہ ان کا شکر کہاں تک ادا کیا۔

ابن ابی حاتم کی ایک غریب حدیث میں ہے:

ٹھیک دوپہر کو رسول اللہ ﷺ اپنے گھر سے چلے دیکھا تو حضرت ابو بکر رضی اللہ تعالیٰ عنہ بھی مسجد میں آ رہے ہیں پوچھا کہ اس وقت کیسے نکلے ہو، کہا حضور صلی اللہ علیہ وسلم جس چیز نے آپ کو نکالا ہے اسی نے مجھے بھی نکالا ہے اتنے میں حضرت عمر بن خطاب رضی اللہ تعالیٰ عنہ بھی آ گئے ان سے بھی حضور صلی اللہ علیہ وسلم نے یہی سوال کیا اور آپ نے بھی یہی جواب دیا۔

پھر حضور صلی اللہ علیہ وسلم نے ان دونوں بزرگوں سے باتیں کرنی شروع کیں پھر فرمایا کہ اگر ہمت ہو تو اس باغ تک چلے چلو کھانا پینا مل ہی جائے گا اور سائے دار جگہ بھی ہم نے کہا بہت اچھا۔

پس آپ ہمیں لے کر ابو الہیثم انصاری رضی اللہ تعالیٰ عنہ کے باغ کے دروازہ پر آئے آپ نے سلام کیا اور اجازت چاہی اُم ہیثم انصاریہ ؓ دروازے کے پیچھے ہی کھڑی تھیں سن رہی تھیں لیکن اونچی آواز سے جواب نہیں دیا اور اس لالچ سے کہ اللہ کے رسول صلی اللہ علیہ وسلم اور زیادہ سلامی کی دعا کریں اور کئی کئی مرتبہ آپ کا سلام سنیں،

جب تین مرتبہ حضور صلی اللہ علیہ وسلم سلام کر چکے اور کوئی جواب نہ ملا تو آپ صلی اللہ علیہ وسلم واپس چلے دیئے اب تو حضرت ابو الہیثم کی بیوی صاحبہ دوڑیں اور کہا حضور صلی اللہ علیہ وسلم میں آپ کی آواز سن رہی تھی لیکن میرا ارادہ تھا کہ اللہ کرے آپ کئی کئی مرتبہ سلام کریں اس لیے میں نے اپنی آواز آپ کو نہ سنائی آپ آیئے تشریف لے چلیے

آپؐ نے ان کے اس فعل کو اچھی نظروں سے دیکھا پھر پوچھا کہ خود ابوالہیثم کہاں ہیں، مائی صاحبہ نے فرمایا حضور صلی اللہ علیہ وسلم وہ بھی یہیں قریب ہی پانی لینے گئے ہیں آپ تشریف لایئے انشاء اللہ آتے ہی ہوں گے،

حضور صلی اللہ علیہ وسلم باغ میں رونق افروز ہوئے اتنے میں ہی حضرت ابوالہیثم بھی آگئے بیحد خوش ہوئے آنکھوں کو ٹھنڈک اور دل کو سکون نصیب ہوا اور جلدی جلدی ایک کھجور کے درخت پر چڑھ گئے اور اچھے اچھے خوشے اتار اتار کر دینے لگے یہاں تک کہ خود آپ صلی اللہ علیہ وسلم نے روک دیا۔

صحابیؓ نے کہا یارسول اللہ صلی اللہ علیہ وسلم گدلی اور تر اور بالکل پکی اور جس طرح کی چاہیں تناول فرمائیں جب کھجوریں کھا چکے تو میٹھا پانی لائے جسے پیا، پھر حضور صلی اللہ علیہ وسلم فرمانے لگے یہی وہ نعمتیں ہیں جن کے بارے میں اللہ کے ہاں پوچھے جاؤ گے

ابن جریر کی اسی حدیث میں ہے:

ابو بکرؓ، عمرؓ بیٹھے ہوئے تھے کہ ان کے پاس حضور صلی اللہ علیہ وسلم آئے اور پوچھا کہ یہاں کیسے بیٹھے ہو؟

دونوں نے کہا حضور صلی اللہ علیہ وسلم بھوک کے مارے گھر سے نکل کھڑے ہوئے ہیں،

فرمایا اس اللہ کی قسم جس نے مجھے حق کے ساتھ بھیجا ہے میں بھی اسی وجہ سے اس وقت نکلا ہوں،

اب آپ انہیں لے کر چلے اور ایک انصاری کے گھر آئے ان کی بیوی صاحبہ مل گئیں پوچھا کہ تمہارے میاں کہاں گئے ہیں؟

کہا گھر کے لیے میٹھا پانی لانے گئے ہیں اتنے میں تو وہ مشک اٹھائے ہوئے آہی گئے خوش ہو گئے اور کہنے لگے مجھ جیسا خوش قسمت آج کوئی بھی نہیں جس کے گھر اللہ کے نبی صلی اللہ علیہ وسلم تشریف لائے ہیں مشک تو لٹکا دی اور خود جا کر کھجوروں کے تازہ تازہ خوشے لے آئے

آپؐ نے فرمایا چن کر الگ کر کے لاتے تو جواب دیا کہ حضورؐ میں نے چاہا کہ آپ اپنی طبیعت کے مطابق اپنی پسند سے چن لیں اور نوش فرمائیں پھر چھری ہاتھ میں اٹھائی کہ کوئی جانور ذبح کر کے گوشت پکائیں تو آپ نے فرمایا دیکھو دودھ دینے والے جانور ذبح نہ کرنا چنانچہ اس نے ذبیحہ کیا آپ نے وہیں کھانا کیا۔

پھر رسول اللہ صلی اللہ علیہ وآلہ وسلم فرمانے لگے دیکھو بھوکے گھر سے نکلے اور پیٹ بھرے جارہے ہیں یہی وہ نعمتیں ہیں جن کے بارے میں قیامت کے دن سوال ہوگا۔

مسند احمد کی ایک اور حدیث میں ہے کہ جب یہ سورت نازل ہوئی اور حضور صلی اللہ علیہ وسلم نے پڑھ کر سنائی تو صحابہؓ کہنے لگے ہم سے کس نعمت پر سوال ہوگا؟ کھجوریں کھارہے ہیں اور پانی پی رہے ہیں تلواریں گردنوں میں لٹک رہی ہیں اور دشمن سر پر کھڑا ہے،

آپ ﷺ نے فرمایا گھبراؤ نہیں عنقریب نعمتیں آجائیں گی۔

حضرت عمر رضی اللہ تعالیٰ عنہ فرماتے ہیں کہ ایک مرتبہ ہم بیٹھے ہوئے تھے جو حضور صلی اللہ علیہ وآلہ وسلم آئے اور نہائے ہوئے معلوم ہوتے تھے ہم نے کہا حضورؐ اس وقت تو آپ خوش وخرم نظر آتے ہیں آپ صلی اللہ علیہ وسلم نے فرمایا ہاں،

پھر لوگ تونگری کا ذکر کرنے لگے تو رسول اللہ صلی اللہ علیہ وآلہ وسلم نے فرمایا

جس کے دل میں اللہ کا خوف ہو اس کے لیے تونگری کوئی بری چیز نہیں اور یاد رکھو متقی شخص کے لئے صحت تونگری سے بھی اچھی ہے اور خوش نفسی بھی اللہ کی نعمت ہے۔ (مسند احمد)

ابن ماجہ میں بھی یہ حدیث ہے۔

ترمذی شریف میں ہے نعمتوں کے سوال میں قیامت والے دن سب سے پہلے یہ کہا جائیگا کہ ہم نے تجھے صحت نہیں دی تھی اور ٹھنڈے پانی سے تجھے آسودہ نہیں کیا کرتے تھے؟

ابن ابی حاتم کی روایت میں ہے:

اس آیت ثُمَّ لَتُسْأَلُنَّ يَوْمَئِذٍ عَنِ النَّعِيمِ کو سنا کر صحابہؓ کہنے لگے کہ حضور صلی اللہ علیہ وسلم ہم تو جو کی روٹی اور وہ بھی آدھا پیٹ کھا رہے ہیں تو اللہ کی طرف سے وحی آئی کہ کیا تم پیر بچانے کے لیے جوتیاں نہیں پہنتے اور کیا تم ٹھنڈے پانی نہیں پیتے؟ یہی قابل پرسش نعمتیں ہیں۔

اور روایت میں ہے:

امن اور صحت کے بارے میں سوال ہو گا پیٹ بھر کھانے، ٹھنڈے پانی، سائے دار گھروں، میٹھی نیند کے بارے میں بھی سوال ہو گا۔ شہد پینے، لذتیں حاصل کرنے، صبح وشام کے کھانے، گھی شہد اور میدے کی روٹی وغیرہ غرض ان تمام نعمتوں کے بارے میں اللہ کے ہاں سوال ہو گا۔

حضرت ابن عباسؓ اس کی تفسیر میں فرماتے ہیں:

بدن کی صحت کانوں اور آنکھوں کی صحت کے بارے میں بھی سوال ہو گا کہ ان طاقتوں سے کیا کیا کام کیے جیسے قرآن کریم میں ہے

إِنَّ السَّمْعَ وَالْبَصَرَ وَالْفُؤَادَ كُلُّ أُولَٰئِكَ كَانَ عَنْهُ مَسْئُولًا (۱۷:۳۶)

ہر شخص سے اس کے کان اس کی آنکھ اور اس کے دل کے بارے میں بھی پوچھ ہو گی

لوگ بہت ہی غفلت برت رہے ہیں صحت اور فراغت یعنی نہ تو ان کا پورا شکر ادا کرتے ہیں اور ان کی عظمت کو جانتے ہیں نہ انہیں اللہ کی مرضی کے مطابق صرف کرتے ہیں۔

بزار میں ہے:

تہبند کے سوا، سائے دار دیواروں کے سوا اور روٹی کے ٹکڑے کے سوال ہر چیز کا قیامت کے دن حساب دینا پڑے گا۔

مسند احمد کی مرفوع حدیث میں ہے کہ اللہ عزوجل قیامت کے دن کہے گا

اے ابن آدم میں نے تجھے گھوڑوں پر اور اونٹوں پر سوار کرایا، عورتیں تیرے نکاح میں دیں، تجھے مہلت دی کہ تو ہنسی خوشی آرام وراحت سے زندگی گزارے، اب بتا کہ اس کا شکریہ کہاں ہے؟

# Surah Al Asr

## سورۃ العَصر

بِسۡمِ اللّٰہِ الرَّحۡمٰنِ الرَّحِیۡمِ

وَالۡعَصۡرِ (۱)

زمانے کی قسم

الۡعَصۡر سے مراد زمانہ ہے جس میں انسان نیکی بدی کے کام کرتا ہے،

حضرت زید بن اسلمؒ نے اس سے مراد عصر کی نماز یا عصر کی نماز کا وقت بیان کیا ہے لیکن مشہور پہلا قول ہی ہے

اِنَّ الۡاِنۡسَانَ لَفِیۡ خُسۡرٍ (۲)

بیشک (بالیقین) انسان سراسر نقصان میں ہے

قسم کے بعد بیان فرماتا ہے کہ انسان نقصان میں، ٹوٹے میں اور ہلاکت میں ہے۔

اِلَّا الَّذِیۡنَ اٰمَنُوۡا وَعَمِلُوا الصّٰلِحٰتِ وَتَوَاصَوۡا بِالۡحَقِّ ۬ۙ وَتَوَاصَوۡا بِالصَّبۡرِ (۳)

سوائے ان لوگوں کے جو ایمان لائے اور نیک عمل کئے اور (جنہوں نے) آپس میں حق کی وصیت کی اور ایک دوسرے کو صبر کی نصیحت کی۔

ہاں اس نقصان سے بچنے والے وہ لوگ ہیں جن کے دلوں میں ایمان ہو، اعمال میں نیکیاں ہوں حق کی وصیتیں کرنے والے ہوں یعنی نیکی کے کام کرنے کی حرام کاموں سے رکنے کی ایک دوسرے کو تاکید کرتے ہوں، قسمت کے لکھے پر مصیبتوں کی برداشت پر صبر کرتے ہوں اور دوسروں کو بھی اسی کی تلقین کرتے ہوں، ساتھ ہی بھلی باتوں کا حکم کرنے اور بری باتوں سے روکنے میں لوگوں کی طرف سے جو بلائیں اور تکلیفیں پہنچیں تو ان کو بھی برداشت کرتے ہوں اور اسی کی تلقین اپنے ساتھیوں کو بھی کرتے ہوں

یہ ہیں جو اس صریح نقصان سے مستثنیٰ ہیں۔

# Surah Humazah

## سورۃ الھُمَزۃ

بِسۡمِ اللّٰہِ الرَّحۡمٰنِ الرَّحِیۡمِ

وَیۡلٌ لِّکُلِّ ھُمَزَۃٍ لُّمَزَۃِ (۱)

بڑی خرابی ہے ہر ایسے شخص کی جو عیب ٹٹولنے والا غیبت کرنے والا ہو۔

اللہ تعالیٰ فرماتا ہے زبان سے لوگوں کی عیب گیری کرنے والا اپنے کاموں سے دوسروں کی حقارت کرنے والا، خرابی والا شخص ہے۔ ھَمَّازٍ مَّشَّاءٍ بِنَمِیۡمٍ (۶۸:۱۱) کی تفسیر بیان ہو چکی ہے

حضرت ابن عباسؓ کا قول ہے کہ اس سے مراد طعنہ دینے والا غیبت کرنے والا ہے۔

ربیع بن انسؓ کہتے ہیں سامنے برا کہنا تو ھُمَز ہے اور پیٹھ پیچھے عیب بیان کرنا لُمَز ہے۔

قتادہؒ کہتے ہیں زبان سے اور آنکھ کے اشاروں سے بندگان اللہ کو ستانا اور چڑانا مراد ہے کہ کبھی تو ان کا گوشت کھائے یعنی غیبت کرے اور کبھی ان پر طعنہ زنی کرے۔

مجاہدؒ فرماتے ہیں ھُمَز ہاتھ اور آنکھ سے ہوتا ہے اور لُمَز زبان سے۔

بعض کہتے ہیں اس سے مراد اخنس بن شریف کافر ہے۔ مجاہدؒ فرماتے ہیں آیت عام ہے

ٱلَّذِی جَمَعَ مَالًا وَعَدَّدَہٗ (۲)

جو مال کو جمع کرتا جائے اور گنتا جائے۔

فرمایا جو جمع کرتا ہے اور گن گن کر رکھتا جاتا ہے، جیسے اور جگہ ہے

وَجَمَعَ فَأَوۡعَیٰۤ (۷۰:۱۸)

یَحۡسَبُ أَنَّ مَالَہٗۤ أَخۡلَدَہٗ (۳)

وہ سمجھتا ہے کہ اس کا مال اس کے پاس سدا رہے گا۔

حضرت کعبؓ فرماتے ہیں دن بھر تو مال کمانے کی ہائے وائے میں لگا رہا اور رات کو سڑی بھسی لاش کی طرح پڑ رہا اس کا خیال یہ ہے کہ اس کا مال اسے ہمیشہ دنیا میں رکھے گا حالانکہ واقعہ یوں نہیں بلکہ یہ بخیل اور لالچی انسان جہنم کے اس طبقے میں گرے گا جو ہر اس چیز کو جو اس میں گرے چور چور کر دیتا ہے۔

كَلَّا ۖ لَيُنبَذَنَّ فِي الْحُطَمَةِ (۴)

ہر گز یہ تو ضرور توڑ پھوڑ دینے والی آگ میں پھینک دیا جائے گا

وَمَا أَدْرَاكَ مَا الْحُطَمَةُ (۵)

اور تجھے کیا معلوم کہ ایسی آگ کیا ہو گی۔

نَارُ اللَّهِ الْمُوقَدَةُ (۶)

وہ اللہ تعالیٰ کی سلگائی ہوئی آگ ہو گی۔

فرماتا ہے یہ توڑ پھوڑ کرنے والی کیا چیز ہے؟ اس کا حال اے نبی صلی اللہ علیہ وسلم تمہیں معلوم نہیں یہ اللہ کی سلگائی ہوئی آگ ہے جو دلوں پر چڑھ جاتی ہے، جلا کر بھسم کر دیتی ہے لیکن مرتے نہیں۔

حضرت ثابت بنانیؒ جب اس آیت کی تلاوت کر کے اس کا یہ معنی بیان کرتے تو رو دیتے اور کہتے انہیں عذاب نے بڑا ستایا۔

الَّتِي تَطَّلِعُ عَلَى الْأَفْئِدَةِ (۷)

جو دلوں پر چڑھتے چلی جائے گی۔

إِنَّهَا عَلَيْهِم مُّؤْصَدَةٌ (۸)

اور ان پر بڑے بڑے ستونوں میں۔

محمد بن کعبؓ فرماتے ہیں آگ جلاتی ہوئی حلق تک پہنچ جاتی ہے پھر لوٹتی پھر پہنچی ہے یہ آگ ان پر چاروں طرف سے بند کر دی گئی ہے جیسے کہ سورہ بلد کی تفسیر میں گزرا۔

ایک مرفوع حدیث میں بھی ہے اور دوسرا طریق اس کا موقوف ہے،

لوہا جو مثل آگ کے ہے اس کے ستونوں میں لمبے لمبے دروازے ہیں۔

فِي عَمَدٍ مُّمَدَّدَةٍ (٩)

ہر طرف سے بند ہوئی ہوگی۔

حضرت عبد اللہ بن مسعودؓ کی قرأت میں بعَمَدٍ مروی ہے۔

ان دوزخیوں کی گردنوں میں زنجیریں ہوگی یہ لمبے لمبے ستونوں میں جکڑے ہوئے ہوں گے اور اوپر سے دروازے بند کر دیئے جائیں گے ان آگ کے ستونوں میں انہیں بدترین عذاب کیے جائیں گے۔

ابو صالح فرماتے ہیں یعنی وزنی بیڑیاں اور قید و بند ان کے لئے ہوں گی۔

# Surah Fil

## سورۃ الفیل

بِسْمِ اللَّهِ الرَّحْمَٰنِ الرَّحِيمِ

أَلَمْ تَرَ كَيْفَ فَعَلَ رَبُّكَ بِأَصْحَابِ الْفِيلِ (۱)

کیا تو نے نہیں دیکھا کہ تیرے رب نے ہاتھی والوں کے ساتھ کیا کیا؟

أَلَمْ يَجْعَلْ كَيْدَهُمْ فِي تَضْلِيلٍ (۲)

کیا ان کے مکر کو بے کار نہیں کر دیا

اللہ رب العزت نے قریش پر جو اپنی خاص نعمت انعام فرمائی تھی اس کا ذکر کر رہا ہے کہ جس لشکر نے ہاتھیوں کو ساتھ لے کر کعبے کو ڈھانے کے لیے چڑھائی کی تھی اللہ تعالیٰ نے اس سے پہلے کہ وہ کعبے کے وجود کو مٹائیں ان کا نام و نشان مٹا دیا ان کی تمام فریب کاریاں ان کی تمام قوتیں سلب کر لیں برباد و غارت کر دیا۔

یہ لوگ مذہباً نصرانی تھے لیکن دین مسیح کو مسخ کر دیا تھا' قریب قریب بت پرست ہو گئے تھے انہیں اس طرح نامراد کرنا یہ گویا پیش خیمہ تھا آنحضرت ﷺ کی بعثت کا اور اطلاع تھی آپ ﷺ کی آمد آمد کی۔ حضور ﷺ اسی سال تولد ہوئے۔ اکثر تاریخ داں حضرات کا یہی قول ہے۔

تو گویا رب عالم فرما رہا ہے کہ اے قریشیو! حبشہ کے اس لشکر پر تمہیں فتح تمہاری بھلائی کی وجہ سے نہیں دی گئی تھی بلکہ اس میں ہمارے گھر کا بچاؤ تھا جسے ہم شرف بزرگی عظمت و عزت میں اپنے آخر الزماں پیغمبر حضرت محمد ﷺ کی نبوت سے بڑھانے والے تھے۔

وَأَرْسَلَ عَلَيْهِمْ طَيْرًا أَبَابِيلَ (۳)

اور ان پر پرندوں کے جھنڈ پر جھنڈ بھیج دیئے۔

أَبَابِيلَ جمع کا صیغہ ہے اس کا واحد عرب لغت عرب میں پایا نہیں گیا۔

أَبَابِيلَ کے معنی ہیں گروہ گروہ' جھنڈ جھنڈ' بہت سارے پے در پے جمع شدہ' ادھر ادھر سے آنے والے۔

تَرْمِيهِمْ بِحِجَارَةٍ مِنْ سِجِّيلٍ (۴)

جو ان کو مٹی اور پتھر کی کنکریاں مار رہے تھے۔

سِجِّيلٍ کے معنی ہیں بہت سخت۔ اور بعض مفسرین کہتے ہیں کہ یہ دو فارسی لفظوں سے مرکب ہے یعنی سنگ اور گل سے یعنی پتھر اور مٹی۔ غرض سِجِّيلٍ وہ ہے جس میں پتھر معہ مٹی کے ہو۔

فَجَعَلَهُمْ كَعَصْفٍ مَأْكُولٍ (۵)

پس انہیں کھائے ہوئے بھوسے کی طرح کر دیا۔

عَصْف جمع ہے عَصْفَةً کی، کھیتی کے ان پتوں کو کہتے ہیں جو پک نہ گئے ہوں۔

حضرت ابن عباسؓ سے مروی ہے کہ عَصْف کہتے ہیں بھسی کو جو اناج کے دانوں کے اوپر ہوتی ہے۔

ابن زیدؒ فرماتے ہیں کہ مراد کھیتوں کے وہ پتے ہیں جنہیں جانور چر چکے ہوں۔

مطلب یہ ہے کہ اللہ تعالیٰ نے ان کا تہس نہس کر دیا اور عام خاص کو ہلاک کر دیا' ان کی ساری تدبیریں پٹ پڑ گئیں' کوئی بھلائی انہیں نصیب نہ ہوئی' ایسا بھی کوئی ان میں صحیح سالم نہ رہا کہ ان کی خبر پہنچائے۔ جو بھی بچا وہ زخمی ہو کر اور اس زخم سے پھر جانبر نہ ہو سکا' خود بادشاہ بھی گویا وہ ایک گوشت کے لوتھڑے کی طرح ہو گیا تھا جوں توں صنعاء میں پہنچا لیکن وہاں جاتے ہی اس کا کلیجہ پھٹ گیا اور واقعہ بیان کر ہی چکا تھا جو مر گیا۔

# Surah Quraysh

## سورۃ القریش

بِسۡمِ اللّٰہِ الرَّحۡمٰنِ الرَّحِیۡمِ

لِاِيۡلٰفِ قُرَيۡشٍ (۱)

قریش کے مانوس کرنے کے سبب

موجودہ عثمانی قرآن کی ترتیب میں یہ سورت سورہ فیل سے علیحدہ ہے اور دونوں کے درمیان بسم اللہ کی آیت کا فاصلہ ہے مضمون کے اعتبار سے یہ سورت پہلی سے ہی متعلق ہے جیسے کہ محمد بن اسحاقؒ، عبدالرحمٰن بن زید بن اسلمؒ وغیرہ نے تصریح کی ہے۔ اس بنا پر معنی یہ ہوں گے کہ ہم نے مکہ سے ہاتھیوں کو روکا اور ہاتھی والوں کو ہلاک کیا یہ قریشیوں کو الفت دلانے اور انہیں اجتماع میں ساتھ با امن اس شہر میں رہنے سہنے کے لیے تھا،

امام ابن جریرؒ فرماتے ہیں لِاِيۡلٰفِ، میں پہلا لام تعجب کا لام ہے اور دونوں سورتیں بالکل جداگانہ ہیں جیسا کہ مسلمانوں کا اجماع ہے۔

اِيۡلٰفِهِمۡ رِحۡلَةَ الشِّتَآءِ وَالصَّيۡفِ (۲)

یعنی ان کو جاڑے اور گرمی کے سفر سے مانوس کرنے کے سبب

اور یہ مراد بھی کی گئی ہے کہ یہ قریشی جاڑوں میں کیا اور گرمیوں میں کیا دور دراز کے سفر امن وامان سے طے کر سکتے تھے کیونکہ مکے جیسے محترم شہر میں رہنے کی وجہ سے ہر جگہ ان کی عزت ہوتی تھی بلکہ ان کے ساتھ بھی جو ہوتا تھا امن وامان سے سفر طے کر لیتا تھا اسی طرح وطن سے ہر طرح کا امن انہیں حاصل ہوتا تھا،

جیسے کہ اور جگہ قرآن کریم میں موجود ہے:

اَوَلَمۡ يَرَوۡا اَنَّا جَعَلۡنَا حَرَمًا اٰمِنًا وَّيُتَخَطَّفُ النَّاسُ مِنۡ حَوۡلِهِمۡ (۲۹:۶۷)

کیا یہ نہیں دیکھتے کہ ہم نے حرم کو امن والی جگہ بنا دیا ہے اسکے آس پاس تو لوگ اچک لئے جاتے ہیں

لیکن یہاں کے رہنے والے نڈر ہیں۔

فَلْيَعْبُدُوا رَبَّ هَٰذَا الْبَيْتِ (۳)

لوگوں کو چاہئے کہ (اس نعمت کے شکر میں) اس گھر کے مالک کی عبادت کریں

تو گویا یوں فرمایا جارہا ہے کہ تم قریشیوں کے اس اجتماع اور الفت پر تعجب کرو کہ میں نے انہیں کیسی بھاری نعمت عطا فرما رکھی ہے انہیں چاہیے کہ میری اس نعمت کا شکر اس طرح ادا کریں کہ صرف میری ہی عبادت کرتے رہیں،

جیسے اور جگہ ہے:

إِنَّمَا أُمِرْتُ أَنْ أَعْبُدَ رَبَّ هَٰذِهِ الْبَلْدَةِ الَّذِي حَرَّمَهَا وَلَهُ كُلُّ شَيْءٍ وَأُمِرْتُ أَنْ أَكُونَ مِنَ الْمُسْلِمِينَ (۲۷:۹۱)

(اے نبی تم کہہ دو) مجھے تو صرف یہی حکم دیا گیا ہے کہ میں اس شہر کے رب کی ہی عبادت کروں جس نے اسے حرم بنایا جو ہر چیز کا مالک ہے مجھے حکم دیا گیا ہے کہ میں اس کا مطیع اور فرمانبردار رہوں

الَّذِي أَطْعَمَهُمْ مِنْ جُوعٍ وَآمَنَهُمْ مِنْ خَوْفٍ (۴)

جس نے ان کو بھوک میں کھانا کھلایا اور خوف سے امن بخشا

فرمایا ہے وہ رب بیت جس نے انہیں بھوک میں کھلایا اور خوف میں نڈر رکھا انہیں چاہیے کہ اس کی عبادت میں کسی چھوٹے بڑے کو شریک نہ ٹھہرائیں جو اللہ کے اس حکم کی بجا آوری کرے گا وہ تو دنیا کے اس امن کے ساتھ آخرت کے دن بھی امن وامان سے رہے گا، اور اس کی نافرمانی کرنے سے یہ امن بھی بے امنی سے اور آخرت کا امن بھی ڈر خوف اور انتہائی مایوسی سے بدل جائے گا،

جیسے اور جگہ فرمایا

وَضَرَبَ اللَّهُ مَثَلًا قَرْيَةً كَانَتْ آمِنَةً مُطْمَئِنَّةً يَأْتِيهَا رِزْقُهَا رَغَدًا مِنْ كُلِّ مَكَانٍ فَكَفَرَتْ بِأَنْعُمِ اللَّهِ فَأَذَاقَهَا اللَّهُ لِبَاسَ الْجُوعِ وَالْخَوْفِ بِمَا كَانُوا يَصْنَعُونَ ـ وَلَقَدْ جَاءَهُمْ رَسُولٌ مِنْهُمْ فَكَذَّبُوهُ فَأَخَذَهُمُ الْعَذَابُ وَهُمْ ظَالِمُونَ (۱۶:۱۱۲،۱۱۳)

اللہ تعالیٰ ان بستی والوں کی مثال بیان فرماتا ہے جو امن واطمینان کے ساتھ تھے ہر جگہ سے بافراغت روزیاں کھچی چلی آتی تھیں لیکن انہیں اللہ کی نعمتوں کی ناشکری کرنے کی سوجھی چنانچہ اللہ تعالیٰ نے بھی انہیں بھوک اور خوف کا لباس چکھا دیا یہی ان کے کرتوت کا بدلہ تھا ان کے پاس ان ہی میں سے اللہ کے بھیجے ہوئے رسول آئے لیکن انہوں نے انہیں جھٹلایا اس ظلم پر اللہ کے عذابوں نے انہیں گرفتار کرلیا

ایک حدیث میں ہے رسول اللہ صلی اللہ علیہ وآلہ وسلم نے فرمایا:

قریشیو! تمہیں تو اللہ یوں راحت و آرام پہنچائے گھر بیٹھے کھلائے پلائے چاروں طرف بد امنی کی آگ کے شعلے بھڑک رہے ہوں اور تمہیں امن وامان سے میٹھی نیند سلائے پھر تم پر کیا مصیبت ہے جو تم اپنے اس پرور دگار کی توحید سے جی چراؤ اور اس کی عبادت میں دل نہ لگاؤ بلکہ اس کے سوا دوسروں کے آگے سر جھکاؤ۔

# Surah Ma'un

## سورۃ الماعون

بِسۡمِ اللّٰہِ الرَّحۡمٰنِ الرَّحِیۡمِ

أَرَءَيۡتَ ٱلَّذِى يُكَذِّبُ بِٱلدِّينِ (١)

کیا تونے دیکھا جو (روز) جزا کو جھٹلاتا ہے۔

فَذَٲلِكَ ٱلَّذِى يَدُعُّ ٱلۡيَتِيمَ (٢)

یہی وہ ہے جو یتیم کو دھکے دیتا ہے۔

وَلَا يَحُضُّ عَلَىٰ طَعَامِ ٱلۡمِسۡكِينِ (٣)

اور مسکین کو کھلانے کے لئے ترغیب نہیں دیتا

اللہ تعالیٰ فرماتا ہے کہ اے محمد صلی اللہ علیہ وآلہ وسلم تم نے اس شخص کو دیکھا جو قیامت کے دن کو جو جزا سزا کا دن ہے جھٹلاتا ہے، یتیم پر ظلم و ستم کرتا ہے، اس کا حق مارتا ہے، اس کے ساتھ سلوک و احسان نہیں کرتا، مسکینوں کو خود تو کیا دیتا دوسروں کو بھی اس کار خیر پر آمادہ نہیں کرتا جیسے اور جگہ ہے

كَلَّاۖ بَل لَّا تُكۡرِمُونَ ٱلۡيَتِيمَ وَلَا تَحَـٰٓضُّونَ عَلَىٰ طَعَامِ ٱلۡمِسۡكِينِ (٨٩:١٧،١٨)

جو برائی تمہیں پہنچتی ہے وہ تمہارے اعمال کا نتیجہ ہے کہ نہ تم یتیموں کی عزت کرتے ہو نہ مسکینوں کو کھانا دینے کی رغبت دلاتے ہو

یعنی اس فقیر کو جو اتنا نہیں پاتا کہ اسے کافی ہو،

فَوَيۡلٌ لِّلۡمُصَلِّينَ (٤)

ان نمازیوں کے لئے افسوس (اور ویل نامی جہنم کی جگہ) ہے۔

ٱلَّذِينَ هُمۡ عَن صَلَاتِهِمۡ سَاهُونَ (٥)

جو اپنی نماز سے غافل ہیں

فرمان ہوتا ہے کہ غفلت برتنے والے نمازیوں کے لیے وَيۡل ہے یعنی ان منافقوں کے لیے جو لوگوں کے سامنے نماز ادا کریں ورنہ ہضم کر جائیں، یہی معنی حضرت ابن عباسؓ نے کئے ہیں،

اور یہ بھی معنی ہیں کہ مقرر کردہ وقت ٹال دیتے ہیں جیسے کہ مسروقؒ اور ابوالضحیٰؒ کہتے ہیں،

حضرت عطاء بن دینارؒ فرماتے ہیں اللہ کا شکر ہے کہ فرمان باری میں عَن صَلَاتِهِمۡ ہے فِى صَلَاتِهِمۡ نہیں یعنی نمازوں سے غفلت کرتے ہیں فرمایا' نمازوں میں غفلت برتتے ہیں نہیں فرمایا،

اسی طرح یہ لفظ شامل ہے ایسے نمازی کو بھی جو

- ہمیشہ نماز کو آخری وقت ادا کرے،
- یا عموماً آخری وقت پڑھے،
- یا ارکان و شروط کی پوری رعایت نہ کرے،
- یا خشوع خضوع اور تدبر و غور و فکر نہ کرے۔

لفظ قرآن ان میں سے ہر ایک کو شامل ہے یہ سب باتیں جس میں ہوں وہ تو پورا پورا بد نصیب ہے اور جس میں جتنی ہوں اتنا ہی وہ وَيۡل والا ہے اور نفاق عملی کا حصہ دار ہے۔

بخاری و مسلم کی حدیث میں ہے رسول اللہ صلی اللہ علیہ وآلہ وسلم فرماتے ہیں:

یہ نماز منافق کی ہے، یہ نماز منافق کی ہے، یہ نماز منافق کی ہے کہ بیٹھا ہوا سورج کا انتظار کرتا رہے جب وہ غروب ہونے کے قریب پہنچے اور شیطان اپنے سینگ اس میں ملا لے تو کھڑا ہو اور مرغ کی طرح چار ٹھونگیں مار لے جس میں اللہ کا ذکر بہت ہی کم کرے۔

یہاں مراد عصر کی نماز ہے جو صلوٰۃ وسطیٰ ہے جیسے کہ حدیث کے لفظوں سے ثابت ہے یہ شخص مکروہ وقت میں کھڑا ہوتا اور کوے کی طرح چونچیں مار لیتا ہے جس میں اطمینان ارکان بھی نہیں ہوتا نہ خشوع و خضوع ہوتا ہے بلکہ ذکر اللہ بھی بہت ہی کم ہوتا ہے اور کیا عجب کہ یہ نماز محض دکھاوے کی نماز ہو، تو پڑھی نہ پڑھی یکساں ہے انہی منافقین کے بارے میں اور جگہ ارشاد ہے

إِنَّ ٱلۡمُنَـٰفِقِينَ يُخَـٰدِعُونَ ٱللَّهَ وَهُوَ خَـٰدِعُهُمۡ وَإِذَا قَامُوٓاْ إِلَى ٱلصَّلَوٰةِ قَامُواْ كُسَالَىٰ يُرَآءُونَ ٱلنَّاسَ وَلَا يَذۡكُرُونَ ٱللَّهَ إِلَّا قَلِيلاً (۴:۱۴۲)

منافق اللہ کو دھوکہ دیتے ہیں اور وہ انہیں یہ جب بھی نماز کے لیے کھڑے ہوتے ہیں تو تھکے ہارے باد ل ناخواستہ صرف لوگوں کے دکھاوے کے لیے نماز گزارتے ہیں اللہ کی یاد بہت ہی کم کرتے ہیں

ٱلَّذِينَ هُمۡ يُرَآءُونَ (٦)

جو ریاکاری کرتے ہیں۔

یہاں بھی فرمایا یہ ریاکاری کرتے ہیں لوگوں میں نمازی بنتے ہیں،

طبرانی کی حدیث میں ہے ویل جہنم کی ایک وادی کا نام ہے جس کی آگ اس قدر تیز ہے کہ اور آگ جہنم کی ہر دن اس سے چار سو مرتبہ پناہ مانگتی ہے یہ ویل

- اس اُمت کے ریاکار علماء کے لیے ہے،
- اور ریاکاری کے طور پر صدقہ خیرات کرنے والوں کے لیے ہے،
- اور ریاکاری کے طور پر حج کرنے والوں کے لیے ہے،
- اور ریاکاری کے طور پر جہاد کرنے والوں کے لیے ہے،

مسند احمد میں ہے رسول اللہ صلی اللہ علیہ وآلہ وسلم فرماتے ہیں:

جو شخص دوسروں کو سنانے کے لیے کوئی نیک کام کرے اللہ تعالیٰ بھی لوگوں کو سنا کر عذاب کرے گا اور اسے ذلیل و حقیر کرے گا۔

ہاں اس موقعہ پر یہ یاد رہے کہ اگر کسی شخص نے بالکل نیک نیتی سے کوئی اچھا کام کیا اور لوگوں کو اس کی خبر ہو گئی اس پر اسے بھی خوشی ہوئی تو یہ ریاکاری نہیں اس کی دلیل مسند ابو یعلی موصلی کی یہ حدیث ہے:

حضرت ابوہریرہ رضی اللہ تعالیٰ عنہ نے سرکار نبوی میں ذکر کیا کہ حضور صلی اللہ علیہ وسلم میں تو تنہا نوافل پڑھتا ہوں لیکن اچانک کوئی آجاتا ہے تو ذرا مجھے بھی یہ اچھا معلوم ہونے لگتا ہے آپ ﷺ نے فرمایا:

تجھے دو اجر ملیں گے ایک اجر پوشیدگی کا اور دوسرا ظاہر کرنے کا،

حضرت ابن المبارکؒ فرمایا کرتے تھے یہ حدیث ریاکاروں کے لیے بھی اچھی چیز ہے یہ حدیث بروئے اسناد غریب ہے لیکن اسی معنی کی حدیث اور سند سے بھی مروی ہے۔

ابن جریر کی ایک بہت ہی ضعیف سند والی حدیث میں ہے کہ جب یہ آیت اتری تو حضور ﷺ نے فرمایا:

اللہ اکبر یہ تمہارے لیے بہتر ہے اس سے کہ تم میں سے ہر شخص کو مثل تمام دنیا کے دیا جائے اس سے مراد وہ شخص ہے کہ نماز پڑھے تو اس کی بھلائی سے اسے کچھ سروکار نہ ہو اور نہ پڑھے تو اللہ کا خوف اسے نہ ہو۔

اور روایت میں ہے کہ رسول اللہ صلی اللہ علیہ وآلہ وسلم سے اس آیت کا مطلب پوچھا گیا تو آپؐ نے فرمایا:

یہ وہ لوگ ہیں جو نماز کو اس کے وقت سے مؤخر کرتے ہیں،

اس کے ایک معنی تو یہ ہیں کہ سرے سے پڑھتے ہی نہیں، دوسرے معنی یہ ہیں کہ شرعی وقت نکال دیتے ہیں پھر پڑھتے ہیں۔

یہ معنی بھی ہیں کہ اول وقت میں ادا نہیں کرتے

ایک موقوف روایت میں حضرت سعد بن ابی وقاص رضی اللہ تعالیٰ عنہ سے مروی ہے کہ تنگ وقت کر ڈالتے ہیں، زیادہ صحیح موقوف روایت ہی ہے۔

امام بیہقیؒ بھی فرماتے ہیں کہ مرفوع تو ضعیف ہے ہاں موقوف صحیح ہے امام حاکم کا قول بھی یہی ہے،

وَيَمْنَعُونَ الْمَاعُونَ (۷)

اور برتنے کی چیز روکتے ہیں

پس جس طرح یہ لوگ عبادت رب میں سست ہیں اسی طرح لوگوں کے حقوق بھی ادا نہیں کرتے یہاں تک کہ برتنے کی کم قیمت چیزیں لوگوں کو اس لیے بھی نہیں دیتے کہ وہ اپنا کام نکال لیں اور پھر وہ چیز جوں کی توں واپس کر دیں پس ان خسیس لوگوں سے یہ کہاں بن آئے کہ وہ زکوٰۃ ادا کریں یا اور نیکی کے کام کریں۔

حضرت علیؓ سے مَاعُون کا مطلب ادائیگی زکوۃ بھی مروی ہے اور حضرت ابن عمرؓ سے بھی اور دیگر حضرات مفسرین معتبرین سے بھی۔

امام حسن بصری رحمۃ اللہ علیہ فرماتے ہیں کہ اس کی نماز میں ریاکاری ہے اور مال کے صدقہ میں ہاتھ روکنا ہے۔

حضرت زید بن اسلمؒ فرماتے ہیں یہ منافق لوگ ہیں نماز تو چونکہ ظاہر ہے پڑھنی پڑتی ہے اور زکوۃ چونکہ پوشیدہ ہے اس لیے اسے ادا نہیں کرتے۔

ابن مسعود رضی اللہ تعالیٰ عنہ فرماتے ہیں مَاعُون ہر وہ چیز ہے جو لوگ آپس میں ایک دوسرے سے مانگ لیا کرتے ہیں جیسے کدال پھاوڑا دیگچی ڈول وغیرہ۔

دوسری روایت میں ہے کہ اصحاب رسول صلی اللہ علیہ وسلم اس کا یہی مطلب بیان کرتے ہیں اور روایت میں ہے کہ ہم نبی صلی اللہ علیہ وآلہ وسلم کے ساتھ تھے اور ہم اس کی تفسیر یہی کرتے تھے۔

نسائی کی حدیث میں ہے:

ہر نیک چیز صدقہ ہے، ڈول اور ہنڈیا یا پتیلی مانگے پر دینے کو ہم آنحضرت صلی اللہ علیہ وسلم کے زمانے میں مَاعُون سے تعبیر کرتے تھے

غرض اس کے معنی زکوٰۃ نہ دینے کے، اطاعت نہ کرنے کے، مانگی چیز نہ دینے کے ہیں چھوٹی چھوٹی بے جان چیزیں کوئی دو گھڑی کے لیے مانگنے آئے اس سے ان کا انکار کر دینا مثلاً چھلنی، ڈول، سوئی، سل بٹا، کدال، پھاوڑا، پتیلی، دیگچی وغیرہ

علی نمیریؒ فرماتے ہیں کہ رسول اللہ صلی اللہ علیہ وآلہ وسلم سے میں نے سنا ہے آپؐ نے فرمایا:

مسلمان کا مسلمان بھائی ہے جب ملے سلام کرے جب سلام کرے تو بہتر جواب دے اور مَاعُون کا انکار نہ کرے،

میں نے پوچھا حضور صلی اللہ علیہ وسلم مَاعُون کیا؟

فرمایا پتھر لوہا اور اسی جیسی اور چیزیں۔

واللہ اعلم

# Surah Kawthar

# سورۃ الکوثر

بِسۡمِ اللّٰہِ الرَّحۡمٰنِ الرَّحِیۡمِ

إِنَّآ أَعۡطَيۡنَٰكَ ٱلۡكَوۡثَرَ (۱)

یقیناً ہم نے تجھے (حوض) کوثر (اور بہت کچھ) دیا ہے

**مسند احمد میں ہے کہ رسول اللہ ﷺ پر کچھ غنودگی سی طاری ہوئی اور دفعتاً سر اٹھا کر مسکرائے پھر یا تو خود آپ ﷺ نے فرمایا یا لوگوں کے اس سوال پر کہ حضور کیسے مسکرائے؟ تو آپ ﷺ نے فرمایا کہ مجھ پر اس وقت ایک سورت اتری' پھر آپؐ نے پڑھ کر اس پوری سورت کی تلاوت کی اور فرمایا جانتے ہو کوثر کیا ہے؟**

**لوگوں نے کہا اللہ اور اس کا رسول ہی خوب جانتے ہیں۔**

فرمایا وہ ایک جنتی نہر ہے جس پر بہت بھلائی ہے جو میرے رب نے مجھے عطا فرمائی ہے جس پر میری اُمت قیامت والے دن آئے گی' اس کے برتن آسمان کے ستاروں کی گنتی کے برابر ہیں۔

**مسند کی ایک اور حدیث میں ہے کہ حضور ﷺ نے اس آیت کی تلاوت کر کے فرمایا:**

مجھے کوثر عنایت کی گئی ہے جو ایک جاری نہر ہے لیکن گڑھا نہیں ہے اس کے دونوں کنارے موتی کے خیمے ہیں' اس کی مٹی خالص مشک ہے' اس کے کنکر بھی سچے موتی ہیں۔

**ایک اور حدیث میں ہے:**

اس کا پانی دودھ سے زیادہ سفید ہے اور شہد سے زیادہ میٹھا ہے جس کے کنارے دراز گردن والے پرندے بیٹھے ہوئے ہیں۔

**حضرت صدیقؓ نے سن کر فرمایا وہ پرندے تو بہت ہی خوبصورت ہوں گے۔ آپ ﷺ نے فرمایا کھانے میں بھی وہ بہت ہی لذیذ ہیں۔** (ابن جریر)

**صحیح بخاری میں حضرت عبداللہ بن عباسؓ سے مروی ہے:**

کوثر سے مراد وہ بھلائی اور خیر ہے جو اللہ تعالیٰ نے آپ ﷺ کو عطا فرمائی ہے۔ ابو بشرؒ کہتے ہیں کہ میں نے سعید بن جبیرؒ سے یہ سن کر کہا کہ لوگ تو کہتے ہیں کہ یہ جنت کی ایک نہر ہے تو حضرت سعیدؒ نے فرمایا وہ بھی ان بھلائیوں اور خیر میں سے ہے جو آپ ﷺ کو اللہ تعالیٰ کی طرف سے عنایت ہوئی ہیں۔

اور یہ بھی حضرت ابن عباسؓ سے مروی ہے کہ اس سے مراد بہت سی خیر ہے' تو یہ تفسیر شامل ہے حوض کوثر وغیرہ سب کو۔

کَوْثَر ماخوذ ہے کثرت سے جس سے مراد خیر کثیر ہے' اور اسی خیر کثیر میں حوض جنت بھی ہے جیسے کہ بہت سے مفسرین سے مروی ہے۔

حضرت مجاہدؒ فرماتے ہیں کہ دنیا اور آخرت کی بہت بہت بھلائیاں مراد ہے۔

عکرمہؒ فرماتے ہیں نبوت' قرآن' ثواب آخرت کوثر ہے۔

اور یہ بھی یاد رہے کہ حضرت عبد اللہ بن عباسؓ سے کوثر کی تفسیر نہر کوثر سے بھی مروی ہے جیسے کہ ابن جریر میں سنداً مروی ہے کہ آپ ﷺ نے فرمایا:

کوثر جنت کی ایک نہر ہے جس کے دونوں کنارے سونا چاندی ہے جو یاقوت اور موتیوں پر بہہ رہی ہے جس کا پانی برف سے زیادہ سفید ہے اور شہد سے زیادہ میٹھا ہے۔

کوثر کیا ہے؟ بہت سے صحابہؓ اور تابعینؒ سے ثابت ہے کہ کہ کوثر نہر کا نام ہے۔

فَصَلِّ لِرَبِّكَ وَانْحَرْ (۲)

پس تو اپنے رب کے لئے نماز پڑھ اور قربانی کر۔

ارشاد ہوتا ہے کہ جیسے ہم نے تمہیں خیر کثیر عنایت فرمائی اور ایسی پُر شوکت نہر دی تو تم بھی صرف میری ہی عبادت کرو خصوصاً نفل فرض نماز اور قربانی اسی وحدہ لاشریک لہ کے نام کی کرتے رہو' جیسے فرمایا:

قُلْ إِنَّ صَلَاتِي وَنُسُكِي وَمَحْيَايَ وَمَمَاتِي لِلَّهِ رَبِّ الْعَالَمِينَ لَا شَرِيكَ لَهُ ۖ وَبِذَٰلِكَ أُمِرْتُ وَأَنَا أَوَّلُ الْمُسْلِمِينَ

(۶:۱۶۲،۱۶۳)

آپ فرما دیجئے کہ بالیقین میری نماز اور میری ساری عبادت اور میرا جینا اور میرا مرنا یہ سب خالص اللہ ہی کا ہے جو سارے جہان کا مالک ہے۔ اس کا کوئی شریک نہیں اور مجھ کو اسی کا حکم ہوا ہے اور میں سب ماننے والوں میں سے پہلا ہوں

اس سے مراد قربانی سے اونٹوں کا نحر کرنا وغیرہ ہے۔ مشرکین سجدے اور قربانیاں اللہ تعالیٰ کے سوا اوروں کے نام کی کرتے تھے۔ تو یہاں حکم ہوا کہ تم صرف اللہ تعالیٰ ہی کے نام کی مخلصانہ عبادتیں کیا کرو۔

اور جگہ ہے:

اور ایسے جانوروں میں سے مت کھاؤ جن پر اللہ کا نام نہ لیا گیا ہو اور یہ کام نافرمانی کا ہے

جس جانور پر اللہ کا نام نہ لیا جائے اسے نہ کھاؤ یہ تو فسق ہے

اور کہا گیا ہے کہ مراد وَانۡحَرۡ سے دائیں ہاتھ کا بائیں ہاتھ پر نماز میں سینے پر رکھنا ہے۔ حضرت شعبیؒ اس الفاظ کی یہی تفسیر کرتے ہیں۔

حضرت ابو جعفر باقرؒ فرماتے ہیں کہ اس سے مراد نماز کے شروع کے وقت میں رفع الیدین کرنا ہے۔

اور یہ بھی کہا گیا ہے کہ مطلب یہ ہے کہ اپنے سینے سے سے قبلہ کی طرف متوجہ ہو۔

یہ تینوں قول ابن جریر میں منقول ہیں یہ سب اقوال غریب ہیں

صحیح پہلا قول ہے کہ مراد وَانۡحَرۡ سے قربانیوں کا ذبح کرنا ہے۔

إِنَّ شَانِئَكَ هُوَ الْأَبْتَرُ (٣)

یقیناً تیرا دشمن ہی لاوارث اور بے نام ونشان ہے

ارشاد ہوتا ہے کہ اے نبی! تجھ سے اور تیری طرف اتری ہوئی وحی سے دشمنی رکھنے والا ہی قلت و ذلت والا بے برکتا اور دم بریدہ ہے۔

یہ آیت عاص بن وائل کے بارے میں اتری ہے۔ یہ پاجی جہاں حضور ﷺ کا ذکر سنتا تو کہتا اسے چھوڑ دو وہ دُم کٹا ہے اس کے پیچھے اسکی نرینہ اولاد نہیں' اس کے انتقال کرتے ہی اس کا نام دنیا سے اٹھ جائے گا۔ اسی پر یہ مبارک سورت نازل ہوئی ہے۔

بزار میں ہے کہ جب کعب بن اشرف مکہ معظمہ میں آیا تو قریشیوں نے اس سے کہا کہ آپ تو ان کے سردار ہیں' آپ اس بچے کی طرف نہیں دیکھتے؟ جو اپنی ساری قوم سے الگ تھلگ خیال کرتا ہے کہ افضل ہے۔ حالانکہ ہم

حاجیوں کے اہل میں دردبست بیت اللہ ہمارے ہاتھوں میں ہے' زمزم پر ہمارا قبضہ ہے۔ تو یہ خبیث کہنے لگا کہ بیشک تم اس سے بہتر ہو۔ اس پر یہ آیت اتری۔

أَبْتَر کے معنی ہیں تنہا' عرب کا یہ بھی محاورہ ہے کہ جب کسی کی نرینہ اولاد مر جائے تو کہتے ہیں أَبْتَر ۔

حضور ﷺ کے صاحبزادوں کے انتقال پر بھی انہوں نے دشمنی کی وجہ سے یہی کہا جس پر یہ آیت اتری' تو مطلب یہ ہوا کہ أَبْتَر وہ ہے جس کے مرنے کے بعد اس کا ذکر مٹ جائے، ان مشرکین نے حضور ﷺ کی نسبت بھی یہی خیال کیا تھا کہ ان کے لڑکے تو انتقال کر گئے وہ نہ رہے جن کی وجہ سے آپ ﷺ کے انتقال کے بعد بھی ان کا نام رہتا۔

حاشا وکلا اللہ تعالیٰ آپ ﷺ کا نام رہتی دنیا تک رکھے گا۔

آپ ﷺ کی شریعت ابد الآباد تک باقی رہے گی' آپکی اطاعت ہر کہہ ومہ پر فرض کر دی گئی ہے' آپ ﷺ کا پیارا اور پاک نام ہر مسلمان کے دل وزبان پر ہے اور قیامت تک فضائے آسمانی میں عروج واقبال کے ساتھ گونجتا رہے گا' بحر وبر میں ہر وقت اس کی منادی ہوتی رہے گی'

اللہ تعالیٰ آپ ﷺ کی آل اولاد پر اور ازواج واصحابؓ پر قیامت تک درود وسلام بکثرت بھیجتا رہے' آمین۔

# Surah Kafirun

# سورۃ الکافرون

بِسۡمِ اللّٰہِ الرَّحۡمٰنِ الرَّحِیۡمِ

قُلۡ یَا أَیُّهَا الۡکَافِرُونَ (۱)

آپ کہہ دیجئے کہ اے کافرو

لَا أَعۡبُدُ مَا تَعۡبُدُونَ (۲)

نہ میں عبادت کرتا ہوں اس کی جس کی تم عبادت کرتے ہو۔

وَلَا أَنتُمۡ عَابِدُونَ مَا أَعۡبُدُ (۳)

نہ تم عبادت کرنے والے ہو جس کی میں عبادت کرتا ہوں۔

اس سورہ مبارکہ میں مشرکین کے عمل سے بیزاری کا اعلان ہے اور اللہ کی عبادت کے اخلاص کا حکم ہے گو یہاں خطاب مکہ کے کفار قریش سے ہے لیکن دراصل روئے زمین کے تمام کافر مراد ہیں۔

اس کی شان نزول یہ ہے کہ ان کافروں نے حضور صلی اللہ علیہ وسلم سے سے کہا تھا کہ ایک سال آپ ہمارے معبودوں کی عبادت کریں تو اگلے سال ہم بھی اللہ کی عبادت کریں گے اس پر یہ سورت نازل ہوئی اور اللہ تعالیٰ نے اپنے نبی برحق صلی اللہ علیہ وآلہ وسلم کو حکم دیا کہ ان کے دین سے اپنی پوری بیزاری کا اعلان فرمادیں کہ میں تمہارے ان بتوں کو اور جن جن کو تم اللہ کا شریک مان رہے ہو ہرگز نہ پوجوں گا گو تم بھی میرے معبود برحق اللہ وحدہ لاشریک لہ کو نہ پوجو،

پس ما یہاں پر معنی میں من کے ہے،

وَلَا أَنَا عَابِدٌ مَّا عَبَدتُّمۡ (۴)

اور نہ میں عبادت کرونگا جسکی تم عبادت کرتے ہو۔

## وَلَآ أَنتُمۡ عَابِدُونَ مَآ أَعۡبُدُ (5)

اور نہ تم اس کی عبادت کرنے والے ہو جس کی میں عبادت کر رہا ہوں۔

پھر دوبارہ یہی فرمایا کہ میں تم جیسی عبادت نہ کروں گا تمہارے مذہب پر میں کاربند نہیں ہو سکتا نہ میں تمہارے پیچھے لگ سکتا ہوں بلکہ میں تو صرف اپنے رب کی عبادت کروں گا اور وہ بھی اس طریقے پر جو اسے پسند ہو اور جیسے وہ چاہے اسی لیے فرمایا کہ نہ تم میرے رب کے احکام کے آگے سر جھکاؤ گے نہ اس کی عبادت اس کے فرمان کے مطابق بجالاؤ گے بلکہ تم نے تو اپنی طرف سے طریقے مقرر کر لیے ہیں جیسے اور جگہ ہے

إِن يَتَّبِعُونَ إِلَّا ٱلظَّنَّ وَمَا تَهۡوَى ٱلۡأَنفُسُ وَلَقَدۡ جَآءَهُم مِّن رَّبِّهِمُ ٱلۡهُدَىٰٓ (۵۳:۲۳)

یہ لوگ صرف وہم و گمان اور خواہش نفسانی کے پیچھے پڑے ہوئے ہیں حالانکہ ان کے پاس ان کے رب کی طرف سے ہدایت پہنچ چکی ہے

## لَكُمۡ دِينُكُمۡ وَلِيَ دِينِ (۶)

تمہارے لئے تمہارا دین ہے اور میرے لئے میرا دین ہے۔

پس جناب نبی اللہ احمد مجتبیٰ صلی اللہ علیہ وآلہ وسلم نے ہر طرح اپنا دامن ان سے چھڑا لیا اور صاف طور پر ان کے معبودوں سے اور ان کی عبادت کے طریقوں سے علیحدگی اور ناپسندیدگی کا اعلان فرمادیا

ظاہر ہے کہ ہر عابد کا معبود ہو گا اور طریقہ عبادت ہو گا پس رسول اللہ صلی اللہ علیہ وآلہ وسلم اور آپ کی اُمت صرف اللہ ہی کی عبادت کرتے ہیں اور طریقہ عبادت ان کا وہ ہے جو سرور رسل صلی اللہ علیہ وآلہ وسلم نے تعلیم فرمایا ہے اسی لیے کلمہ اخلاص لا الہ الا اللہ محمد رسول اللہ ہے یعنی اللہ کے سوا کوئی معبود نہیں اور اس کا راستہ وہی ہے جس کے بتانے والے محمد صلی اللہ علیہ وسلم ہیں جو اللہ کے پیغمبر ہیں صلی اللہ علیہ وآلہ وسلم،

اور مشرکین کے معبود بھی اللہ کے سوا غیر ہیں اور طریقہ عبادت بھی اللہ کا بتلایا ہوا نہیں اسی لئے فرمایا کہ تمہارا دین تمہارے لئے میرا میرے لیے، جیسے اور جگہ ہے

وَإِن كَذَّبُوكَ فَقُل لِّي عَمَلِي وَلَكُمۡ عَمَلُكُمۡۖ أَنتُم بَرِيٓـُٔونَ مِمَّآ أَعۡمَلُ وَأَنَا۠ بَرِيٓءٞ مِّمَّا تَعۡمَلُونَ (۱۰:۴۱)

اگر یہ تجھے جھٹلائیں تو تو کہہ دے کہ میرے لیے میرا عمل اور تمہارے لیے تمہارا عمل ہے تم میرے اعمال سے الگ ہو اور میں تمہارے کاموں سے بیزار ہوں

اور جگہ فرمایا:

لَنَآ أَعْمَـٰلُنَا وَلَكُمْ أَعْمَـٰلُكُمْ (۲۸:۵۵)

ہمارے عمل ہمارے ساتھ اور تمہارے تمہارے ساتھ

صحیح بخاری شریف میں اس آیت کی تفسیر میں ہے کہ تمہارے لیے تمہارا دین ہے یعنی کفر اور میرے لیے میرا دین ہے یعنی اسلام،

یہ لفظ اصل میں دینی تھا لیکن چونکہ اور آیتوں کا وقف نون پر ہے اس لیے اس میں بھی "یا" کو حذف کر دیا جیسے فھو یھدین میں اور یسقین میں،

بعض مفسرین نے کہا ہے مطلب یہ ہے کہ میں اب تو تمہارے معبودوں کی پرستش کرتا نہیں اور آگے کے لیے بھی تمہیں ناامید کر دیتا ہوں کہ عمر بھر میں کبھی بھی یہ کفر مجھ سے نہ ہو سکے گا اسی طرح نہ تم اب میرے اللہ کو پوجتے ہو نہ آئندہ اس کی عبادت کرو گے، اس سے مراد وہ کفار ہیں جن کا ایمان نہ لانا اللہ کو معلوم تھا جیسے قرآن میں اور جگہ ہے:

وَلَيَزِيدَنَّ كَثِيرًا مِّنْهُم مَّا أُنزِلَ إِلَيْكَ مِن رَّبِّكَ طُغْيَانًا وَكُفْرًا (۵:۶۴)

تیری طرف جو اترتا ہے اس سے ان میں سے اکثر تو سرکشی اور کفر میں بڑھ جاتے ہیں

ابن جریرؒ نے بعض عربی دان حضرات سے نقل کیا ہے کہ دو مرتبہ اس جملے کا لانا صرف تاکید کے لیے ہے جیسے فان مع العسر یسرا ان مع العسر یسرا میں اور جیسے لترون الجحیم ثم لترونھا عین الیقین پس ان دونوں جملوں کو دو مرتبہ لانے کی حکمت میں یہ تین قول ہوئے،

- ایک تو یہ کہ پہلے جملے سے مراد معبود دوسرے سے مراد طریق عبادت،
- دوسرے یہ کہ پہلے جملے سے مراد حال دوسرے سے مراد استقبال یعنی آئندہ،
- تیسرے یہ کہ پہلے جملے کی تاکید دوسرے جملے سے ہے،

لیکن یہ یاد رہے کہ یہاں ایک چوتھی توجیہ بھی ہے جسے حضرت امام ابن تیمیہؒ اپنی بعض تصنیفات میں قوت دیتے ہیں وہ یہ کہ پہلے تو جملہ فعلیہ ہے اور دوبارہ جملہ اسمیہ ہے تو مراد یہ ہوئی کہ نہ تو میں غیر اللہ کی عبادت کرتا

ہوں نہ مجھ سے کبھی بھی کوئی امید رکھ سکتا ہے یعنی واقعہ کی بھی نفی ہے اور شرعی طور پر ممکن ہونے کا بھی انکار ہے۔ یہ قول بھی بہت اچھا ہے۔ واللہ اعلم

حضرت امام ابو عبداللہ شافعی رحمۃ اللہ علیہ نے اس آیت سے استدلال کیا ہے کہ کفر ایک ہی ملت ہے اس لیے یہود نصرانی کا اور نصرانی یہود کا وارث ہو سکتا ہے جبکہ ان دونوں میں نسب یا سبب ورثے کا پایا جائے اس لئے کہ اسلام کے سوا کفر کی جتنی راہیں ہیں وہ سب باطل ہونے میں ایک ہی ہیں۔

حضرت امام احمد رحمۃ اللہ علیہ اور ان کے موافقین کا مذہب اس کے برخلاف ہے کہ نہ یہودی نصرانی کا وارث ہو سکتا ہے نہ نصرانی یہود کا کیونکہ حدیث ہے دو مختلف مذہب والے آپس میں ایک دوسرے کے وارث نہیں ہو سکتے۔

# Surah Al Nasr

## سورۃ النّصر

بِسۡمِ اللّٰہِ الرَّحۡمٰنِ الرَّحِیۡمِ

إِذَا جَآءَ نَصۡرُ ٱللَّهِ وَٱلۡفَتۡحُ (۱)

جب اللہ کی مدد اور فتح آجائے۔

حضرت عبد اللہ بن عباس رضی اللہ تعالیٰ عنہ فرماتے ہیں کہ بڑی عمر والے مجاہدین کے ساتھ ساتھ حضرت عمر فاروق رضی اللہ تعالیٰ عنہ مجھے بھی شامل کر لیا کرتے تھے تو شاید کسی کے دل میں اس کی کچھ ناراضگی پیدا ہوگئی اس نے کہا کہ یہ ہمارے ساتھ نہ آیا کریں ان جتنے تو ہمارے بچے ہیں خلیفۃ المسلمین رضی اللہ تعالیٰ عنہ نے فرمایا کہ تم انہیں خوب جانتے ہو۔

ایک دن سب کو بلایا اور مجھے بھی یاد فرمایا میں سمجھ گیا کہ آج انہیں کچھ بتانا چاہتے ہیں جب ہم سب جا پہنچے تو امیر المومنین رضی اللہ تعالیٰ عنہ نے ہم سے پوچھا کہ سورہ إِذَا جَآءَ کی نسبت تمہیں کیا علم ہے، بعض نے کہا اس میں ہمیں اللہ کی حمد و ثناء بیان کرنے اور گناہوں کی بخشش چاہنے کا حکم کیا گیا ہے کہ جب مدد اللہ آجائے اور ہماری فتح ہو تو ہم یہ کریں اور بعض بالکل خاموش رہے تو آپ نے میری طرف توجہ فرمائی اور کہا کیا تم بھی یہی کہتے ہو، میں نے کہا نہیں،

فرمایا پھر اور کیا کہتے ہو، ++

میں نے کہا یہ رسول اللہ صلی اللہ علیہ وآلہ وسلم کے انتقال کا پیغام ہے آپ کو معلوم کرایا جا رہا ہے کہ اب آپؐ کی دنیوی زندگی ختم ہونے کو ہے آپ تسبیح حمد اور استغفار میں مشغول ہو جائیے۔

حضرت فاروقؓ نے فرمایا یہی میں بھی جانتا ہوں (بخاری)

جب یہ سورت اتری تو حضور صلی اللہ علیہ وسلم نے فرمایا تھا کہ اب اسی سال میرا انتقال ہو جائیگا مجھے میرے انتقال کی خبر دی گئی ہے (مسند احمد)

مجاہد ابو العالیہؒ وغیرہ بھی یہی تفسیر بیان کرتے ہیں۔

ایک روایت میں ہے کہ حضور صلی اللہ علیہ وسلم مدینہ شریف میں تھے فرمانے لگے اللہ اکبر اللہ اکبر اللہ کی مدد آگئی اور فتح بھی، یمن والے آگئے، پوچھا گیا حضور صلی اللہ علیہ وسلم یمن والے کیسے ہیں فرمایا:

وہ نرم دل لوگ ہیں سلجھی ہوئی طبیعت والے ہیں ایمان تو اہل یمن کا ہے اور سمجھ بھی اہل یمن کی ہے اور حکمت بھی اہل یمن والوں کی ہے (ابن جریر)

ابن عباسؓ کا بیان ہے کہ جب یہ سورت اتری چونکہ اس میں آپ کے انتقال کی خبر تھی تو آپؐ نے اپنے کاموں میں اور کمر کس لی اور تقریباً وہی فرمایا جو اوپر گزرا۔ (طبرانی)

حضرت ابن عباس رضی اللہ تعالیٰ عنہ سے یہ بھی مروی ہے کہ سورتوں میں پوری سورت نازل ہونے کے اعتبار سے سب سے آخری سورت یہی ہے۔ (طبرانی)

اور حدیث میں ہے کہ جب یہ سورت اتری آپ ﷺ نے اس کی تلاوت کی اور فرمایا:

لوگ ایک کنارہ ہیں میں اور میرے اصحاب ایک کنارہ میں ہیں، سنو فتح مکہ کے بعد ہجرت نہیں البتہ جہاد اور نیت ہے۔

مروان کو جب یہ حدیث حضرت ابو سعید خدریؓ نے سنائی تو یہ کہنے لگا جھوٹ کہتا ہے اس وقت مروان کے ساتھ اس کے تخت پر حضرت رافع بن خدیجؓ اور حضرت زید بن ثابتؓ بھی بیٹھے تھے تو حضرت ابو سعیدؓ فرمانے لگے ان دونوں کو بھی اس حدیث کی خبر ہے یہ بھی اس حدیث کو بیان کر سکتے ہیں لیکن ایک کو تو اپنی سرداری چھن جانے کا خوف ہے اور دوسرے کو زکوٰۃ کی وصولی کے عہدے سے سبکدوش ہو جانے کا ڈر ہے۔ مروان نے یہ سن کر کوڑا اٹھا کر حضرت ابو سعیدؓ کو مارنا چاہا ان دونوں بزرگوں نے جب یہ دیکھا تو کہنے لگے مروان سن حضرت ابو سعیدؓ نے سچ بیان فرمایا،

مسند احمد میں یہ حدیث ثابت ہے۔

حضرت ابن عباسؓ سے مروی ہے کہ حضور علیہ السلام نے فتح مکہ کے دن فرمایا:

ہجرت نہیں رہی ہاں جہاد اور نیت ہے جب تمہیں چلنے کو کہا جائے اٹھ کھڑے ہو جایا کرو۔

صحیح بخاری اور صحیح مسلم شریف میں یہ حدیث موجود ہے

ہاں یہ بھی یاد رہے کہ جن بعض صحابہؓ نے حضرت فاروق اعظم رضی اللہ تعالیٰ عنہ کے سامنے اس سورت کا یہ مطلب بیان کیا کہ جب ہم پر اللہ تعالیٰ شہر اور قلعے فتح کر دے اور ہماری مدد فرمائے تو ہمیں حکم مل رہا ہے کہ ہم اس کی تعریفیں بیان کریں اس کا شکر کریں اور اس کی پاکیزگی بیان کریں نماز ادا کریں اور اپنے گناہوں کی بخشش طلب کریں یہ مطلب بھی بالکل صحیح ہے اور یہ تفسیر بھی نہایت پیاری ہے۔

دیکھو رسول اللہ صلی اللہ علیہ وآلہ وسلم نے فتح مکہ والے دن ضحیٰ کے وقت آٹھ رکعت نماز ادا کی گو لوگ یہ کہتے ہیں کہ یہ ضحیٰ کی نماز تھی لیکن ہم کہہ سکتے ہیں کہ ضحیٰ کی نماز آپ ہمیشہ نہیں پڑھتے تھے پھر اس دن جبکہ شغل اور کام بہت زیادہ تھا مسافرت تھی یہ کیسے پڑھی؟ آپؐ کی اقامت فتح کے موقعہ پر مکہ شریف میں رمضان شریف کے آخر تک انیس دن رہی آپ فرض نماز کو بھی قصر کرتے رہے روزہ بھی نہیں رکھا اور تمام لشکر جو تقریباً دس ہزار تھا اسی طرح کرتا رہا ان حقائق سے یہ بات صاف ثابت ہو جاتی ہے کہ یہ نماز فتح کے شکریہ کی نماز تھی اسی لیے سردار لشکر امام وقت پر مستحب ہے کہ جب کوئی شہر فتح ہو تو داخل ہوتے ہی دو رکعت نماز ادا کرے حضرت سعد بن ابی وقاصؓ نے فتح مدائن والے دن ایسا ہی کیا تھا۔

ان آٹھ رکعات کو دو دو رکعت کر کے ادا کرے گو بعض کا یہ قول بھی ہے کہ آٹھوں ایک ہی سلام سے پڑھ لے لیکن ابو داؤد کی حدیث صراحتاً مروی ہے کہ حضور صلی اللہ علیہ وسلم نے اس نماز میں ہر دو رکعت کے بعد سلام پھیرا ہے۔

وَرَأَيْتَ ٱلنَّاسَ يَدْخُلُونَ فِى دِينِ ٱللَّهِ أَفْوَاجًا (۲)

اور تو لوگوں کو اللہ کے دین میں جوق در جوق آتا دیکھ لے

یہ دوسری تفسیر بھی صحیح ہے جو ابن عباسؓ نے کی ہے کہ اس میں آپ ﷺ کو آپ کے وصال کی خبر دی گئی کہ جب آپ اپنی بستی مکہ فتح کر لیں جہاں سے ان کفار نے آپ کو نکل جانے پر مجبور کیا تھا اور آپ اپنی آنکھوں اپنی محنت کا پھل دیکھ لیں کہ فوجوں کی فوجیں آپ کے جھنڈے تلے آ جائیں، جوق در جوق لوگ حلقہ بگوش اسلام ہو جائیں، تو ہماری طرف آنے کی اور ہم سے ملاقات کی تیاریوں میں لگ جاؤ، سمجھ لو کہ جو کام ہمیں تم سے لینا تھا پورا ہو چکا اب آخرت کی طرف نگاہیں ڈالو جہاں آپ کے لیے بہت بہتری ہے اور اس دنیا سے بہت زیادہ بھلائی آپ کے لیے وہاں ہے وہیں آپ کی مہمانی تیار ہے اور مجھ جیسا میزبان ہے تم ان نشانات کو دیکھ کر بکثرت میری حمد و ثناء کرو اور توبہ استغفار میں لگ جاؤ۔

فَسَبِّحْ بِحَمْدِ رَبِّكَ وَاسْتَغْفِرْهُ ۚ إِنَّهُ كَانَ تَوَّابًا (۳)

تو اپنے رب کی تسبیح اور حمد کرنے لگ اور اس سے مغفرت کی دعا مانگ، بیشک وہ بڑا ہی توبہ قبول کرنے والا ہے

صحیح بخاری شریف کی حدیث میں حضرت عائشہ صدیقہ رضی اللہ تعالیٰ عنہا سے مروی ہے:

آنحضرت صلی اللہ علیہ وآلہ وسلم اپنے رکوع سجدے میں بکثرت سبحانک اللھم وبحمدک اللھم اغفرلی پڑھا کرتے تھے آپ قرآن کی اس آیت فَسَبِّحْ بِحَمْدِ رَبِّكَ وَاسْتَغْفِرْهُ ۚ إِنَّهُ كَانَ تَوَّابًا پر عمل کرتے تھے۔

اور روایت میں ہے کہ حضور صلی اللہ علیہ وسلم اپنی آخری عمر میں ان کلمات کا اکثر ورد کرتے تھے:

سبحان اللہ وبحمدہ استغفر اللہ واتوب الیہ

اللہ کی ذات پاک ہے اسی کے لیے سب تعریفیں مختص ہیں میں اللہ سے استغفار کرتا ہوں اور اس کی طرف جھکتا ہوں

اور فرمایا کرتے تھے:

میرے رب نے مجھے حکم دے رکھا ہے کہ جب میں یہ علامت دیکھ لوں کہ مکہ فتح ہو گیا اور دین اسلام میں فوجیں کی فوجیں داخل ہونے لگیں تو میں ان کلمات کو بکثرت کہوں چنانچہ بحمد اللہ میں اسے دیکھ چکا لہذا اب اس وظیفے میں مشغول ہوں۔ (مسند احمد)

ابن جریر میں حضرت اُم سلمہ رضی اللہ تعالیٰ عنہا سے مروی ہے:

حضور صلی اللہ علیہ وسلم اپنی آخری عمر میں بیٹھتے اٹھتے چلتے پھرتے آتے جاتے سبحان اللہ وبحمدہ پڑھا کرتے میں نے ایک مرتبہ پوچھا کہ حضور صلی اللہ علیہ وسلم اس کی کیا وجہ ہے تو آپ نے اس سورت کی تلاوت کی اور فرما مجھے حکم الٰہی یہی ہے۔

مسند احمد میں ہے کہ جب یہ سورت اتری تو حضور صلی اللہ علیہ وسلم اسے اکثر اپنی نماز میں تلاوت کرتے اور رکوع میں تین مرتبہ یہ پڑھتے سبحانک اللھم ربنا وبحمدک اللھم اغفرلی انک انت التواب الرحیم

فتح سے مراد یہاں فتح مکہ ہے اس پر اتفاق ہے عموماً عرب قبائل اسی کے منتظر تھے کہ اگر یہ اپنی قوم پر غالب آ جائیں اور مکہ ان کے زیر نگیں آ جائے تو پھر ان کے نبی ہونے میں ذرا سا بھی شبہ نہیں اب جبکہ اللہ نے اپنے حبیب کے ہاتھوں مکہ فتح کرا دیا تو یہ سب اسلام میں آ گئے اس کے بعد دو سال بھی پورے نہیں ہوئے تھے کہ سارا عرب مسلمان ہو گیا اور ہر ایک قبیلے میں اسلام اپنا راج کرنے لگا۔ والحمد اللہ

صحیح بخاری شریف میں بھی حضرت عمر بن سلمہؓ کا یہ مقولہ موجود ہے کہ مکہ فتح ہوتے ہی ہر قبیلے نے اسلام کی طرف سبقت کی ان سب کو اسی بات کا انتظار تھا اور کہتے تھے کہ انہیں اور ان کی قوم کو چھوڑو دیکھو اگر یہ نبی بر حق ہیں تو اپنی قوم پر غالب آجائیں گے اور مکہ پر ان کا جھنڈا نصب ہو جائیگا،

مسند احمد میں ہے کہ حضرت جابر بن عبداللہ رضی اللہ تعالیٰ عنہ کے پڑوسی جب اپنے کسی سفر سے واپس آئے تو حضرت جابرؓ ان سے ملاقات کرنے کے لئے گئے انہوں نے لوگوں کی پھوٹ اور ان کے اختلاف کا حال بیان کیا اور ان کی نو ایجاد بدعتوں کا تذکرہ کیا تو صحابی رسول صلی اللہ علیہ وآلہ وسلم کی آنکھوں سے آنسو نکل آئے اور روتے ہوئے فرمانے لگے کہ میں نے اللہ کے حبیب شافع روز جزاء حضرت محمد مصطفیٰ صلی اللہ علیہ وسلم سے سنا ہے کہ لوگوں کی فوجیں کی فوجیں اللہ کے دین میں داخل ہوئیں لیکن عنقریب جماعتوں کی جماعتیں ان میں سے نکلنے بھی لگ جائیں گی۔

# Surah Masad

# سورۃ المسد

بِسۡمِ اللّٰہِ الرَّحۡمٰنِ الرَّحِیۡمِ

صحیح بخاری شریف میں ہے:

رسول اللہ صلی اللہ علیہ وسلم بطحا میں جا کر ایک پہاڑی پر چڑھ گئے اور اونچی آواز سے یاصباحاہ یاصباحاہ کہنے لگے، قریش سب جمع ہوگئے تو آپؐ نے فرمایا اگر میں تم سے کہوں کہ صبح یا شام دشمن تم پر چھاپہ مارنے والا ہے تو کیا تم مجھے سچا سمجھو گے؟ سب نے جواب دیا جی ہاں۔

آپؐ نے فرمایا سنو میں تمہیں اللہ کے سخت عذاب کے آنے کی خبر دے رہا ہوں تو ابولہب کہنے لگا تجھے ہلاکت ہو، کیا اسی لئے تو نے ہمیں جمع کیا تھا؟ اس پر یہ سورت اتری۔ (بخاری)

## ابولہب

یہ ابولہب آنحضرت صلی اللہ علیہ وسلم کا چچا تھا اس کا نام عبدالعزیٰ بن عبدالمطلب تھا۔ اس کی کنیت ابوعتبہ تھی اس کے چہرے کی خوبصورتی اور چمک دمک کی وجہ سے اسے ابولہب یعنی شعلے والا کہا جاتا تھا، یہ حضور صلی اللہ علیہ وسلم کا بدترین دشمن تھا ہر وقت ایذاء دہی تکلیف رسائی اور نقصان پہنچانے کے درپے رہا کرتا تھا،

ربیعہ بن عباد ویلیؓ اپنے اسلام لانے کے بعد اپنا جاہلیت کا واقعہ بیان کرتے ہیں کہ میں نے رسول اللہ صلی اللہ علیہ وسلم کو خود ذوالمجاز کے بازار میں دیکھا کہ آپ فرمارہے ہیں لوگو لا الہ الا اللہ کہو تو فلاح پاؤ گے لوگوں کا مجمع آپ کے آس پاس لگا ہوا تھا میں نے دیکھا کہ آپ کے پیچھے ہی ایک گورے چٹے چمکتے چہرے والا بھینگی آنکھ والا جس کے سر کے بڑے بالوں کے دو مینڈھیاں تھیں۔ آیا اور کہنے لگا لوگو یہ بے دین ہے، جھوٹا ہے۔

غرض آپ لوگوں کے مجمع میں جا کر اللہ کی توحید کی دعوت دیتے تھے اور یہ دشمن پیچھے پیچھے یہ کہتا ہوا چلا جارہا تھا۔ میں نے لوگوں سے پوچھا یہ کون ہے؟

لوگوں نے کہا یہ آپؐ کا چچا ابولہب ہے۔ (مسند احمد)

ابو الزناد نے راوی حدیث حضرت ربیعہؓ سے کہا کہ آپ تو اس وقت بچہ ہوں گے، فرمایا نہیں میں اس وقت خاصی عمر کا تھا مشک لاد کر پانی بھر لایا کرتا تھا،

دوسری روایت میں ہے:

میں اپنے باپ کے ساتھ تھا میری جوان عمر تھی اور میں نے دیکھا کہ رسول اللہ صلی اللہ علیہ وسلم ایک ایک قبیلے کے پاس جاتے اور فرماتے لوگو میں تمہاری طرف اللہ کا رسول بنا کر بھیجا گیا ہوں میں تم سے کہتا ہوں کہ ایک اللہ ہی کی عبادت کرو اور اس کے ساتھ کسی کو شریک نہ کرو مجھے سچا جانو مجھے میرے دشمنوں سے بچاؤ تاکہ میں اس کا کام بجالاؤں جس کا حکم مجھے دے کر اللہ تعالیٰ نے بھیجا ہے،

آپؐ یہ پیغام پہنچا کر فارغ ہوتے تو آپ کا چچا ابو لہب پیچھے سے پہنچتا اور کہتا اے فلاں قبیلے کے لوگو! یہ شخص تو تمہیں لات و عزیٰ سے ہٹانا چاہتا ہے اور بنو مالک بن اقیش کے تمہارے حلیف جنوں سے تمہیں دور کر رہا ہوں اور اپنی نئی لائی ہوئی گمراہی کی طرف تمہیں بھی گھسیٹ رہا ہے، خبردار نہ اس کی سننا نہ ماننا۔ (احمد و طبرانی)

تَبَّتْ يَدَآ أَبِى لَهَبٍ وَتَبَّ (١)

ابو لہب کے دونوں ہاتھ ٹوٹ گئے اور وہ (خود) ہلاک ہو گیا

مَآ أَغْنَىٰ عَنْهُ مَالُهُۥ وَمَا كَسَبَ (٢)

نہ تو اس کا مال اس کے کام آیا اور نہ اس کی کمائی۔

اللہ تعالیٰ اس سورت میں فرماتا ہے کہ ابو لہب برباد ہوا اس کی کوشش غارت ہوئی اس کے اعمال ہلاک ہوئے بالیقین اس کی بربادی ہو چکی، اس کی اولاد اس کے کام نہ آئی۔

ابن مسعودؓ فرماتے ہیں کہ جب رسول اللہ صلی اللہ علیہ وسلم نے اپنی قوم کو اللہ کی طرف بلایا تو ابو لہب کہنے لگا اگر میرے بھتیجے کی باتیں حق ہیں تو میں قیامت کے دن اپنا مال و اولاد اللہ کو فدیہ میں دے کر اس کے عذاب سے چھوٹ جاؤں گا اس پر آیت مَآ أَغْنَىٰ عَنْهُ مَالُهُۥ وَمَا كَسَبَ، اتری،

سَيَصْلَىٰ نَارًا ذَاتَ لَهَبٍ (٣)

وہ عنقریب بھڑکنے والی آگ میں جائے گا۔

فرمایا کہ یہ شعلے مارنے والی آگ میں جو سخت جلانے والی اور بہت تیز ہے داخل ہو گا،

وَٱمْرَأَتُهُۥ حَمَّالَةَ ٱلْحَطَبِ (۴)

اور اس کی بیوی بھی (جائے گی) جو لکڑیاں ڈھونے والی ہے

اور اس کی بیوی بھی جو قریش عورتوں کی سردار تھی اس کی کنیت ام جمیل تھی نام اروی تھا، حرب بن امیہ کی لڑکی تھی ابوسفیان کی بہن تھی اور اپنے خاوند کے کفر و عناد اور سرکشی و دشمنی میں یہ بھی اس کے ساتھ تھی اسی لئے قیامت کے دن عذابوں میں بھی اسی کے ساتھ ہو گی، لکڑیاں اٹھا اٹھا کر لائے گی اور جس آگ میں اس کا خاوند جل رہا ہو گا ڈالتی جائے گی اس کے گلے میں آگ کی رسی ہو گی اور جہنم کا ایندھن سمیٹتی رہے گی،

یہ معنی بھی کئے گئے ہیں کہ حَمَّالَةَ ٱلْحَطَبِ سے مراد اس کا غیب گو ہونا ہے، امام ابن جریرؒ اسی کو پسند کرتے ہیں،

ابن عباسؓ نے یہ مطلب بیان کیا ہے کہ یہ جنگل سے خار دار لکڑیاں چن لاتی تھی اور نبی اکرم صلی اللہ علیہ وسلم کی راہ میں بچھا دیا کرتی تھی،

یہ بھی کہا گیا ہے کہ چونکہ یہ عورت نبی صلی اللہ علیہ وسلم کو فقیری کا طعنہ دیا کرتی تھی تو اسے اس کا لکڑیاں چننا یاد دلایا گیا،

لیکن صحیح قول پہلا ہی ہے، واللہ اعلم۔

سعید بن مسیب رحمتہ اللہ علیہ فرماتے ہیں کہ اس کے پاس ایک نفیس ہار تھا کہتی تھی کہ اسے میں فروخت کر کے محمد (صلی اللہ علیہ وسلم) کی مخالفت میں خرچ کروں گی تو یہاں فرمایا گیا کہ اس کے بدلے اس کے گلے میں آگ کا طوق ڈالا جائے گا۔

فِى جِيدِهَا حَبْلٌ مِّن مَّسَدٍۭ (۵)

اس کی گردن میں پوست کھجور کی بٹی ہوئی رسی ہو گی۔

مَّسَدٍ کے معنی کھجور کی رسی کے ہیں۔

حضرت عروہؓ فرماتے ہیں یہ جہنم کی زنجیر ہے جس کی ایک ایک کڑی ستر ستر گز کی ہے۔

ثوریؒ فرماتے ہیں یہ جہنم کا طوق ہے جس کی لمبائی ستر ہاتھ ہے۔

جوہریؒ فرماتے ہیں یہ اونٹ کی کھال کی اور اونٹ کے بالوں کی بنائی جاتی ہے۔

مجاہدؒ فرماتے ہیں یعنی لوہے کا طوق۔

حضرت اُم المومنین حضرت عائشہ صدیقہ رضی اللہ تعالیٰ عنہا کا بیان ہے:

جب یہ سورت اتری تو یہ بھینگی عورت ام جمیل بنت حرب اپنے ہاتھ میں نوک دار پتھر لئے یوں کہتی ہوئی حضور صلی اللہ علیہ وسلم کے پاس آئی۔

ہم مذمم کے منکر ہیں، اس کے دین کے دشمن ہیں اور اس کے نافرمان ہیں۔

اس وقت رسول اللہ صلی اللہ علیہ وسلم کعبتہ اللہ میں بیٹھے ہوئے تھے، آپ کے ساتھ میرے والد حضرت ابو بکر صدیق رضی اللہ تعالیٰ عنہ بھی تھے صدیق اکبرؓ نے اسے اس حالت میں دیکھ کر حضور صلی اللہ علیہ وسلم سے عرض کیا کہ یارسول اللہ صلی اللہ علیہ وسلم یہ آرہی ہے ایسا نہ ہو آپ کو دیکھ لے، آپ ﷺ نے فرمایا:

صدیق بے غم رہو یہ مجھے نہیں دیکھ سکتی، پھر آپ ﷺ نے قرآن کریم کی تلاوت شروع کر دی تاکہ اس سے بچ جائیں،

خود قرآن فرماتا ہے

وَإِذَا قَرَأْتَ الْقُرْءَانَ جَعَلْنَا بَيْنَكَ وَبَيْنَ الَّذِينَ لَا يُؤْمِنُونَ بِالْآخِرَةِ حِجَابًا مَّسْتُورًا (۱۷:۴۵)

جب تو قرآن پڑھتا ہے تو ہم تیرے اور ایمان نہ لانے والوں کے درمیان پوشیدہ پردے ڈال دیتے ہیں۔

یہ ڈائن آکر حضرت ابو بکرؓ کے پاس کھڑی ہو گئی کہ حضور صلی اللہ علیہ وسلم بھی حضرت صدیق اکبرؓ کے پاس ہی بالکل ظاہر بیٹھے ہوئے تھے لیکن قدرتی حجابوں نے اس کی آنکھوں پر پردہ ڈال دیا وہ حضور صلی اللہ علیہ وسلم کو نہ دیکھ سکی۔ اس نے حضرت ابو بکر صدیق رضی اللہ تعالیٰ عنہ سے کہا کہ تیرے ساتھی نے میری ہجو کی ہے، تو حضرت ابو بکر رضی اللہ تعالیٰ عنہ نے فرمایا نہیں نہیں رب البیت کی قسم حضور صلی اللہ علیہ وسلم نے تیری کوئی ہجو نہیں کی تو یہ کہتی ہوئی لوٹ گئی کہ قریش جانتے ہیں کہ میں ان کے سردار کی بیٹی ہوں۔ (ابن ابی حاتم)

ایک مرتبہ یہ اپنی لمبی چادر اوڑھے طواف کر رہی تھی پیر چادر میں الجھ گیا اور پھسل پڑی تو کہنے لگی مذمم غارت ہو۔ ام حکیم بنت عبد الطلب نے کہا میں تو پاک دامن عورت ہوں اپنی زبان نہیں بگاڑوں گی اور دوست پسند ہوں پس داغ نہ لگاؤں گی اور ہم سارے ایک ہی دادا کی اولاد میں سے ہیں اور قریش ہی زیادہ جاننے والے ہیں۔

بزار میں ہے:

اس نے حضرت ابو بکر صدیق رضی اللہ تعالیٰ عنہ سے کہا کہ تیرے ساتھی نے میری ہجو کی ہے تو حضرت صدیقؓ نے قسم کھا کر جواب دیا کہ نہ تو آپ شعر گوئی جانتے ہیں نہ کبھی آپ نے شعر کہے، اس کے جانے کے بعد حضرت صدیقؓ نے حضور صلی اللہ علیہ وسلم سے دریافت کیا کہ یارسول اللہ صلی اللہ علیہ وسلم کیا اس نے آپ کو دیکھا نہیں؟ آپ نے فرمایا فرشتہ آڑ بن کر کھڑا ہوا تھا جب تک وہ واپس چلی نہ گئی،

بعض اہل علم نے کہا ہے کہ اس کے گلے میں جہنم کی آگ کی رسی ہو گی جس سے اسے کھینچ کر جہنم کے اوپر لایا جائے گا پھر ڈھیلی چھوڑ کر جہنم کی تہہ میں پہنچایا جائے گا یہی عذاب اسے ہوتا رہے گا،

ڈول کی رسی کو عرب مَسَد کہدیا کرتے ہیں۔ عربی شعروں میں بھی یہ لفظ اسی معنی میں لایا گیا ہے،

ہاں یہ یاد رہے کہ یہ بابرکت سورت ہمارے نبی صلی اللہ علیہ وسلم کی نبوت کی ایک اعلیٰ دلیل ہے کیونکہ جس طرح ان کی بدبختی کی خبر اس سورت میں دی گئی تھی اسی طرح واقعہ بھی ہوا ان دونوں کو ایمان لانا آخر تک نصیب ہی نہ ہوا نہ تو وہ ظاہر میں مسلمان ہوئے نہ باطن میں نہ چھپے نہ کھلے، پس یہ سورت زبردست بہت صاف اور روشن دلیل ہے۔ حضور صلی اللہ علیہ وسلم کی نبوت کی۔

# Surah Al Akhlas

## سورۃ الإخلاص

بِسۡمِ اللّٰہِ الرَّحۡمٰنِ الرَّحِیۡمِ

حضرت عکرمہ فرماتے ہیں کہ یہود کہتے تھے ہم حضرت عزیر کو پوجتے ہیں جو اللہ کے بیٹے ہیں اور نصرانی کہتے تھے ہم حضرت مسیح کو پوجتے ہیں جو اللہ کے بیٹے ہیں اور مجوسی کہتے تھے ہم سورج چاند کی پرستش کرتے ہیں اور مشرک کہتے تھے ہم بت پرست ہیں تو اللہ تعالیٰ نے یہ سورت اتاری،

قُلۡ هُوَ ٱللَّهُ أَحَدٌ (۱)

آپ کہہ دیجئے کہ وہ اللہ تعالیٰ ایک (ہی) ہے

اے نبی تم کہہ دو کہ ہمارا معبود تو اللہ تعالیٰ ہے

- جو واحد اور احد ہے جس جیسا کوئی نہیں،
- جس کا کوئی وزیر نہیں جس کا کوئی شریک نہیں،
- جس کا کوئی ہمسر نہیں جس کا کوئی ہم جنس نہیں،
- جس کا برابر اور کوئی نہیں جس کے سوا کسی میں الوہیت نہیں۔

اس لفظ کا اطلاق صرف اسی کی ذات پاک پر ہوتا ہے وہ اپنی صفتوں میں اور اپنے حکمت بھرے کاموں میں یکتا اور بے نظیر ہوتا ہے۔

ٱللَّهُ ٱلصَّمَدُ (۲)

اللہ تعالیٰ بے نیاز ہے

وہ ٱلصَّمَدُ ہے یعنی ساری مخلوق اس کی محتاج ہے اور وہ سب سے بے نیاز ہے۔

حضرت ابن عباس رضی اللہ تعالیٰ عنہما سے مروی ہے کہ صمد وہ ہے جو اپنی سرداری میں، اپنی شرافت میں، اپنی بندگی اور عظمت میں، اپنے علم و علم میں، اپنی حکمت و تدبر میں سب سے بڑھا ہوا ہے۔

یہ صفتیں صرف اللہ تعالیٰ جل شانہ میں ہی پائی جاتی ہیں۔ اس کا ہمسر اور اس جیسا کوئی اور نہیں وہ اللہ سبحانہ و تعالیٰ سب پر غالب ہے اور اپنی ذات وصفات میں یکتا اور بینظیر ہے،

اَلصَّمَدُ کے یہ معنی بھی کئے گئے ہیں کہ جو تمام مخلوق کے فنا ہو جانے کے بعد بھی باقی رہے، جو ہمیشہ کی بقاوالا سب کی حفاظت کرنے والا ہو جس کی ذات لازول اور غیر فانونی ہو۔

حضرت عکرمہؒ فرماتے ہیں صمد وہ ہے جو نہ کچھ کھائے نہ اس میں سے کچھ نکلے۔

یہ معنی بھی بیان کئے گئے ہیں کہ صمد کی تفسیر اس کے بعد ہے یعنی نہ اس میں سے کچھ نکلے نہ وہ کسی میں سے نکلے یعنی نہ اس کی اولاد ہو نہ ماں باپ، یہ تفسیر بہت اچھی اور عمدہ ہے،

اور ابن جریرؒ کی روایت سے حضرت ابی بن کعبؓ سے صراحتاً یہ مروی ہے جیسے کہ پہلے گزرا اور بہت سے صحابہؓ اور تابعین سے مروی ہے کہ صمد کہتے ہیں ٹھوس چیز کو جو کھوکھلی نہ ہو جس کا پیٹ نہ ہو۔

شعبیؒ کہتے ہیں جو نہ کھاتا ہو نہ پیتا ہو،

عبداللہ بن بریدہؒ فرماتے ہیں صمد وہ نور ہے جو روشن ہو اور چمک دمک والا ہو،

ایک مرفوع حدیث میں ہے کہ صمد وہ ہے جس کا پیٹ نہ ہو لیکن اس کا مرفوع ہونا ٹھیک نہں صحیح یہ ہے کہ یہ موقوف ہے۔

حافظ ابو القاسم طبرانی رحمتہ اللہ علیہ اپنی کتاب "السنہ" میں لفظ صمد کی تفسیر میں ان تمام اقوال کو وارد کر کے لکھتے ہیں کہ دراصل یہ سب سچے ہیں اور صحیح ہیں۔ کل صفتیں ہمارے رب عزوجل میں ہیں اس کی طرف سب محتاج بھی ہیں وہ سب سے بڑھ کر سردار اور سب سے بڑا ہے اسے نہ پیٹ ہے نہ وہ کھوکھلا ہے نہ وہ کھائے نہ پیئے سب فانی ہے اور وہ باقی ہے وغیرہ۔

لَمۡ یَلِدۡ وَلَمۡ یُوۡلَدۡ (۳)

نہ اس سے کوئی پیدا ہوا اور نہ وہ کسی سے پیدا ہوا

وَلَمۡ یَکُنۡ لَّهٗ كُفُوًا أَحَدٌ (۴)

اور نہ کوئی اس کا ہمسر ہے۔

فرمایا اس کی اولاد نہیں نہ اس کے ماں باپ ہیں نہ بیوی۔

جیسے اور جگہ ہے

بَدِيعُ السَّمٰوٰتِ وَالْأَرْضِ أَنَّىٰ يَكُونُ لَهُ وَلَدٌ وَلَمْ تَكُن لَّهُ صَاحِبَةٌ وَخَلَقَ كُلَّ شَيْءٍ (۶:۱۰۱)

وہ زمین و آسمان کا پیدا کرنے والا ہے اسے اولاد کیسے ہوگی؟ اس کی بیوی نہیں ہر چیز کو اسی نے پیدا کیا ہے

یعنی وہ ہر چیز کا خالق و مالک ہے پھر اس کی مخلوق اور ملکیت میں سے اس کی برابری اور ہمسری کرنے والا کون ہو گا؟ وہ ان تمام عیوب اور نقصان سے پاک ہے جیسے اور جگہ فرمایا:

وَقَالُوا اتَّخَذَ الرَّحْمٰنُ وَلَدًا ... وَكُلُّهُمْ آتِيهِ يَوْمَ الْقِيَامَةِ فَرْدًا (۱۹:۸۸،۹۵)

یہ کفار کہتے ہیں کہ اللہ کی اولاد ہے تم تو ایک بڑی بری چیز لائے قریب ہے کہ آسمان پھٹ جائیں اور زمین شق ہو جائے اور پہاڑ پارہ پارہ ہو کر گر پڑیں، اس بنا پر کہ انہوں نے کہا کہ اللہ کی اولاد ہے حالانکہ اللہ کو یہ لائق ہی نہیں کہ اس کی اولاد ہو تمام زمین و آسمان میں کے کل کے کل اللہ کے غلام ہی بن کر آنے والے ہیں اللہ کے پاس تمام کا شمار ہے اور انہیں ایک ایک کر کے گن رکھا ہے اور یہ سب کے سب تنہا تنہا اس کے پاس قیامت کے دن حاضر ہونے والے ہیں

اور جگہ فرمایا:

وَقَالُوا اتَّخَذَ الرَّحْمٰنُ وَلَدًا سُبْحَانَهُ بَلْ عِبَادٌ مُّكْرَمُونَ - لَا يَسْبِقُونَهُ بِالْقَوْلِ وَهُم بِأَمْرِهِ يَعْمَلُونَ (۲۱:۲۶،۲۷)

ان کافروں نے کہا کہ رحمٰن کی اولاد ہے اللہ اس سے پاک ہے بلکہ وہ تو اللہ کے باعزت بندے ہیں بات میں بھی اس سے سبقت نہیں کرتے اسی کے فرمان پر عامل ہیں

وَجَعَلُوا بَيْنَهُ وَبَيْنَ الْجِنَّةِ نَسَبًا وَلَقَدْ عَلِمَتِ الْجِنَّةُ إِنَّهُمْ لَمُحْضَرُونَ - سُبْحَانَ اللَّهِ عَمَّا يَصِفُونَ (۳۷:۱۵۸،۱۵۹)

انہوں نے اللہ تعالیٰ کے اور جنات کے درمیان نسب قائم کر رکھا ہے حالانکہ جنات تو خود اس کی فرمانبرداری میں حاضر ہیں اللہ تعالیٰ ان کے بیان کردہ عیوب سے پاک و برتر ہے۔

صحیح بخاری شریف میں ہے:

ایذاء دینے والی باتوں کو سنتے ہوئے صبر کرنے میں اللہ سے زیادہ صابر کوئی نہیں لوگ اس کی اولاد بتاتے ہیں اور پھر بھی وہ انہیں روزیاں دیتا ہے اور عافیت و تنگ دستی عطا فرماتا ہے۔

بخاری کی اور روایت میں ہے:

اللہ تعالیٰ فرماتا ہے ابن آدم مجھے جھٹلاتا ہے حالانکہ اسے ایسا نہ چاہئے مجھے گالیاں دیتا ہے اور اسے یہ بھی لائق نہ تھا،

اس کا مجھے جھٹلانا تو یہ ہے کہ وہ کہتا ہے جس طرح اولاً اللہ نے مجھے پیدا کیا ایسے ہی پھر نہیں لوٹائے گا حالانکہ پہلی مرتبہ کی پیدائش دوسری مرتبہ کی پیدائش سے کچھ آسان تو نہ تھی جب میں اس پر قادر ہوں تو اس پر کیوں نہیں؟

اور اس کا مجھے گالیاں دینا یہ ہے کہ وہ کہتا ہے اللہ کی اولاد ہے حالانکہ میں تنہا ہوں میں ایک ہی ہوں میں صمد ہوں نہ میری اولاد نہ میرے ماں باپ نہ مجھ جیسا کوئی اور۔

# Surah Al Falaq

# سورۃ الفلق

بِسمِ اللّٰہِ الرَّحمٰنِ الرَّحِیمِ

قُلْ أَعُوذُ بِرَبِّ الْفَلَقِ (۱)

آپ کہہ دیجئے! کہ میں صبح کے رب کی پناہ میں آتا ہوں

حضرت جابرؓ فرماتے ہیں فَلَق کہتے ہیں صبح کو، خود قرآن میں اور جگہ ہے فَالِقُ الْإِصْبَاحِ (۶:۹۶)

ابن عباسؓ سے مروی ہے فَلَق سے مراد مخلوق ہے،

حضرت کعب احبارؒ فرماتے ہیں فَلَق جہنم میں ایک جگہ ہے جب اس کا دروازہ کھلتا ہے تو اس کی آگ گرمی اور سختی کی وجہ سے تمام جہنمی چیخنے لگتے ہیں۔ایک مرفوع حدیث میں بھی اسی کے قریب قریب مروی ہے۔ لیکن وہ حدیث منکر ہے۔

یہ بھی بعض لوگ کہتے ہیں کہ یہ جہنم کا نام ہے۔

امام ابن جریرؒ فرماتے ہیں کہ سب سے زیادہ ٹھیک قول پہلا ہی ہے یعنی مراد اس سے صبح ہے۔

امام بخاریؒ بھی یہی فرماتے ہیں اور یہی صحیح ہے۔

مِن شَرِّ مَا خَلَقَ (۲)

ہر اس چیز کے شر سے جو اس نے پیدا کی ہے۔

تمام مخلوق کی برائی سے جس میں جہنم بھی داخل ہے اور ابلیس اور اولاد ابلیس بھی۔

وَمِن شَرِّ غَاسِقٍ إِذَا وَقَبَ (۳)

اور اندھیری رات کی تاریکی کے شر سے جب اس کا اندھیرا پھیل جائے۔

غَاسِقٍ سے مراد رات ہے۔

إِذَا وَقَبَ سے مراد سورج کا غروب ہو جانا ہے، یعنی رات جب اندھیرا لئے ہوئے آجائے،

ابن زیدؒ کہتے ہیں کہ عرب ثریا ستارے کے غروب ہونے کو غاسق کہتے ہیں۔ بیماریاں اور وبائیں اس کے واقع ہونے کے وقت بڑھ جاتی تھیں اور اس کے طلوع ہونے کے وقت اٹھ جاتی تھیں۔

ایک مرفوع حدیث میں ہے کہ ستارہ غاسق ہے، لیکن اس کا مرفوع ہونا صحیح نہیں،

بعض مفسرین کہتے ہیں مراد اس سے چاند ہے، ان کی دلیل مسند احمد کی یہ حدیث ہے جس میں ہے کہ رسول اللہ صلی اللہ علیہ وسلم نے حضرت عائشہ صدیقہؓ کا ہاتھ تھامے ہوئے چاند کی طرف اشارہ کر کے فرمایا اللہ تعالیٰ سے اس غاسق کی برائی سے پناہ مانگ۔

اور روایت میں ہے کہ غَاسِقٍ إِذَا وَقَبَ سے یہی مراد ہے،

دونوں قولوں میں باآسانی یہ تطبیق ہو سکتی ہے کہ چاند کا چڑھنا اور ستاروں کا ظاہر ہونا وغیرہ، یہ سب رات ہی کے وقت ہوتا ہے جب رات آجائے۔ واللہ اعلم

وَمِن شَرِّ النَّفَّاثَاتِ فِي الْعُقَدِ (۴)

اور گرہ (لگا کر ان) میں پھونکنے والیوں کے شر سے (بھی)

گرہ لگا کر پھونکنے والیوں سے مراد جادوگر عورتیں ہیں،

حضرت مجاہدؒ فرماتے ہیں شرک کے بالکل قریب وہ منتر ہیں جنہیں پڑھ کر سانپ کے کاٹے اور آسیب زدہ پر دم کیا جاتا ہے۔

وَمِن شَرِّ حَاسِدٍ إِذَا حَسَدَ (۵)

اور حسد کرنے والے کی برائی سے بھی جب وہ حسد کرے۔

حدیث میں ہے کہ حضرت جبرائیل علیہ السلام نے رسول اللہ صلی اللہ علیہ وسلم سے کہا کیا آپ بیمار ہیں؟

آپ ﷺ نے فرمایا ہاں تو حضرت جبرائیل علیہ السلام نے یہ دعا پڑھی

اللہ تعالیٰ کے نام سے میں دم کرتا ہوں ہر اس بیماری سے جو تجھے دکھ پہنچائے اور ہر حاسد کی برائی اور بدی سے اللہ تجھے شفا دے۔

اس بیماری سے مراد شاید وہ بیماری ہے جبکہ آپ پر جادو کیا گیا تھا پھر اللہ تعالیٰ نے آپ کو عافیت اور شفا بخشی اور حاسد یہودیوں کے جادوگر کے مکر کو رد کر دیا اور ان کی تدبیروں کو بے اثر کر دیا اور انہیں رسوا اور فضیحت کیا، لیکن باوجود اس کے رسول اللہ صلی اللہ علیہ وسلم نے کبھی بھی اپنے اوپر جادو کرنے والے کو ڈانٹا ڈپٹا تک نہیں اللہ تعالیٰ نے آپ کی کفایت کی اور آپ کو عافیت اور شفا عطا فرمائی۔

مسند احمد میں ہے:

نبی صلی اللہ علیہ وسلم پر ایک یہودی نے جادو کیا جس سے کئی دن تک آپؐ بیمار رہے پھر حضرت جبرائیل علیہ السلام نے آکر بتایا کہ فلاں یہودی نے آپ پر جادو کیا ہے اور فلاں فلاں کنوئیں میں گرہیں لگا کر کر رکھا ہے آپ کسی کو بھیج کر اسے نکلوا لیجئے۔ آنحضرت صلی اللہ علیہ وسلم نے آدمی بھیجا اور اس کنوئیں سے وہ جادو نکلوا کر گرہیں کھول دیں سارا اثر جاتا رہا پھر نہ تو آپ ﷺ نے اس یہودی سے کبھی اس کا ذکر کیا اور نہ کبھی اس کے سامنے غصہ کا اظہار کیا،

صحیح بخاری شریف کتاب الطب میں حضرت عائشہ صدیقہ رضی اللہ تعالیٰ عنہا سے مروی ہے کہ رسول اللہ صلی اللہ علیہ وسلم پر جادو کیا گیا آپ سمجھتے تھے کہا آپ ازواج مطہرات کے پاس آئے حالانکہ نہ آئے تھے،

حضرت سفیانؒ فرماتے ہیں یہی سب سے بڑا جادو کا اثر ہے،

جب یہ حالت آپ ﷺ کی ہو گئی ایک دن آپ ﷺ فرمانے لگے عائشہ میں نے اپنے رب سے پوچھا اور میرے پروردگار نے بتا دیا دو شخص آئے ایک میری سرہانے ایک پائینیوں کی طرف، سرہانے والے نے اس دوسرے سے پوچھا ان کا کیا حال ہے؟

دوسرے نے کہا ان پر جادو کیا گیا ہے پوچھا کس نے جادو کیا ہے؟

کہا عبید بن اعصم نے جو بنو رزیق کے قبیلے کا ہے جو یہود کا حلیف ہے اور منافق شخص ہے،

کہا کس چیز میں؟ کہا تر کھجور کے درخت کی چھال میں پتھر کی چٹان تلے ذروان کے کنوئیں میں،

پھر حضور صلی اللہ علیہ السلام اس کنوئیں کے پاس آئے اور اس میں سے وہ نکلوایا اس کا پانی ایسا تھا گویا مہندی کا گدلا پانی اس کے پاس کے کھجوروں کے درخت شیطانوں کے سر جیسے تھے،

میں نے کہا بھی کہ یا رسول اللہ صلی اللہ علیہ وسلم ان سے بدلہ لینا چاہئے،

آپ صَلَّی اللّٰہُ عَلَیْہِ وَسَلَّم نے فرمایا الحمد اللہ اللہ تعالیٰ نے مجھے تو شفا دے دی اور میں لوگوں میں برائی پھیلانا پسند نہیں کرتا،

دوسری روایت میں یہ بھی ہے کہ ایک کام کرتے نہ تھے اور اسکے اثر سے یہ معلوم ہوتا تھا کہ گویا میں کر چکا ہوں اور یہ بھی ہے کہ اس کنوئیں کو آپ کے حکم سے بند کر دیا گیا، یہ بھی مروی ہے کہ چھ مہینے تک آپ کی یہی حالت رہی،

تفسیر ثعلبی میں حضرت ابن عباسؓ اور حضرت ام المومنین عائشہ رضی اللہ تعالیٰ عنہا سے مروی ہے:

یہود کا ایک بچہ نبی صلی اللہ علیہ وسلم کی خدمت کیا کرتا تھا اسے یہودیوں نے بہکا سکھا کر آپ کے چند بال اور آپ کی کنگھی کے چند دندانے منگوا لئے اور ان میں جادو کیا اس کام میں زیادہ تر کوشش کرنے والا لبید بن اعصم تھا پھر ذروان نامی کنوئیں میں جو بنو زریق کا تھا اسے ڈال دیا پس حضور صلی اللہ علیہ وسلم بیمار ہو گئے سر کے بال جھڑنے لگے خیال آتا تھا کہ میں عورتوں کے پاس ہو آیا حالانکہ آتے نہ تھے گو آپ اسے دور کرنے کی کوشش میں تھے لیکن وجہ معلوم نہ ہوتی تھی چھ ماہ تک یہی حال رہا پھر وہ واقعہ ہوا جو اوپر بیان کیا کہ فرشتوں کے ذریعے آپ کو اس کا تمام حال علم ہو گیا اور آپ صَلَّی اللّٰہُ عَلَیْہِ وَسَلَّم نے حضرت علی حضرت زبیر اور حضرت عمار بن یاسر رضی اللہ عنہم کو بھیج کر کنوئیں میں سے وہ سب چیزیں نکلوائیں ان میں ایک تانت تھی جس میں بارہ گرہیں لگی ہوئی تھیں اور ہر گرہ پر ایک سوئی چبھی ہوئی تھی،

پھر اللہ تعالیٰ نے یہ دونوں سورتیں اتاریں، حضور صلی اللہ علیہ وسلم ایک ایک آیت ان کی پڑھتے جاتے تھے اور ایک ایک گرہ اس کی خود بخود کھلتی جاتی تھی، جب یہ دونوں سورتیں پوری ہوئیں وہ سب گرہیں کھل گئیں اور آپ صَلَّی اللّٰہُ عَلَیْہِ وَسَلَّم بالکل شفایاب ہو گئے، ادھر جبرائیل علیہ السلام نے وہ دعا پڑھی جو اوپر گزر چکی ہے،

لوگوں نے کہا حضور صلی اللہ علیہ وسلم ہمیں اجازت دیجئے کہ ہم اس خبیث کو پکڑ کر قتل کر دیں آپ صَلَّی اللّٰہُ عَلَیْہِ وَسَلَّم نے فرمایا نہیں اللہ نے مجھے تو تندرستی دے دی اور میں لوگوں میں شر و فساد پھیلانا نہیں چاہتا۔

یہ روایت تفسیر ثعلبی میں بلا سند مروی ہے اس میں غربات بھی ہے اور اس کے بعض حصے میں سخت نکارت ہے اور بعض کے شواہد بھی ہیں جو پہلے بیان ہو چکے ہیں واللہ اعلم۔

# Surah An Nas

## سورۃ النّاس

بِسْمِ اللّٰہِ الرَّحْمٰنِ الرَّحِیْمِ

قُلْ أَعُوذُ بِرَبِّ النَّاسِ (۱)

آپ کہہ دیجئے! کہ میں لوگوں کے پروردگار کی پناہ میں آتا ہوں۔

مَلِكِ النَّاسِ (۲)

لوگوں کے مالک کی

إِلٰهِ النَّاسِ (۳)

لوگوں کے معبود کی (پناہ میں)۔

اس میں اللہ تعالیٰ عزوجل کی تین صفتیں بیان ہوئی ہیں،

- پالنے اور پرورش کرنے کی،
- مالک اور شہنشاہ ہونے کی،
- معبود اور لائق عبادت ہونے کی،

تمام چیزیں اسی کی پیدا کی ہوئی ہیں اسی کی ملکیت میں ہیں اور اسی کی غلامی میں مشغول ہیں، پس وہ حکم دیتا ہے کہ ان پاک اور برتر صفات والے اللہ کی پناہ میں آجائے جو بھی پناہ اور بچاؤ کا طالب ہو، شیطان جو انسان پر مقرر ہے اس کے وسوسوں سے وہی بچانے والا ہے، شیطان ہر انسان کے ساتھ ہے۔ برائیوں اور بدکاریوں کو خوب زینت دار کر کے لوگوں کے سامنے وہ پیش کرتا رہتا ہے اور بہکانے میں راہ راست سے ہٹانے میں کوئی کمی نہیں کرتا۔ اس کے شر سے وہی محفوظ رہ سکتا ہے جسے اللہ بچالے۔

صحیح حدیث میں ہے کہ آپ ﷺ نے فرمایا:

تم میں سے ہر شخص کے ساتھ ایک شیطان ہے

لوگوں نے کہا کیا آپ کے ساتھ بھی ؟

آپ ﷺ نے فرمایا ہاں، لیکن اللہ تعالیٰ نے اس پر میری مدد فرمائی ہے پس میں سلامت رہتا ہوں وہ مجھے صرف نیکی اور اچھائی کی بات ہی کہتا ہے۔

مِنۡ شَرِّ الۡوَسۡوَاسِ الۡخَنَّاسِ (۴)

وسوسہ ڈالنے والے پیچھے ہٹ جانے والے کے شر سے۔

بخاری مسلم کی حدیث میں حضرت انس رضی اللہ تعالیٰ عنہ کی زبانی ایک واقعہ منقول ہے جس میں بیان ہے:

حضرت صلی اللہ علیہ وسلم جب اعتکاف میں تھے تو اُم المومنین حضرت صفیہ رضی اللہ تعالیٰ عنہا آپ کے پاس رات کے وقت آئیں جب واپس جانے لگیں تو حضور صلی اللہ علیہ وسلم بھی پہنچانے کے لئے ساتھ چلے، راستے میں دو انصاری صحابی مل گئے جو آپ کو بی بی صاحبہ کے ساتھ دیکھ کر جلدی چل دیئے تو حضور صلی اللہ علیہ وسلم نے انہیں آواز دے کر ٹھہرایا اور فرمایا سنو! میرے ساتھ میری بیوی صفیہ بنت حی (رضی اللہ تعالیٰ عنہا) ہیں انہوں نے کہا سبحان اللہ یا رسول اللہ صلی اللہ علیہ وسلم اس فرمان کی ضرورت ہی کیا تھی؟ آپ ﷺ نے فرمایا: انسان کے خون کے جاری ہونے کی جگہ شیطان گھومتا پھرتا رہتا ہے، مجھے خیال ہوا کہ کہیں تمہارے دلوں میں وہ کوئی بدگمانی نہ ڈال دے،

حافظ ابو یعلی موصلی رحمتہ اللہ نے ایک حدیث وارد کی ہے جس میں ہے:

نبی صلی اللہ علیہ وسلم فرماتے ہیں کہ شیطان اپنا ہاتھ انسان کے دل پر رکھے ہوئے ہے اگر یہ اللہ کا ذکر کرتا ہے تب تو اس کا ہاتھ ہٹ جاتا ہے اور اگر یہ ذکر اللہ بھول جاتا ہے تو وہ اس کے دل پر پورا قبضہ کر لیتا ہے، یہی الۡوَسۡوَاسِ الۡخَنَّاسِ ہے،

یہ حدیث غریب ہے۔

مسند احمد میں ہے:

رسول اللہ صلی اللہ علیہ وسلم اپنے گدھے پر سوار ہو کر کہیں جا رہے تھے ایک صحابی آپ کے پیچھے بیٹھے ہوئے تھے گدھے نے ٹھوکر کھائی تو ان کے منہ سے نکلا شیطان برباد ہو آنحضرت صلی اللہ علیہ وسلم نے فرمایا:

یوں نہ کہو اس سے شیطان پھول کر بڑا ہو جاتا ہے اور کہتا ہے کہ میں نے اپنی قوت سے گرا دیا اور جب تم بِسۡمِ اللہ کہو تو وہ گھٹ جاتا ہے یہاں تک مکھی کے برابر ہو جاتا ہے،

اس سے ثابت ہوا کہ ذکر اللہ سے شیطان پست اور مغلوب ہو جاتا ہے اور اس کے چھوڑ دینے سے وہ بڑا ہو جاتا ہے اور غالب آ جاتا ہے،

مسند احمد میں ہے کہ رسول اللہ صلی اللہ علیہ وسلم فرماتے ہیں:

جب تم میں سے کوئی مسجد میں ہوتا ہے اس کے پاس شیطان آتا ہے اور اسے تھپکتا اور بہلاتا ہے جیسے کوئی شخص اپنے جانور کو بہلاتا ہو پھر اگر وہ خاموش رہا تو وہ ناک میں نکیل یا منہ میں لگام چڑھا دیتا ہے،

حضرت ابو ہریرہؓ نے یہ حدیث بیان فرما کر فرمایا کہ تم خود اسے دیکھتے ہو، نکیل والا تو وہ ہے جو ایک طرف جھکا کھڑا ہوا اور اللہ کا ذکر نہ کرتا ہو، اور لگام والا وہ ہے جو منہ کھولے ہوئے ہو اور اللہ کا ذکر نہ کرتا ہو،

حضرت ابن عباس رضی اللہ تعالیٰ عنہا اس آیت کی تفسیر میں فرماتے ہیں کہ شیطان ابن آدم کے دل پر چنگل مارے ہوئے ہے جہاں یہ بھولا اور غفلت کی کہ اس نے وسوسے ڈالنے شروع کئے اور جہاں اس نے ذکر اللہ کیا اور یہ پیچھے ہٹا،

سلیمانؒ فرماتے ہیں مجھ سے یہ بیان کیا گیا ہے کہ شیطان راحت و رنج کے وقت انسان کے دل میں سوراخ کرنا چاہتا ہے یعنی اسے بہکانا چاہتا ہے اگر یہ اللہ کا ذکر کرے تو یہ بھاگ کھڑا ہوتا ہے،

حضرت ابن عباس رضی اللہ تعالیٰ عنہا سے یہ بھی مروی ہے کہ شیطان برائی سکھاتا ہے جہاں انسان نے اسکی مان لی پھر ہٹ جاتا ہے،

الَّذِي يُوَسْوِسُ فِي صُدُورِ النَّاسِ (۵)

جو لوگوں کے سینوں میں وسوسہ ڈالتا ہے۔

لفظ النَّاسِ جو انسان کے معنی میں ہے اس کا اطلاق جنوں پر بھی بطور غلبہ کے آ جاتا ہے۔

قرآن میں اور جگہ ہے برجال من الجن کہا گیا ہے تو جنات کو لفظ ناس میں داخل کر لینے میں کوئی قباحت نہیں،

غرض یہ ہے کہ شیطان جنات کے اور انسان کے سینے میں وسوسے ڈالتا رہتا ہے۔

مِنَ الْجِنَّةِ وَالنَّاسِ (٦)

(خواہ) وہ جن میں سے ہو یا انسان میں سے

مِنَ الْجِنَّةِ وَالنَّاسِ کا ایک مطلب تو یہ ہے کہ جن کے سینوں میں شیطان وسوسے ڈالتا ہے وہ جن بھی ہیں اور انسان بھی،

اور دوسرا مطلب یہ ہے کہ وہ وسواس ڈالنے والا خواہ کوئی جن ہو خواہ کوئی انسان جیسے اور جگہ ہے

وَكَذَٰلِكَ جَعَلْنَا لِكُلِّ نَبِيٍّ عَدُوًّا شَيَاطِينَ الْإِنسِ وَالْجِنِّ يُوحِي بَعْضُهُمْ إِلَىٰ بَعْضٍ زُخْرُفَ الْقَوْلِ غُرُورًا (٦:١١٢)

اسی طرح ہم نے ہر نبی کے دشمن انسانی اور جناتی شیطان بنائے ہیں ایک دوسرے کے کان میں دھوکے کی باتیں بنا سنوار کر ڈالتے رہتے ہیں

مسند احمد میں ہے حضرت ابوذر رضی اللہ تعالیٰ عنہ فرماتے ہیں:

میں رسول اللہ صلی اللہ علیہ وسلم کے پاس مسجد میں آیا اور بیٹھ گیا، آپؐ نے فرمایا نماز بھی پڑھی؟

میں نے کہا نہیں۔ فرمایا کھڑے ہو جاؤ اور دو رکعت ادا کر لو۔ میں اٹھا اور دو رکعت پڑھ کر بیٹھ گیا۔

آپ ﷺ نے فرمایا اے ابوذر اللہ تعالیٰ کی پناہ مانگو انسان شیطانوں اور جن شیطانوں سے۔

میں نے کہا یا رسول اللہ صلی اللہ علیہ وسلم کیا انسانی شیطان بھی ہوتے ہیں؟ آپ ﷺ نے فرمایا ہاں،

میں نے کہا یا رسول اللہ صلی اللہ علیہ وسلم نماز کیسی چیز ہے، آپ ﷺ نے ارشاد فرمایا بہترین چیز ہے، جو چاہے کم کرے جو چاہے اس عمل کو زیادہ کرے،

میں نے پوچھا روزہ؟ فرمایا کافی ہونے والا فرض ہے اور اللہ کے پاس اجر و ثواب لا انتہا ہے۔

میں نے پھر پوچھا صدقہ؟ حضور صلی اللہ علیہ وسلم نے فرمایا بہت ہی بڑھا چڑھا کر کئی گنا کر کے بدلہ دیا جائے گا۔

میں نے پھر عرض کی حضور صلی اللہ علیہ وسلم کونسا صدقہ افضل ہے؟

فرمایا باوجود مال کی کمی کے صدقہ کرنا یا چپکے سے چھپا کر کسی مسکین فقیر کے ساتھ سلوک کرنا،

میں نے سوال کیا حضور صلی اللہ علیہ وسلم سب سے پہلے نبی کون تھے؟ آپ نے فرمایا حضرت آدم علیہ السلام،

میں نے پوچھا کیا وہ نبی تھے؟ آپ صلی اللہ علیہ وسلم نے فرمایا ہاں وہ نبی تھے اور وہ بھی وہ جن سے اللہ تعالیٰ نے بات چیت کی،

میں نے کہا یا رسول اللہ صلی اللہ علیہ وسلم رسول کتنے ہوئے؟ فرمایا تین سو کچھ اوپر دس بہت بڑی جماعت اور کبھی فرمایا تین سو پندرہ،

میں نے کہا یا رسول اللہ صلی اللہ علیہ وسلم جو کچھ آپ پر نازل کیا گیا ان سب سے بڑی عظمت والی آیت کونسی ہے؟ حضور صلی اللہ علیہ وسلم نے ارشاد فرمایا آیت الکرسی ٱللَّهُ لَآ إِلَٰهَ إِلَّا هُوَ ٱلْحَيُّ ٱلْقَيُّومُ الخ،

یہ حدیث نسائی میں بھی ہے اور ابو حاتم بن حبان کی صحیح ابن حبان میں تو دوسری سند سے دوسرے الفاظ کے ساتھ، یہ حدیث بہت بڑی ہے، فااللہ اعلم،

مسند احمد کی ایک اور حدیث شریف میں ہے:

ایک شخص نے نبی صلی اللہ علیہ وسلم کی خدمت میں حاضر ہو کر عرض کیا کہ یا رسول اللہ صلی اللہ علیہ وسلم میرے دل میں تو ایسے ایسے خیالات آتے ہیں کہ ان کا زبان سے نکالنا مجھ پر آسمان سے گر پڑنے سے بھی زیادہ برا ہے، نبی صلی اللہ علیہ وسلم نے فرمایا:

اللہ اکبر اللہ اکبر اللہ ہی کے لئے حمد و ثناء ہے جس نے شیطان کے مکر و فریب کو وسوسے میں ہی لوٹا دیا،

یہ حدیث ابوداؤد اور نسائی میں بھی ہے۔